Berichte aus der Statistik

Carina Ortseifen, Heribert Ramroth,
Marianne Weires, Ralf Minkenberg (Hrsg.)

KSFE 2011 - Voneinander lernen

Proceedings der 15. Konferenz der SAS®-Anwender
in Forschung und Entwicklung (KSFE)

Shaker Verlag
Aachen 2011

Bibliografische Information der Deutschen Nationalbibliothek
Die Deutsche Nationalbibliothek verzeichnet diese Publikation in der Deutschen
Nationalbibliografie; detaillierte bibliografische Daten sind im Internet über
http://dnb.d-nb.de abrufbar.

Copyright Shaker Verlag 2011
Alle Rechte, auch das des auszugsweisen Nachdruckes, der auszugsweisen
oder vollständigen Wiedergabe, der Speicherung in Datenverarbeitungs-
anlagen und der Übersetzung, vorbehalten.

Printed in Germany.

ISBN 978-3-8440-0379-6
ISSN 1619-0963

Shaker Verlag GmbH • Postfach 101818 • 52018 Aachen
Telefon: 02407 / 95 96 - 0 • Telefax: 02407 / 95 96 - 9
Internet: www.shaker.de • E-Mail: info@shaker.de

Vorwort

Die 15. Konferenz der SAS-Anwender in Forschung und Entwicklung (KSFE) fand vom 24.-25. Februar an der Universität Heidelberg statt. Organisiert wurde sie im Verbund vom Universitätsrechenzentrum (URZ) und dem Institut für Public Health der Universität Heidelberg – unterstützt vom KSFE-Verein, der Firma SAS sowie zahlreichen weiteren Sponsoren. Die Konferenz stand diesmal unter dem Motto „Voneinander lernen". Der vorliegende Proceedingsband enthält die ausgearbeiteten Beiträge der Tagung.

Rund 530 Teilnehmerinnen und Teilnehmer nahmen am vielfältigen Tagungsprogramm teil. Das Motto der diesjährigen Konferenz „Voneinander lernen" ist gleichzeitig ein Motto, das an jeder Universität im Vordergrund steht: Die Studierenden lernen von den Dozenten, die Dozenten lernen wiederum von und mit ihren Studierenden und ihren Kollegen. So bestand die Zielrichtung der 15. KSFE 2011 in Heidelberg darin, den Teilnehmern Beiträge zu präsentieren, die für die Vortragenden zum Alltag gehören, für die Zuhörenden jedoch einen Neuzugang zu ihnen noch ungewohnten Themen darstellen. Dabei handelte es sich um Tutorien für die ersten Schritte beim Umgang sowohl mit der SAS Software als auch der JMP Software. Großes Interesse riefen auch die einleitenden Tutorien zu SAS/Base, SAS Graph und SAS SQL am Vortag hervor. Daneben gab es noch zahlreiche kleine und große „Tipps & Tricks", die das Veranstaltungsmotto unterstrichen. Weitere Diskussionsmöglichkeiten gab es natürlich auch im Rahmen der Poster-Ausstellung, in den Pausen, bei den Ständen der zahlreichen Aussteller oder auch während der Abendveranstaltung.

Wie in den Jahren zuvor auch wurden alle Vorträge vom Publikum bewertet und die drei besten mit dem „KSFE Best Paper Award" ausgezeichnet, gestiftet von der Firma Systematika GmbH. Die Preisträger waren Andreas Deckert (Universität Heidelberg) mit einem Vortrag zum Thema „1:n-Matching von Fällen und Kontrollen: Propensity Score vs. SQL-basierter Methode", Christian Kothenschulte (LBS Münster) referierte „Über die Tücken eines XML-Stroms" und Wolfgang Himmel (Universität Göttingen) gemeinsam mit Ulrich Reincke (SAS Institute) stellte die Frage "Entscheidungsbäume - eine Möglichkeit, Präferenzen und Zufriedenheit von Patienten im Gesundheitswesen zu verstehen?".

Dass das Tagungs-Motto bei den Teilnehmern regen Anklang fand, zeigte sich auch in der Resonanz der Feedback-Bögen, die im Anschluss an die Tagung ausgewertet wurden. An dieser Stelle möchten wir Ihnen als Teilnehmer ein herzliches Dankschön für die konstruktiven Rückmeldungen ausdrücken!

Bedanken möchten wir uns für die sehr gute Zusammenarbeit und die wertvolle Unterstützung während der Vorbereitung und der Durchführung der Konferenz beim KSFE-Organisationskomitee. Die Weitergabe der Erfahrungen aus vorausgehenden Konferenzen war dabei besonders hilfreich.

Weiterhin möchten wir Frau Henriette Höhle vom Rechenzentrum der Universität Heidelberg für die professionelle Erstellung dieses Konferenzbandes danken. Nicht zuletzt möchten wir allen beteiligten Mitarbeiterinnen und Mitarbeitern des Universitätsrechenzentrums und des Instituts für Public Health der Universität Heidelberg für ihren Einsatz vor, während und nach der Konferenz unseren Dank aussprechen. Durch ihr großes Engagement wurde der Erfolg dieser Konferenz erst möglich.

Abschließend möchten wir auf die 16. Konferenz der SAS Anwender in Forschung und Entwicklung vom 8.-9. März 2012 in Dresden hinweisen, die vom Competence Center for Business Intelligence der Fakultät Wirtschaftswissenschaften der Technischen Universität Dresden ausgerichtet wird. Vielleicht sind ja auch Sie bei der 16. KSFE 2012 in Dresden mit dabei, um Ihr Fachwissen an andere Teilnehmer weiter zugeben!

Dr. Carina Ortseifen Rechenzentrum der Universität Heidelberg	Dr. Heribert Ramroth Institut für Public Health, Universität Heidelberg
Dr. Marianne Weires Heidelberg	Ralf Minkenberg Vorsitzender KSFE e.V.

Inhalt

A. Adlichhammer — 1
XML mit SAS leicht gemacht

A. Bachert — 15
Data Step oder PROC SQL – Was soll ich nehmen?

R. Bender, V. Vervölgyi — 51
Die Berechnung adjustierter NNTs in randomisierten kontrollierten Studien

M. Bevier, M. Weires, J. Sundquist, K. Hemminki — 59
Genetische Anfälligkeit für Krebs - Eine Analyse von Halb- und Vollgeschwisterdaten

P. Bewerunge, A. Mangold — 65
SAS und R - ein ungleiches Paar

T. Bruckner, A. Deckert — 79
Ausgewählte Beispiele zu komplexen Graphiken und Ihre Realisierung in SAS

D. Cosfeld, J. Blecking — 91
Geokodierung mit SAS als Tool des Versicherungsmarketings

M. Debus, S. Steinberg, S. Callsen — 97
Erfolgreich testen und analysieren – geht das? Bildung stabiler Testgruppen für den Einzelhandel

A. Deckert — 105
1:N Matching von Fällen und Kontrollen: Propensity Score vs. PROC SQL

A. Deckert, H. Zimmermann — 121
Anwendung von (Perl) Regular Expressions für die Mustersuche in Strings

A. Deckert — 131
Umkodieren von ICD-9-Daten zu ICD-10 in SAS mittels einer relationalen Datenbank und PROC SQL

M. Eckstein — 141
Systematisches Testen von Software

S. Englert — 147
Empirische Poweranalyse

S. Erbslöh, C. Gelhorn — 155
Tipps & Tricks

B. Gigic A. Deckert — 177
Einführung in effizientes Programmieren mit PROC IML am Beispiel einer Simulation

S. Greiner, N. Tambascia — 187
Scalable Vector Graphics in SAS 9.2

C. Gutenbrunner — 199
Robuste und effiziente Konfidenzbereiche für nichtzentrale Perzentile

H. Häbel, J. Habeck, M. Mattheus — 207
Einfluss fehlender Daten auf Analyse und Fallzahlplanung in Bioäquivalenzstudien

G. P. Hammer — 223
Makros zur Berechnung von Personenjahren in epidemiologischen Studien

B. Hay, S. Sander, M. Weiß, M. Kron — 233
Logistische Regression mit Messwiederholungen: Anwendung von PROC GENMOD in SAS

B. Heinen — 239
JMP 9 Highlights

W. Himmel U. Reincke — 249
„Entscheidungsbäume" – eine Möglichkeit, Präferenzen und Zufriedenheit von Patienten im Gesundheitswesen zu verstehen?

B. P. Jäger, M. Wodny, S. Lieckfeldt, P. Otto, P. E. Rudolph, K.-E. Biebler — 263
Ein Algorithmus zur Auswahl einer vollständigen Datenmenge

C. Kothenschulte — 275
<?xml version="1.0" encoding="utf-8"?> - Über die Tücken eines XML-Datenstroms

B. Mayer, R. Muche — 287
Möglichkeiten der Imputation fehlender Werte in SAS – eine Übersicht

C. Oeldorf, C. Ortseifen — 299
Einführung in die Prozedur FORMAT mit praktischen Anwendungen

S. Reimann — 313
Enterprise Guide & Add-In für Microsoft Office – Individuelle Erweiterungsmöglichkeiten mit C#

H. Schnitzer — 335
SAS Makro %CheckPars – Makroparametercheck Deluxe

A. Schoeps — 349
Survival-Analyse mit zeitabhängigen Variablen

D. Schulte — 361
Zwei Tipps und Tricks: Fallstricke bei Makrovariablen und SAS im Batchmodus

M. Seiler — 369
Makros zum Export von SAS-Tabellen nach Excel / Access

J. Spilke, N. Mielenz — 375
Schätzung von relativen Anteilen bei Nutzung der multinomialen Dirichlet-Verteilung

K. Steindorf, O. Kuß — 385
Multiple Imputation – der State-of-the-Art-Umgang mit fehlenden Werten

N. Wächter — 393
Analyse SDTM basierter klinischer Daten mit JMP® Clinical

M. Wagner, A. Wagner — 407
Erstellung von Inhaltsverzeichnissen mittels SAS/ODS

P. R. Warnat — 423
Einführung in die JMP Software

H. Zimmermann, A. Deckert — 433
SAS und LaTeX: Erste Ansätze für eine gute „Zusammenarbeit"

XML mit SAS leicht gemacht

Andreas Adlichhammer
HMS Analytical Software
Rohrbacher Straße 26
Heidelberg
Andreas.adlichhammer@analytical.software.de

Zusammenfassung

Dank seiner weltweiten Verbreitung und Akzeptanz ist XML die Technologie von Heute für den strukturierten Austausch von Daten aller Art. Hunderte Standards aus Technik und Wissenschaft zeigen, wie Inhalte in XML verpackt werden können – von der Vektorgraphik bis hin zum Jahresabschluss. Wie SAS Sie dabei unterstützt diese Inhalte für Ihre Arbeit zu erschließen, beschreibt dieser Beitrag. Die wichtigsten SAS XML Technologien werden Ihnen dafür nicht nur in Theorie und Beispiel vorgestellt, sondern kritisch analysiert und gegenübergestellt.

Schlüsselwörter: XML, SXLE, XMLMap, Tagset, PROC XSL, XSL-Prozedur, XSLT

1 XML – eine Kurzvorstellung

Die Extensible Markup Language ist eine einfache und flexible Auszeichnungssprache. XML wurde 1998 vom Word Wide Web Consortium ursprünglich für die Erfassung und Verbreitung elektronischer Publikationen entwickelt [2]. Heute findet sich XML weltweit in den meisten IT-Produkten und in elektronischen Dokumenten aller Art wieder. XML ist damit de facto Standard in vielen IT Bereichen: Webserver und andere IT-Produkte speichern ihre Konfiguration in XML Dateien, große Firmen wie Microsoft oder Adobe nutzen XML als Basistechnologie für ihre Dokumente und Firmen senden Ihre Geschäftsberichte in XBRL an Aufsichtsbehörden.

In den meisten Anwendungsfällen versteckt sich XML vor dem Endanwender und wird in Dokumenten, Grafiken oder Programmoberflächen aufbereitet und präsentiert. Auf der Ebene der Programme und Inhalte muss man sich aber ein Grundverständnis der XML Technologie aneignen. Dies gilt für alle Programmiersprachen, von VBA über Java bis eben auch hin zu SAS.

1.1 XML Dokumente

Typisch für ein XML Dokument sind die eckigen Klammern. Innerhalb und um die eckigen Klammern sind die Bezeichner der strukturierenden Elemente oder der eigentliche Inhalt eingebettet. Ein XML Dokument muss darüber hinaus noch eine Vielzahl an Regeln einhalten um ein gültiges XML Dokument zu sein. Man spricht dann von einem „wohlgeformten" XML Dokument. Neben der hier vorgestellten technischen Validität gibt es auch die inhaltliche und strukturelle Validität. Die inhaltliche und strukturelle Validität wird von verschiedenen Standards, oft in sogenannten XML Schemata, definiert. Dieser Beitrag geht auf diese Standards und Schemata nicht genauer ein.

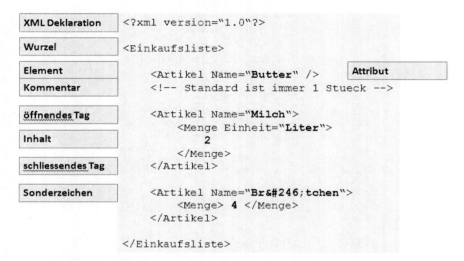

Abbildung 1: Beispiel für ein XML Dokument und seine Bestandteile

Tabelle 1: Wichtige XML Bestandteile

XML Deklaration	`<?xml version="1.0"?>`
Computerprogramme können an der Deklaration erkennen, dass es sich um ein XML Dokument in der XML Version 1.0 handelt.	

Wurzel	`<Einkaufsliste>`
Jedes XML Dokument besitzt genau eine Wurzel (auch Wurzelelement, Wurzelknoten). Alle anderen Inhalte finden sich innerhalb des öffnenden und schließenden Wurzelelement (siehe „Tags")	

Element	`<Artikel />`
Elemente bilden die Basisstruktur des Dokuments. Ein Element ist immer in zwei eckige Klammern eingeschlossen und kann, wie in obigem Beispiel, mit < geöffnet und mit /> geschlossen werden. In der Regel werden Elemente aber durch ein schließendes Elementtag wieder geschlossen. (siehe „Tags")	

Attribut	`Name="Butter"`

Attribute stehen innerhalb der eckigen Klammern eines Elements und beziehen sich auf dieses Element. Attribute bestehen immer aus einem Attributnamen (Name) und dem Attributwert (Butter) in Hochkommata.

Kommentar	`<!-- Standard ist immer 1 Stueck -->`

Kommentare werden mit <!-- eingeleitet und mit --> geschlossen. Kommentare werden von Programmen nicht ausgewertet.

öffnendes Tag	`<Artikel>`

Alle Elemente und Wurzelelemente werden mit < und > geöffnet. Nachfolgende Elemente und Inhalte befinden sich innerhalb des Elements.

schließendes Tag	`</Artikel>`

Alle Elemente und das Wurzelelement werden mit </ und > geschlossen. Ein schließendes Tag gehört dabei immer mit dem öffnenden Tag zusammen.

Inhalt	2

Inhalt kann zwischen den Elementen im leeren Raum eingetragen werden und bezieht sich immer auf das unmittelbar einschließende Element. Es sind sowohl Zahlen als auch alphanumerische Einträge erlaubt.

Sonderzeichen	`"Br&#246;tchen"`

Wie viele computernahe Sprachen müssen auch in XML besondere Zeichen umcodiert werden, damit während der Verarbeitung keine Probleme entstehen. Dies betrifft Umlaute aber auch z.B. eckige Klammen, falls diese im Attributnamen oder als Inhalt genutzt werden.

Wichtige XML Regeln:
1. Es muss genau ein Wurzelelement geben.
2. Alle öffnenden XML Tags müssen wieder geschlossen werden.
3. Bevor ein Element geschlossen werden kann, müssen alle beinhalteten Elemente ebenfalls geschlossen sein.
4. Attributnamen müssen pro Element eindeutig sein.
5. Attributwerte müssen in doppelte Hochkommata eingeschlossen sein.

1.2 XML Path

Wenn Sie mit SAS und XML arbeiten, werden Sie früher oder später über ein weiteres wichtiges Konzept aus dem XML Technologie Dschungel stolpern: Der XML Path Standard oder kurz XPath ist eine einheitliche Methode, um Elemente oder Attribute in einem XML Baum zu referenzieren [3]. Ein XPath entspricht dabei etwa einem Verzeichnispfad in Ihrem Dateisystem, nur dass Sie damit nicht in Ihren Ordnern und Dateien navigieren, sondern eben in den Elementen und Inhalten einer XML Datei. Ein XPath Ausdruck kann dabei aber mehrere Elemente gleichzeitig referenzieren und ganze Teilbäume (alles was von einem Element eingeschlossen wird) enthalten.

Beispiele für XPath Ausdrücke zu der XML Datei in Abbildung 1:

/einkaufsliste/artikel
Bezieht sich auf alle „Artikel" Elemente

/einkaufsliste/artikel@Name
Bezieht sich auf den Wert des Attributs „Name" in den „Artikel" Elementen

/einkaufsliste/artikel[@Name="Butter"]
Bezieht sich auf alle „Artikel" Elemente, deren Attribut „Name" den Wert „Butter" hat

Der XPath Standard ist sehr mächtig und wurde hier nur rudimentär beschrieben, insbesondere da SAS selbst den XPath Standard nur rudimentär unterstützt und nutzt. (Ausnahme: PROC XSL).

2 SAS XML Technologien

Die Herausforderung in der Arbeit mit XML und SAS besteht darin, die baumartige XML Struktur in eine tabellarische Form zu klopfen bzw. umgekehrt, eine zwei-dimensionale SAS Tabelle in eine hierarchische XML Struktur zu entfalten (Das gilt sicher nicht nur für SAS, sondern für alle Bereiche, in denen mit Tabellen gearbeitet wird). SAS hat hierfür eine Reihe von Technologien mit jeweils unterschiedlicher Zielsetzung und Anwendungskomplexität:

1. SXLE — SAS XML Library Engine
2. SAS XMLMap — SAS XML Mapping
3. ODS Tagsets — Templates des SAS Output Delivery Systems
4. PROC XSL — Prozedur für XML Transformationen

Die verschiedenen Technologien werden im Folgenden vorgestellt und kurz bewertet. Der Schwerpunkt liegt dabei auf den Methoden 1. und 2., dem Grundgerüst der SAS XML Verarbeitung. Die Methoden 3. und 4. sind für fortgeschrittene Ansprüche.

2.1 XML Library Engine

Die SAS XML Library Engine oder kurz SXLE bildet das Fundament der XML Verarbeitung mit SAS. Mit SXLE können XML Dateien schnell und einfach eingelesen und ausgegeben werden. Die Programmlogik ist minimal und dank des Engine-Konzepts weitgehend transparent für den Entwickler. Die über das Libname Statement eingebundenen XML Dateien werden wie eine normale SAS Datei verwendet.

Beispiel 1: XML Dateien mit SXLE ausgeben – SAS Code

```
libname XMLBib xml "C:\xml\schueler.xml";

data XMLBib.schueler;
  set sashelp.class (obs=2 keep=name age);
run;
```

In Beispiel 1 wird die SAS Tabelle `sashelp.class` vorgefiltert. Das Ergebnis wird in die XML Datei `schueler.xml` geschrieben. Das Libname Statement unterscheidet sich nur an zwei Stellen von herkömmlichen Libname Statements:

1. Die Engine xml wird definiert.
2. Die Pfadangabe `"C:\xml\schueler.xml"` verweist auf eine Datei, nicht auf einen Ordner wie man es von SAS Bibliotheken kennt.

Beispiel 1: XML Dateien mit SXLE ausgeben – XML Ergebnis

```
<?xml version="1.0" encoding="windows-1252" ?>
<TABLE>
   <SCHUELER>                         <!-- Zeile 1 Anfang -->
      <Name> Alfred </Name>           <!-- Spalte 1        -->
      <Age> 14 </Age>                 <!-- Spalte 2        -->
   </SCHUELER>                        <!-- Zeile 1 Ende    -->
   <SCHUELER>
      <Name> Alice </Name>
      <Age> 13 </Age>
   </SCHUELER>
</TABLE>
```

Die resultierende XML Datei ist sehr einfach aufgebaut. Das Wurzelelement `<TABLE>` umschließt die einzelnen Datenzeilen `<SCHUELER>`, die wiederum die einzelnen Spalten enthalten. Alle XML Dateien, die mit der SXLE ausgegeben werden, unterliegen diesem Schema: Wurzel enthält Zeilenelemente, Zeilenelemente enthalten Spaltenwerte.

Beispiel 2: XML Dateien mit SXLE einlesen – SAS Code

```
libname XMLBib xml "C:\xml\schueler.xml";
data work.schueler;
  set XMLBib.schueler;
run;
```

Der Programmcode, um Dateien einzulesen, unterscheidet sich, bis auf die verdrehten Rollen im Datastep, nicht vom Ausgabecode. Wichtig: Der XML Inhalt muss so aufgebaut sein wie in Beispiel 1 beschrieben. XML Dateien, die von der Struktur abweichen, z.B. tiefer verschachtelt sind, können mit den SXLE Standardeinstellungen nicht verarbeitet werden.

2.2 XMLMap

XMLMaps erweitern die SXLE und ermöglichen es, auch komplexer verschachtelte XML Dateien zu verarbeiten. Basis hierfür ist die sogenannte XMLMap, die beschreibt wie XML Elemente auf SAS Spaltennamen abzubilden sind. SAS bietet Ihnen mit dem frei verfügbaren XML Mapper ein graphisches Tool, um XMLMaps zu generieren. Der XML Mapper wird hier nicht vorgestellt.

Beipspiel 3: XML Dateien mit XMLMaps einlesen – SAS Code

```
filename XMLIn "C:\xml\schulverzeichnis.xml";
filename XMLMap "C:\xmlmap\schulverzeichnis.map";

libname XMLIn xml xmlmap=XMLMap;

data work.schueler;
   set XMLIn.schueler;
run;
```

Der Einlesecode unterscheidet sich von der SXLE Variante nur in zwei Punkten:

1. Es werden Filename Referenzen genutzt. Sowohl auf die XML-Datei als auch auf die verwendete XMLMap.

2. Die Filename Referenzen werden im Libname Statement wieder verwendet. Über die Libname Option `xmlmap=` wird die XMLMap für die Verarbeitung eingebunden.

Beispiel 3: XML Dateien mit XMLMaps einlesen – XML Datei

```
<SCHULE>
   <KLASSE nummer="5A">
       <Schuelerliste>
           <Schueler name="Alfred">
               <Geschlecht> M </Geschlecht>
               <Alter> 14 </Alter>
           </Schueler>
           <Schueler name="Alice">
```

```
                <Geschlecht> F </Geschlecht>
                <Alter> 13 </Alter>
            </Schueler>
        </Schuelerliste>
    </KLASSE>
</SCHULE>
```

Beipspiel 3: XML Dateien mit XMLMaps einlesen – XMLMap

```
<SXLEMAP version="1.2">
   <TABLE name="SCHUELER">

        <TABLE-PATH syntax="XPATH">
         /SCHULE/KLASSE/Schuelerliste/Schueler
        </TABLE-PATH>
        <COLUMN name="NAME">
           <PATH>
             /SCHULE/KLASSE/Schuelerliste/Schueler@name
           </PATH>
           <TYPE>character</TYPE>
           <DATATYPE>STRING</DATATYPE>
           <LENGTH>8</LENGTH>
        </COLUMN>
        <COLUMN name="KLASSE" retain="YES">
           <PATH>
             /SCHULE/KLASSE@nummer
           </PATH>
           <TYPE>character</TYPE>
           <DATATYPE>STRING</DATATYPE>
           <LENGTH>2</LENGTH>
        </COLUMN>

    </TABLE>
</SXLEMAP>
```

Das obige Beispiel liest den Namen und die Klasse von Schüler aus einer XML Datei in eine SAS Tabelle. Besondere Herausforderung: Die Klasse ist jeweils nur einmal im XML Dokument aufgeführt, danach können mehrere Schüler folgen (Klasse 5A .. Schüler1 .. Schüler 2). XMLMaps nutzen die XPath Syntax, unterstützen aber nur einen kleinen Teil des Standards.

Tabelle 2: XMLMap Bestandteile

`<SXLEMAP version="1.2">`
Wurzelelement für XMLMaps mit Versionangabe
`<TABLE name="SCHUELER">`
Aus einer XML Datei können mehrere SAS Tabellen erzeugt werden. Für jede SAS Tabelle wird ein `<TABLE>` mit dem Namen der Tabelle spezifiziert.
`<TABLE-PATH syntax="XPATH">`   `/SCHULE/KLASSE/Schuelerliste/Schueler`
Der Table-Path ist die Kernkomponente der XMLMap. Der Pfad entspricht der XPath Syntax in Abschnitt 1.2 und bestimmt, für welche XML Elemente eine Ausgabe erzeugt werden soll. In diesem Beispiel soll für jedes Schueler Element eine Ausgabe erzeugt werden.
`<COLUMN name="NAME">`
Die Column Elemente spezifzieren die Ausgabespalten. Für jede Ausgabespalte muss ein Column Element vorhanden sein.
`<PATH>`   `/SCHULE/KLASSE/Schuelerliste/Schueler@name`
Die Path Angabe innerhalb des Column Elements entspricht wieder der XPath Syntax. Sie zeigt an, welcher XML Inhalt in eine Spalte ausgegeben werden soll. In diesem Fall wird der Wert des Attributs „name" im Element „Schueler" verwendet, um die Spalte „NAME" zu füllen.
`<COLUMN name="KLASSE" retain="YES">`
Wenn sich ein XML Element seltener wiederholt, als die Elemente des Table-Path, müssen diese mit dem Attribut/Wert Paar `retain="YES"` versehen werden.

`<TYPE>character</TYPE>`
`<DATATYPE>STRING</DATATYPE>`
`<LENGTH>2</LENGTH>`

Für jede Spalte müssen zusätzlich deren Typ in der XML-Datei, sowie der Datentyp und die Datenlänge in der SAS Datei angegeben werden.

Beispiel 4: XML Dateien mit XMLMaps ausgeben – XMLMap

```
<OUTPUT>
   <HEADING>
      <ATTRIBUTE name="description" value="Schueler" />
   </HEADING>
   <TABLEREF name="SCHUELER" />
</OUTPUT>
```

Eine XMLMap kann auch genutzt werden um XML Dateien auszugeben. Erweitern Sie dazu Ihre XMLMap um ein OUTPUT Element. Das OUTPUT Element spezifiziert, welches TABLE Element in der XMLMap für die Ausgabe herangezogen werden soll. In diesem Beispiel erfolgt die Ausgabe wie die Eingabe über die TABLE SCHUELER.

Pro XMLMap kann es nur genau ein OUTPUT Element geben. Es ist aber möglich mehre Tabellen einzulesen. Dazu müssen nur mehrere TABLE Elemente in derselben XMLMap spezifiziert werden.

Beispiel 4: XML Dateien mit XMLMaps ausgeben – SAS Code

```
libname XMLOut xml92 xmlmap=XMLMap;
```

Um eine Datei mit XMLMaps auszugeben, muss das Libname Statement mit der SAS 9.2 Engine xml92 definiert werden.

2.3 ODS Tagsets

Das Output Delivery System von SAS ist ein sehr mächtiges Werkzeug um Ausgaben aller Art zu erzeugen. SAS selbst nutzt es um zum Beispiel HTML und PDF Ausgaben aus Reporting Funktionen zu generieren. Eine Spielart der ODS Ausgabe sind die sogenannten Tagsets. Mittels vordefinierten oder eigenen Tagsets können Sie XML Dateien mit SAS erstellen, aber nicht einlesen. Ein ODS Tagset ist mächtiger als SXLE und XMLMap und kann XML Dateien erzeugen, bei denen die anderen beiden Verfahren an Ihre Grenzen stoßen.

Beispiel 5: XML Datei mit eigenem ODS Tagset ausgeben – SAS Code

```
filename XMLout "C:\xml\class_with_custom_tagset.xml";

libname  XMLout xml xmltype=GENERIC tagset=tagsets.custom;

data XMLout.class;
   set sashelp.class;
run;
```

A. Adlichhammer

Eine Vorlage für ein eigenes Tagset finden Sie im SAS User's Guide für die SAS 9.2 XML LIBNAME Engine [1]. Wenn Sie ein eigenes Tagset erstellen, geben Sie Ihrem Tagset einen Namen, im obigen Beispiel „custom". Das Tagset können Sie dann über die Libname Option `tagset=tagset.custom` an die XML-Datei binden.

Ein ODS Tagset von Grund auf zu erstellen, ist keine leichte Sache. Falls Sie noch keine Erfahrung mit anderen ODS Templates haben, wird Ihnen der Einstieg wahrscheinlich schwer fallen.

2.4 PROC XSL

Mit SAS 9.2 wurde die Prozedur XSL eingeführt. Die XSL Prozedur ist derzeit noch im Status „Preproduction", d.h. wenn Sie die Prozedur einsetzen, übernimmt SAS noch keine Verantwortung für eventuelle Fehler und Probleme.

Im Gegensatz zu den bisher vorgestellten Technologien nutzt PROC XSL offene Standards, um ein oder mehrere XML Eingabedateien in ein oder mehrere Ausgabedateien umzuwandeln. Die Ausgabe kann jede Form annehmen, dieser Abschnitt konzentriert sich aber auf die Erstellung von anderen XML Dateien. Für die Arbeit mit SAS bietet es sich z.B. an, komplexe XML Dateien zuerst mit PROC XSL in einfache XML Dateien umzuwandeln, die anschließend mit der SXLE eingelesen werden können.

Beispiel 6: XML Dateien mit PROC XSL umwandeln – SAS Code

```
PROC XSL IN="C:\xslt\schueler.xml"
         OUT="C:\xslt\personen.xml"
         XSL="C:\xslt\combine.xsl";
RUN;
```

PROC XSL erwartet drei Parameter: Eine XML Datei die transformiert werden soll (IN), eine Ausgabedatei für das Transformationsergebnis (OUT) und eine Datei mit den Transformationsvorschriften (XSL). XSL steht für Extensible Stylesheet Language. In einer XSL Datei sind Transformationen enthalten, die dem XSLT Standard genügen (Extensible Stylesheet Language - Transformation).

Auf der nächsten Seite sehen Sie ein Beispiel für eine XSL Datei. Die XSLT Syntax ist sehr mächtig und kann in diesem Beitrag nicht erklärt werden. Im Gegensatz zu ODS Tagsets finden Sie im Internet und in Publikationen ausführliche Beschreibungen und Praxisbeispiele. Desweiteren gibt es viele Werkzeuge, die Sie bei der Erstellung von XSL Dateien unterstützen. Von den vier beschriebenen SAS Methoden zur XML Verarbeitung ist dies die mächtigste Variante, wenn auch mit dem Nachteil nicht direkt in eine SAS Tabelle laden oder aus einer SAS Tabelle lesen zu können.

Beispiel 6: XML Dateien mit PROC XSL umwandeln – XSL Datei

```
<xsl:stylesheet version="1.0"
xmlns:xsl="http://www.w3.org/1999/XSL/Transform">
  <xsl:output method="xml" encoding="ISO-8859-1" />

  <xsl:template match="/">
     <xsl:element name="TABLE">

        <xsl:for-each select="KLASSE/schueler">

           <xsl:element name="person">
              <xsl:element name="name">
                 <xsl:value-of select="Name"/>
              </xsl:element>

              <xsl:element name="alter">
                 <xsl:value-of select="Alter"/>
              </xsl:element>
           </xsl:element>

        </xsl:for-each>

     </xsl:element>
  </xsl:template>
</xsl:stylesheet>
```

Im obigen Beispiel wird eine XML Datei erstellt, die dem einfachen Tabelle-Zeile-Spalte Konzept entspricht, das für eine Verarbeitung mit SXLE notwendig ist.

3 Vergleich der SAS XML Technologien

Die bisher vorgestellten SAS XML Technologien unterscheiden sich in vielen Faktoren voneinander. In der Reihenfolge wie schwer es ist die Technik anzuwenden, steht SXLE als einfachste Methode ganz vorne, gefolgt von den noch relativ einfachen XMLMaps. PROC XSL und die damit verbundene XSL Datei rangiert zwischen mittelschwer bis schwer, je nach Anwendungsfall. ODS Tagsets sind auch bei einfachen Anwendungen als schwer zu bewerten.

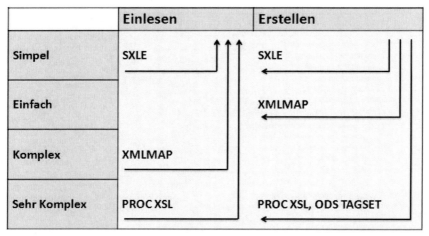

Abbildung 2: XML Komplexität. Was kann ich mit den Methoden verarbeiten

Neben der Anwendungskomplexität ist natürlich auch wichtig, welche XML Strukturen mit der jeweiligen Technik noch eingelesen oder erstellt werden können. Abbildung 2 enthält dazu eine Übersicht. Zum Beispiel können mit XMLMaps komplexe XML Dateien noch eingelesen aber nicht mehr ohne weiteres erstellt werden.

Auf der nächsten Seite finden Sie in Abbildung 3 die Ausgabeflexibiltät der einzelnen Methoden beschrieben. Nicht jede Methode kann mehrere XML Dateien bzw. SAS Tabellen gleichzeitig verarbeiten oder ausgeben. Die Pfeile und deren Beschriftung zeigen, welche Technologien ein oder mehrere Tabellen bzw. XML Dateien in einander umwandeln können. Zum Beispiel ist es mit XMLMaps möglich, einzelne Tabellen in einzelne XML Dateien umzuwandeln und umgekehrt. XMLMaps können darüber hinaus aus einzelnen XML Dateien mehrere SAS Tabellen erzeugen.

Neue Schnittstellen I

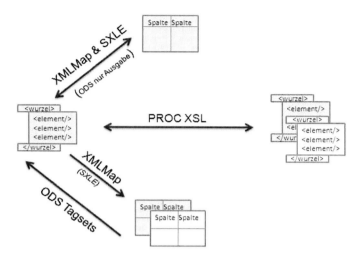

Abbildung 3: Flexibilität in der Anzahl von Ein-/Ausgabedateien und Tabellen

4 Fazit

SAS macht es einem oft leicht mit XML zu arbeiten, aber nicht immer. Die einfachste Lösung ist sicher die SAS XML Libname Engine. Sie sollte immer genutzt werden, wenn einfache XML Dateien erzeugt werden müssen - ohne weitere Ansprüche an den Aufbau der XML Datei. Der Anwendungsbereich ist aber eher überschaubar.

Relativ mächtig und mit ein bisschen Übung und Werkzeugunterstützung auch relativ einfach zu erstellen, sind die XMLMaps. Speziell beim Einlesen von XML Dateien in mehrere Tabellen zeigen XMLMaps Ihre wahre Stärke. Leider kann es auch bei XMLMaps sehr schnell passieren, dass gängige XML Standards nicht abbildbar sind, insbesondere wenn XML erstellt werden soll. Ursächlich hierfür ist unter anderem die nur rudimentäre Unterstützung der XPath Technologie.

ODS Tagsets sind aufgrund Ihrer hohen Komplexität und geringen Flexibilität nur eingefleischten ODS Experten zu empfehlen oder solchen, die es noch werden wollen. Es gibt keine Werkzeugunterstützung und die Dokumentation des SAS Inhouse Standards ist eher schwach.

Für gehobene Ansprüche im Umgang mit XML empfiehlt sich ein Blick auf PROC XSL. XSLT ist zwar wie ODS Tagsets durchaus komplex, es gibt aber viele Werkzeuge und Literatur zu dem Thema. Zudem kann XSL Wissen auch in anderen Technologien angewandt werden. Der „Preproduction" Status in SAS 9.2 und der doppelte Weg zum finalen SAS Dataset sind derzeit die größten Nachteile dieser Technologie.

Literatur

[1] SAS Institute: SAS® 9.2 XML LIBNAME Engine User's Guide, Second Edition. SAS® Publishing, Cary, 2010
[2] W3C: Extensible Markup Language (XML) 1.0 (Fifth Edition), W3C 2008
[3] K. H. Goldberg: XML: Visual QuickStart Guide (2nd Edition), Peachpit Press

Base SAS

Data Step oder PROC SQL – Was soll ich nehmen?

Andreas Bachert
HMS Analytical Software
Rohrbacher Straße 26
69115 Heidelberg
andreas.bachert@analytical-sofware.de

Zusammenfassung

Jeder SAS Programmierer wird die beiden maßgeblichen Techniken kennen, um mit SAS auf Daten zuzugreifen und diese zu manipulieren. Das sind der Data Step und der PROC SQL. Sicher wird es auch so sein, dass der eine oder die andere mit der Zeit eine gewisse Vorliebe für eine der beiden Methoden entwickelt hat.
Neben einer Darstellung der Grundprinzipien von Data Step und PROC SQL sollen in diesem Tutorium anhand von ausgewählten Problemlösungen die jeweiligen Vor- und Nachteile herausgestellt werden. Fragen wie „Wann nimmt man was?", „Was geht nicht?" oder „Was geht besonders gut?" werden dabei auch beantwortet.
Das Tutorium soll die Anwesenden dazu ermutigen, auch mal den anderen Weg zu gehen. Denn letztlich ist es auch in der Programmierung mit SAS so, dass eine gesunde Mischung zu den besten Ergebnissen führt.
Die Beispiele basieren auf SAS in der Version 9.2.

Schlüsselwörter: DATA Step, PROC SQL, HashTable, Performance

1 Inhalt des Tutoriums

Es wird davon ausgegangen, dass beide Verfahren grundsätzlich bereits bekannt sind.
Im Rahmen dieses Beitrags kann auch keinesfalls eine umfassende Beschreibung aller Möglichkeiten gegeben werden, die der DATA Step oder der PROC SQL den SAS-Entwicklern bieten.
Im ersten Abschnitt wird deshalb ganz kurz umrissen, wozu die beiden Verfahren dienen und wie die entsprechenden Programmkonstrukte aussehen.
Danach wird ein Beispielprojekt skizziert, in dessen Rahmen unterschiedliche, konkrete Aufgaben auszuführen sind.
Jeder Arbeitsschritt wird zunächst kurz formal umrissen. Es schließen sich eine Empfehlung für ein bestimmtes Verfahren und vor allem ein konkretes Programmierbeispiel an.

2 DATA Step und PROC SQL – Wie und Wozu?

2.1 Grundsätzliche Aufgaben für DATA Step und PROC SQL

Beide Verfahren werden in SAS-Projekten insbesondere im Zuge der Datenaufbereitung angewendet.
Die grundsätzlichen Aufgaben sind:
- Vorhandene Daten einlesen
    - Rohdaten (nur mit DATA Step)
        - Text-Dateien, CSV-Dateien, Binärdateien, …
    - SAS Datasets
    - Datenbank-Tabellen
        - Oracle, MS EXCEL , OLEDB, …
- Neue SAS Datasets (oder Datenbank-Tabellen) anlegen
- Bestehende SAS Datasets (oder Datenbank-Tabellen) befüllen
- Datenmanipulationen durchführen
    - Daten selektieren
    - (Neue) Datenwerte berechnen
    - Daten gruppieren
    - Daten aggregieren
    - Daten nachschlagen

2.2 Was ist ein DATA Step?

Der DATA Step lässt sich mit folgenden Schlagworten charakterisieren:
- Der DATA Step ist das Herzstück von SAS Base.
- Er besteht aus einer Gruppe von zulässigen SAS Anweisungen, die zwischen einem DATA-Statement und einem RUN-Statement eingefügt werden dürfen.
- Er ist die SAS-Standardmethode für Datenmanipulation

Es folgt eine extrem vereinfachte Darstellung eines DATA Steps, mit dem ein neues Dataset „Target" dadurch erzeugt wird, dass die Datensätze eines bestehenden Datasets „Source" der Reihe nach eingelesen und verarbeitet werden.

```
DATA Target;
    SET Source;
    /*
    - Satzweise Verarbeitung der
      eingelesenen Daten in
      einer Schleife
    - Dabei
        - Neue Variablen anlegen
        - Prozessflusssteuerung
        - Bedingte Ausführung von
          Statements
    */
    OUTPUT;
RUN;
```

> It' s always fantastic.
> It' s a challenge.
> It's a klassik.
> We call it a Klassiker.

Base SAS

2.3 Was ist ein PROC SQL?

SQL, also Structured Query Language, ist die standardisierte Abfragesprache für Datenbanken. PROC SQL implementiert diesen Standard für SAS, wobei es SAS-spezifische Erweiterungen (Formate, …) gibt.
Ein typischer PROC SQL hat das folgende Aussehen:

```
PROC SQL;
    CREATE TABLE Target AS
        SELECT    {Var-Liste}
        FROM      Source
        <WHERE    {Bedingungen}>
        <GROUP BY {Gruppier-Vars}>
        <HAVING   {Bedingungen}>
        <ORDER BY {Sortier-Vars}>
    ;
QUIT;
```

> It's also a Klassiker

Der dargestellte Code ist dazu geeignet, ein neues Dataset „Target" zu erzeugen, wobei aus dem bestehenden Dataset „Source" die Variablen {Var-Liste} selektiert werden sollen und nur diejenigen Datensätze übernommen werden, die den im WHERE-Statement angegebenen {Bedingungen} entsprechen.
Mittels GROUP BY und HAVING können Daten gruppiert abgefragt werden, so dass man z.B. nur einen Datensatz pro Abteilung erhält, der die Summe aller Gehälter, die alle Beschäftigten der Abteilung zusammen erhalten, ausweist. Diesen Vorgang nennt man „Datenaggregation".
In jedem Fall lassen sich die Ergebnisdatensätze mit Hilfe des ORDER BY-Statements in der gewünschten Form sortieren.

3 Das Tutoriums-Projekt

Im Rahmen des Tutoriums-Projekts sollen Daten aus dem Bereich der Fußball Bundesliga aufbereitet und ausgewertet werden. Ausgangspunkt sind 2 Textdateien mit den Spielergebnissen der kompletten Saison 2009/2010 und der Hinrunde 2010/2011.

3.1 Ausgangslage

Bei den vorliegenden Textdateien handelt es sich um semikolon-separierte Dateien, bei denen in der ersten Zeile Spaltenüberschriften aufgeführt sind.
Es gibt je Paarung eine Datenzeile u. a. mit Angaben zum Spieldatum, dem Heimverein, dem Gastverein, der Anzahl der von beiden Vereinen geschossenen Tore, sowie dem Halbzeitstand und dem Totoergebnis.
Am Zeilenanfang finden sich Leerzeichen und zwischen zwei Datenzeilen befindet sich immer eine Leerzeile.

A. Bachert

```
Land;Liga;Saison;AnzahlSpieltage;AnzahlMannschaften;Spieltag;SpielAmSpieltag;Datum;Uhr:
    Deutschland;1. Bundesliga;2009/10;34;18;1;1;07.08.2009;20:40;VfL Wolfsburg;VfB S
    Deutschland;1. Bundesliga;2009/10;34;18;1;2;08.08.2009;15:30;Borussia Dortmund;1
    Deutschland;1. Bundesliga;2009/10;34;18;1;3;08.08.2009;15:30;1.FC Nürnberg;FC Sc
    Deutschland;1. Bundesliga;2009/10;34;18;1;4;08.08.2009;15:30;Werder Bremen;Eintr
    Deutschland;1. Bundesliga;2009/10;34;18;1;5;08.08.2009;15:30;Hertha BSC;Hannover
```

Abbildung 1: Layout der Rohdatendatei

3.2 Projekt-Ziele

Es sollen Auswertungen möglich sein, die den Verlauf einer Saison bzw. den Saisonverlauf für einen auszuwählenden Verein beschreiben:

> Andreas Brehme
> Uns steht ein hartes Programm ins Gesicht

- Grafische Darstellung des Saisonverlauf meines Lieblingsvereins
- Bundesligatabelle je Spieltag über eine ganze Saison
- Zusätzliche, spezielle Statistiken
  - Welches Team schoss die meisten Tore in einem Spiel?
  - In welchem Spiel fielen die meisten Tore?
  - ...

3.3 Beispielauswertungen

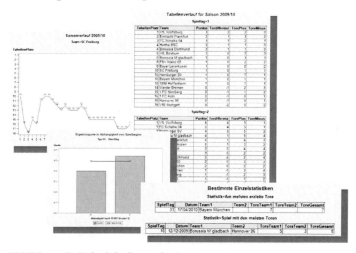

Abbildung 2: Beispiele für geplante Auswertungen

Base SAS

3.4 Die Arbeitsschritte des Tutoriums-Projekts

Die folgenden Arbeitsschritte müssen ausgeführt werden, damit schlussendlich die gewünschten Auswertungen zur Verfügung stehen.
- Vorbereitung
    - Lookup-Tabelle mit allen Mannschaften je Saison anlegen
- Einlesen der Saisonergebnisse 2009/2010
- Hinzufügen von zusätzlichen Spalten
    - PunkteHeim, PunkteGast, ...
- Hinzufügen der Saisonergebnisse 2010/2011
- Neue Tabelle „LigaTabelle" anlegen
    - Eine Zeile je Spieltag und Mannschaft mit dem jeweiligen Punkte- und Torestand
- Auswertungen durchführen
    - Höchste Tordifferenz, Toranzahl, ...
- Berichte erzeugen

4 Die Arbeitsschritte im Einzelnen

In diesem Kapitel werden die einzelnen Arbeitsschritte beschrieben. Alle Beispielprogramme und Rohdateien sind beim Autor erhältlich.

Als Vorbereitung muss der folgende Initialisierungs-Code submittiert werden. Der Pfad zum Wurzelverzeichnis muss entsprechend angepasst werden. Unterhalb dieses Verzeichnisses muss ein Verzeichnis namens „DATEN" existieren, in dem sich die einzulesenden Rohdaten befinden müssen und in dem dann über den Libref „LIGA" die Zieldatasets gespeichert werden.
- Initialisierungsprogramm

```
%LET g_sProjectRoot  = C:\HMS\Vortraege\KSFE 2011\02_SAS;
%LET g_sDataPath     = &g_sProjectRoot.\Daten;
%LET g_sProgramPath  = &g_sProjectRoot.;
Libname Liga "&g_sDataPath.";
```

4.1 Metatabellen mit statischen Daten anlegen

- Szenario
    - Metatabellen werden in Projekten immer benötigt
        - Häufig als Lookup-Tabellen, die Beschreibungen zu in Datasets verwendeten Codes enthalten
        - Verwendung auch zur Validierung von bestimmten Werten
    - Oft sind die Daten statisch bzw. ändern sich nur sehr selten
        - Z.B. Namen der einzelnen Teams der einzelnen Bundesligasaisons
- Zur Verfügung stehende Techniken
    - DATA Step mit Zuweisen der Werte zu den Variablen und OUTPUT-Statement

A. Bachert

- o DATA Step mit INFILE DATALINES4
- o PROC SQL mit CREATE TABLE und anschließendem INSERT-Statement
- Empfehlung für/ Vorteile der anzuwendende(n) Technik
    - o Keine der Varianten hat herausragende Vor- oder Nachteile
- TIPP
    - o Metatabellen immer mit Hilfe eines Programm-Scripts erstellen, in dem das komplette Dataset immer neu geschrieben und gefüllt wird.
    - o Dadurch wird nicht zuletzt die Historisierung von Ständen erleichtert
- Spielstand nach diesem Arbeitsschritt
    - o 0 : 0
- Beispielprogramm (gekürzt!)

```
/**
    Lookuptabelle für Teams je Saison anlegen, wobei die Daten
    statisch eingegeben werden
     - Die einzelnen Varianten haben keine echten Vor- oder
       Nachteile
     - !!! Extrem wichtig ist es aber, die Struktur des Datasets
       zu Beginn explizit zu definieren
/**/
/**  Alternative 1: DATA Step mit Output
     - Vorteile
         - Anlegen des Datasets mit
           SAS/BASE Standard-Statements
             - LENGTH
             - FORMAT
             - ...
             - Oder gleich ATTRIB
         - Einfach erweiterbar, wenn mal mehr gemacht werden
           muss
     - Nachteile
         - Länglicher Code
             - Jede Wert-Zuweisung ist ein eigenes Statement
             - Jeder Datensatz muss explizit mit OUTPUT in das
               Ziel geschrieben werden
/**/
DATA Liga.SaisonTeams;
    LENGTH
        Saison          $ 7
        Team            $ 30
    ;
    Saison    = '2009/10';
    Team      = '1.FC Köln';
    Output;
    Saison    = '2009/10';
    Team      = '1.FC Nürnberg';
    Output;
    Saison    = '2009/10';
    Team      = '1899 Hoffenheim';
```

```
   Output;
/* ... */

   Output;
   Saison     = '2009/10';
   Team       = 'Werder Bremen';
   Output;
   Saison     = '2010/11';
   Team       = '1.FC Kaiserslautern';
   Output;
   Saison     = '2010/11';
   Team       = '1.FC Köln';
   Output;

/* ... */

   Output;
   Saison     = '2010/11';
   Team       = 'VfL Wolfsburg';
   Output;
   Saison     = '2010/11';
   Team       = 'Werder Bremen';
   Output;
RUN;


/****************************************************************/
/****************************************************************/
/**    Alternative 2: DATA Step mit DATALINES-Statement
         - Vorteile
             - Anlegen des Datasets mit
               SAS/BASE Standard-Statements
                 - LENGTH
                 - FORMAT
                 - ...
             - Oder gleich ATTRIB
             - Es werden einfach nur die Datenwerte eingetragen
         - Nachteile
             - Weniger gebräuchliche Syntax
/**/
/**/
DATA Liga.SaisonTeams;
   LENGTH
      Saison              $  7
      Team                $ 30
   ;
   INFILE DATALINES4
          DLM            = ';'
          MISSOVER
          DSD
   ;
```

A. Bachert

```
    INPUT
       Saison
       Team
    ;
DATALINES4;
2009/10;1.FC Köln
2009/10;1.FC Nürnberg
2009/10;1899 Hoffenheim
2009/10;...
2009/10;Werder Bremen
2010/11;1.FC Kaiserslautern
2010/11;1.FC Köln
2010/11;...
2010/11;VfL Wolfsburg
2010/11;Werder Bremen
;;;;
RUN;
/**/


/****************************************************************/
/****************************************************************/
/**    Alternative 3: PROC SQL mit CREATE und
       anschließendem INSERT
          - Vorteile
             - Keine, außer man ist SQL-Spezialist
          - Nachteile
             - Zwei separate Schritte (Anlegen und Füllen) sind
               notwendig
/**/
/**/
PROC SQL;
   CREATE TABLE Liga.SaisonTeams
       (    Saison           CHAR (7)
       ,    Team             CHAR (30)
       )
   ;
   INSERT INTO Liga.SaisonTeams
      (Saison, Team)
      VALUES ('2009/10', '1.FC Köln')
      VALUES ('2009/10', '1.FC Nürnberg')
      VALUES ('2009/10', '1899 Hoffenheim')

/*  ...  */

      VALUES ('2009/10', 'Werder Bremen')
      VALUES ('2010/11', '1.FC Kaiserslautern')
      VALUES ('2010/11', '1.FC Köln')

/*  ...  */

      VALUES ('2010/11', 'VfL Wolfsburg')
```

```
            VALUES ('2010/11', 'Werder Bremen')
    ;
QUIT;
/**/
```

4.2 Rohdaten aus externer Datei einlesen

- Szenario
    - Die Spielergebnisse müssen aus Textdateien eingelesen werden
    - Die einzelnen Werte sind durch Semikolons voneinander getrennt
- Zur Verfügung stehende Techniken
    - DATA Step mit INFILE-Statement
- Empfehlung für/ Vorteile der anzuwendende(n) Technik
    - DATA Step, da einzige Alternative
    - Vorteile DATA Step
        - Die ganze Mächtigkeit des DATA Steps steht zur Verfügung
        - Schon beim Einlesen hat man die Möglichkeit, Umrechnungen usw. durchzuführen
- TIPP
    - Wenn man Einfluss nehmen kann, dann immer eine kommaseparierte Datei anfordern statt einer Datei mit Werten in fester Spaltenbreite
    - Alle Variablen in der gewünschten Zielreihenfolge zu Beginn deklarieren, ggf. mit FORMAT- und INFORMAT-Statement.
        - Danach nur noch einlesen mit INPUT-Statement.
- Spielstand nach diesem Arbeitsschritt
    - 1 : 0 für DATA Step
- Beispielprogramm

```
/**
    Einlesen der Rohdaten mit den Saisonergebnissen 2009/2010
    -   Die erste Zeile enthält Spaltenüberschriften
    -   Danach und nach jeder Datenzeile folgt immer eine
        Leerzeile
/**/
/**     Alternative 1: DATA Step mit INFILE
/**/
DATA Liga.Results;
    LENGTH
        Land                    $ 15
        Liga                    $ 20
        Saison                  $ 7
        AnzahlSpieltage         8
        AnzahlMannschaften      8
        Spieltag                8
        SpielAmSpieltag         8
        Datum                   8
        Uhrzeit                 8
        HeimVerein              $ 19
```

A. Bachert

```
        GastVerein              $ 19
        ToreHeim                8
        ToreGast                8
        HalbzeitHeim            8
        HalbzeitGast            8
        TotoResult              $ 1
    ;
    FORMAT
        Datum               DDMMYY10.
        Uhrzeit             TIME8.
    ;
    INFORMAT
        Datum               DDMMYY10.
        Uhrzeit             TIME8.
    ;
    INFILE "&g_sDataPath.\Tabelle_2009__Komplett.csv"
            DLM=';'
            MISSOVER
            DSD
    ;
    IF (_N_ GT 1) THEN DO;
        INPUT
            Land
            Liga
            Saison
            AnzahlSpieltage
            AnzahlMannschaften
            Spieltag
            SpielAmSpieltag
            Datum
            Uhrzeit
            HeimVerein
            GastVerein
            ToreHeim
            ToreGast
            HalbzeitHeim
            HalbzeitGast
            TotoResult
        ;
        IF (HeimVerein NE "") THEN DO;
            Output;
        END; /* IF Keine Leerzeile */
    END; /* Lesen ab der zweiten Zeile */
    ELSE DO;
        /* Einlesen, aber nicht verarbeiten der ersten
           Zeile mit den Spaltenüberschriften */
        INPUT ;
    END;

    Drop Land Liga AnzahlMannschaften AnzahlSpieltage;
RUN;
```

Base SAS

4.3 Erweitern der Struktur eines bestehenden Datasets

- Szenario
  - Hinzufügen neuer Spalten zu den Spielergebnissen, deren Werte sich aus den bestehenden Spalten berechnen lassen
  - Ziel dabei ist es, spätere Zugriffe zu vereinfachen
  - Beispiel:
    - Wie viele Punkte erreichte die Heimmannschaft durch das jeweilige Spiel?
    - Handelte es sich um ein Abendspiel?
- Zur Verfügung stehende Techniken
  - DATA Step mit SET auf die Ursprungsdatei
  - PROC SQL mit CREATE TABLE für Zwischendatei und SELECT auf die Ursprungsdatei
- Empfehlung für/ Vorteile der anzuwendende(n) Technik
  - DATA Step
    - Code gut strukturierbar und gut lesbar
    - Berechnung der neuen Werte gut steuerbar
    - Die Datei kann in einem Step mit sich selbst überschrieben werden, was beim PROC SQL nicht geht (Erzeugen einer neuen Datei, Löschen des Originals und Umbenennen nötig)
- Spielstand nach diesem Arbeitsschritt
  - DATA Step erhöht auf 2 : 0
- Beispielprogramm

```
/**
    Hinzufügen neuer Spalten je Spielpaarung, sowie Ermittlung
    der Werte für die neuen Spalten
    - Dadurch soll es später leichter werden, die
      Bundesliga-Tabelle zu berechnen und bestimmte Statistiken
      zu ermitteln
/**/
/** Alternative 1: DATA Step mit SET auf die Ursprungsdatei
/**/
DATA Liga.Results;
   SET Liga.Results;

   LENGTH
      PunkteHeim           4
      PunkteGast           4
      HalbzeitPunkteHeim   4
      HalbzeitPunkteGast   4
      SiegHeim             4
      RemisHeim            4
      NiederlageHeim       4
      SiegGast             4
      RemisGast            4
      NiederlageGast       4
```

```
            AbendSpiel              4
            WochenTag               4
        ;
    LABEL
        PunkteHeim               = "Punkte für Heimmannschaft"
        PunkteGast               = "Punkte für Gastmannschaft"
        HalbzeitPunkteHeim       = "Punkte zur Halbzeit für Heim-
mannschaft"
        HalbzeitPunkteGast       = "Punkte zur Halbzeit für Gast-
mannschaft"
        SiegHeim                 = "Sieg für Heimmannschaft (0
oder 1)"
        RemisHeim                = "Unentschieden für Heimmann-
schaft (0 oder 1)"
        NiederlageHeim           = "Niederlage für Heimmannschaft
(0 oder 1)"
        SiegGast                 = "Sieg für Gastmannschaft (0
oder 1)"
        RemisGast                = "Unentschieden für Gastmann-
schaft (0 oder 1)"
        NiederlageGast           = "Niederlage für Gastmannschaft
(0 oder 1)"
        AbendSpiel               = "Abendspiel nach 19:00? (0 oder
1)"
        WochenTag                = "Wochentag (6=Samstag)"
        ;

    /* Wochentag und Abendspiel ermitteln */
    AbendSpiel          = (Uhrzeit GT '19:00't);
    Wochentag           = IfN (WeekDay (Datum) EQ 1
                               , 7
                               , WeekDay (Datum) - 1);

    /* Erst einmal alles auf 0 setzen */
    PunkteHeim          = 0;
    PunkteGast          = 0;
    HalbzeitPunkteHeim  = 0;
    HalbzeitPunkteGast  = 0;
    SiegHeim            = 0;
    RemisHeim           = 0;
    NiederlageHeim      = 0;
    SiegGast            = 0;
    RemisGast           = 0;
    NiederlageGast      = 0;

    /* Daten für Halbzeit-Tabelle */
    IF (HalbzeitHeim GT HalbzeitGast) THEN DO;
       HalbzeitPunkteHeim   = 3;
    END; /* IF zur Halbzeit: Heimsieg */
    ELSE DO;
       IF (HalbzeitHeim EQ HalbzeitGast) THEN DO;
          HalbzeitPunkteGast  = 1;
```

```
        END; /* IF zur Halbzeit: Unentschieden */
        ELSE DO;
            HalbzeitPunkteGast   = 3;
        END; /* ELSE: Wenn zur Halbzeit: Gästesieg */
    END; /* IF zur Halbzeit: KEIN Unentschieden */

    /* Endresultat: Sieg und Niederlage auswerten */
    IF (ToreHeim GT ToreGast) THEN DO;
        PunkteHeim          = 3;
        SiegHeim            = 1;
        NiederlageGast      = 1;
    END; /* IF Heimsieg */
    ELSE DO;
        IF (ToreHeim EQ ToreGast) THEN DO;
            PunkteHeim      = 1;
            PunkteGast      = 1;
            RemisHeim       = 1;
            RemisGast       = 1;
        END; /* IF Unentschieden */
        ELSE DO;
            PunkteGast      = 3;
            NiederlageHeim  = 1;
            SiegGast        = 1;
        END; /* ELSE: Wenn Gästesieg */
    END; /* IF KEIN Unentschieden */

RUN;


/** Alternative 2: PROC SQL mit vielen CASE-Anweisungen
/**/
/**
* Zu Beginn die Ausgangssituation nach dem
  Einlesen wieder herstellen;
%INCLUDE "&g_sProgramPath.\11-Saison 2009_2010 einlesen.sas";
PROC SQL NOPRINT;
    CREATE TABLE Liga.Results_02 AS
        SELECT   a.*
               , CASE
                    WHEN (ToreHeim GT ToreGast) THEN 3
                    WHEN (ToreHeim EQ ToreGast) THEN 1
                    ELSE 0
                    END                     AS PunkteHeim
    LENGTH=4     LABEL="Punkte für Heimmannschaft"
               , CASE
                    WHEN (ToreHeim GT ToreGast) THEN 0
                    WHEN (ToreHeim EQ ToreGast) THEN 1
                    ELSE 3
                    END                     AS PunkteGast
    LENGTH=4     LABEL="Punkte für Gastmannschaft"
               , CASE
                    WHEN (HalbzeitHeim GT HalbzeitGast) THEN 3
```

```
                          WHEN (HalbzeitHeim EQ HalbzeitGast) THEN 1
                          ELSE 0
                          END                         AS HalbzeitPunkteHeim
  LENGTH=4       LABEL="Punkte zur Halbzeit für Heimmannschaft"
                     , CASE
                          WHEN (HalbzeitHeim GT HalbzeitGast) THEN 0
                          WHEN (HalbzeitHeim EQ HalbzeitGast) THEN 1
                          ELSE 3
                          END                         AS HalbzeitPunkteGast
  LENGTH=4       LABEL="Punkte zur Halbzeit für Gastmannschaft"
                     , (ToreHeim GT ToreGast)    AS SiegHeim
  LENGTH=4       LABEL="Sieg für Heimmannschaft (0 oder 1)"
                     , (ToreHeim EQ ToreGast)    AS RemisHeim
  LENGTH=4       LABEL="Unentschieden für Heimmannschaft (0 oder 1)"
                     , (ToreHeim LT ToreGast)    AS NiederlageHeim
  LENGTH=4       LABEL="Niederlage für Heimmannschaft (0 oder 1)"
                     , (ToreHeim LT ToreGast)    AS SiegGast
  LENGTH=4       LABEL="Sieg für Gastmannschaft (0 oder 1)"
                     , (ToreHeim EQ ToreGast)    AS RemisGast
  LENGTH=4       LABEL="Unentschieden für Gastmannschaft (0 oder 1)"
                     , (ToreHeim GT ToreGast)    AS NiederlageGast
  LENGTH=4       LABEL="Niederlage für Gastmannschaft (0 oder 1)"
                     , (Uhrzeit GT '19:00't)     AS AbendSpiel
  LENGTH=4       LABEL="Abendspiel nach 19:00? (0 oder 1)"
                     , CASE
                          WHEN (WeekDay (Datum) EQ 1)          THEN 7
                          ELSE (WeekDay (Datum) - 1)
                          END                         AS WochenTag
  LENGTH=4       LABEL="Wochentag (6=Samstag)"
         FROM    Liga.Results      a
     ;
  QUIT;

  * Jetzt noch die bisherige Zieldatei löschen und die neue,
    erweiterte Struktur umbenennen;
  PROC DATASETS NOLIST LIB   = Liga;
     DELETE
         Results
     ;
     CHANGE
         Results_02 = Results
     ;
  QUIT;
  /**/
```

4.4 Rohdaten aus externer Datei einlesen; Zielstruktur bereits vorhanden

- Szenario
    o Ergebnisse der Saison 2010/2011 sollen gleich in die erweiterte Struktur eingelesen werden.

- o Ziel dieses Einlese-Schritts ist eine Zwischendatei, die anschließend an die bisher bereits eingelesenen Ergebnisse angespielt werden soll.
  - o Der Unterschied zu Arbeitsschritt 4.2 ist der, dass es bereits ein Dataset gibt, in dem die Zielstruktur gespeichert ist (siehe TIPP).
- Zur Verfügung stehende Techniken
  - o DATA Step mit INFILE-Statement
- Empfehlung für/ Vorteile der anzuwendende(n) Technik
  - o DATA Step, da einzige Alternative
- TIPP
  - o SET auf das bereits vorhandene Dataset mit der Zielstruktur verwenden
    - Compiler liest die aktuelle Struktur ein und kennt somit die Deklaration der Zielvariablen
  - o Dabei im DATA Step durch geeignete Programmierung sicherstellen, dass dieses SET niemals ausgeführt wird
  - o Die Möglichkeit der Verwendung von mehreren SET- bzw. INFILE-Statements in einem DATA Step kann dadurch sehr effizient eingesetzt werden, die Definition der Variablen muss nicht noch einmal codiert werden, was sehr fehleranfällig wäre
- Spielstand nach diesem Arbeitsschritt
  - o 3 : 0 für DATA Step
- Beispielprogramm

```
/**
    Einlesen der Rohdaten mit den Saisonergebnissen 2010/2011
    - Hinweis: Aktuell nur bis incl. Spieltag 17
    - Die erste Zeile enthält Spaltenüberschriften
    - Danach und nach jeder Datenzeile folgt immer eine
      Leerzeile
    - Spiele, bei denen das Ergebnis noch nicht bekannt ist,
      haben in TotoResult den Wert 'X'
    - Die zusätzlichen Datenwerte, die der Zielstruktur im
      letzten Schritt hinzugefügt worden sind, werden direkt
      beim Einlesen ermittelt
    - Das Ergebnis steht zunächst in einer WORK-Datei und soll
      im nächsten Schritt an die bisherigen Ergebnisse
      angespielt werden
/**/
/**  Alternative 1: DATA Step mit INFILE
/**/
DATA WORK.Results_2010_2011;

    IF (1 EQ 2) THEN DO;
        /* - Der Compiler findet als erstes das SET-Statement
             und liest somit die Struktur der bisherigen
             Ergebnis-Datei ein und bereitet sie im
             Program Data Verctor (PDV) auf
           - Da aber zur Laufzeit 1 niemals gleich 2 sein wird,
             wird das SET Statement niemals ausgeführt :-)
```

```
        */
        SET Liga.Results (OBS = 0);
    END;

    /* Die Variablen, die nicht mehr in der Zieldatei enthalten
       sind, müssen hier deklariert werden */
    LENGTH
        Land                    $ 15
        Liga                    $ 20
        AnzahlSpieltage         8
        AnzahlMannschaften      8
    ;

    INFILE "&g_sDataPath.\Tabelle_2010__Komplett.csv"
            DLM=';'
            MISSOVER
            DSD
    ;
    IF (_N_ GT 1) THEN DO;
        INPUT
            Land
            Liga
            Saison
            AnzahlSpieltage
            AnzahlMannschaften
            Spieltag
            SpielAmSpieltag
            Datum
            Uhrzeit
            HeimVerein
            GastVerein
            ToreHeim
            ToreGast
            HalbzeitHeim
            HalbzeitGast
            TotoResult
        ;

        /* Leerzeilen und noch nicht durchgeführte Spiele werden
           übersprungen */
        IF (HeimVerein NE "") AND (TotoResult NE 'X') THEN DO;

            /* Wochentag und Abendspiel ermitteln */
            AbendSpiel              = (Uhrzeit GT '19:00't);
            Wochentag               = WeekDay (Datum);

            /* Erst einmal alles auf 0 setzen */
            PunkteHeim              = 0;
            PunkteGast              = 0;
            HalbzeitPunkteHeim      = 0;
            HalbzeitPunkteGast      = 0;
            SiegHeim                = 0;
```

```
            RemisHeim              = 0;
            NiederlageHeim         = 0;
            SiegGast               = 0;
            RemisGast              = 0;
            NiederlageGast         = 0;

            /* Daten für Halbzeit-Tabelle */
            IF (HalbzeitHeim GT HalbzeitGast) THEN DO;
                HalbzeitPunkteHeim    = 3;
            END; /* IF zur Halbzeit: Heimsieg */
            ELSE DO;
                IF (HalbzeitHeim EQ HalbzeitGast) THEN DO;
                    HalbzeitPunkteGast    = 1;
                END; /* IF zur Halbzeit: Unentschieden */
                ELSE DO;
                    HalbzeitPunkteGast    = 3;
                END; /* ELSE: Wenn zur Halbzeit: Gästesieg */
            END; /* IF zur Halbzeit: KEIN Unentschieden */

            /* Endresultat: Sieg und Niederlage auswerten */
            IF (ToreHeim GT ToreGast) THEN DO;
                PunkteHeim             = 3;
                SiegHeim               = 1;
                NiederlageGast         = 1;
            END; /* IF Heimsieg */
            ELSE DO;
                IF (ToreHeim EQ ToreGast) THEN DO;
                    PunkteHeim         = 1;
                    PunkteGast         = 1;
                    RemisHeim          = 1;
                    RemisGast          = 1;
                END; /* IF Unentschieden */
                ELSE DO;
                    PunkteGast         = 3;
                    NiederlageHeim     = 1;
                    SiegGast           = 1;
                END; /* ELSE: Wenn Gästesieg */
            END; /* IF KEIN Unentschieden */

            Output;
        END; /* IF Keine Leerzeile */
    END; /* Lesen ab der zweiten Zeile */
    ELSE DO;
        /* Einlesen, aber nicht verarbeiten der ersten Zeile
           mit den Spaltenüberschriften */
        INPUT ;
    END;

    Drop Land Liga AnzahlMannschaften AnzahlSpieltage;
RUN;
```

4.5 Anhängen der Zeilen eines Datasets an ein Anderes

- Szenario
  - Die soeben eingelesenen Ergebnisse der Hinrunde 2010/2011 sollen an das bestehende Dataset LIGA.RESULTS angehängt werden
    - Es wurde im Vorfeld sichergestellt, dass die Strukturen beider Datasets identisch sind
    - In diesem Schritt müssen also keinerlei zusätzliche Manipulationen durchgeführt werden
- Zur Verfügung stehende Techniken
  - PROC SQL mit INSERT-Statement, sowie SELECT-Statement, um die anzuhängenden Datensätze zu selektieren
  - DATA Step mit einem SET-Statement für beide Datasets
  - PROC APPEND als spezialisierte Prozedur
    - Geht nicht in die Bewertung ein
- Empfehlung für/ Vorteile der anzuwendende(n) Technik
  - PROC SQL
  - Nachteile DATA Step
    - Die Daten beider Datasets müssen komplett gelesen und geschrieben werden
    - Indizes und Constraints gehen durch das Neuschreiben verloren und müssen explizit neu angelegt werden
- Spielstand nach diesem Arbeitsschritt
  - PROC SQL kann verkürzen; nur noch 3 : 1 für DATA Step
- PROC APPEND
  - Vorteile: Es müssen nur die Daten der anzuhängenden Datei gelesen und geschrieben werden, Indices und Constraints in der Zieldatei bleiben erhalten
  - Nachteile: Wenn die Strukturen der Quell- und Zieldatei nicht identisch sind, muss man die OPTION FORCE verwenden und riskiert dabei Datenverlust
- Beispielprogramm

```
/**
    Einlesen der Rohdaten mit den Saisonergebnissen 2010/2011
    -   Hinweis: Aktuell nur bis incl. Spieltag 17
    -   Die erste Zeile enthält Spaltenüberschriften
    -   Danach und nach jeder Datenzeile folgt immer eine
        Leerzeile
    -   Die zusätzlichen Datenwerte werden direkt beim Einlesen
        ermittelt
    -   Das Ergebnis steht zunächst in einer WORK-Datei und soll
        im nächsten Schritt an die bisherigen Ergebnisse
        angespielt werden
/**/
/**     Alternative 1: PROC SQL mit INSERT
/**/
```

```
PROC SQL NOPRINT;
    INSERT INTO Liga.Results
        SELECT * FROM WORK.Results_2010_2011
    ;
QUIT;

/**   Alternative 2: DATA Step mit einem SET für beide Dateien
/**
DATA LIGA.Results;
    SET
        Liga.Results
        WORK.Results_2010_2011
    ;
RUN;
/**/

/**   Alternative 3: PROC APPEND
/**
PROC APPEND
    BASE = Liga.Results
    DATA = WORK.Results_2010_2011
    ;
QUIT;
/**/
```

4.6 Metatabellen mit Daten aus anderen Datasets anlegen

- Szenario
    - Für den nächsten Schritt wird die Liste aller vorkommenden Spieltag-Nummern einer beliebigen Saison benötigt
        - Ein Dataset mit einer Variablen, die die Spieltag-Nummer enthält
        - Das Dataset soll aufsteigend nach Spieltag-Nummer sortiert sein
- Zur Verfügung stehende Techniken
    - PROC SQL mit CEATE TABLE und SELECT DISTINCT-Statement
    - DATA Step, im Beispiel mit statischer Erzeugung der Spieltags-Nummern
    - PROC SORT mit NODUPKEY als spezialisierte Prozedur
        - Geht nicht in die Bewertung ein
- Empfehlung für/ Vorteile der anzuwendende(n) Technik
    - PROC SQL
        - Vorteil: Ergebnis kann gleich korrekt sortiert werden
    - Nachteile DATA Step
        - Die Anzahl Spieltage muss bekannt sein. Die vorliegende konkrete Anforderung kann mit einem DATA Step ohne aufwändige Vorbereitung sonst nicht umgesetzt werden
        - Hinweis: Im verwendeten DATA Step-Beispiel wird einfach davon ausgegangen, dass es 34 Spieltage gibt
    - Vorteil PROC SORT: kurz und bündig

- Spielstand nach diesem Arbeitsschritt
  - PROC SQL kommt näher heran; neuer Spielstand: 3 : 2 für DATA Step
- Beispielprogramm

```
/**
    Erzeugen eines neuen Datasets mit allen Spieltagen, die es
    geben kann
    -  Hinweis: Das ist eine Vorbereitung für den nächsten
       Schritt
/**/
/**    Alternative 1: PROC SQL mit SELECT DISTINCT
/**/
PROC SQL NOPRINT;
   CREATE TABLE SpielTage AS
      SELECT    Distinct (SpielTag)
      FROM      Liga.Results
      WHERE     Not Missing (Spieltag)
      ORDER BY  SpielTag
   ;
QUIT;

/**    Alternative 2: DATA Step
/**/
Data SpielTage;
   Do SpielTag = 1 To 34;
      Output;
   End;
Run;
/**    Alternative 3: PROC SORT mit NODUPKEY
/**/
PROC SORT NODUPKEY
   DATA = Liga.Results (KEEP = SpielTag)
   OUT  = SpielTage
   ;
   BY SpielTag;
RUN;
```

4.7 Kartesisches Produkt der Zeilen zweier Datasets

- Szenario
  - Es wird ein Dataset benötigt mit einem Datensatz pro Saison/Mannschaft und Spieltag
    - LIGA.LIGATABELLE
  - Diese Struktur soll gleichzeitig um zusätzliche Informationen erweitert werden wie z.B.
    - Datum, Tabellenplatz, PunkteHeute, PunkteGesamt, ...
  - Wir wollen also für jeden Mannschaftseintrag 34 Datensätze erhalten, um den jeweiligen Tabellenplatz usw. dieser Mannschaft am jeweiligen Spieltag speichern zu können

Base SAS

- Zur Verfügung stehende Techniken
  - PROC SQL mit CREATE TABLE und SELECT aus 2 Datasets ohne Angabe von JOIN-Bedingung
  - DATA Step mit zweitem SET und POINT-Option
- Empfehlung für/ Vorteile der anzuwendende(n) Technik
  - PROC SQL
  - Vorteil PROC SQL
    - Das kartesische Produkt ist die grundlegende Arbeitsweise des PROC SQL beim JOIN
    - Dataset kann gleich richtig sortiert werden
  - Nachteile DATA Step
    - Sehr aufwändig zu realisieren
    - Man muss selbst eine Schleife codieren, in der für jeden Datensatz aus Dataset 1 alle Datensätze des Datasets 2 eingelesen werden
    - Man muss selbst dafür Sorge tragen, dass der DATA Step terminiert und keine Endlosschleife resultiert
- TIPP
  - In diesem Ausnahmefall darf bei PROC SQL die SAS NOTE bzgl. des kartesischen Produkts ignoriert werden
- Spielstand nach diesem Arbeitsschritt
  - PROC SQL gleicht aus zum 3 : 3
- Beispielprogramm

```
/**
    Erzeugen eines neuen Datasets mit einem Datensatz pro
    Mannschaft und Spieltag
    -  Hinweis: Man benötigt ein kartesisches Produkt
/**/
/**  Alternative 1: PROC SQL mit SELECT Zugriff auf 2
     Tabellen ohne Join-Bedingung
/**/
PROC SQL NOPRINT;
    CREATE TABLE Liga.LigaTabelle_01 AS
        SELECT    a.Saison
                , b.Spieltag
                , 0               Format=DDMMYY10.   AS Datum
                , a.Team
                , 0                                  As TabellenPlatz
                , b.Spieltag                         As Spiele
                , 0                                  As PunkteHeute
                , 0                                  As TorePlusHeute
                , 0                                  As ToreMinusHeute
                , 0                                  As Punkte
                , 0                                  As Tordifferenz
                , 0                                  As TorePlus
                , 0                                  As ToreMinus
                , 0                                  As OK
        FROM      Liga.SaisonTeams   a
```

```
                    ,  SpielTage       b
         ORDER BY a.Saison
                  , a.Team
                  , b.Spieltag
   ;
Quit;


/**   Alternative 2: DATA Step mit zweitem SET und POINT-Option
/**
DATA Liga.LigaTabelle_01;
   /* RETAIN, für die gewünschte Variablenreihenfolge */
   RETAIN
      Saison
      Spieltag
      Datum
      Team
   ;

   SET Liga.SaisonTeams (KEEP = Saison Team) END=Letzter1;

   FORMAT
      Datum          DDMMYY10.
   ;
   /* Schleife, in der für jeden Datensatz aus Dataset 1 alle
      Datensätze des Datasets 2 eingelesen werden */
   DO RecNum = 1 TO Anzahl2;
         /* NOBS-Option: Anzahl der zu lesenden Datensätze,
            POINT-Option: Lesen zweites Dataset Satz für Satz */
         SET SpielTage (KEEP=Spieltag) POINT=RecNum NOBS=Anzahl2;

         Datum          = 0;
         TabellenPlatz  = 0;
         Spiele         = Spieltag;
         PunkteHeute    = 0;
         TorePlusHeute  = 0;
         ToreMinusHeute = 0;
         Punkte         = 0;
         Tordifferenz   = 0;
         TorePlus       = 0;
         ToreMinus      = 0;
         OK             = 0;

         OUTPUT;
   END;

   *  -  Wenn der letzte Datensatz aus Dataset 1 verarbeitet
         ist, wird gestoppt.
      -  Sonst: Nächste Iteration im DATA Step
   ;
   IF (Letzter1 EQ 1) THEN DO;
      STOP;
```

```
        END;
     ELSE DO;
        RETURN;
     END;

     DROP RecNum;
RUN;
/**/
```

4.8 Daten eines Datasets aktualisieren mit Werten einer Nachschlagetabelle

- Szenario
    - o Im Dataset LIGA.LIGATABELLE sollen pro Saison, Team und Spieltag die erreichten Punkte und Tore kumuliert werden, so dass anschließend die Punktetabelle je Spieltag ermittelt werden kann
        - Benötigt werden aus LIGA.RESULTS: Datum, ToreHeim und ToreGast
    - o Problem
        - Einfacher Join geht nicht, da das Team ja Heim- oder Gastmannschaft sein kann
- Zur Verfügung stehende Techniken
    - o DATA Step mit BY-Verarbeitung
    - o SQL Join bzw. SQL SELECT mit Formaten scheidet aus, da nicht in einem Schritt realisierbar
- Empfehlung für/ Vorteile der anzuwendende(n) Technik
    - o DATA Step
    - o Vorteile DATA Step
        - Mit HASHTABLE-Lookup können gleichzeitig mehrere Schlüssel abgeglichen und mehrere Zielwerte übernommen werden
        - Die Hashtabelle muss vorher nicht sortiert sein
        - Die Hashtabelle wird in den Hauptspeicher gelesen, wodurch das Nachschlagen sehr schnell geht (Vorsicht bei sehr großen Tabellen wegen Speicherplatz!)
        - Mehrere Hashtabellen sind möglich
        - BY- Verarbeitung im DATA Step ermöglicht Kumulieren
- TIPP
    - o Hat man variable Joins, ggf. unterschiedliche Nachschlage-Tabellen mit unterschiedliche Nachschlage-Werten
        - => DATA Step mit HASHTABLE-Lookup
- Spielstand nach diesem Arbeitsschritt
    - o Erneute Führung für DATA Step 4 : 3
- Beispielprogramm

```
/**
   Füllen der Ligatabelle mit den Ergebnissen der einzelnen
```

A. Bachert

```
        Spieltage, um somit die Daten für die Ermittlung des
        aktuellen Tabellenstand jedes Teams an jedem Spieltag zu
        erhalten
        -  Hinweis: Join geht hier nicht (so richtig), da man das
           Team einmal gegen die Variable 'HeimVerein' und einmal
           gegen die Variable 'GastVerein' mergen muss
        -  Man muss die bestehende Zieldatei überarbeiten, wobei
           die zu verwendenden Werte in WORK.Results
           nachgeschlagen werden müssen
/**/
/**   Alternative 1: DATA Step mit Lookup via HASHTABLE
/**/
DATA Liga.LigaTabelle_02;
   LENGTH
      bTeamGefunden         3
   ;

   SET Liga.LigaTabelle_01;
   /* Lag-Funktion kann nicht verwendet werden, da der Wert der
      Lag-Variable selbst geändert wird.
      Deshalb: RETAIN, um Punkte und Tore zu kumulieren */
   RETAIN
      PrevPunkte
      PrevTorePlus
      PrevToreMinus
   ;

   BY Saison Team Spieltag;

   IF (_N_ EQ 1) THEN DO;
      IF (1 EQ 2) THEN DO;
         /* - siehe 4.4 */
         SET Liga.Results (OBS    = 0
                           KEEP   = Saison Spieltag Datum
                                    HeimVerein GastVerein
                                    ToreHeim ToreGast
                          );
      END;

      DECLARE hash luHeim (dataset: "Liga.Results");
      luHeim.definekey  ("Saison", "Spieltag", "HeimVerein");
      luHeim.definedata ("Datum", "ToreHeim", "ToreGast");
      luHeim.definedone ();

      DECLARE hash luGast (dataset: "Liga.Results");
      luGast.definekey  ("Saison", "Spieltag", "GastVerein");
      luGast.definedata ("Datum", "ToreHeim", "ToreGast");
      luGast.definedone ();

   END; /* Hash-Objekt nur bei erster Iteration deklarieren */

   bTeamGefunden     = 0;
```

```
/* - Zunächst schauen, ob das aktuelle Team am aktuellen
     Spieltag eine Heimmannschaft war.
   - Ein Treffer wird an iRC=0 erkannt und die
     Nachschlagewerte stehen automatisch in den Variablen
     "Datum", "ToreHeim", "ToreGast" zur Verfügung
*/
HeimVerein    = Team;
iRC = luHeim.find();
IF (iRC EQ 0) THEN DO;
   bTeamGefunden   = 1;
   TorePlusHeute   = ToreHeim;
   ToreMinusHeute  = ToreGast;
END; /* Wenn die aktuelle Mannschaft Heimrecht hatte */
ELSE DO;
   /* Nun schauen, ob das aktuelle Team am aktuellen
      Spieltag eine Gastmannschaft war */
   GastVerein    = Team;
   iRC = luGast.find();
   IF (iRC EQ 0) THEN DO;
      bTeamGefunden   = 1;
      TorePlusHeute   = ToreGast;
      ToreMinusHeute  = ToreHeim;
   END; /* Wenn die aktuelle Mannschaft Heimrecht hatte */
END; /* ELSE: Wenn die Mannschaft KEIN Heimrecht hatte */

IF (bTeamGefunden GT 0) THEN DO;
   /* Nun werden die neuen Werte aus den nachgeschlagenen
      Werten berechnet */
   IF (TorePlusHeute GT ToreMinusHeute) THEN DO;
      PunkteHeute   = 3;
   END; /* IF Heimsieg */
   ELSE DO;
      IF (TorePlusHeute EQ ToreMinusHeute) THEN DO;
         PunkteHeute   = 1;
      END; /* IF Unentschieden */
      ELSE DO;
         PunkteHeute   = 0;
      END; /* ELSE: Wenn Heimniederlage */
   END; /* ELSE: Wenn KEIN Heimsieg */

   IF (First.Team EQ 1) THEN DO;
      Punkte        = PunkteHeute;
      TorePlus      = TorePlusHeute;
      ToreMinus     = ToreMinusHeute;
   END; /* IF neues Team wird kumuliert */
   ELSE DO;
      Punkte        = Sum (PrevPunkte,    PunkteHeute);
      TorePlus      = Sum (PrevTorePlus,  TorePlusHeute);
      ToreMinus     = Sum (PrevToreMinus, ToreMinusHeute);
   END; /* ELSE: Team-Kumulierung wird fortgesetzt */
```

```
            Tordifferenz    = Sum (TorePlus,        -ToreMinus);

      END; /* Wenn die Nachschlage-Werte für die aktuelle
              Mannschaft am aktuellen Spieltag gefunden wurden */
      ELSE DO;
         /* An aktuellen Spieltag liegt für die aktuelle
            Mannschaft noch kein Spielergebnis in Results vor
         */
         _ERROR_ = 0;
      END; /* ELSE: Wenn für die Mannschaft am Spieltag kein
                    Spielergebnis vorliegt */

      /* Registrieren, ob dieser Datensatz
         (Spieltag und Verein) bereits verarbeitet ist */
      OK              = bTeamGefunden;
      PrevPunkte      = Punkte;
      PrevTorePlus    = TorePlus;
      PrevToreMinus   = ToreMinus;

      OUTPUT;

      /* Nicht benötigte Variablen loswerden */
      DROP  iRC bTeamGefunden HeimVerein GastVerein
            ToreHeim ToreGast
            PrevPunkte PrevTorePlus PrevToreMinus
      ;

RUN;

/**
   Abschließend wird die Tabellenplatzierung jedes Teams an
   jedem Spieltag ermittelt.
   Es muss berücksichtigt werden, dass bei Punktgleichheit
   in Verbindung mit gleicher Tordifferenz und in Verbindung
   mit gleicher Anzahl geschossener Tore der gleiche Platz
   eingenommen wird.
   - Hinweis: Als Vorbereitung wird die Ligatabelle nach
     entsprechenden Variablen sortiert
/**/
/**    Alternative 1: DATA Step mit BY-Verarbeitung
/**/
PROC SORT
   DATA = Liga.LigaTabelle_02
   OUT  = Liga.LigaTabelle_03;
   BY  Saison
       Spieltag
       Descending      Punkte
       Descending      Tordifferenz
       Descending      TorePlus
   ;
RUN;
```

Base SAS

```
DATA Liga.LigaTabelle;

   SET Liga.LigaTabelle_03;

   BY Saison Spieltag;

   RETAIN
      CurRang            0
      CurTeam            0
   ;

   IF (First.Spieltag EQ 1) THEN DO;
      CurRang     = 0;
      CurTeam     = 0;
   END; /* IF neuer Spieltag beginnt */

   CurTeam        = CurTeam + 1;

   IF ((Punkte NE Lag (Punkte))
       OR (Tordifferenz NE Lag (Tordifferenz))
       OR (TorePlus NE Lag (TorePlus))) THEN DO;
      CurRang     = CurTeam;
   END; /* IF die aktuelle Mannschaft ist NICHT punkt- und
           torgleich mit der vorherigen */

   Tabellenplatz = CurRang;

   /* Nicht benötigte Variablen loswerden */
   DROP CurRang CurTeam;

RUN;
```

4.9 Subset einer Tabelle in einem WORK-Dataset speichern

- Szenario
    - Die Datenaufbereitung ist abgeschlossen und es kann mit den Auswertungen können begonnen werden
    - Für die geplanten Auswertungen sollen Hilfsdateien mit Daten einer Saison und eines bestimmten Teams in dieser Saison erzeugt werden
        - LIGA.LIGATABELLE und LIGA.ERGEBNISSE müssen gefiltert werden
    - Die Aufgabe lautet demnach: Einfaches Filtern von Datasets ohne zusätzliche Manipulationen

- Zur Verfügung stehende Techniken
    - PROC SQL mit CREATE TABLE, SELECT FROM und WHERE-Statement
    - DATA Step mit SET und WHERE-Statement

A. Bachert

- Empfehlung für/ Vorteile der anzuwendende(n) Technik
    - Keine der Varianten hat herausragende Vor- oder Nachteile
- TIPP
    - Wenn das Ergebnis sortiert sein soll, ist PROC SQL im Vorteil, da kein separater Sortierschritt notwendig ist.
- Spielstand nach diesem Arbeitsschritt
    - Es bleibt beim 4 : 3 für den DATA Step
- Beispielprogramm

```
%LET p_sSaison    = 2009/10;
%LET p_sTeam      = SC Freiburg;

/**
    Abschließend werden Staistiken für eine Saison bzw. für
    ein bestimmtes Team in dieser Saison aufbereitet.
    -   Die Ergebnistabelle und die Ligatabelle müssen für die
        Auswertung entsprechend gefiltert werden.
    -   Saison und Team werden als Macrovariablen gesetzt. So
        lässt sich schnell eine andere Auswertung durchführen.
/**/
/**     Alternative 1: PROC SQL
/**/
PROC SQL;
   CREATE TABLE WORK.ltSaison AS
   SELECT      *
      FROM     LIGA.LIGATABELLE
      WHERE    Saison      EQ "&p_sSaison."
      AND      OK          EQ 1
      ORDER BY Spieltag
             , TabellenPlatz
   ;
QUIT;


PROC SQL;
   CREATE TABLE WORK.ltSaisonTeam AS
   SELECT      *
      FROM     WORK.ltSaison
      WHERE    Team        EQ "&p_sTeam."
      ORDER BY Saison
             , Spieltag
   ;
QUIT;


/**     Alternative 2: DATA Step
/**/
DATA WORK.resSaison;
   SET LIGA.RESULTS;
   WHERE (Saison EQ "&p_sSaison.");
RUN;
```

```
DATA  WORK.resSaisonTeam;
   SET WORK.resSaison;
   WHERE      HeimVerein   EQ  "&p_sTeam."
   OR         GastVerein   EQ  "&p_sTeam."
   ;
RUN;

PROC SORT
   DATA  =   WORK.resSaison;
   BY        Spieltag
             SpielAmSpieltag
   ;
RUN;
PROC SORT
   DATA  =   WORK.resSaisonTeam;
   BY        Spieltag
             SpielAmSpieltag
   ;
RUN;
```

4.10 Einzelstatistiken ermitteln und Ergebnisse in Makrovariablen speichern

- Szenario
    - o Einzelfragen sollen beantwortet werden können
        - Welches Team hat die meisten Tore in einem Spiel geschossen?
        - In welchem Spiel fielen die meisten Tore?
        - Hat der Spielbeginn (vor oder nach 19:00) einen Einfluss auf die Heimspiel-Bilanz?
        - ...
- Zur Verfügung stehende Techniken
    - o PROC SQL mit SELECT INTO-Statement
    - o DATA Step mit CALL SYMPUTX-Routine
- Empfehlung für/ Vorteile der anzuwendende(n) Technik
    - o Beide Varianten haben hier ihre Vorteile; kein Sieger
    - o Vorteile PROC SQL
        - Einfache Schreibweise
        - Mehrere Werte als Zeichenkette oder als Makro-Variablenlisten abrufbar
    - o Vorteile DATA Step
        - Mittels BY-Verarbeitung können mehrere Aggregationsstufen gleichzeitig ausgewertet werden
- Spielstand nach diesem Arbeitsschritt
    - o Keine Ergebnisänderung mehr. Es bleibt beim 4 : 3 für den DATA Step

A. Bachert

- Beispielprogramm

```
/**
    Einzelstatistiken (z.B. wer hat wann die meisten Tore in
    der gewählten Saison geschossen) werden erzeugt
/**/
/**    Alternative 1: PROC SQL
/**/
/* Wer hat wann die meisten Tore geschossen?
   (mta=Max. Tore Absolut) */
PROC SQL NOPRINT;
    SELECT      "Am meisten erzielte Tore"
                ,   Team
                ,   Spieltag
                ,   Datum
                ,   TorePlusHeute
        INTO    :mta_Descr1          -  :mta_Descr18
                ,   :mta_Team1       -  :mta_Team18
                ,   :mta_Spieltag1   -  :mta_Spieltag18
                ,   :mta_Datum1      -  :mta_Datum18
                ,   :mta_MaxTore1    -  :mta_MaxTore18
        FROM    ltSaison
        HAVING  TorePlusHeute EQ Max (TorePlusHeute)
    ;
QUIT;
%LET mta_Count   = &SQLOBS.;

/* In welchem Spiel sind die meisten Tore gefallen?
   (mtsp=Max. Tore in einem Spiel) */
PROC SQL NOPRINT;
    SELECT      "Spiel mit den meisten Toren"
                ,   HeimVerein
                ,   GastVerein
                ,   Spieltag
                ,   Datum
                ,   ToreHeim
                ,   ToreGast
                ,   ToreHeim + ToreGast      AS ToreGesamt
        INTO    :mtsp_Descr1         -  :mtsp_Descr18
                ,   :mtsp_Heim1      -  :mtsp_Heim18
                ,   :mtsp_Gast1      -  :mtsp_Gast18
                ,   :mtsp_Spieltag1  -  :mtsp_Spieltag18
                ,   :mtsp_Datum1     -  :mtsp_Datum18
                ,   :mtsp_ToreHeim1  -  :mtsp_ToreHeim18
                ,   :mtsp_ToreGast1  -  :mtsp_ToreGast18
                ,   :mtsp_MaxTore1   -  :mtsp_MaxTore18
        FROM    resSaison
        HAVING  (ToreHeim+ToreGast) EQ Max (ToreHeim+ToreGast)
    ;
QUIT;
%LET mtsp_Count  = &SQLOBS.;
```

Base SAS

```sas
/* Dataset erzeugen, in dem die Einzelstatistiken gespeichert
   werden. Dieses Dataset kann dann wiederum mit Report-
   Prozeduren ausgewertet werden.
*/
DATA Liga.Einzelstatistik;
   Length
      Anzahl                  8
      i                       8
      MacVar                  $50
      Statistik               $100
      SpielTag                4
      Datum                   8
      Team1                   $50
      Team2                   $50
      ToreTeam1               4
      ToreTeam2               4
      ToreGesamt              4
   ;
   Format
      Datum                        ddmmyy10.
   ;

   Anzahl        = SymgetN ('mta_Count');
   DO i = 1 TO Anzahl;
      MacVar        = CatS ('mta_Descr', i);
      Statistik     = Symget (MacVar);
      MacVar        = CatS ('mta_Spieltag', i);
      SpielTag      = SymgetN (MacVar);
      MacVar        = CatS ('mta_Datum', i);
      Datum         = Input (Symget (MacVar), ddmmyy10.);
      MacVar        = CatS ('mta_Team', i);
      Team1         = Symget (MacVar);
      MacVar        = CatS ('mta_MaxTore', i);
      ToreTeam1     = SymgetN (MacVar);
      ToreGesamt    = ToreTeam1;
      OUTPUT;
   END; /* Über alle Teams,. die die meisten Tore
           geschossen haben */

   Anzahl        = SymgetN ('mtsp_Count');
   DO i = 1 TO Anzahl;
      MacVar        = CatS ('mtsp_Descr', i);
      Statistik     = Symget (MacVar);
      MacVar        = CatS ('mtsp_Spieltag', i);
      SpielTag      = SymgetN (MacVar);
      MacVar        = CatS ('mtsp_Datum', i);
      Datum         = Input (Symget (MacVar), ddmmyy10.);
      MacVar        = CatS ('mtsp_Heim', i);
      Team1         = Symget (MacVar);
      MacVar        = CatS ('mtsp_Gast', i);
      Team2         = Symget (MacVar);
      MacVar        = CatS ('mtsp_ToreHeim', i);
```

```
              ToreTeam1      = SymgetN (MacVar);
              MacVar         = CatS ('mtsp_ToreGast', i);
              ToreTeam2      = SymgetN (MacVar);
              ToreGesamt     = Sum (ToreTeam1, ToreTeam2);
              OUTPUT;
         END; /* Über alle Begegnungen, in denen die meisten Tore
                 insgesamt fielen */

         DROP i Anzahl MacVar;
     RUN;


     /**
         Einzelstatistiken (z.B. hat der Spielbeginn einen Einfluss
         auf die Heimbilanz?)
     /**/
     /**    Alternative 1: PROC SQL, um einzelne Statistiken in
                            Macrovariablen zu speichern und
                            anschließend DATA Step, wo diese Werte
                            wiederverwendet werden
     /**/
     /* Zunächst bestimmte Statistiken ermitteln */
     PROC SQL NOPRINT;
         SELECT       Count (HeimVerein)
         INTO         :g_iHeimSiege
         FROM         resSaison
         WHERE        SiegHeim            EQ 1
         ;
         SELECT       Count (HeimVerein)
         INTO         :g_iHeimRemis
         FROM         resSaison
         WHERE        RemisHeim           EQ 1
         ;
         SELECT       Count (HeimVerein)
         INTO         :g_iHeimNiederlage
         FROM         resSaison
         WHERE        NiederlageHeim      EQ 1
         ;
     QUIT;
     /* Zusätzliche Werte mit MACRO - Programmierung oder
        'DATA _NULL_ Step' ermitteln und nicht erneut selektieren
        -> Performance-Aspekt
     */
     %LET g_iAnzahlSpiele        = %EVAL (&g_iHeimSiege.
                                         + &g_iHeimRemis.
                                         + &g_iHeimNiederlage.
                                         );
     %LET g_iGastSiege           = &g_iHeimNiederlage.;
     %LET g_iGastRemis           = &g_iHeimRemis.;
     %LET g_iGastNiederlage      = &g_iHeimSiege.;
     DATA _NULL_;
        iAnzahlSpiele            = SymgetN ('g_iAnzahlSpiele');
```

```sas
      iHeimSiege           = SymgetN ('g_iHeimSiege');
      iHeimRemis           = SymgetN ('g_iHeimRemis');
      iHeimNiederlage      = SymgetN ('g_iHeimNiederlage');

      nQuoteHS = Round (iHeimSiege      / iAnzahlSpiele, 0.01);
      nQuoteHR = Round (iHeimRemis      / iAnzahlSpiele, 0.01);
      nQuoteHN = Round (iHeimNiederlage / iAnzahlSpiele, 0.01);

      Call SymputX ('g_nQuoteHeimSieg',      nQuoteHS);
      Call SymputX ('g_nQuoteHeimRemis',     nQuoteHR);
      Call SymputX ('g_nQuoteHeimNiederlage', nQuoteHN);
RUN;
%PUT g_nQuoteHeimSieg: &g_nQuoteHeimSieg.;

/* Zwischendatei mit weiteren Zwischenergebnissen erzeugen */
PROC SQL NOPRINT;
   CREATE TABLE AbendSpiele AS
      SELECT   AbendSpiel
             , Count (HeimVerein)       AS AnzSpiele
             , Sum (ToreHeim)            AS ToreHeim
             , Sum (ToreGast)            AS ToreGast
             , Sum (HalbzeitHeim)        AS HalbzeitHeim
             , Sum (HalbzeitGast)        AS HalbzeitGast
             , Sum (PunkteHeim)          AS PunkteHeim
             , Sum (PunkteGast)          AS PunkteGast
             , Sum (HalbzeitPunkteHeim)  AS HalbzeitPunkteHeim
             , Sum (HalbzeitPunkteGast)  AS HalbzeitPunkteGast
             , Sum (SiegHeim)            AS SiegHeim
             , Sum (RemisHeim)           AS RemisHeim
             , Sum (NiederlageHeim)      AS NiederlageHeim
             , Sum (SiegGast)            AS SiegGast
             , Sum (RemisGast)           AS RemisGast
             , Sum (NiederlageGast)      AS NiederlageGast
      FROM     resSaison
      GROUP BY AbendSpiel
      ORDER BY AbendSpiel
   ;
QUIT;

/* Aufbereiten eines Datasets, das die Heimsieg-Quoten in
   Abhängigkeit des Spielbeginns ausweist
   Dieses Dataset kann dann wiederum mit Report-Prozeduren
   ausgewertet werden.
*/
DATA Liga.AbendSpielStatistik;
   SET AbendSpiele;

   Length
      Typ          $30
   ;

   Typ      = "01 - HeimSieg";
```

```
Quote     = Round (SiegHeim          / AnzSpiele, 0.01);
GesQuote  = &g_nQuoteHeimSieg.;
Output;

Typ       = "02 - Remis";
Quote     = Round (RemisHeim         / AnzSpiele, 0.01);
GesQuote  = &g_nQuoteHeimRemis.;
Output;

Typ       = "03 - HeimNiederlage";
Quote     = Round (NiederlageHeim    / AnzSpiele, 0.01);
GesQuote  = &g_nQuoteHeimNiederlage.;
Output;

KEEP
    AbendSpiel
    Typ
    Quote
    GesQuote
;
RUN;
```

5 Abschließende Betrachtungen

Das Tutoriums-Projekt hat gezeigt, dass es keinen eindeutigen Favoriten zwischen den beiden grundlegenden Methoden der Datenmanipulation in SAS gibt.

Es gibt genügend Szenarien, wo es eigentlich keine Rolle spielt, welches Verfahren man anwendet. Andererseits hängt es immer vom Einzelfall ab, ob eine Variante im Vorteil ist.

Ein möglicher Aspekt im Vergleich der beiden Methoden könnte der Performanceaspekt sein. Hat der DATA Step Performancevorteile gegenüber dem PROC SQL oder umgekehrt?

Leider bringt auch dieses Thema keine Wende. Wenn Performance relevant ist, muss man wiederum im Einzelfall prüfen, wie vorzugehen ist.

- In Bezug auf Performance ist sicher eine der wichtigsten Regeln, dass die Anzahl der Verarbeitungsschritte so weit wie möglich reduziert werden sollte, unabhängig davon, ob es sich um DATA Steps oder PROC SQLs handelt.

Abschließend werden in den folgenden beiden Abschnitten die Vorteile bzw. Alleinstellungsmerkmale der beiden Verfahren aufgelistet.

5.1 Vorteile/Alleinstellungsmerkmale für DATA Step

- Einlesen von Rohdaten aus Textdateien
- Einlesen von mehreren Rohdaten/Datasets/Tabellen in einem Step möglich
    o Sequentieller als auch direkter Zugriff (KEY=/POINT=) mittels SET-Statement möglich
- Erzeugen mehrerer Ausgabe-Datasets in einem Step möglich

Base SAS

- Bei MERGE können gleichzeitig die „Volltreffer", die „linken" und die „rechten" Treffer separiert werden
- Komplette Mächtigkeit einer (prozeduralen) Programmiersprache im DATA Step
    - Ablaufsteuerung (IF/THEN/ELSE; DO WHILE/UNTIL; …)
    - Spezielle DATA Step – Funktionen
    - Objektorientierte Erweiterungen
        - HASH-Tabellen – Objekte
        - PRX-Funktionen
- BY-Verarbeitung für sehr flexible Steuerung (z.B. bei Aggregationen)
    - Erfordert vorherige Sortierung bzw. Indexierung!

5.2 Vorteile/Alleinstellungsmerkmale für PROC SQL

- Bilden eines Kartesischen Produkts der Zeilen zweier Datasets
- Nicht nur EQUI-JOINS sind möglich
    - Z.B.: WHERE a.X GT b.Y
- Datasets müssen vor einem JOIN nicht sortiert sein
- Sortieren der Ergebnismenge im gleichen Schritt möglich
- Einfaches Aggregieren (incl. Bedingungsfestlegung für aggregierte Werte)
    - GROUP BY (in Kombination mit HAVING)
- In einem Step können Gruppenergebnisse in Relation zu Gesamtergebnissen gesetzt werden
    - Anteilsberechnung (Stichwort: REMERGING …)
- Sehr einfaches Abspeichern von Werten in Macrovariablen

Klinische/Epidemiologische Anwendungen I

Die Berechnung adjustierter NNTs in randomisierten kontrollierten Studien

Ralf Bender
Institut für Qualität und
Wirtschaftlichkeit im
Gesundheitswesen (IQWiG)
Dillenburger Str. 27
D-51105 Köln
Ralf.Bender@iqwig.de

Volker Vervölgyi
Institut für Qualität und
Wirtschaftlichkeit im
Gesundheitswesen (IQWiG)
Dillenburger Str. 27
D-51105 Köln
Volker.Vervoelgyi@iqwig.de

Zusammenfassung

Das Maß "Number Needed to Treat" (NNT) wird seit einigen Jahren vor allem in der Ergebnisdarstellung randomisierter kontrollierter Studien (RCTs) verwendet. NNT gibt die durchschnittliche Anzahl von Patienten an, die behandelt werden müssen, um in einem bestimmten Zeitraum ein (ungünstiges) Ereignis zu verhindern. Für Anwendungen in der Epidemiologie wurde im Rahmen der logistischen Regression der "Average Risk Difference" (ARD) Ansatz entwickelt, um NNTs zu schätzen, die für wichtige Kovariablen adjustiert sind. Das Averaging erfolgt hierbei getrennt für exponierte und nicht exponierte Personen, um eine mögliche unterschiedliche Verteilung der Kovariablen zu berücksichtigen.
In dieser Arbeit wird der ARD-Ansatz zur Schätzung adjustierter NNTs in RCTs mit balancierten Kovariablen angewendet. In RCTs ist es sinnvoll über die gesamte Stichprobe zu mitteln, da alle eingeschlossenen Patienten für eine Behandlung in Frage kommen. Es wird ein SAS/IML®-Makro zur Berechnung adjustierter NNTs mit Konfidenzintervallen für die Anwendung in randomisierten kontrollierten Studien vorgestellt und auf einen Beispieldatensatz angewendet.

Schlüsselwörter: Balancierte Kovariablen, Konfidenzintervalle, Logistische Regression, Number Needed to Treat (NNT), Odds Ratio (OR), Randomisierte kontrollierte Studie

1 Einleitung

Das Maß "Number Needed to Treat" (NNT) ist ein populäres Effektmaß, um den absoluten Effekt einer neuen Behandlung im Vergleich zu einer Standardbehandlung bzw. Placebo in randomisierten kontrollierten Studien (RCTs) mit binären Endpunkten darzustellen (Bender, 2005). Das Maß NNT wird auch in der Epidemiologie zum Vergleich exponierter und nicht exponierter Personen angewendet (Bender & Blettner, 2002; Bender et al., 2007). Im Rahmen der logistischen Regression wurde eine Methode zur Schätzung von NNTs mit Adjustierung für Confounder entwickelt unter Verwendung des "Average Risk Difference" (ARD) Ansatzes (Bender et al., 2007; Austin, 2010a). Zur Durchführung der notwendigen Berechnungen wurden SAS/IML®-Makros entwickelt (Bender et al., 2006, 2007). Im Kontext von Kohortenstudien wird hierbei getrennt über exponierte und nicht exponierte Personen gemittelt, um eine möglich unterschiedliche Verteilung der Confounder zwischen exponierten und nicht exponierten Personen zu berücksichtigen (Bender & Kuss, 2010). In Abhängigkeit der Datensituation und der Fragestellung kann jedoch auch ein Mitteln über die gesamte Stichprobe sinnvoll sein (Austin, 2010b; Bender & Kuss, 2010). Im Fall eines RCT mit balancierten Kovariablen ist es sinnvoll über die gesamte Stichprobe zu mitteln, da alle eingeschlossenen Patienten für eine Behandlung in Frage kommen.

Es ist bekannt, dass die Adjustierung für balancierte Kovariablen in der logistischen Regression auf der einen Seite zu einem Verlust an Präzision, auf der anderen Seite aber dennoch zu einer höheren Effizienz des Signifikanztests auf Behandlungseffekt führt (Hauck et al., 1991; Robinson & Jewell, 1991; Hauck et al., 1998; Negassa & Hanley, 2007). Der Grund für dieses zunächst widersprüchlich erscheinende Ergebnis ist die Tatsache, dass bei der logistischen Regression die Vernachlässigung balancierter Kovariablen zu einem Bias in Richtung Nulleffekt führt. Allerdings beziehen sich diese Ergebnisse auf die Schätzung der Regressionskoeffizienten und der entsprechenden Odds Ratios (ORs), also auf relative Effektmaße (Bender & Vervölgyi, 2010).

Vervölgyi (2010) sowie Bender & Vervölgyi (2010) haben in einer umfangreichen Simulationsstudie den Effekt der Adjustierung für balancierte Kovariablen auf die Schätzung absoluter Effektmaße, nämlich Risikodifferenz (RD) und NNT untersucht. Es konnte gezeigt werden, dass bezüglich der absoluten Effektmaße die Vernachlässigung balancierter Kovariablen nicht zu einem Bias führt. Allerdings bewirkt die Adjustierung hier einen Präzisionsgewinn, d.h. es ergeben sich kleinere Standardfehler (SEs) und kürzere Konfidenzintervalle (KIs), vor allem, wenn die Kovariablen starke Prädiktoren darstellen.

In dieser Arbeit wird das neue SAS/IML®-Makro "nnt_adj.sas" zur Berechnung von Punkt- und Intervallschätzern für adjustierte NNTs im Rahmen randomisierter kontrollierter Studien vorgestellt und auf einen Beispieldatensatz angewendet.

2 Methode

2.1 Das Maß Number Needed to Treat (NNT)

Im einfachen Fall einer Studie, in der 2 Gruppen bezüglich einer binären Zielvariable (z.B. Mortalität) verglichen werden und Kovariablen keine Rolle spielen, stellt die gewöhnliche Vierfeldertafel die wesentliche Datengrundlage dar. Aus dieser lassen sich durch relative Häufigkeiten die Risiken in beiden Gruppen schätzen. Der Kehrwert der entsprechenden Risikodifferenz ergibt das Maß NNT (Bender, 2005).

Durch Verwendung der erweiterten Bezeichnung "Number Needed to Treat for 1 Person to Benefit" (NNTB) sowie "Number Needed to Treat for 1 Person to Be Harmed" (NNTH) lässt sich gezielt die Richtung des Effekts angeben. Diese Terminologie ist insbesondere bei der Darstellung von Konfidenzintervallen bei nicht signifikanten Ef-

Klinische/Epidemiologische Anwendungen I

fekten von Bedeutung, da in diesem Fall der Konfidenzbereich für NNT aus 2 Teilen besteht (Bender, 2005).

Die Berechnung von Konfidenzintervallen kann in den meisten praxis-relevanten Fällen mit Hilfe der Wilson Score Methode erfolgen (Bender, 2005). Hierfür steht ein SAS/IML®-Programm zur Verfügung (Bender, 2000).

2.2 Adjustierte NNTs in nicht-randomisierten Studien

Zur Schätzung adjustierter NNTs wurde im Rahmen der logistischen Regression der ARD-Ansatz entwickelt (Bender et al., 2007). Im Fall nicht-randomisierter Studien muss hierbei eine mögliche unterschiedliche Verteilung der Kovariablen berücksichtigt werden. Dies führt zu einer getrennten Mittelung der Risikodifferenzen in den beiden Gruppen, woraus 2 unterschiedliche Effektmaße resultieren. Für Kohortenstudien, in denen der Effekt einer Exposition untersucht wird, haben Bender et al. (2007) die Verwendung der Bezeichnungen Number Needed to Be Exposed (NNE) und Exposure Impact Number (EIN) vorgeschlagen. NNE beschreibt hierbei den Effekt der Exposition auf bisher nicht exponierte Personen, während EIN den Effekt beschreibt, der entsteht, wenn bisher exponierte Personen vor der Exposition geschützt werden.

Konfidenzintervalle für NNE und EIN lassen sich im Rahmen der logistischen Regression mit Hilfe der multivariaten Delta-Methode herleiten (Bender et al., 2007). Zur Durchführung der notwendigen Berechnungen gibt es SAS/IML®-Makros (Bender et al., 2006, 2007).

2.3 Adjustierte NNTs in randomisierten Studien

Der ARD-Ansatz lässt sich auch in randomisierten Studien mit balancierten Kovariablen anwenden. Da hier alle eingeschlossenen Patienten für eine Behandlung in Frage kommen, ist es sinnvoll über die gesamte Stichprobe zu mitteln.

Sei Z der binäre Behandlungsstatus mit Wert z (1=Intervention, 0=Kontrollgruppe). Sei $(X_1,...,X_k)$ der Vektor von k binären oder stetigen Kovariablen mit Werten $(x_1,...,x_k)$ und der Verteilungsfunktion $F(x_1,...,x_k)$. Sei weiterhin $\pi(x_1,...,x_k,z)$ das interessierende Risiko in Abhängigkeit der Kovariablen sowie des Behandlungsstatus. Im Fall einer nützlichen Behandlung, die das Risiko vermindert, lässt sich die erwartete Risikodifferenz unter Berücksichtigung der Kovariablen definieren durch

$$\text{ERD} = \int_{-\infty}^{\infty} \cdots \int_{-\infty}^{\infty} \left(\pi(x_1,...,x_k,0) - \pi(x_1,...,x_k,1) \right) \, dF(x_1,...,x_k) \qquad (1)$$

Der Kehrwert von ERD stellt dann das adjustierte NNT dar, das den absoluten Behandlungseffekt unter Berücksichtigung der Verteilung der Kovariablen beschreibt, d.h.

$$\text{NNT} = \frac{1}{\text{ERD}} \qquad (2)$$

In der Praxis muss das Risiko in Abhängigkeit der Kovariablen und der Behandlung geschätzt werden. Sei n der Stichprobenumfang der Studie und seien z_i und $x_{1i},...,x_{ki}$ die beobachteten Werte für den Behandlungsstatus und die Kovariablen $X_1,...,X_k$ für $i=1,...,n$. Im Rahmen der logistischen Regression ist das Risiko für Patient i gegeben durch

$$\pi_i = \frac{\exp(\alpha + \gamma z_i + \beta_1 x_{1i} + ... + \beta_k x_{ki})}{1 + \exp(\alpha + \gamma z_i + \beta_1 x_{1i} + ... + \beta_k x_{ki})} \quad \text{für } i=1,...,n \qquad (3)$$

wobei $\alpha, \gamma, \beta_1,...,\beta_k$ die logistischen Regressionskoeffizienten darstellen. Sind diese bekannt, so können wir das Risiko aller Patienten berechnen, das diese unter Behandlung haben, durch

$$\pi_i^{\bullet} = \frac{\exp(\alpha + \gamma + \beta_1 x_{1i} + ... + \beta_k x_{ki})}{1 + \exp(\alpha + \gamma + \beta_1 x_{1i} + ... + \beta_k x_{ki})} \quad \text{für } i=1,...,n \qquad (4)$$

Auf der anderen Seite können wir auch das Risiko aller Patienten berechnen, das diese ohne Behandlung haben, durch

$$\pi_i^{\circ} = \frac{\exp(\alpha + \beta_1 x_{1i} + ... + \beta_k x_{ki})}{1 + \exp(\alpha + \beta_1 x_{1i} + ... + \beta_k x_{ki})} \quad \text{für } i=1,...,n \qquad (5)$$

Für große Stichproben kann ERD (1) approximiert werden durch die entsprechende gemittelte Risikodifferenz ARD, wobei

$$\text{ARD} = \frac{1}{n} \sum_{i=1}^{n} (\pi_i^{\circ} - \pi_i^{\bullet}) \qquad (6)$$

Die gemittelte Risikodifferenz ARD (6) kann geschätzt werden, in dem die üblichen Schätzer der logistischen Regressionskoeffizienten in den Formeln (4) bis (6) verwendet werden. Den Schätzer für das adjustierte NNT erhält man dann durch den Kehrwert des geschätzten ARD (ARD-Ansatz).

Wie üblich werden Konfidenzintervalle für NNTs durch Invertieren und Vertauschen der Konfidenzgrenzen der zugehörigen Risikodifferenz ermittelt. Die gemittelte Risikodifferenz ARD (6) stellt eine Funktion der logistischen Regressionskoeffizienten dar. Somit lassen sich Standardfehler und Konfidenzintervalle für ARD wie in Bender et al. (2007) dargestellt mit Hilfe der multivariaten Delta-Methode ableiten.

3   Das SAS/IML®-Makro "nnt_adj.sas"

Aufbauend auf den bisherigen SAS/IML®-Makros (Bender et al., 2006, 2007) wurde für den hier betrachteten Fall von randomisierten Studien mit balancierten Kovariablen das neue Makro "nnt_adj.sas" erstellt. Das Programm ist im SAS-Wiki verfügbar unter, http://de.saswiki.org, und außerdem im Internet unter http://www.rbsd.de/softw.html/ erhältlich.

Klinische/Epidemiologische Anwendungen I

Am Beginn des Programms muss der Anwender die eigenen Daten auf individueller Ebene mit Hilfe eines normalen Data Steps einlesen. Dieser Datensatz muss mindestens die folgenden Variablen enthalten
- die binäre Zielvariable mit den Werten 0 und 1
- den binären Behandlungsstatus mit den Werten 0 und 1
- die Kovariablen

Am Ende des Programms muss das Makro aufgerufen werden durch die Befehlszeile
```
%nnt(data=sim,
     response=Y,
     treatment=Z,
     covar=X1 X2 X3);
```

Hierbei ist für "sim" der Name des eigenen Datensatzes einzusetzen, für "Y" der Name der binären Zielvariable, für "Z" der Name des binären Behandlungsstatus und für "X1 X2 X3" die Liste mit den Namen der zu verwendenden Kovariablen.

4 Beispiel

Zur Illustration der Methode und des Programms wird ein realer Datensatz aus der Literatur verwendet (Negassa & Hanley, 2007; Bender & Vervölgyi, 2010). Der Datensatz besteht aus Messungen an 125 männlichen Fruchtfliegen, die in 5 Gruppen randomisiert wurden, um den Effekt sexueller Aktivität auf die Mortalität zu untersuchen. Hier werden nur 2 der 5 Gruppen betrachtet. In der Kontrollgruppe (KG) wurde jeder männlichen Fruchtfliege alle 2 Tage ein neues empfängliches Weibchen zugeführt. In der Interventionsgruppe (IG) wurden dagegen frisch befruchtete Weibchen verwendet, die sich in der Regel für mindestens 2 Tage nicht paaren. Mit diesen Definitionen kann die "Intervention" als Vermeidung sexueller Aktivitäten interpretiert werden. Die primäre Zielvariable war Überlebenszeit in Tagen, die hier dichotomisiert wurde in die binäre Zielvariable Tod innerhalb von 60 Tagen ja/nein (Death60). Bei Fruchtfliegen ist bekanntermaßen die Thoraxlänge (TL) ein starker Prädiktor für Mortalität, so dass TL als Kovariable verwendet wird. Die Randomisierung war in dieser Studie bezüglich TL erfolgreich: der Mittelwert (SD) von TL war 0.84 (0.071) mm in der KG und 0.83 (0.070) mm in der IG.

In der KG starben 17 (68%) der 25 Fliegen und in der IG 10 (40%) von 25 innerhalb von 60 Tagen. Mit Hilfe einer nicht adjustierten Analyse auf der Basis der einfachen Vierfeldertafel erhält man zwar einen deutlichen Effektschätzer, aber dennoch ein nicht signifikantes Ergebnis: $\log(OR) = -1.16$ (SE=0.592), OR=0.31 (95%-KI 0.098–1.001), $p=0.088$ (exakter Fisher-Test), RD=0.28 (SE=0.136, 95%-KI 0.015–0.545), NNT=3.6 (95%-KI 1.8–67.4).

Eine bessere Analyse ermöglicht die Anwendung der multiplen logistischen Regression mit TL als Kovariable. Der Hosmer-Lemeshow Goodness-of-Fit Test zeigt mit $p=0.61$

keine Hinweise auf eine mangelnde Modellanpassung. Bei Anwendung des Programms nnt_adj.sas mit Hilfe Makro-Aufrufs

```
%nnt(data=fruitfly,
     response=Death60,
     treatment=IG,
     covar=TL);
```

erhält man folgende adjustierte Ergebnisse: log(OR)=−1.84 (SE=0.753), OR=0.159 (95%-KI 0.036−0.606), p=0.015, RD=0.32 (SE=0.113, 95%-KI 0.010−0.545), NNT=3.1 (95%-KI 1.8−9.8). In der adjustierten Analyse ist somit der Standardfehler des geschätzten log(OR) 27% größer als in der nicht adjustierten Analyse. Das Gegenteil ist der Fall bezüglich der geschätzten Risikodifferenz. Der Standardfehler von RD ist in der adjustierten Analyse 16.9% niedriger als in der nicht adjustierten, was zu kürzeren Konfidenzintervallen für RD und NNT führt. Das Studienergebnis kann in Form des NNT wie folgt interpretiert werden. Im Mittel kann unter 3.1 (95%-KI 1.8−9.8) männlichen Fruchtfliegen, die sexuelle Aktivität vermeiden, 1 Todesfall in 60 Tagen vermieden werden.

Die Ergebnisse dieses Beispiels stehen im Einklang mit den vorher beschriebenen Resultaten. Die Adjustierung für starke Prädiktoren vermeidet den Bias in Richtung Nulleffekt bezüglich OR, führt zu einem Präzisionsverlust für den geschätzten logistischen Regressionskoeffizienten, erhöht aber die Power für den Test auf Behandlungseffekt und führt zu einem Präzisionsgewinn für die RD Schätzung und somit zu deutlich kürzeren Konfidenzintervallen von RD und NNT.

5 Diskussion

Das SAS/IML®-Makro "nnt_adj.sas" ist anwendbar in randomisierten kontrollierten Studien mit balancierten Kovariablen, binärer Zielvariable und identischer Follow-up-Zeit für alle Patienten. Alle Berechnungen basieren auf einem multiplen logistischen Regressionsmodell. Daher müssen die betrachteten Daten durch das verwendete logistische Regressionsmodell adäquat beschrieben werden, um mit dem ARD-Ansatz sinnvolle Ergebnisse zu erhalten. In der Praxis ist dies durch entsprechende Untersuchungen der Modellgüte zu dokumentieren. Die vorliegende Form des Makros setzt zudem voraus, dass es keine Wechselwirkung zwischen Behandlung und Kovariable gibt. Ist eine solche Wechselwirkung vorhanden, ist die Schätzung adjustierter NNTs schwieriger, da auch der relative Behandlungseffekt von den Werten der Kovariable abhängt. Der ARD-Ansatz ist auch in diesem Fall prinzipiell anwendbar, es muss allerdings der Programmcode entsprechend erweitert werden.

Eine Alternative zur logistischen Regression für die Schätzung adjustierter NNTs stellen binomiale und Poisson Regressionsmodelle dar, in denen Risikodifferenzen direkt geschätzt werden (Gehrmann et al., 2010). Ein Vorteil dieser Verfahren ist, dass die adjustierten NNTs nicht von den Werten der Kovariablen abhängen. Es wurde jedoch in umfangreichen Simulationen gezeigt, dass die logistische Regression mit Anwendung des ARD-Ansatzes im Allgemeinen die beste Methode zur Schätzung adjustierter Risikodifferenzen und NNTs darstellt (Gehrmann et al., 2010).

Liegen aufgrund des Studiendesigns variable Follow-up-Zeiten und zensierte Werte vor, müssen adäquate Methoden für Überlebenszeiten verwendet werden. Der ARD-Ansatz ist hierbei auch im Cox-Modell anwendbar (Austin, 2010c; Laubender & Bender, 2010). Auch hier sollte das Averaging bei nicht randomisierten Studien in den beiden Vergleichsgruppen getrennt erfolgen, was zu 2 verschiedenen NNT-Maßen führt (Laubender & Bender, 2010). Bei randomisierten Studien mit balancierten Kovariablen sollte über die gesamte Stichprobe gemittelt werden, so dass ein einheitliches adjustiertes NNT-Maß entsteht. Die bei der logistischen Regression gefundenen Ergebnisse, dass die Vernachlässigung balancierter Kovariablen bezüglich der absoluten Effektmaße nicht zu einem Bias führt, aber die Adjustierung hier einen Präzisionsgewinn ermöglicht, dürften auch hier gelten.

Es kann zusammengefasst werden, dass eine Adjustierung für balancierte Kovariablen in der logistischen Regression zu reduzierten Standardfehlern und kürzeren Konfidenzintervallen führt, wenn die Studienergebnisse in Form von Risikodifferenzen und NNTs dargestellt werden. Ein beträchtlicher Präzisionsgewinn kann jedoch nur erwartet werden, wenn die Kovariablen sehr starke Prädiktoren sind. Die Notwendigkeit einer Adjustierung für wichtige Kovariablen muss im Design und in der Analyse randomisierter kontrollierter Studien betrachtet werden. Für diesen Fall stellt das SAS/IML®-Makro "nnt_adj.sas" ein nützliches Tool zur Punkt- und Intervallschätzung adjustierter NNTs dar.

Literatur

[1] Austin, P.C. (2010a): Absolute risk reductions, relative risks, relative risk reductions, and numbers needed to treat can be obtained from a logistic regression model. *J. Clin. Epidemiol.* 63, 2-6.

[2] Austin, P.C. (2010b): Different measures of treatment effect for different research questions. *J. Clin. Epidemiol.* 63, 9-10.

[3] Austin, P.C. (2010c): Absolute risk reductions and numbers needed to treat can be obtained from adjusted survival models for time-to-event outcomes. *J. Clin. Epidemiol.* 63, 46-55.

[4] Bender, R. (2000): Berechnung von Konfidenzintervallen für die Zahl "Number Needed to Treat" (NNT). In: Bödeker, R.H. & Hollenhorst, M. (Hrsg.): *Proceedings der 4. Konferenz für SAS®-Anwender in Forschung und Entwicklung (KSFE)*, 1-7. AG Statistik des Inst. für Med. Informatik, Gießen.

[5] Bender, R. (2005): Number needed to treat (NNT). In: Armitage, P., Colton, T. (Eds.): *Encyclopedia of Biostatistics, 2nd Edition, Vol. 6*, 3752–3761. Wiley, Chichester.

[6] Bender, R., Hildebrandt, M. & Kuss, O. (2006): Die Berechnung adjustierter NNEs in Kohortenstudien. In: Kaiser, K. & Bödeker, R.-H. (Hrsg.): *Statistik und Datenanalyse mit SAS® – Proceedings der 10. Konferenz der SAS®-Anwender in Forschung und Entwicklung (KSFE)*, 19-33. Shaker, Aachen.

[7] Bender, R. & Kuss, O. (2010): Methods to calculate relative risks, risk differences, and numbers needed to treat from logistic regression. *J. Clin. Epidemiol.* 63, 7-8.

[8] Bender, R., Kuss, O., Hildebrandt, M. & Gehrmann, U. (2007): Estimating adjusted NNT measures in logistic regression analysis. *Stat. Med.* 26, 5586-5595.

[9] Bender, R. & Blettner, M. (2002): Calculating the "number needed to be exposed" with adjustment for confounding variables in epidemiological studies. *J. Clin. Epidemiol.* 55, 525-530.

[10] Bender, R. & Vervölgyi, V. (2010): Estimating adjusted NNTs in randomised controlled trials with binary outcomes: A simulation study. *Contemp. Clin. Trials* 31, 498-505.

[11] Gehrmann, U., Kuss, O., Wellmann, J. & Bender, R. (2010): Logistic regression was preferred to estimate risk differences and numbers needed to be exposed adjusted for covariates. *J. Clin. Epidemiol.* 63, 1223-1231.

[12] Hauck, W.W., Anderson, S. & Marcus, S.M. (1998): Should we adjust for covariates in nonlinear regression analyses of randomized trials? *Control. Clin. Trials* 19, 249-256.

[13] Hauck, W.W., Neuhaus, J.M., Kalbfleisch, J.D. & Anderson, S. (1991): A consequence of omitted covariates when estimating odds ratios. *J. Clin. Epidemiol.* 44, 77-81.

[14] Laubender, R.P. & Bender, R. (2010): Estimating adjusted risk difference (RD) and number needed to treat (NNT) measures in the Cox regression model. *Stat. Med.* 29, 851-859.

[15] Negassa, A. & Hanley JA. (2007): The effect of omitted covariates on confidence interval and study power in binary outcome analysis: A simulation study. *Contemp. Clin. Trials* 28, 242-248.

[16] Robinson, L.D. & Jewell, N.P. (1991): Some surprising results about covariate adjustment in logistic regression models. *Int. Stat. Rev.* 59, 227-240.

[17] Vervölgyi, V. (2010): *Schätzung adjustierter NNTs mit Hilfe der logistischen Regression in randomisierten kontrollierten Versuchen – eine Simulationsstudie.* Master Thesis, Master of Science in Epidemiology. Mainz: Institute of Medical Biostatistics, Epidemiology and Informatics (IMBEI), University Medical Center of the Johannes-Gutenberg-University Mainz.

Genetische Anfälligkeit für Krebs
Eine Analyse von Halb- und Vollgeschwisterdaten

Melanie Bevier
Deutsches Krebsforschungszentrum
Im Neuenheimer Feld 580
69120 Heidelberg
m.bevier@dkfz-heidelberg.de

Marianne Weires

69120 Heidelberg

Jan Sundquist
Lund University

Malmö (Schweden)
jan.sundquist@med.lu.se

Kari Hemminki
Deutsches Krebsforschungszentrum
Im Neuenheimer Feld 580
69120 Heidelberg
k.hemminki@dkfz-heidelberg.de

Zusammenfassung

Genetische Modelle zur Bestimmung genetischer Anfälligkeit oder Vererbbarkeit von Krankheiten (zum Beispiel Krebs) wie das ACE-Modell (A=additiv genetischer Effekt, C=geteilte Umwelteinflüsse, E=verbleibende Effekte) wurden bisher meist mit Hilfe von Zwillingsdaten analysiert. Jedoch sind Zwillingsdaten sehr selten und ergeben oft nur sehr kleine Datensätze. Unser Ziel war es, stattdessen Geschwister und Halbgeschwister zu analysieren, um mit einer größeren Datenmenge Vererbbarkeit von Krebs zu schätzen. Hierzu wurde ein vorhandenes SAS-Programm von Feng (ursprünglich zur Analyse von Zwillingsdaten geschrieben) angepasst und auf Geschwisterdaten aus der Schwedischen Krebsregisterdatenbank angewendet. Das SAS-Programm basiert auf der Prozedur Nlmixed, in der fixe (zum Beispiel Alter, sozioökonomischer Status) und zufällige Effekte (A, C) spezifiziert wurden.

Schlüsselwörter: PROC NLMIXED, NLMIXED-Prozedur, genetische Anfälligkeit für Krebs, ACE-Modell

1 Einleitung

Meist werden bei der Analyse der Vererbbarkeit einer Krankheit wie beispielsweise Krebs Daten aus Zwillingsstudien untersucht. Mit deren Hilfe lässt sich der genetische Anteil der Vererbbarkeit durch die Unterschiede in monozygoten und dizygoten Zwillingen berechnen. Es ist bekannt, dass monozygote Zwillinge 100% ihrer Gene teilen, wobei dizygote Zwillinge nur etwa 50% ihrer Gene teilen. Bei einer vererbbaren Krankheit wird eine höhere Korrelation in monozygoten als in dizygoten Zwillingen erwartet. Durch diesen Unterschied der Korrelationen lässt sich der genetische Anteil der Vererbbarkeit ausdrücken. Bei Zwillingen geht man von einem gleichen Anteil an geteilten Umwelteinflüssen aus, da diese in derselben Umgebung aufwachsen.

Die Heritabilität, bzw. Vererbbarkeit einer Krankheit, lässt sich als Rate der Varianz der phänotypischen Merkmale gegenüber der totalen Varianz darstellen. Zur Berechnung der Vererbbarkeit werden Varianzkomponenten-Modelle genutzt, wobei hier die sichtbare phänotypische Varianz aufgeteilt wird in additiv genetische, dominant genetische Effekte, geteilte Umwelteinflüsse und verbleibende Effekte.

Da Zwillingsdaten selten sind beziehungsweise meist kleine Datensätze zur Analyse ergeben, war die Überlegung, diese Modelle auf andere Familienstrukturen anzuwenden. Der erste Ansatz ist nun der Vergleich von Geschwistern und mütterlichen Halbgeschwistern. Der Vorteil der Analyse von mütterlichen Halbgeschwistern ist, dass diese in der gleichen Umgebung (mit der Mutter) aufwachsen, weshalb man wie bei Zwillingen die gleichen geteilten Umwelteinflüsse annehmen kann.

2 Genetische Modelle und Zwillingsstudien

Ein genetisches Modell für quantitative Zielvariablen besteht aus fixen Effekten, additiv genetischen Effekten (a), dominant genetischen Effekten (d), geteilten Umwelteinflüssen (c) und verbleibenden Effekten (ε):

$$y_{ij} = X_{ij}\beta + a_{ij} + d_{ij} + c_i + \varepsilon_{ij},$$

wobei i für jedes beobachtete Paar (zum Beispiel: pro Zwillingspaar) steht und j den Index für das Individuum in einem Paar angibt (j=1,2).

Meist werden zur Analyse der Vererbbarkeit eines Merkmales Zwillingsstudien genutzt. Es ist bekannt, dass monozygote Zwillinge genetisch identisch sind, was bedeutet, sie teilen sich 100% ihrer Gene. Daher gilt: $a_{i1} = a_{i2}$ und $d_{i1} = d_{i2}$.

Es wird angenommen, dass a, d, c, ε normalverteilt mit Mittelwert 0 und entsprechender Varianz $\sigma_a^2, \sigma_d^2, \sigma_c^2, \sigma_\varepsilon^2$ sind.

Falls das i-te Zwillingspaar monozygot ist, ist die Kovarianz von a und d zwischen den beiden Zwillingen: $\mathrm{cov}(a_1, a_2) = \sigma_a^2$ und $\mathrm{cov}(d_1, d_2) = \sigma_d^2$. Bei einem dizygoten Zwillingspaar ist folgende Kovarianzstruktur zwischen beiden Zwillingen gegeben: $\mathrm{cov}(a_1, a_2) = 1/2\sigma_a^2$ und $\mathrm{cov}(d_1, d_2) = 1/4\sigma_d^2$.

Zur Analyse der Erblichkeit von binären Merkmalen (zum Beispiel einer Krankheit: erkrankt, nicht erkrankt) lässt sich ein probit-Modell verwenden:

$$probit(\Pr(y_{ij} = 1)) = X_{ij}\beta + a_{ij} + d_{ij} + c_i + \varepsilon_{ij},$$

wobei die probit(.) die Inverse der kumulierten Standardnormalverteilung ist.

3 Heritabilität

Die Heritabilität eines Merkmals lässt sich mit Hilfe von Varianzkomponenten-Modelle berechnen. Hierbei wird sie als Rate der phänotypischen Varianz gegenüber der totalen Varianz dargestellt.

Die phänotypische Varianz ist die Varianz der additiv- und dominant-genetischen Effekte.   Var (P) =   Var (A) + Var (D)

Die totale Varianz setzt sich zusammen aus der phänotypischen Varianz und der Varianz der geteilten und nicht-geteilten Umwelteinflüsse.

$$\text{Var (total)} = \text{Var (P)} + \text{Var (C)} + \text{Var (E)}$$
$$= \text{Var (A)} + \text{Var (D)} + \text{Var (C)} + \text{Var (E)}$$

Heritabilität: $h^2 = \dfrac{Var(A) + Var(D)}{Var(A) + Var(D) + Var(C) + Var(E)}$

Da es schwierig ist, die einzelnen Komponenten zu unterscheiden, ist es besser, einfachere Modelle zu betrachten, beispielsweise:

ein ADE-Modell: $h^2 = \dfrac{Var(A) + Var(D)}{Var(A) + Var(D) + Var(E)}$

oder ein ACE-Modell: $h^2 = \dfrac{Var(A)}{Var(A) + Var(C) + Var(E)}$

4 Daten

Die zu analysierenden Daten stammen aus der Schwedischen Familien-Krebsregister-Datenbank, in der Personen, die seit 1932 geboren wurden, mit ihren biologischen Eltern registriert sind. Für die über 11 Millionen registrierten Personen sind Informationen über Krebserkrankungen zwischen 1961 und 2006 verfügbar. Neben den klinischen Parametern zur Krebserkrankung sowie Todesursache sind auch Informationen über die Schulbildung, den sozioökonomischen Status, die Region, in der die Person lebt, sowie eventuelle Migrationsinformation vorhanden.

Durch die Verknüpfung der Person mit ihren Eltern ist es möglich, diverse Familienstrukturen zu identifizieren. Geschwister, bzw. Halbgeschwister können durch die Eltern-Personen-Tripel aufgezeigt werden.

5 Analysis of Twin Data Using SAS - Rui Feng et al.

Rui Feng et al. zeigen in ihrem Artikel "Analysis of Twin Data Using SAS" [1], wie es in SAS möglich ist, Zwillingsdaten zu analysieren. Für die Analyse der Heritabilität gibt es spezielle Software, die Zwillingsstudien auswerten können (zum Beispiel: LISREL, Mx Mplus). Da aber die weitverbreiteste Software zur statistischen Analyse SAS ist, haben sie ein auf der Prozedur Nlmixed basierendes SAS-Programm geschrieben, mit dem es auch möglich ist, diese Daten auszuwerten. Sie haben durch Simulationen und die Anwendung auf reale Daten ihre Ergebnisse mit denen von Mx verglichen und so ihr Programm validiert. Rui Feng et al. haben sowohl ein Programm für ein ADE- als auch für ein ACE-Modell angegeben. Zur Analyse der genetischen Anfälligkeit für RDS ("Respiratory Distress Syndrome") wurde später beispielsweise ein ACE- Modell verwendet [2].

6 Anwendung des SAS-Programms auf Halb- bzw. Vollgeschwisterdaten

Da Zwillingsdaten selten sind und meist nur kleine Datensätze ergeben, war die Überlegung, die genetische Anfälligkeit einer Krankheit (hier am Beispiel von Brustkrebs) mit Hilfe von Voll- bzw. Halbgeschwisterdaten zu berechnen.

Der vorliegende Datensatz wurde auf die Frauen reduziert, die entweder eine Halbschwester mütterlicherseits (und keine anderen Geschwister) oder eine Schwester (und keine anderen Halbgeschwister) hatten. Außerdem wurde die Gruppe der Schwestern zur Gruppe der Halbschwestern bezüglich der Altersstruktur gematched. Die Analyse wurde für den sozioökonomischen Status der Personen adjustiert.

Zur Berechnung der Heritabilität wurde das ACE-Modell verwendet. Da mütterliche Halbgeschwister und Schwestern analysiert wurden, kann man von gleichen geteilten Umwelteinflüssen innerhalb der Paare ausgehen (mütterliche Halbschwestern leben meist weiterhin mit der Mutter zusammen).

7 SAS-Code

```
/* Datensatz breast2 enhält alle relevanten Informationen: Person,
Halb- bzw. Schwester, Alter, sozioökonomischer Status,
Krankheitsstatus, Familien-ID */
/* Dieser erste Teil dient zur Bildung der Kovarianz-Strukturen */

proc iml;
covA1=sqrsym({1,0.5,1});
gA1=t(root(covA1));          /* Schwestern */
covA2=sqrsym({1,0.25,1});
gA2=t(root(covA2));          /* Halbschwestern*/
use breast2;
    read all var {fam hsm} into fam4;
close breast2;
nsub=nrow(fam4);
g=j(nsub,2,.);
do i=1 to nsub;
    ind=2-mod(i,2);
    if(fam4[i,2]=1) then g[i,]=gA1[ind,];   /* Schwestern */
    if(fam4[i,2]=0) then g[i,]=gA2[ind,];   /* Halbschwestern*/
end;
cname={"aone" "atwo" };
create rmatrix from g[colname=cname];
append from g;
close rmatrix;
quit;

data rmatrix;
set rmatrix;
id=_n_;
run;
```

```
data two;
merge breast2 rmatrix;
by id;
run;


/* Programm basierend auf der Prozedur Nlmixed */

title 'ACE model';
proc nlmixed data=two tech=congra;
parms beta1=-0.0360 beta2=-0.4501 beta3=-0.4601 beta4=-0.7199
beta5=1.3575;
fixed1 = beta0 + beta1*age + beta2*sei3 + beta3*sei4 + beta4*sei5 +
beta5*sei6;
random1 = a1*aone + a2*atwo + c;
eta = fixed1 + random1;
p = 1 - probnorm(eta);
model code ~ binary(p);
random a1 a2 c ~ normal([0,0,0],[s1,0,s1,0,0,s2]) subject=fam;
estimate 'icc' s1/(1+s1+s2);
run;
```

8 Ergebnisse

Mit Hilfe eines ACE-Modells konnte die genetische Vererbbarkeit von Brustkrebs geschätzt werden. Danach sind 31,88% der Varianz der Anfälligkeit für Brustkrebs allein genetischen Faktoren zuzuschreiben. In einem Artikel von Locatelli et al. [3] wird die Vererbbarkeit von Brustkrebs durch Analyse von Zwillingsdaten auf ca. 30 % geschätzt, was unser Ergebnis bestätigt.

9 Schlussfolgerung

Mit Hilfe des vorgestellten SAS-Programms lässt sich die genetische Anfälligkeit einer Krankheit nicht nur durch die Analyse von Zwillingsdaten berechnen, sondern auch anhand anderer Familienstrukturen. Außerdem kann man je nach Ziel der Analyse zwischen einem ADE- und einem ACE-Modell wählen.

Literatur

[1] Rui Feng, Gongfu Zhou, Meizhuo Zhang, and Heping Zhang. Analysis of twin data using SAS. Biometrics, 65(2):584–589, Jun 2009.

[2] Orly Levit, Yuan Jiang, Matthew J Bizzarro, Naveed Hussain, Catalin S Buhimschi, Jeffrey R Gruen, Heping Zhang, and Vineet Bhandari. The genetic susceptibility to respiratory distress syndrome. Pediatr Res, 66(6):693–697, Dec 2009.

[3] Isabella Locatelli, Paul Lichtenstein, and Anatoli I Yashin. The heritability of breast cancer: a Bayesian correlated frailty model applied to Swedish twins data. Twin Res, 7(2):182–191, Apr 2004.

SAS und R - ein ungleiches Paar

Dr. Peter Bewerunge
HMS
Analytical Software GmbH
Rohrbacher-Str. 16
D-69115 Heidelberg
peter.bewerunge@analytical-software.de

Andreas Mangold
HMS
Analytical Software GmbH
Rohrbacher-Str. 16
D-69115 Heidelberg
andreas.mangold@analytical-software.de

Zusammenfassung

Dieser Beitrag nimmt eine wertneutrale Gegenüberstellung der SAS Language und R Language vor. Die grundsätzlichen Konzepte hinter SAS und R werden vorgestellt und ein Vergleich der Funktionalitäten vorgenommen. Es werden Antworten gegeben auf Fragen wie z.B. „wie werden Programme erstellt", „was ist der Unterschied zwischen der SAS Fensterumgebung und der RGui" und „wie unterscheidet sich grundsätzlich der Programmcode?"

Ein Performancevergleich bei großen Datenmengen gibt Aufschluss über Geschwindigkeit und physikalische Limitierungen. Ein wichtiges Thema ist die Integrationsfähigkeit der jeweils anderen Software. Dazu wird auf die von SAS bereitgestellte Schnittstelle SAS IML 9.22 eingegangen. Aber auch eine entgegengesetzte Schnittstelle von R zu SAS wird vorgestellt.

Schlüsselwörter: SAS Fensterumgebung, PROC IML, Makro, R, RGui, R Funktionen, Performancevergleich

1 Gegenstand des Vergleichs

Dieser Beitrag stellt die SAS Language mit der SAS Fensterumgebung der R Language mit der RGui gegenüber.

Aus der Betrachtung ausgeklammert wird die SAS Produktlandschaft mit einer Vielzahl an Frontends, Servern, Middleware-Komponenten und Metadatenverwaltung. Ebenso wird nicht auf die unzähligen Erweiterungsmöglichkeiten von R im Bezug auf Pakete, Frontends und Servern eingegangen.

2 Konzepte von SAS und R

Hinter den beiden Softwareprodukten SAS und R stecken zwei unterschiedliche Konzepte. Ein augenscheinlicher Unterschied ergibt sich aus der kommerziellen Vermarktung der einen Software und der kostenlosen Verfügbarkeit der anderen als Open Source Software (OSS).

Die Statistical Analysis Software wurde Anfang der 1970er an der North Carolina State University von Jim Goodnight, Jon Sall und anderen Forschern entwickelt. Aus der zunächst in der landwirtschaftlichen Forschung eingesetzten Software entwickelte sich 1976 die Firma SAS Institute mit Sitz in Cary, North Carolina. Heute (März 2011) ist SAS mit 11.500 Angestellten und ca. 2.43 Milliarden Jahresertrag (in 2010) die weltweitgrößte Software-Firma in Privatbesitz [1]. Die Kunden verteilen sich auf ca. 50.000 Unternehmen in ca. 100 Ländern. Dabei liegt der Fokus der SAS Software u.a. auf Datenintegration / Data Warehousing und Bussiness Intelligence, aber auch in den Bereichen Forschung und Entwicklung ist SAS stark vertreten.

R basiert auf der (Programmier-) Sprache S und wurde in den frühen 1990ern von Robert Gentleman und Ross Ihaka an der University of Auckland entwickelt. Zunächst sollte die Software lediglich in der Lehre eingesetzt werden. Motiviert durch positive Rückmeldungen wurde R 1993 unter die GNU General Public Licence auf einem FTP-Server kostenlos zur Verfügung gestellt [2]. Mittlerweile (März 2011) ist die Nutzergemeinde auf geschätzte 2 Millionen Personen angewachsen. Der Fokus der Software liegt auf statistischen Berechnungen und Grafiken. Die offizielle Stimme des R-Projekts ist die R-Foundation, ein gemeinnütziger Verein mit Sitz in Wien. Die Mitglieder bestehen hauptsächlich aus dem R Development-Core-Team. Dieser Verein besitzt und verwaltet auch die Copyrights der Software und deren Dokumentation. Zusätzlich kann R durch eine Vielzahl an freiverfügbaren Paketen nach Bedarf erweitert werden. Diese Pakete werden nicht zwingend von dem R Development Core-Team bereitgestellt, sondern werden vielmehr von weltweit verteilten Programmieren auf unterschiedlichen Plattformen entwickelt und der R-Community zur Verfügung gestellt.

3 Installation und Support

SAS bezieht man typischerweise über ein Download-Center oder eine DVD. Der Installationsprozess dauert vergleichbar lange und beinhaltet in seiner Basis-Version ein breites Angebot an Prozeduren wie z.B. PROC CORR, PROC PLOT usw. aber u.a. auch die mächtigen Makro-Funktionalitäten. R hingeben wird man von einer freiverfügbaren Quelle über das Internet beziehen, dem sogenannten Comprehensive R Archive Network (CRAN). Das Binary (R-2.12.2) ist ca. 40 MB groß und die Installation ist schnell durchgeführt. In der Basisversion von R sind die sogenannten Basisfunktionalitäten, Recommended- und Base-Pakete enthalten. Diese stellen Funktionalitäten wie z.B. arithmetische Rechenoperationen, Grafikerstellung und statistische Funktionen zur Verfügung.

Der Support von SAS ist über unterschiedliche Kanäle organisiert. Ein Kanal ist der „Electronic Mail Interface Technical Support", der es online möglich macht, eine Anfrage abzuschicken, die dann von einem SAS-Mitarbeiter bearbeitet wird. Ebenso bietet SAS eine Hotline (06221- 415 200) für telefonische Anfragen an. Darüber hinaus gibt es ein durchdachtes Trainingskonzept, das nicht nur das Erlernen der SAS-Programmiersprache im Fokus hat, sondern auch auf die SAS Produktlandschaft eingeht. Für viele Produkte werden außerdem Zertifizierungsprüfungen angeboten. Für R existiert zwar keine Kundenhotline aber eine Community, die sich in Mailing-Listen mit unterschiedlichen Themengebieten organisiert. Über die R-Search-Funktion können u.a. R Webpages mit Manuals, Hilfeseiten und Mailing-Archive durchsucht werden. Für den Fall, dass man einen Bug in der Software und den dazugehörigen Paketen entdeckt, wurde ein Bug-Tracking-System eingerichtet. Zusätzlich gibt es von kommerziellen Anbietern R-Distributionen und Services.

4 Funktionsvergleich

4.1 Wie werden Programme erstellt?

Programme enthalten nacheinander ablaufende Code-Anweisungen. Diese werden typischerweise genutzt um Daten in Form von Statistiken, Grafiken und Berichte aufzuarbeiten. Diese Programme werden dann in der Regel als Skripte abgelegt und können zu einem späteren Zeitpunkt wiederverwendet werden. Programme können aber auch komplexe, in sich geschlossene Programmeblöcke mit einer Schnittstelle nach außen sein (z.B. SAS-Makros oder R-Funktionen).

Sowohl SAS als auch R bietet eine Umgebung zur Programmentwickelung an. Die Unterschiede in der Handhabung und im Funktionsumfang zwischen der SAS Fensterumgebung und der RGui werden im Folgenden gegenüber gestellt.

4.1.1 SAS Fensterumgebung versus RGui

Die SAS Fensterumgebung (Display Manager) besitzt einen Editor zum Erstellen und Ausführen von Programmen inkl. Syntax Highlighting, siehe Abb. 1. Schickt man die Anweisungen eines Programms ab, werden diese nacheinander vom SAS-Prozessor (Interpreter) ausgeführt. In das LOG-Fenster werden Informationen über die ausgeführten Anweisungen gespeichert, wie z.B. die ausgeführten Codezeilen, Rückmeldungen des Systems (Fehler, Warnungen, Berechnungsdauer usw.), aber auch Hinweise auf z.B. die Anzahl an Beobachtungen in einer Tabelle. Zugriff auf Daten, Ergebnisse und Berichte sind ebenfalls über diese Umgebung realisiert.

P. Bewerunge, A. Mangold

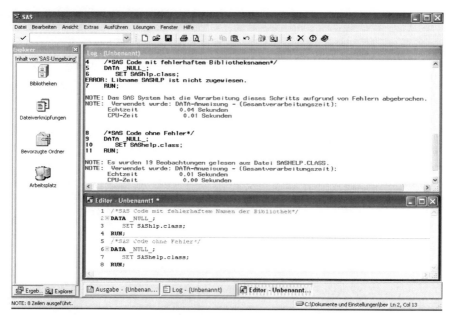

Abbildung 1: SAS Windowing Environment. Wesentlicher Bestandteil sind der Editor, das LOG und die Explorerleiste.

Beim Entwickeln von Programmen bietet die SAS Fensterumgebung einige nützliche Unterstützungsmöglichkeiten. So wird z.B. ein Werkzeug für die Erstellung von SQL-Abfragen auf Tabellen unter dem Menüpunkt „Extras" angeboten. Ebenso hilfreich ist die Möglichkeit sogenannte Keyboard Makros (nur in der englischen Version) zu nutzen. Durch Zuweisung einer Tastenkombination können dann vordefinierte Codesnippets aufgerufen werden. Aber auch selbsterstellte Codesnippets wie z.B. Codegerüste für immer wiederkehrende IF-ELSE Bedingungen können hier angelegt werden.

R bietet unter Windows die sogenannte RGui als Anwendungsoberfläche an. Diese besteht hauptsächlich aus der R Konsole, siehe Abbildung 2. Es ist vorgesehen in die Konsole Kommandos, sogenannte Expressions, einzugeben. Anders als bei der SAS Fensterumgebung, werden die Expressions dann zeilenbasiert durch Bestätigen mit der Return-Taste ausgeführt. Der Interpreter liest die Expression und gibt direkt das Ergebnis bzw. eine Fehlermeldung in die Konsole aus. Die R Konsole dient somit nicht nur als Codeeingabe-, sondern auch als Ausgabe-Fenster für Ergebnisse und Meldungen, ähnlich dem SAS-Log. Ein integrierter Skript-Editor erleichtert das Erstellen von Pro-

SAS an der Universität

grammen und ermöglicht, dass Codezeilen einzeln oder als Block an die Konsole geschickt werden.

Besonders hilfreich ist der Menüpunkt „Pakete." Hier bekommt der Anwender Zugriff auf eine Vielzahl von Zusatzpaketen.

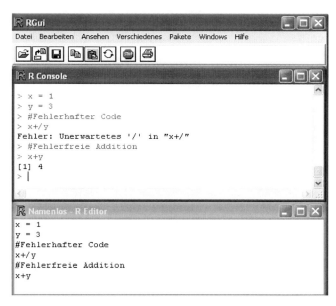

Abbildung 2: RGui. Der Editor ermöglicht das Erstellen von Programmen, die zeilenweise an die R Console geschickt werden können. Die R Console ist gleichzeitig das LOG.

4.1.2 SAS Code versus R Code

Der SAS Code setzt sich aus Blöcken zusammen, die durch eine Anfangs- und Endanweisung definiert sind. Ein zentrales Element der SAS Sprache ist der Datenschritt (Data Step), der es ermöglicht Daten in vielfältiger Weise einzulesen und zu bearbeiten. Dieser beginnt mit der DATA-Anweisung und endet mit der RUN-Anweisung. In Abbildung 3 ist die Erstellung eines SAS Data Sets, ein DATA STEP und die Prozedur MEANS beispielhaft dargestellt. Einem Programmierer stehen numerische und alphanumerische Datentypen, Tabellen, Matrizen (nur IML) und Makrovariablen zur Verfügung.

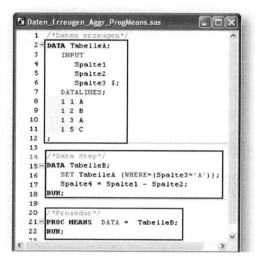

Abbildung 3: SAS Code ist in Blöcken aufgebaut.
Elementarer Bestandteil ist der Data Step und Prozeduren.

R Code hingegen ist nicht zwingend als Block aufgebaut, sondern ist vielmehr eine zeilenweise Aneinanderreihung von Codeanweisungen. In Abbildung 4 ist exemplarisch R Code dargestellt. R ist auf Matrixmanipulationen optimiert. Dazu tragen objektorientiere Datenstrukturen wie z.B. Vektoren, Matrizen, Dataframes (Matrizen, die u.a. auch alphanumerische Werte enthalten können) aber auch ein Klassenmodel bei. Spezielle Funktionalitäten sind in Funktionen gekapselt. So berechnet z.B. die Funktion summary() eine zusammenfassende Statistik über eine Matrix, siehe Abbildung 4.

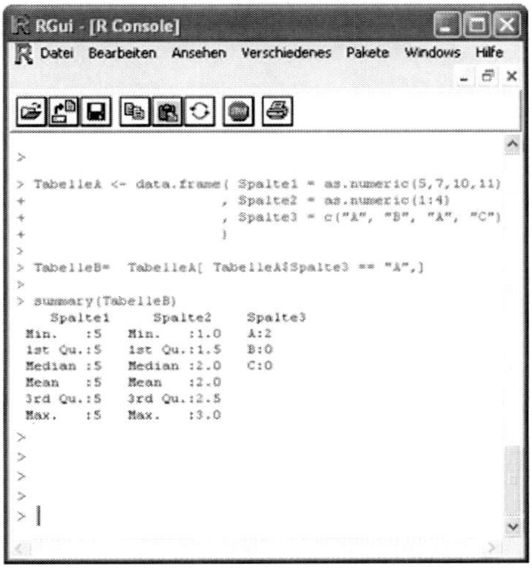

SAS an der Universität

Abbildung 4: R-Code ist zeilenbasiert aufgebaut. Hier ist die Zuweisung eines Dataframes, mit anschließendem Filtern und der Erstellung einer zusammenfassenden Statistik mit der Funktion summary() gezeigt.

4.1.3 SAS Makro versus R Funktionen

Die SAS-Makro-Funktionalität stellt ein leistungsfähiges Werkzeug dar, um immer wiederkehrende Programmanweisungen in Form von z.B. Prozeduren oder Datenschritten in ein Programm zu verpacken. Ein SAS-Makro wird durch das Schlüsselwort %MACRO eingeleitet, gefolgt von dem Makronamen und wird durch %MEND beendet, siehe Abbildung 5. Ein Parameterkopf ermöglicht die Übergabe von Parametern an ein Makro, welche wiederum intern z.B. in Prozeduren verarbeitet werden können. Der Aufruf eines Makros beginnt mit dem %-Zeichen, gefolgt von dem Makronamen und ggf. dem Parameterkopf in Klammern. In der Regel wird man logisch zusammenhängende Makros als Makro-Bibliotheken zusammenfassen, um diese im Anwendungsfall gemeinsam laden zu können.

```
%MACRO BerechneMean (p_s_LibRef =
                  , p_sTableName =
                  , p_sOutTableName =
                  )
    %LET l_sTableRef = &p_s_LibRef..&p_sTableName.;
    PROC MEANS DATA = &l_sTableRef. MEAN ;
        VAR Height;
        CLASS Sex;
        OUTPUT OUT&=p_sOutTableName.;
    RUN;
%MEND BerechneMean;

/*Aufruf des Makros*/
%BerechneMean(   p_s_LibRef       = SasHelp
             ,   p_sTableName     = Class
             ,   p_sOutTableName  = OutData
             );
```

Abbildung 5: SAS-Makro wird eingesetzt, um wiederkehrenden Programmcode zu kapseln. Der Aufruf erfolgt über das %-Zeichen, gefolgt von dem Makronamen.

Ebenso wie bei SAS kann man mit R wiederkehrende Programmsequenzen als eigenen Programmcode in R Funktionen kapseln. Einem Funktionsnamen wird über das Schlüsselzeichen „←" und dem Schlüsselwort „function" eine solche R-Funktion zugewiesen, siehe Abbildung 6. Vergleichbar zu SAS können Parameter übergeben werden, die in der Funktion verarbeitet werden. Anders als bei SAS wird hier keine Textersetzung vorgenommen, sondern dem Aufrufenden der Funktion über den Befehl „return" ein Objekt zurückgeben. Der Aufruf erfolgt über den Funktionsnamen, gefolgt von den Parametern in Klammern.

```
> berechneMean <- function(p_vector){
+     l_result <- mean(p_vector)
+     return(l_result)
+ }


> berechneMean( c(4,6,7,8,3,6,10))
[1] 6.285714
```

Abbildung 6: R-Funktionen stellen das Gegenstück zu SAS-Makros dar. Die Zuweisung erfolgt über das Schlüsselwort „function." Die benamte Funktion kann anschließend mit Parametern gefüllt aufgerufen werden.

4.2 Performancevergleich bei großen Datenmengen

Um einen Vergleich der Performance bei großen Datenmengen zu erzielen, wurden vergleichbare Operationen mit dem SAS- und dem R-System durchgeführt. Die Berechnungen wurden mit SAS 9.2 und R-2.11.1 auf einem Intel Core Duo CPU mit 2.53 GHz und 2GB RAM durchgeführt.

Dazu wurde ein Datensatz durch Konkatenieren von zwei Datensätzen erzeugt. Anschließend wurde dieser Datensatz bzgl. einer Spalte sortiert und in einem dritten Verarbeitungsschritt eine Selektion bezogen auf eine Spalte durchgeführt. Der Pseudocode dazu lautet:

```
start = Systemzeit;

Erzeuge Daten durch konkatenieren
    von Daten1 und Daten2;

Sortiere Daten nach Spalte1;

Selektiere * wo SpalteXY = „ABCD";

ende  = Systemzeit;

dauer = ende - start;
```

Als Datengrundlage wurde der in der SAS-Bibliothek „SasHelp" abgelegte Datensatz „Zipcode" verwendet (512 Byte/Zeile). Der Datensatz wurde zunächst auf 10,000 Zeilen (ca. 5 MB) reduziert und anschließend die in dem Pseudocode dargestellten Schritte durchgeführt. Der durch das Konkatenieren erzeugte Datensatz (20,000 Zeilen / 10 MB) wurde als Grundlage für den nächsten Durchlauf eingesetzt. Dies wurde bis zu einer Dateigröße von 10 GB mit ungefähr 20 Millionen Zeilen wiederholt, siehe Tabelle 1.

Um die Performance von SAS zu optimieren, kamen drei SAS-Optionen in unterschiedlicher Kombination zum Einsatz.
  a) **tagsort**:
      - Speichert nur die BY-Variablen und die Anzahl der Beobachtungen in der temporären Datei.
      - Benötigt weniger temporären Speicherplatz.
      - Laufzeit ist in der Regel höher.

  b) **compress**:
      Beobachtungen in einem neu erzeugten Datensatz werden durch das sogenannte „Run Length Encoding" Verfahren komprimiert. Dabei werden wiederkehrende Zeichen in alphanumerischen Variablen gelöscht und durch die Anzahl der Wie-

derholungen ersetzt, z.B. wird der String „AAAABBBCC" komprimiert als „4A3B2C" dargestellt.)

c) **memlib**:
Die angegebene Bibliothek wird im Arbeitsspeicher prozessiert. Die Daten werden also bis zum Beenden von SAS im Arbeitsspeicher zur Bearbeitung vorgehalten.

Tabelle 1: Darstellung der erzeugten Datentabellen mit der Anzahl der Beobachtungen und die sich daraus ergebende Dateigröße in MB.

Anzahl Beobachtungen	Dateigröße [MB]
20,000	10.24
40,000	20.48
80,000	40.96
160,000	81.92
320,000	163.84
640,000	327.68
1,280,000	655.36
2,560,000	1,310.72
5,120,000	2,621.44
10,240,000	5,242.88
20,480,000	10,485.76

Um die Auswirkung dieser SAS-Optionen auf die Performance genauer untersuchen zu können, wurden Kombinationen gebildet, siehe Tabelle 2.

Tabelle 2: Eingesetzte SAS-Optionen tagsort, compress, memlib für die Durchführung einer Performanceoptimierung. Die Optionen wurden in den abgebildeten Kombinationen eingesetzt.

	tagsort	compress	memlib
Kombination 1			
Kombination 2	X		
Kombination 3		X	
Kombination 4	X	X	
Kombination 5	X	X	X

Die Berechnungsdauer der einzelnen Bearbeitungsschritte wurde aufgezeichnet und anschließend über der Größe des Datensatzes [GB] aufgetragen, siehe Abbildung 7.

Die in Abbildung 7 dargestellten Ergebnisse des Performancevergleichs zwischen SAS und R zeigen auf, dass R (rote Linie) gegenüber SAS ohne die Optionen tagsort, compress und memlib (dunkelblaue Linie) einen erheblichen Geschwindigkeitsvorteil besitzt. Durch Kombination der Optionen targsort und compress (hellblaue Linie) ver-

SAS an der Universität

kürzt sich die Berechnungsdauer von SAS beträchtlich und kommt durchaus in die Nähe der Berechnungsdauer von R. Das größte Optimierungspotential zeigt sich durch die gleichzeitige Verwendung der Optionen tagsort, compress und memlib (orangene Linie). Hier kann SAS mit einer hohen Berechnungsgeschwindigkeit punkten und zeigt annähernd die gleiche Performance wie R.

Sowohl R als auch SAS (mit tagsort, compress und memlib) brechen ab einer bestimmten Datengröße die Berechnung ab. Dies liegt darin begründet, dass in beiden Fällen die Daten im Arbeitsspeicher vorgehalten werden und dadurch eine physikalische Limitierung durch die Größe des Arbeitsspeichers vorgegeben ist.

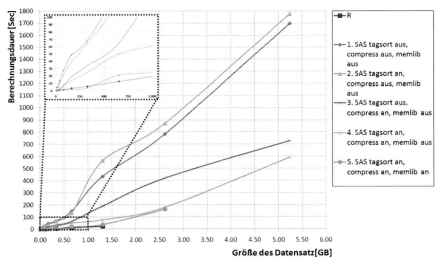

Abbildung 7: Performancevergleich zwischen SAS und R. SAS wurde mit den unterschiedlichen Kombinationen aus den Optionen tagsort, compress und memlib eingesetzt. Der Achsenabschnitt bis 1 GB und einer Berechnungsdauer von 100 Sekunden wurde vergrößert dargestellt.

Es lässt sich zusammenfassen, dass unter den vorgegebenen Bedingungen die Berechnungsdauer von SAS und R nahezu gleich ist. SAS hat bei großen Datenmengen die Nase vorne, da hier ohne die memlib-Option die Daten sequentiell von der Festplatte gelesen, bearbeitet und wieder geschrieben werden. Dadurch ergibt sich keine Limitierung durch die Größe des Arbeitsspeichers. Der Fairness wegen sei gesagt, dass R zwar die Daten im Arbeitsspeicher vorhält, aber durch freiverfügbare Zusatzpakete (z.B. Package „ff") die Möglichkeit gegeben ist, Daten außerhalb von R zu bearbeiten.

5 Schnittstellen zwischen SAS und R

Schnittstellen zwischen SAS und R und umgekehrt bieten die Möglichkeit, auf die Funktionalitäten des jeweils anderen Systems zu zugreifen. Dadurch ergibt sich eine Vielzahl an Kombinationsmöglichkeiten der beiden Systeme.

5.1 Schnittstelle SAS IML zu R

Mit SAS IML 9.22 bietet SAS eine umfangreiche Schnittstelle zu R an. Die Lizenz für SAS IML 9.22 muss zusätzlich erworben werden. Um die Schnittstelle aktuell (März 2011) nutzen zu können, ist es auf Grund von veränderten Verzeichnisstrukturen nötig eine ältere Version von R zu installieren (z.B. R-2.10.1).

Nach dem SAS mit der RLANG Option gestartet wurde, steht dem Anwender eine leistungsstarke Schnittstelle zu R zur Verfügung. Diese Schnittstelle wurde in die Prozedur PROC IML eingebettet. Innerhalb des Startbefehls SUBMIT / R und des Endbefehls ENDSUBMIT kann beliebiger R-Code platziert werden, siehe Abbildung 8.

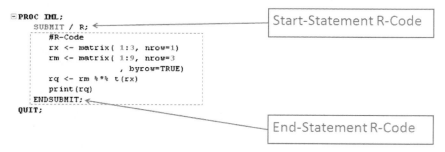

Abbildung 8: Schnittstelle PROC IML zu R. Zwischen die Start und End-Statements kann beliebiger R Code eingebettet werden.

Darüber hinaus bietet diese Schnittstelle den komfortablen Datenexport/ -Import von Matrizen und Dataframes zwischen SAS und R über den Befehl „ExportDataSetToR" bzw. „ImportDataSetFromR" an. Diese Funktionalität ist näher in Abbildung 9 beschrieben.

SAS an der Universität

Datenexport von SAS zu R:

Subroutine	SAS Quelle	R Ziel-Objekt
ExportDataSetToR	SAS data set	R data frame
ExportMatrixToR	SAS/IML matrix	R matrix

```
PROC IML;
    RUN ExportDataSetToR("Sashelp.Class", "df" );
    submit / R;
        names(df)
    endsubmit;
QUIT;
```

Datenimport von R zu SAS:

Subroutine	R Ziel-Objekt	SAS Quelle
ImportDataSetFromR	R expression	SAS data set
ImportMatrixFromR	R expression	SAS/IML matrix

Abbildung 9: PROC IML als Schnittstelle für Datenexport /-Import von Matrizen und Dataframes. Ein SAS Data Set wird mit dem Befehl „ExportDataSetToR" („Sashelp.class", „df") zu R (df ← Name des R Data Frames) exportiert.
Der umgekehrte Fall kann mittels des Befehls „ImportDataSetFromR" realisiert werden. Dabei wird ein R Data Frame in Form eines SAS Data Sets an SAS zurückgegeben.

5.2 Schnittstelle von R zu SAS

R implementiert keine vergleichbare Schnittstelle zu SAS. Jedoch ermöglicht die Anwendung von Systembefehlen, dass SAS-Programme im Batch-Modus ausgeführt werden können. Exportiere Daten z.B. als csv-Dateien können anschließend in R eingelesen werden, siehe Abbildung 10.

```
> system(
+        "C:\\Programme\\SAS\\SASFoundation\\9.2\\sas.exe
+        C:\\HMS\\Projekte\\KSFE2011\\ProcMeansExport.sas"
+    )|

> sasData <- read.table(
+        file = "C:\\tmp\\Results.csv"
+        , sep = ",", header = TRUE )
```

Abbildung 10: Schnittstelle R zu SAS über System-Befehle. Zunächst wird ein Systembefehl abgesetzt, der zum Einen auf eine SAS.exe verweist und zum Anderen auf ein aufzurufendes SAS-Programm.

Für den Datenimport von SAS Transport Files (XPORT) stehen ebenfalls die R-Funktion „read.xport" zur Verfügung.

6 Fazit

Bei dieser Gegenüberstellung zwischen SAS und R als ungleiches Paar wurde die SAS Plattform mit der großen Fülle an Frontends, Servern und ihrer Metadatenverwaltung ausgeklammert. Ebenso wurde nicht auf die große Anzahl an Paketen, Serverkomponenten und Frontends usw. von R eingegangen. Ziel dieses Beitrags war die wertfreie Gegenüberstellung der SAS Language und der R-Basisversion.

Unterschiede ergeben sich aus den Entstehungsgeschichten der beiden Produkte. SAS hat sich zu einer kommerziellen Software entwickelt und R wird freiverfügbar zum Herunterladen bereit gestellt. Weitere Unterschiede zeigen sich bei der Performance bei großen Datenmengen. SAS mit Vorteilen bei großen Datensätzen und Optimierungsmöglichkeiten, um in den Geschwindigkeitsbereich von R zu kommen.

Ähnlichkeiten sind bei den Entwicklungsumgebungen erkennbar. Die SAS-Fensterumgebung wie auch die RGui bieten einen Editor zum Erstellen von Programmen an und dokumentieren die durchgeführten Schritte in einem LOG. Weitere Gemeinsamkeiten ergeben sich bei der Kapselung von wiederverwendbarem Code. SAS hat dies mit der SAS-Makrosprache gelöst und R mit den R-Funktionen.

Gemeinsam ist SAS und R eine Schnittstelle, wodurch die Funktionalitäten des anderen zur Verfügung gestellt werden. SAS IML 9.22 mit der Prozedur PROC IML ist eine leistungsstarke Lösung, um R Code auszuführen. R hingegen implementiert keine entsprechende Schnittstelle zu SAS. Durch Systembefehle lassen sich aber SAS-Programme ausführen und gespeicherte Datensets einlesen.

Da dieser Beitrag eine neutrale Betrachtung der Eigenschaften von SAS und R darstellt, wurde auch keine Bewertung nach Kriterien wie „besser" oder „schlechter" abgegeben. Ebenfalls erhebt dieses Manuskript keinen Anspruch auf Vollständigkeit. Es wurden wesentliche Unterschiede, Ähnlichkeiten und Gemeinsamkeiten betrachtet und sind als Entscheidungshilfen bei der Wahl zwischen SAS oder R bzw. für die integrative Nutzung über Schnittstellen von SAS zu R und umgekehrt zu verstehen.

Literatur

[1] SAS Institute Inc. *SAS History*. Abgerufen am 09. Februar 2011 von http://www.sas.com/company/about/history.html#s1=1

[2] Ross Ihaka, R, *Past and Future History*. A Draft of a Paper for Interface 1998.

Poster

Ausgewählte Beispiele zu komplexen Graphiken und Ihre Realisierung in SAS

Thomas Bruckner
Institut für Medizinische Biometrie
und Informatik,
Universität Heidelberg
INF 305
69120 Heidelberg
bruckner@imbi.uni-heidelberg.de

Andreas Deckert
Institut für Public Health,
Universität Heidelberg

INF 324
69120 Heidelberg
a.deckert@uni-heidelberg.de

Zusammenfassung

Ausgehend von der Forderung eines Journals nach original in SAS erstellten komplexen Grafiken (ohne Nachbearbeitung durch andere Grafik-Software), sollen komplexe SAS-Grafiken vorgestellt werden, die über Standard-Ansätze hinausgehen. Beispiele sind die Verknüpfung von Mortalitätsdaten mit SAS-Maps, die Benutzung eines Annotate-Datasets zum Hinzufügen von Text und zusätzlichen Grafik-Elementen und die Überlagerung mehrerer Grafiken mit GREPLAY.

Schlüsselwörter: Annotate-Datei, ANNOTATE=-Option, PROC GMAP, GMAP-Prozedur, PROC GREPLAY, GREPLAY-Prozedur

1 Beispiel: GMAP

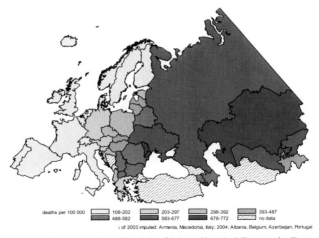

Abbildung 1: Darstellung der Herz-Kreislauf-Mortalität bei Frauen in Europa als Beispiel für die Verwendung von PROC GMAP [1]

T. Bruckner, A. Deckert

1.1 Problemstellung

Für eine Arbeit zur Herz-Kreislaufmortalität in Europa war eine kartografische Darstellung der Unterschiede in der Herz-Kreislaufmortalität zwischen den Ländern in Europa gefordert. Dazu wurden zunächst die standardisierten Herz-Kreislauf-Mortalitätsdaten (standardisiert nach der alten Europäischen Standardbevölkerung) in der letzten nahezu vollständigen Fassung der WHO von 2005 bezogen. Mit diesen Daten sollten nun die europäischen Länder entsprechend der Höhe ihrer Mortalitätsrate eingefärbt werden. Die Begrenzung Europas orientierte sich dabei an einer geografischen Definition und enthielt daher auch Länder wie z.B. Kasachstan.

1.2 Vorgehensweise

SAS stellt ein umfangreiches Sortiment an verschiedenen Karten bereit, neben Kartendaten zu einzelnen Ländern auch Daten zu Kontinenten und für die gesamte Welt. Jede Karte besteht in der Regel aus zwei Datensätzen, wobei eine davon geografische Namen (z.B. Ländernamen) enthält und die andere die exakten Koordinaten der geografischen Begrenzungen (z.B. Ländergrenzen) in verschiedenen Auflösungen.

Da hier eine erweiterte Definition von Europa verwendet wurde, war die in SAS enthaltene Europa-Karte alleine nicht ausreichend. Daher wurde hier die Weltkarte benutzt und dabei nicht benötigte Kontinente und Länder ausgeschlossen. Alternativ hätten auch die Karten von Europa und Asien kombiniert und dann nicht benötigte Länder in Asien ausgeschlossen werden können.

Die Karten-Daten stehen im Ordner „Maps" in SAS bereit. Es empfiehlt sich allerdings, die aktuellen Kartendaten von SAS zu beziehen[1]. Die Vorgehensweise im Einzelnen:

1. Karten im Ordner „Maps" in SAS benutzen oder aktuelle Karten von SAS downloaden (Für jede Karte sind zwei Dateien erforderlich, bei der Weltkarte sind das „Names" mit den Ländernamen und „World" mit den genauen geographischen Koordinaten)

2. Für das Einlesen der Dateien der Karten-Daten von der SAS-Homepage ist eine spezielle Prozedur erforderlich:

```
filename tranfile 'names.cpt';
proc cimport library=work infile=tranfile;
filename tranfile 'world.cpt';
proc cimport library=work infile=tranfile;
```

---

[1] http://support.sas.com/rnd/datavisualization/mapsonline/
http://support.sas.com/rnd/datavisualization/mapsonline/html/v92maps.html
Für den Download der Karten-Dateien ist eine Registrierung erforderlich!

Poster

Die folgenden Tabellen zeigen Auszüge aus den Karten-Daten der Welt. Wichtig für uns als Nutzer sind hier zunächst die Variablen „continent", „country", „segment" und „density". Mit „continent" und „country" können nicht benötigte Kontinente und Länder ausgeschlossen werden. „Segment" bezeichnet einzelne Teile eines Landes, z.B. Inseln, die damit ebenfalls ausgeschlossen werden können. „Density" gibt die Stufe der Auflösung der Darstellung an. Für jedes Ländersegment sind mehrere Auflösungsstufen vorhanden. Eine spezielle Auflösung kann z.b. mit einer if-Anweisung gewählt werden (s. Code unten). „ISO-ID" und „ISO-Name" der zweiten Tabelle werden benutzt, um später die Verknüpfung mit den WHO-Daten vorzunehmen.

Tabelle 1: Inhalt der Tabelle „world": mehrere Zeilen pro Land/Segment mit verschiedenen Auflösungen

Continent	Country	Segment	Density	X	Y	Lat	Long
93	115	2	3	0.3439	0.9973	1.114	-0.404
93	115	1	2	0.2556	0.9910	1.113	-0.450

Tabelle 2: Inhalt der Tabelle „names": eine Zeile pro Land mit Anzahl der Einträge (Points) in „world" und ID, Namen

Continent	Country	ISO-ID	ISO-Name	Start	End	Points	...
93	115	031	Azerbaijan	40782	40982	201	...

3. Zunächst werden nun die eingelesenen Karten-Daten mit den geographischen Koordinaten („World") so manipuliert, dass die gewünschte Begrenzung Europas in der gewünschten Auflösung darstellbar ist:

```
data Europe_extended; set world;
    if (density>2) then delete;/*Auflösung bzw. Detailgenauigkeit*/
    /*Begrenzung auf Europa und Asien*/
    if ((cont ne 93) && (cont ne 95)) then delete;
    /*Ausschließen von einzelnen Ländern*/
    if (cont = 95 && id ne 825) ... then delete;
    /*Ausschließen einzelner Ländersegmente (z.B. Inseln)*/
    if (id = 735 && segment>1) then delete;
...
```

4. Die Länderdaten („Names") werden mit den WHO-Daten verbunden. Dazu wird ein Merge über die in beiden Datensätzen vorhandene ISO-ID oder den Ländernamen (ISO-standardisiert) durchgeführt. Der daraus resultierende Datensatz sei „datafinal".

5. Nun muss noch eine Projektionsart für die Kartendarstellung sowie der Kartenausschnitt festgelegt werden. Dazu wird wieder die Datei mit den inzwischen begrenzten geographischen Daten („extended_Europe") verwendet. Die Wahl der Projektion erfolgt mit proc gproject. Hier wurde die so genannte Lambert-Projektion gewählt

und für den Kartenausschnitt Längengrade zwischen 20 und 60 sowie Breitengrade zwischen 50 und 70. Zu beachten ist, dass als Option „east" angegeben werden sollte, da sonst die Darstellung aus Sicht Amerikas in für uns spiegelverkehrter Form stattfindet.

```
Proc gproject data=Europe_extended out=Europe_extended
    project = lambert /*Art der Projektion*/
    east /*Spiegelung der Karte (Standard: US-Ansicht)*/
    longmin=-20 longmax=60 latmin=50 latmax=70;
    /*Kartenausschnitt: Längen- und Breitengrade*/
    id id;
```

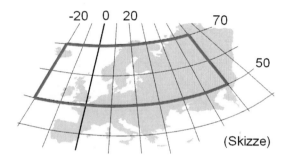

Abbildung 2: Darstellung des Kartenausschnittes mit Projektion LAMBERT

6. Abschließend kann nun die Karte mit proc gmap erstellt werden. Dabei wird „map" die Tabelle mit den finalen geografischen Daten und „data" die Tabelle mit den verknüpften WHO-Daten übergeben. „Choro" gibt den Illustrationstyp einer zweidimensionalen Kartendarstellung an. „Mortality" ist die WHO-Variable, die die Mortalitätsrate pro Land enthält. Mit „level" kann die Anzahl der Farbabstufungen gewählt werden. Für die fehlenden Werte wird hier „cdefault=gray" festgelegt. Dadurch werden Länder für die keine Mortalitätsdaten vorliegen, in durchgehendem Grau eingefärbt (für Schraffur siehe Hinweis unten).

```
Proc gmap map=Europe_extended data=datafinal;
    id id;
    choro mortality/    /*Illustrationstyp, Variable*/
    levels=8  /*Anzahl der Kategorien*/
    cdefault=GRAY  /*Fehlende Werte*/
    legend=legend1    /*Zuweisen der Legende*/
    stretch; /*Darstellungs-Optimierung*/
run;
```

Um Länder mit fehlenden Werten zu schraffieren anstatt mit einem durchgehenden Grau einzufärben, können z.b. im Datensatz die fehlenden Werte mit 99999 kodiert werden. Für die einzelnen Wertebereiche können dann eigene Muster bzw. Farben (für reguläre Werte) definiert werden. Hier ein Beispiel-pattern für eine Schraffur:

```
pattern9 value=M3N45 color=CX8C8C8C;
```

2 Beispiel: Annotate (Grafik)

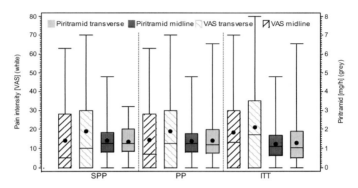

Abbildung 1: Gleichzeitige Darstellung zweier unterschiedlicher Variablen als Boxplot, getrennt nach Intervention und zusätzlich gruppiert (hier nach Analyse-Sets) und unterschiedlich schraffiert [2]

2.1 Problemstellung

In einer klinischen Studie zur Untersuchung einer Äquivalenz-Fragestellung wurden zwei Interventionsgruppen verglichen. Die Zielvariable bestand aus einem kombinierten Endpunkt mit den Variablen subjektives Schmerzempfinden (VAS) und gemessenem Schmerzmittelverbrauch. Da es im Verlauf der Studie aufgrund von vorher nicht bekannten Faktoren zu einer Änderung des Messprotokolls kam, wurde für die Auswertung neben den üblichen intention-to-treat und per-protocol-Studienpopulationen eine zusätzliche per-protocol-Gruppe definiert. Bei der Einreichung des Artikels bei einem Journal wurde dann zum einen gefordert, dass nur Original Grafiken der Auswertungssoftware verwendet werden dürfen und zum anderen war die Anzahl an Grafiken auf fünf begrenzt. Da noch 4 weitere wichtige Grafiken in diesen Artikel integriert waren, musste die Darstellung des kombinierten primären Endpunktes in einer Grafik erfolgen. Die Darstellung sollte also Boxplots zweier unterschiedlicher Variablen, getrennt nach Intervention und zusätzlich gruppiert (hier nach Analyse-Sets) und unterschiedlich schraffiert enthalten.

T. Bruckner, A. Deckert

2.2 Vorgehensweise

Für die Darstellung zweier Outcome-Variablen mit verschiedenen y-Achsen (links und rechts) sind proc boxplot und andere Verfahren ungeeignet bzw. lässt z.B. proc boxplot eine Darstellung mit zwei unterschiedlichen Achsen nicht zu. Eine gleichzeitige Darstellung zweier Boxplot-Grafiken ist jedoch mit plot2 in proc gplot und der Option i=boxt im symbol-Statement möglich. Allerdings ist hierbei die Verwendung eines pattern-Statement für das Schraffieren der Boxen wirkungslos. Zudem stellt die Option i=boxt nur die Mediane im Boxplot dar, die Mittelwerte müssen zusätzlich in die Grafik eingebaut werden. Die Schraffur und die Darstellung der Mittelwerte werden hier über einen annotate-Datensatz realisiert. Mit einem annotate-Datensatz stehen spezielle Grafikbefehle zur Verfügung, die das Einbinden von Grafik-Elementen und Text in von normalen Grafik-Prozeduren erstellte Darstellungen erlauben.

1. Der eine Teil des primären Endpunktes (outcome1) soll später mit plot und der andere (outcome2) mit plot2 innerhalb derselben gplot Prozedur mit zwei unterschiedlichen Achsen dargestellt werden. Der Datensatz enthält die beiden Outcomes sowie eine Variable „set" die die beiden Outcomes den unterschiedlichen Analsyse-Sets zuweist (6 Stufen). Damit die Darstellungen der beiden Variablen abwechselnd auf der x-Achse erfolgen, wird der Datensatz zunächst verdoppelt und mit „set" und „var" 12 „Fälle" eingeführt. Diese zwölf Fälle werden dann abwechselnd den beiden Outcomes zugewiesen. Falls „outcome1" gesetzt ist, wird „outcome2" dabei auf Missing gesetzt und umgekehrt.

```
data double_data; set single_data;
     var=1; output; var=2; output;
data final; set double_data ;
     if (set=1 && var=1) then _var=1;
...
if (set=6 && var=2) then _var=12;
if _var in (1,2,5,6,9,10) then outcome1=.;
if _var in (3,4,7,8,11,12) then outcome2=.;
```

2. In einem nächsten Schritt werden die Mittelwerte/Quartile für beide Endpunkte in die Tabelle „means" ausgeben.

```
proc means data=final mean q1 q3;var outcome1;by group _var;
     output out=means mean=m_end1 q1=_q1 q3=_q3;
```

(für outcome2 entsprechend)

3. Dann wird ein Annotate-Datensatz für die Füllmuster und die Mittelwerte (und Legende) erzeugt. Mit „xsys='2'" und „ysys='2'" wird ein Koordinatensystem gewählt, mit dem direkt auf die Darstellung der 12 Fälle zugegriffen werden kann, ohne deren genaue x- und y-Koordinaten im Grafen zu kennen. So kann z.B. der linke untere Punkt der Schraffurbox dadurch bestimmt werden, dass von „var" (die

Poster

12 Fälle) einfach die Hälfte der Boxplot-Dicke für den x-Wert abgezogen wird und der y-Wert auf q1 gesetzt wird. Mit „Move" erreicht man, dass dieser Punkt in der Grafik zunächst angefahren wird. Nachdem dann die rechte obere Ecke der Schraffurbox in derselben Weise bestimmt wurde, wird mit „Bar" ein Balken (hier in Form einer Schraffur) erstellt. Die Parameter, die vor diesem Befehl angegeben werden, definieren dabei das Aussehen der Schraffur.

Da proc gplot wie oben schon erwähnt keine Mittelwerte im Box-Plot darstellt, müssen diese ebenfalls im Annotate-Datensatz angegeben werden. Dies geschieht in ähnlicher Weise wie bei den Schraffuren. Zunächst wird mit „Move" und den Koordinaten (die wieder direkt aus den 12 Fällen und dem berechneten Mittelwert abgeleitet werden) der Mittelwert angefahren. Dann erfolgt die Darstellung des Mittelwerts über den Befehl „Pie". Die Mittelwerte von „outcome2" werden getrennt in derselben Weise in einem zweiten Annotate-Datensatz definiert. Diese Vorgehensweise ist für die getrennte Übergabe an plot und plot2 in proc gplot notwendig.

```
data _annotate; set means end=eof;
     length function style $8;
     xsys='2'; ysys='2'; /*Auswahl des Koordinatensystems*/
/*Eckpunkt für Füllmuster outcome1 links unten festlegen:*/
     if _var in (1 2 5 6 9 10) then do;
          x=_var-.3; y=_q1; end;
     else do; x=0; y=0; end; /*Kein Füllmuster für outcome2*/
     function='MOVE'; output;
/*Eckpunkt für Füllmuster outcome1 rechts oben festlegen:*/
     y=_q3;
     if _var in (1 5 9) then do;
          x=_var+.3; style='R10'; color='BLACK';
     end; else if _var in (2 6 10) then do;
          x=_var+.3; style='L10'; color='LIGR'; end;
     else do; x=0; y=0; end; /*Kein Füllmuster für outcome2*/
     function='BAR'; output;
/*Mittelwerte outcome1*/[2]
     if _var in (1 2 5 6 9 10) then do;
          y=m_end1; x=_var; function='MOVE'; output;
          y=m_end1; x=_var; color='BLACK';
          style='solid'; size=0.2;
          Angle=0; Rotate=360; function='PIE'; output;
     end;
/*Erstellen der Legende mit ähnlichen Befehlen! (s. auch Bsp. 3)*/
...
```

Tabelle 1 zeigt den Inhalt des Annotate-Datensatzes. Während des Plots wird diese Tabelle nun Zeile für Zeile abgearbeitet und dabei die Befehle schrittweise ausgeführt.

---

[2] Die Mittelwerte für den zweiten Endpunkt werden separat in einen zweiten annotate-Datensatz (_annotate2) geschrieben

Tabelle 1: Inhalt der Tabelle „_annotate": Darstellung der Befehlskette für die Grafikerstellung

group	_var	m_end1	_q1	_q3	function	style	X	Y	color	rot	...
1	1	14.0	0.1	28	MOVE		0.7	0.1			...
1	1	14.0	0.1	28	BAR	R10	1.3	28	black		...
1	1	14.0	0.1	28	MOVE	R10	0.7	0.1	black		...
1	1	14.0	0.1	28	PIE	solid	1	14	black	360	...
1	3				MOVE		0	0			...
2	2	19.0	1.2	30	MOVE		1.7	1.2			...

4. Nun kann die kombinierte Grafik mit proc gplot erstellt werden. Dazu müssen hier neben der x-Achse zwei y-Achsen definiert werden. In plot und plot2 werden dann mit „annotate=" die Annotate-Datensätze zugewiesen.

```
symbol1 i=boxt00 co=black bwidth=5; /*Dasselbe für symbol2*/
symbol3 i=boxft00 co=black cv=dagr bwidth=5; /* >> symbol4*/
/*3 Achsen definieren!*/ ...
axis3 label=(h=0.35 a=90 r=0 'Piritramid [mg/h] (grey)')
order=(0 to 8 by 1);
proc gplot data=final;
plot outcome1*_var=group/haxis=axis1
vaxis=axis2 nolegend annotate=_annotate;
plot2 outcome2*_var=group/vaxis=axis3
nolegend annotate=_annotate2;
run; quit;
```

3 Beispiel: GREPLAY, Annotate (Text)

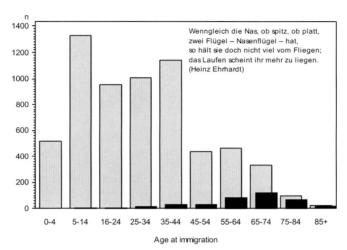

Abbildung 1: Überlagerung von Grafiken durch leichtes Verrücken der zweiten Grafik (in ähnlicher Weise können auch Grafiken aneinander gehängt oder ineinander verschachtelt werden)

3.1 Problemstellung

Die Darstellung der Anzahl von Todesfällen pro Altersgruppe und der Altersverteilung sollte in einer einzigen Grafik als Balkendiagramme erfolgen. Dabei sollte die Darstellung der Todesfälle leicht nach rechts verschoben sein (in ähnlicher Weise können auch Grafiken aneinander gehängt oder ineinander verschachtelt werden). Zusätzlich war in der Grafik eine Legende am oberen rechten Eck mit zusätzlichen Grafik-Elementen eingefügt, dies wurde hier der Einfachheit halber durch ein Textfeld ersetzt.

3.2 Vorgehensweise

1. Um mehrere Grafiken übereinander zu legen oder aneinander anzuhängen, kann man diese zunächst in einem SAS-Grafikcontainer intern ablegen und später dann in einer vordefinierten Schablone zusammensetzen. Die Grafiken werden dazu zunächst mit den üblichen Prozeduren erstellt, wobei dann mit gout in der Prozedur die Ablage im Grafikcontainer (hier Grafikablage genannt) erfolgt. Der Grafikcontainer wird im Work-Ordner angelegt. Die Namen, unter denen die Grafiken im

Grafikcontainer abgelegt werden, werden von SAS selbst festgelegt (hier bei der ersten Grafik GCHART und bei der zweiten GCHART1).

```
pattern1 c=lightgrey;
proc gchart data=data1 gout=Grafikablage;    → GCHART
vbar var1/midpoints=0 to 9 by 1
maxis=axis1 axis=axis2 space=1.5;
run; quit;
pattern1 c=black;
proc gchart data=data2 gout=Grafikablage;    → GCHART1
vbar var2/midpoints=0 to 9 by 1
noaxis noframe nolegend space=1.5;
run; quit;
```

2. Für den Text, der zusätzlich innerhalb der Grafik erscheinen soll, wird zunächst über ein Annotate-Dataset eine Tabelle mit entsprechenden Befehlen angelegt. Der entsprechende Befehl für die Textausgabe lautet "label". Mit "position" wird die Position des Textes relativ zu dem genau angegebenen Punkt durch die x- und y-Koordinaten beschrieben. Es kann z.B. genau, neben, oberhalb, unterhalb usw. positioniert werden. Mit "When=A" wird gewährleistet, dass der Text später nicht durch die Grafiken überdeckt wird. Da hier die Textzeilen untereinander stehen, wird x nur einmal gesetzt und dann für jede Zeile die jeweilige Y-Koordinate. Mit "text" wird dann der auszugebende Text selbst angegeben.

```
data _add_text;
length function style color $ 8 text $ 80;
retain xsys ysys "2";
function="label"; position="6"; size=0.75; x=55;
style="arial"; color="black";
When='A'; /*Text im Vordergrund der Grafik*/
y=93; text="Wenngleich die Nas, ob ..."; output;
y=89; text="zwei Flügel - Nasenflügel ..."; output;
...
```

Die daraus entstandene Tabelle enthält pro Zeile die jeweiligen Befehle zur Erstellung des Textes.

Tabelle 1: Inhalt der Tabelle „_add_text": Darstellung der Befehlskette für den Text in der Grafik

function	style	color	when	pos	size	X	Y	text	...
label	arial	black	A	6	0.75	55	93	Wenngleich die ...	...
label	arial	black	A	6	0.75	55	89	zwei Flügel ...	...

3. Diese Tabelle wird nun mit proc gslide und Angabe desselben Grafikcontainers wie oben abgelegt und erhält von SAS den Namen add_text.

```
proc gslide gout=Grafikablage    → ADD_TEXT
name="add_text"
annotate=_add_text;
run; quit;
```

4. In einem nächsten Schritt wird nun mit proc greplay die Grafikschablone definiert. Hier werden drei gleichgroße Grafikrahmen übereinander gelegt, wobei der Rahmen der zweiten Grafik leicht nach rechts verschoben wird.

```
proc greplay nofs
tc=work.gseg;   /*Festlegen des Rahmen-Containers/*
tdef newtemp    /*Erstellen einer neuen Schablone*/
1/   llx=0          lly=0       /*Rahmen 1, Punkt links unten*/
     lrx=100        lry=0       /*Rahmen 1, Punkt rechts unten*/
     ulx=0          uly=100     /*Rahmen 1, Punkt links oben*/
     urx=100        ury=100     /*Rahmen 1, Punkt rechts oben*/
2/   llx=1.5        lly=0       /*Der Rahmen der zweiten Grafik*/
     lrx=101.5 lry=0      /*wird geringfügig nach rechts*/
     ulx=1.5        uly=100     /*verschoben (gleiche Größe)*/
     urx=101.5      ury=100
3/   lly=0 uly=100 llx=0 lrx=100
     lry=0 ury=100 ulx=0 urx=100;
run; quit;
```

5. Ebenfalls mit proc greplay erfolgt dann die finale Zusammenführung der Grafiken und Texte. Dazu wird mit "tc=" die Grafikschablone, die oben festgelegt wurde, geladen und mit "igout=" die Inhalte des Grafikcontainers. "treplay" fügt dann die einzelnen Elemente zusammen und verwendet dazu in der Reihenfolge die oben festgelegten Rahmen.

```
proc greplay nofs
tc=work.gseg /*Rahmen-Cont.*/
template=newtemp /*Schablone*/
gout=Grafikablage    /*Output*/
igout=Grafikablage; /*Input*/
treplay
1: gchart
2: gchart1
3: add_text;
device emf;
run;
quit;
```

HINWEIS: Der Grafikcontainer „Grafikablage" im Arbeitsverzeichnis von SAS muss vor jedem neuen Durchlauf geleert werden. SAS überschreibt vorhandene Grafikobjekte nicht, sondern legt neue mit Namenszusätzen an. Diese Namen stimmen dann nicht mehr mit denen in proc greplay überein.

Literatur

[1] Deckert et.al.: Time trends in cardiovascular disease mortality in Russia and Germany from 1980 to 2007 - are there migration effects? BMC Public Health. 2010 Aug 17;10:488

[2] Seiler CM et.al.: POVATI: Midline versus transverse incision in major abdominal surgery: a randomized, double-blind equivalence trial (POVATI: ISRCTN 60734227). Ann Surg. 2009 Jun;249(6):913-20.

Freie Themen

Geokodierung mit SAS als Tool des Versicherungsmarketings

Dennis Cosfeld
LVM Versicherung
Außenorganisation
Kolde-Ring 21
48126 Münster
d.cosfeld@lvm.de

Jens Blecking
LVM Versicherung
Außenorganisation
Kolde-Ring 21
48126 Münster
j.blecking@lvm.de

Zusammenfassung

Vor dem Hintergrund eines stark umkämpften Marktumfeldes kann ein Informationsvorsprung ein wichtiges Differenzierungsmerkmal eines Versicherungsunternehmens sein. Die LVM Versicherung verwendet in diesem Kontext für bestimmte Aufgabenstellungen im Marketing die Möglichkeit der Geokodierung mit SAS.

Je nach Bedarf können zwei Dienstanbieter genutzt werden, um kostengünstig und relativ effizient Kodierungen durchzuführen. Hierbei ist zu berücksichtigen, dass sich die beiden Datenquellen in diversen Punkten unterscheiden. Die Einbindung der Geokodierung in eine selbst entwickelte Anwendung auf Java-Basis ermöglicht aber eine übergreifende und benutzerfreundliche Steuerung.

Die Anwendungsmöglichkeiten der geokodierten Daten sind vielfältig. So können Karten erstellt werden, um bestimmte Merkmale zu analysieren und hervorzuheben. Die Möglichkeit einzelne Punkte darzustellen, macht diese Darstellungsform u.a. für die Standortplanung interessant. Darüber hinaus können HTML-Dateien erstellt werden, die Strukturen auf einer Google Maps Karte wiedergeben. Hierfür ist eine Internetverbindung erforderlich, führt aber zu einer äußerst dynamischen Visualisierung von Geoinformationen. Bewegungen auf der Karte, Zoom-Funktionen und – wo verfügbar – auch Google Street View Bildmaterial können in vollem Umfang genutzt werden. Für weitere Aufgabenstellungen ist ausblickend zudem die Nutzung von Routenplaner-Informationen denkbar.

Schlüsselwörter: Geokodierung, Google Maps, Google Street View, JavaScript, Yahoo, API

1 Zielsetzung und Motivation

Die LVM Versicherung zählt mit über 3 Millionen Kunden zu den größten Erstversicherern in Deutschland. Bereits 1896 gegründet, legt man seit jeher großen Wert auf Kundennähe und bestmöglichen Service. Dies sind die Faktoren, welche die LVM Versicherung von vielen ihrer Mitbewerber unterscheidet und welche früher wie heute im Unternehmen gelebt werden. In Zusammenarbeit mit ihren Partnern bietet die LVM ihren Kunden als moderner Rundum-Versicherer individuelle Lösungen für Versicherungen, Vorsorge und Vermögen. Ganz getreu dem Motto „In guten Händen. LVM."

Der Versicherungsmarkt in Deutschland ist stark umkämpft und von einem Verdrängungswettbewerb gekennzeichnet. Die Neukundenakquise gestaltet sich schwierig, da der wesentliche Teil der Bevölkerung bereits Verträge bei einem Versicherer hat. Oft ist die Erschließung neuer Kundengruppen daher nur durch das Abwerben von Kunden der Konkurrenz möglich. Allerdings ergeben sich aus diesem schwierigen Marktumfeld auch bedeutsame Chancen. Es hat dazu geführt, dass die Marketing-Abteilungen heute mehr Informationen denn je über ihre Marktumfelder haben. Strategien und Maßnahmen in bisher unerreichter Präzision werden so möglich. Die Kunst ist allein, die vielen Informationen zu filtern, zu kanalisieren und effektiv zu nutzen.

Dies ist ein Merkmal des Geo-Marketings – einer Disziplin, die sich in den vergangenen Jahren von einer guten Idee zu einem fast unabdingbaren Tool für Marketing-Entscheider entwickelt hat. Die LVM nutzt hierbei SAS sowohl bei der Datenerstellung als auch bei der Auswertung und Visualisierung.

2 Geokodierung – Gegenstand und Vorgehen

Die Analyse von räumlichen Daten ist nicht neu. Kaufkraft, Arbeitslosenquote oder Bevölkerungsdichte sind nur einige Auswertungsmöglichkeiten, die in diesem Zusammenhang bereits seit geraumer Zeit genutzt werden. Die Darstellung von Kaufkraft-Indizes, bspw. für die Kreise der BRD, ist mit SAS und der GMAP Prozedur ohne größeren Aufwand möglich. Möchte man aber einzelne Adressen in solch einer Karte ausfindig machen, z.B. um eine neue Versicherungsagentur im Stadtbezirk mit der größten Bevölkerungsdichte zu platzieren, wird die Aufgabe schon diffiziler. Wo genau befindet sich die Adresse auf der Karte? Und was befindet sich um diesen Punkt herum? Die Beantwortung dieser Fragen kam den Interessenten in der Vergangenheit oft teuer zu stehen, sei es für die persönliche Besichtigung vor Ort oder für einen externen Dienstleister.

Die Geokodierung ermöglicht die schnelle, einfache und kostengünstige Konvertierung von Adressen in geographische Koordinaten, um sie in der räumlichen Analyse nutzen zu können. Hierfür gibt es verschiedene Möglichkeiten. Beispielsweise bieten manuelle Schnittstellen die Ermittlung geographischer Koordinaten auf der Grundlage von Adressdaten an. Diese eignen sich jedoch hauptsächlich für die Kodierung einiger weniger Adressen. Für eine effektive Nutzung, unterstützt durch SAS, ist vielmehr die automatisierte Verwendung von Diensten per API (*Application Programming Interface*) interessant. Selbstverständlich sollte – unabhängig davon, welches Verfahren oder welcher Dienst zur Geokodierung eingesetzt wird – die Einhaltung der Datenschutzbestimmungen stets oberste Priorität haben. Die Nutzungsbedingungen der Anbieter von Geokodierungsdiensten müssen ebenfalls berücksichtigt werden.

Bei der Geokodierung wird nach einem vorgegebenen Muster eine URL erzeugt und an den Dienst gesandt. Dieser reagiert auf die Anfrage mit einer Rückmeldung, welche daraufhin bezüglich der gewünschten Informationen durchsucht und ausgelesen werden kann. Je nach Art der Verwendung der generierten Koordinaten kann schließlich noch

Freie Themen

eine Umrechnung erforderlich sein, bspw. von Längen- und Breitenkoordinaten per Gauß-Krüger-Transformation.

Die Rolle des SAS-Jobs besteht bei der Kodierung per API in der Erstellung der Datei mit den zu verarbeitenden Datensätzen, der automatisierten Erstellung der URL's, der sukzessiven Versendung der Anfragen sowie im Auslesen und temporären Rückschreiben der Responses. Auch eine ggf. notwendige Umrechnung der Koordinaten kann so in einem Schritt durchgeführt werden. Die Grenzen der Kodierung per API-Schnittstelle liegen typischerweise in langen Programmlaufzeiten, in durch Dienstanbieter begrenzten Kodierungskontingenten oder auch limitierten Speicherkapazitäten.

Die LVM verwendet für diese Aufgabenstellungen eine unternehmenseigene Software-Lösung auf Basis von Java, welche die Steuerung des SAS-Programms zur Geokodierung übernimmt. Die Vorgänge können so minutengenau eingeplant werden und auch während der Nachtstunden auf dem Server gestartet werden.

3 Quellen zur Geokodierung und ihre Nutzung

Eine effektive Nutzung der geokodierten Daten setzt eine hinreichende Genauigkeit der Koordinaten und damit eine Verlässlichkeit des jeweiligen Dienstes voraus. Eine führende Rolle auf diesem Gebiet nimmt das Unternehmen Google ein, welches mit dem Dienst Google Maps bereits seit einigen Jahren erfolgreich im Bereich der Geo-Informationsdienste agiert. Ein weiterer Anbieter in diesem Markt ist die Firma Yahoo!, die als Konkurrent von Google ähnliche Dienstleistungen im Produkt-Portfolio hat.

Beide Unternehmen bieten Dienste zur Geokodierung per API an, die sich jedoch in einigen Punkten unterscheiden. So lässt Google bei kostenloser Nutzung seines Services eine maximale Anzahl von 15.000 Kodierungen pro 24 Stunden zu, während Yahoo! mit 30.000 Kodierungen die doppelte Anzahl gewährt. Natürlich variieren dementsprechend auch die Laufzeiten der jeweiligen Jobs. In der praktischen Anwendung im Vertrieb der LVM liegen diese bei etwa 1,5 bis 2 Stunden bei der Kodierung mit Google und ca. 4 bis 5 Stunden bei der Kodierung mit Yahoo!. Als Formate für die Rückmeldung der kodierten Daten bietet Google *JSON*, *XML*, *KML* und *CSV* an, während Yahoo! *XML*, *JSON* und *Serialized PHP* bereitstellt.

Der Prozess der Geokodierung folgt gewöhnlich einem festen Muster. Zunächst wird festgelegt, welche Daten kodiert und welcher Dienst genutzt werden soll. Anschließend wird ein Starttermin für das Programm gewählt. Ist vorgegeben, welche Objekte aus der Ausgangsdatei kodiert werden sollen (bspw. nur Agenturen in Niedersachsen), erfolgt die Erstellung der Kodierungs-Datei mit den entsprechenden Datensätzen. Sind keine Objekte ausgewählt, werden die zu kodierenden Datensätze per Zufallsauswahl in entsprechender Menge in die Kodierungs-Datei übertragen. Daraufhin beginnt das SAS-Programm mit dem sequenziellen Versand der Datensätze an den Dienst, liest die Rückmeldungen aus und schreibt die Geoinformationen in eine temporäre Ergebnisdatei. Am Ende des Prozesses werden diese Daten schließlich der Gauß-Krüger Transformation unterzogen, falls notwendig.

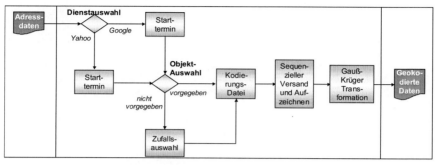

Abbildung 1: Prozess der Geokodierung

4 Anwendungsbeispiele

Die geokodierten Daten können für unterschiedlichste Zwecke eingesetzt werden. Im folgenden werden drei Anwendungsfälle kurz skizziert.

Anwendungsbeispiel I – Standortplanung für Agenturen
Mit Hilfe der Prozedur PROC GMAP und ODS wird eine Karte im PDF Format erstellt. Diese setzt sich aus mehreren Komponenten zusammen: Zum einen wird die LVM Außendienststruktur eingezeichnet, zum anderen werden die bereits bestehenden Agenturen als Mittelpunkte ihrer Postleitzahlengebiete eingetragen. So wird schnell ersichtlich, welche Gebiete noch Potential für weitere Agenturen aufweisen. Nachteile dieses Vorgehens sind die relativ statische Sichtweise sowie die geographische Ungenauigkeit. Ein erster Ansatz zu einer dynamischeren Darstellung ist die Erstellung solcher Karten im HTML Format, mit entsprechendem DRILL DOWN auf die nächst tiefer liegende Strukturebene (beispielsweise von Regierungsbezirkebene auf Kreisebene). So können einzelne Gebiete angeklickt und detaillierter dargestellt werden.

Anwendungsbeispiel II – Darstellung von Citylight-Plakaten
Um eine wirklich dynamische Darstellung zu erreichen, ist ein anderer Ansatz nötig. In einem SAS-Programm wird eine GoogleMap via FILE und PUT im HTML Format (inkl. JavaScript Elementen) erstellt. In diesem Programm wird ebenfalls die LVM Außendienststruktur auf das Kartenmaterial gezeichnet. Zudem werden die kodierten Agenturen eingetragen und mit einem aufrufbaren Infofenster mit den wichtigsten Daten versehen. Des Weiteren können zum Beispiel zusätzlich die im Rahmen einer Werbekampagne gebuchten Citylight-Plakate dargestellt werden. Der Vorteil dieses Vorgehens ist eine flexible Darstellungsweise durch Verwendung verschiedener Ansichten (Karte, Gelände, Satellit, Hybrid), der Möglichkeit des Zoomens und der Integration

Freie Themen

weiterer, interaktiver Elemente. Falls für die Region verfügbar, ist sogar der Einsatz von Google StreetView möglich. Zur Nutzung dieser Karte ist allerdings eine bestehende Internetverbindung erforderlich.

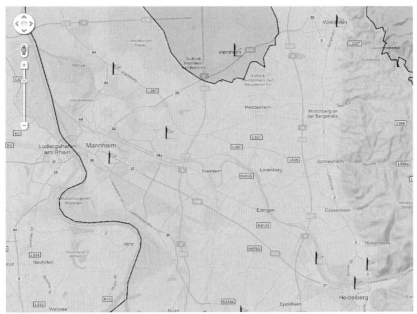

Abbildung 2: Außendienststruktur und Agenturen auf einer GoogleMap (Ausschnitt) (Quelle: Google Maps)

Anwendungsbeispiel III – Routenplanung / -optimierung für Außendienstmitarbeiter
Neben der reinen Geokodierung bietet Google einen Dienst („Directions API") zur Bearbeitung von Routenanfragen an. Das Limit für Anfragen liegt derzeit bei 2.500 pro 24h. So lassen sich z.B. tatsächliche Entfernungen zwischen zwei Adressen oder Punkten ermitteln und Fahrzeiten – abhängig vom gewählten Verkehrsmittel – ausgeben. Die Koordinaten der gesamten Strecke werden ausgegeben, so dass sich die Strecken auch im Kartenmaterial einzeichnen lassen. Die Schnittstelle lässt sich so zusätzlich natürlich auch zur Geokodierung nutzen.

Literatur

[1] Google Geocoding API, http://code.google.com/intl/de-DE/apis/maps/ documentation/geocoding/v2/index.html.

[2] Yahoo! PlaceFinder Guide, http://developer.yahoo.com/geo/placefinder/guide/.

[3] Google Maps JavaScript API V3, http://code.google.com/intl/de-DE/apis/maps/documentation/javascript/basics.html.

Poster

Erfolgreich testen und analysieren – geht das?
Bildung stabiler Testgruppen für den Einzelhandel

Martin Debus
Bauer Systems KG
Burchardstr. 11
Hamburg
martin.debus@bauermedia.com

Dr. Sergej Steinberg
Bauer Systems KG
Burchardstr. 11
Hamburg
sergej.steinberg@bauermedia.com

Stefan Callsen
Bauer Systems KG
Burchardstr. 11
Hamburg
stefan.callsen@bauermedia.com

Zusammenfassung

Um neue Märkte zu gewinnen oder aber bestehende Marktanteile zu erhalten bzw. auszubauen besteht eine wesentliche Tätigkeit von Produktions- und Handelsunternehmen darin, neue Produkte einzuführen, Produkte- oder Preise zu variieren, Liefermengen zu optimieren oder schlicht Aufmerksamkeit zu schaffen. Ob nun Produktrelaunch, Anzeigenkampagne oder Preissenkung – alle diese Maßnahmen finden größtenteils entweder zeitlich begrenzt oder regional begrenzt (auf sog. Testmärkten) statt.
Die Auswertung bzw. Bewertung solcher Testmaßnahmen gestalten sich oftmals schwierig, da Absatzzahlen – auch abseits aller Kampagnenbeeinflussungen – vielfach starken Schwankungen unterliegen, etwa aufgrund von Saisonalität, Feiertagen, Wetter, regionalen Vorlieben oder Reaktionen der Wettbewerber. Ebenso begleiten die Handelsstufen (Groß- vs. Einzelhandel) diese Kampagnen unterschiedlich und tragen ggf. differenziert zum Ergebnis bei.
Im Folgenden wird ein in SAS (BASE/STAT) umgesetztes Verfahren vorgestellt, welches die Bewertung der o.g. Testmaßnahmen unterstützen soll. Die Beispiele beziehen sich auf die Bildung von Testgruppen für den Zeitschrifteneinzelhandel, können jedoch auf ähnliche Fragestellungen angewandt werden.

Schlüsselwörter: Testen, Verlagswesen, Handel, Zeitreihen

1 Problemstellung und Datenlage

Den Ausgangspunkt zu den hier vorgestellten Überlegungen stellt die Anforderung dar, im Einzelhandel testweise vorgenommene Maßnahmen für einzelne Titel messbar zu machen und damit deren Wirkung auf den Absatz zu beziffern.

Abbildung 1 zeigt die Summe der verkauften Hefte eines Titels, die von den Einzelhändlern eines zufällig ausgewählten Grossisten innerhalb von eineinhalb Jahren abgesetzt wurden (wöchentliches Erscheinungsintervall). Durch verkaufsfördernde Maßnahmen ist für diese Gruppe ein Zuwachs des Verkaufs um maximal 1% anzunehmen. Dies würde für die Grossisten aus der Beispielreihe einen Anstieg von durchschnittlich 6700 auf 6767 verkaufte Hefte bedeuten. Dieser erwartete Anstieg ist aufgrund mehrerer Faktoren schwer messbar: Die in den Markt gegebene Auflage und die Gesamtzahl der verkauften Hefte (Abbildung 2) schwankt.

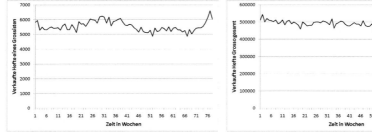

Abbildung 1: Zeitreihe verkaufter Hefte eines Grossisten

Abbildung 2: Zeitreihe verkaufter Hefte aller Grossisten

Als Lösung bietet es sich an, die Verkaufsperformance der einzelnen Grossisten ins Verhältnis zu den insgesamt verkauften Heften zu setzen (Abbildung 3): $a(i)_t = \frac{v(i)_t}{V_t}$, wobei $a(i)_t$ der Anteil der verkauften Hefte bei einem Grossisten i zum Zeitpunkt t ist, $v(i)_t$ die verkauften Hefte des Grossisten und V_t die Anzahl der verkauften Hefte insgesamt zum Zeitpunkt t.

Nun werden k Grossisten (im Beispiel sieben Grossisten) nach dem Zufallsprinzip für den Test selektiert (Abbildung 4) und deren Anteile zur neuen Zeitreihe $a(j)_t$ aufsummeriert: $a(j)_t = \sum_1^k a(i_k)_t$.

Die Zeitreihe (Abbildung 5) wird nun normiert, in dem lediglich die Abweichung um den Mittelwert erhalten bleibt: $n(j)_t = a(j)_t - \overline{a(j)}$.

Nach der Normierung der entstandenen Zeitreihe auf die Abweichung um den Mittelwert ergibt sich das in Abbildung 6 gezeigte Bild.

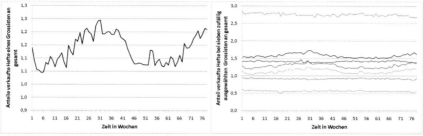

Abbildung 3: Zeitreihe der Anteile der verkauften Hefte eines Grossisten am Gesamtverkauf

Abbildung 4: Zeitreihen eine Gruppe von zufällig ausgewählten Grossisten

Nach dieser Bereinigung verbleibt das Problem wie Steigerungen von weniger als 1% (für dieses Beispiel ein Anstieg des Anteils um mehr als 0,1 Prozentpunkte) sicher gemessen werden können. Das Rauschen dieser Reihe ist über das Konfidenzintervall um den Mittelwert von 0 mit einem Fehler von 5% ($0 \pm 2\sigma$) dargestellt. Die Standardabweichung beträgt in diesem Fall bereits 0,27. Die Wahrscheinlichkeit ist damit groß, dass die Effekte der verkaufsfördernden Maßnahme im weißen Rauschen untergehen.

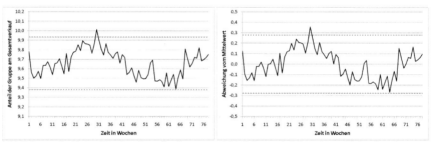

Abbildung 5: Zeitreihe der Anteile der verkauften Hefte einer Gruppe von Grossisten am Gesamtverkauf

Abbildung 6: Normierte Zeitreihe der Anteile der verkauften Hefte einer Gruppe von Grossisten am Gesamtverkauf

Die Frage lautet also: Wie muss die Gruppe von Grossisten ausgewählt werden, damit die Veränderungen in den Verkaufszahlen genauer gemessen werden können?

M. Debus, S. Steinberg, S. Callsen

2 Verfahren zur Bildung stabiler Testgruppen

2.1 Algorithmus

Die Idee für den Algorithmus besteht darin, die Zeitreihen so miteinander zu kombinieren, dass sich das Rauschen ausgleicht und somit die Streuung (Standardabweichung) innerhalb der Gruppen minimiert wird. Bildhaft ausgedrückt ist die Frage also, welche Zeitreihen aufeinandergestapelt werden müssen, um eine möglichst gerade Linie zu erhalten.

Konkret sind dazu folgende Schritte nötig:
1. Berechnen der aktuellen Standardabweichung für alle normierten Zeitreihen bzw. Zeitreihengruppierungen $n(j)$: $\sigma(n(j)) = \sqrt{\dfrac{\sum_{1}^{T}((\overline{n(j)} - n(j)_t)^2}{T}}$
2. Bilden von allen möglichen Paarkombinationen für diese Zeitreihen.
3. Addieren der Zeitreihenwerte der Paarkombinationen in der Form $n(k) = n(j_1) + n(j_2)$.
4. Berechnen der neuen Standardabweichungen für alle Paarkombinationen.
5. Das Paar mit der geringsten Standardabweichung wird zu einer neuen Zeitreihe gruppiert.
6. Überprüfung, ob das Entfernen eines der Unterobjekte aus der neuen Zeitreihe die Standardabweichung der neuen Zeitreihe minimiert.
7. Wenn ja, dann wird das Unterobjekt aus der Gruppierung entfernt.
8. Wiederhole die Schritte 1 bis 7, bis ein Abbruchkriterium erreicht ist.

Der Abbruch kann über die Begrenzung der Anzahl der Zeitreihen erfolgen, die pro Gruppe zusammengelegt werden dürfen. Weitere Abbruchkriterien sind die Limitierung für den Mittelwert der Zeitreihengruppen, die nicht überschritten werden darf, ein Minimalwert für die Anzahl der Gruppen, die entstehen sollen und eine Einschränkung wie oft die oben beschriebenen Schritte maximal ausgeführt werden sollen.

Eine solche gefundene Gruppe kann dann für einen Test verwendet werden, wodurch die Messgenauigkeit gegenüber einer zufälligen Auswahl der Gruppenteilnehmer deutlich erhöht wird.

2.2 Implementierung in SAS

Die Implementierung in SAS erfolgte über zwei parametergesteuerte Makros und ist allgemeingültig für sämtliche Problemstellungen, die sich über komplementäre Zeitreihen beschreiben lassen.

```
%macro create_groups(input1,
                     input2,
                     steps,
                     max_elements,
                     max_mean,
                     min_groups
                     );
 %do i=1 %to &steps.;
  %if &break. = 0 %then %do;
    %group_items(input1=&input1.,
                 input2=&input2.,
                 step=&i.,
                 max_elements=&max_elements.,
                 max_mean=&max_mean.,
                 min_groups=&min_groups.
                 );
    proc append data=history_tmp01 base=history;
    run;
    proc append data=history_tmp02 base=history;
    run;
  %end;
 %end;
%mend;

%let break=0;
%create_groups(input1=list1,
               input2=list2,
               steps=150,
               max_elements=12,
               max_mean=15,
               min_groups=8
               );
```

Das Makro `create_groups` hat sechs Parameter. Es werden eine Zeitreihe mit Werten pro zu gruppierenden Objekt übergeben, sowie eine Liste mit den Zuordnungen der Objekte zu Gruppen. Die Objekte können dabei schon vorgruppiert sein (d.h. man erzwingt, dass gewisse Objekte zu einer Gruppe gehören) oder sie sind nicht zugeordnet (d.h. jedes Objekt ist in einer eigenen Gruppe). Es werden darüber hinaus Parameter übergeben, die die Abbruchbedingungen für den Algorithmus bestimmen. Das sind die Anzahl der maximal auszuführenden Gruppierungsschritte, die Maximalanzahl der Elemente, die in einer Gruppe vorkommen dürfen, der maximale Mittelwert der Zeitreihengruppe und die Mindestanzahl von Gruppen, die nicht unterschritten werden soll, um zu verhindern, dass schließlich alle Zeitreihen zu einer Gruppe zusammengelegt werden.

Innerhalb dieses Makros wird das Makro `group_items` aufgerufen, in dem der eigentliche in Abschnitt 2.1 skizzierte Algorithmus implementiert ist. Im Dataset `history` wird pro Iteration festgehalten welche Elemente gruppiert wurden und ob ggf. Elemente wieder aus einer Gruppe entfernt wurden.

Der Quellcode zeigt einen Beispielaufruf des Algorithmus mit den Listen list1 und list2 sowie einer Maximalanzahl von 150 Schritten, mit maximal 12 Elementen pro Zeitreihengruppe, deren Mittelwert 15 nicht überschreiten soll. Desweiteren sollen nicht weniger als 8 Gruppen gebildet werden.

Tabelle 1: Auszug aus der Tabelle History mit den einzelnen Gruppierungsschritten

Step	Std. A	Std. B	Std. AB	Text
1	0,0267	0,1068	0,0164	Neues Cluster 68 besteht aus: 45 und 56
2	0,0781	0,0466	0,0348	Neues Cluster 69 besteht aus: 22 und 53
3	0,0259	0,0678	0,0147	Neues Cluster 70 besteht aus: 17 und 52
4	0,0519	0,0515	0,0373	Neues Cluster 71 besteht aus: 48 und 57
5	0,0241	0,0572	0,0160	Neues Cluster 72 besteht aus: 20 und 62
6	0,0482	0,0537	0,0396	Neues Cluster 73 besteht aus: 1 und 59
7	0,0188	0,0506	0,0100	Neues Cluster 74 besteht aus: 4 und 54
8	0,0207	0,0497	0,0121	Neues Cluster 75 besteht aus: 36 und 67
9	0,0440	0,0491	0,0351	Neues Cluster 76 besteht aus: 24 und 61
10	0,0218	0,0475	0,0140	Neues Cluster 77 besteht aus: 5 und 63
11	0,0371	0,0434	0,0255	Neues Cluster 78 besteht aus: 3 und 60
12	0,0279	0,0439	0,0198	Neues Cluster 79 besteht aus: 6 und 64
13	0,0298	0,0434	0,0224	Neues Cluster 80 besteht aus: 40 und 58
14	0,0224	0,0396	0,0131	Neues Cluster 81 besteht aus: 41 und 73
14			0,0128	Element 59 aus Cluster 81 entfernt.
15	0,0211	0,0537	0,0126	Neues Cluster 82 besteht aus: 15 und 59
16	0,0361	0,0224	0,0108	Neues Cluster 83 besteht aus: 8 und 51

Tabelle 1 zeigt die ersten 16 Schritte des Algorithmus angewendet auf die beschriebenen Daten. In Schritt 14 wird ein drittes Element zu einer bereits bestehenden Gruppe von zwei Elementen hinzugefügt. Es stellt sich heraus, dass das Entfernen eines der alten Elemente die Standardabweichung reduzieren würde, also wird Element 59 aus der Gruppe entfernt.

3 Validierung des Verfahrens

Zur Validierung des Verfahrens wurden einerseits alle Grossisten einmal zufällig in 10 Gruppen aufgeteilt und einmal mittels des Algorithmus (Tabelle 2). Anschließend wurden die entstehenden Mittelwerte und Standardabweichungen der Verkaufsanteile der Gruppen berechnet. Bei der Zufallsgruppierung weisen die Gruppen eine durchschnittliche Standardabweichung von 0,096 auf, wobei die Werte hier in den einzelnen Gruppen stark schwanken. Bei der Gruppierung über den Algorithmus wird die durchschnittliche Standardabweichung in den Gruppen auf 0,042 gesenkt. Das bedeutet, dass sich das Rauschen innerhalb der Gruppe ausgleicht und somit eventuelle von außen induzierte Ausschläge besser gemessen werden können.

Poster

Tabelle 2: Gruppierung zufällig und mit Minimierung der Standardabweichung

Zufallsgruppierung			*Gruppierung über Algorithmus*		
Gruppen-ID	*Mittelwert*	*Std*	*Gruppen-ID*	*Mittelwert*	*Std*
1	13,097	0,057	112	8,358	0,042
2	9,656	0,139	113	9,620	0,046
3	6,327	0,078	117	11,837	0,048
4	14,563	0,179	119	8,923	0,040
5	5,530	0,086	123	11,428	0,042
6	13,122	0,102	125	7,033	0,031
7	13,700	0,076	126	11,067	0,046
8	9,136	0,060	127	9,665	0,041
9	10,281	0,114	128	10,424	0,044
10	4,587	0,074	129	11,644	0,037
Mittelwert	10,000	**0,096**	Mittelwert	10,000	**0,042**

Eine weitere Validierung wurde durchgeführt, indem synthetische Testdaten erstellt wurden, die die erwarteten Effekte in den Verkaufsanteilen wiederspiegeln sollen.

Tabelle 3: Faktoren für die Erzeugung der synthetischen Testdaten

T	78	79	80	81	82	83	84	85	86
Faktor	1,000	1,000	1,001	1,002	1,003	1,004	1,005	1,006	1,007
T	87	88	89	90	91	92	93	94	95
Faktor	1,008	1,009	1,010	1,012	1,014	1,015	1,014	1,012	1,010
T	96	97	98	99	100	101	102	103	104
Faktor	1,009	1,008	1,007	1,006	1,005	1,004	1,003	1,002	1,001

Hierbei wurden die Zeitreihen so modifiziert, dass sie einen um bis zu 1,5% höheren Verkauf simulieren. So wurde auf Basis der in Abschnitt 2 gebildeten Daten eine bestehende Zeitreihe von 104 Wochen ab Woche 78 mit einem Faktor belegt, der die Anzahl der verkauften Hefte in den gruppierten Elementen um bis zu 1,5% nach dem in Tabelle 3 dargestellten Schlüssel steigert.

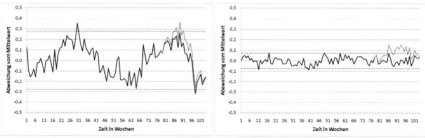

Abbildung 7: Gruppierung über zufällige Auswahl

Abbildung 8: Gruppierung mit Minimierung der Standardabweichung

Verglichen wurde nun, inwieweit sich der daraus entstehenden Effekt in einer zufällig zusammengestellten Gruppe von Testgrossisten gegenüber einer mit dem Algorithmus zusammengestellten Gruppe besser messen lässt. Die Ergebnisse sind in den Abbildungen 7 und 8 dargestellt. Es ist sichtbar, dass das Konfidenzintervall bei der zufälligen Gruppierung deutlich größer ausfällt als bei Anwendung des Gruppierungsalgorithmus und die 2-Sigma-Grenzen bei der Gruppierung über den Algorithmus eindeutig durchstoßen werden.

1:N Matching von Fällen und Kontrollen: Propensity Score vs. PROC SQL

Andreas Deckert
Institute of Public Health
INF 324
69120 Heidelberg
a.deckert@uni-heidelberg.de

Zusammenfassung

Mit Hilfe des so genannten Matching versucht man in Beobachtungsstudien, bei denen keine randomisierte Gruppenzuteilung möglich ist (z.b. retrospektive Fall-Kontrollstudien in der Epidemiologie), Verzerrungen des Ergebnisses durch unterschiedliche Altersstrukturen und/oder andere Faktoren in der Fall- und in der Kontrollgruppe zu vermeiden. Dazu werden die Kontrollen entsprechend der Struktur der Fälle ausgewählt. Eine Möglichkeit Matching in SAS zu realisieren bietet die Prozedur PROC SQL gefolgt von einer Nachbereitung des Ergebnisses. Die Art der Nachbereitung bestimmt dabei letztendlich die Trefferquoten. Eine weitere häufig verwendete Methode ist die Anwendung von sogenannten Propensity Scores zur Identifizierung von Fällen und Kontrollen mit ähnlichen Strukturen. Zwei verschiedene Formen der Nachbearbeitung von PROC SQL sowie Propensity Scores werden hier an einem konkreten Beispiel näher auf ihre Tauglichkeit hin untersucht und miteinander verglichen. Für PROC SQL wird des Weiteren eine weiterentwickelte Methode einschließlich Makro vorgestellt, welche die ursprüngliche Trefferquote erheblich steigert.

Schlüsselwörter: Fall-Kontrollstudie, Matching, PROC SQL, Propensity Score, PROC POWER

1 Einleitung

Die zufällige Zuteilung von Probanden zu verschiedenen Gruppen eines prospektiven experimentellen Studiendesigns ist die Voraussetzung dafür, dass das Ergebnis allein auf die absichtlich erzeugten Unterschiede in wenigen kontrollierten Faktoren zwischen den Gruppen zurückgeführt werden kann. Ohne Randomisierung könnten die Unterschiede auch durch weitere an die kontrollierten Faktoren gekoppelte ungleich verteilte Faktoren verursacht werden, was zu einer Schein-Assoziation zwischen kontrollierten Faktoren und Ergebnis führen kann (Confounding).

Die Durchführung von experimentellen Studien ist jedoch aus ethischen oder auch aus rein praktikablen Gründen oft nicht möglich. Das betrifft z.B. Studien in der Epidemiologie, bei denen es darum geht, Risikofaktoren für bestimmte Erkrankungen aufzudecken. Dazu wird in Fall-Kontrollstudien einer Fallgruppe von erkrankten Personen eine gesunde Kontrollgruppe gegenübergestellt und es werden meistens retrospektiv Unterschiede in der Verteilung von Risikofaktoren zwischen diesen beiden Gruppen untersucht.

Bei diesen Studiendesigns kann Confounding auf die Assoziation von Risikofaktor und Ergebnis (Outcome) eine große Rolle spielen. Bei bekannten oder vermuteten zusätzlichen Einflussfaktoren wie z.b. dem Alter versucht man daher, deren Effekte durch eine geschickte Wahl von Fällen und Kontrollen so zu minimieren, dass nur noch die unabhängigen Effekte auf das Ergebnis wirken können.

1.1 Matching

Eine der Methoden, um Confounding-Effekte in Fall-Kontrollstudien einzudämmen, ist das so genannte Matching. Dabei werden die Kontrollen gezielt derart ausgewählt, dass hinsichtlich bestimmter Faktoren Strukturgleichheit in Fällen und Kontrollen vorliegt. Beim Häufigkeitsmatching wird dies erreicht, indem innerhalb von Merkmalsstrata Kontrollen zufällig so gezogen werden, dass im Ergebnis die Häufigkeiten von Personen mit bestimmten Merkmalsausprägungen in der Fall- und Kontrollgruppe gleich groß sind. Beim individuellen Matching wird dagegen zu jedem Fall direkt eine passende Kontrolle gesucht, deren Merkmale (oft innerhalb eines gewissen Toleranzbereiches) mit denen des Falls übereinstimmen. Hier wird im Folgenden das individuelle Matching behandelt.

1.2 Individuelles 1:N Matching

Um die Wahrscheinlichkeit (Power) zu erhöhen, einen Unterschied im Vorhandensein von Risikofaktoren zwischen den Gruppen zu finden, kann man den Umfang der Kontrollgruppe gegenüber der Fallgruppe vergrößern. Statt genau einer Kontrolle pro Fall werden nun zu jedem Fall mehrere Kontrollen ausgewählt. Mit einem einfachen Beispiel kann man illustrieren, wie sich mit steigendem Verhältnisfaktor N die Power erhöht: Angenommen die Prävalenz eines Risikofaktors in der Kontrollgruppe sei 6% und die Größe der Fallgruppe sei auf 300 Personen begrenzt. Wie groß muss das Verhältnis von Kontrollen zu Fällen mindestens sein, damit man einen real vorhandenen 5%igen Unterschied in der Prävalenz zwischen Fall- und Kontrollgruppe (OR[1]=2) mit einer Wahrscheinlichkeit von 80% (Power) tatsächlich entdecken kann? Bei Annahme einer χ^2-Verteilung kann hier mit der Prozedur PROC POWER die Power für jede Relation zwischen Fällen und Kontrollen berechnet werden:

```
PROC POWER;
    TWOSAMPLEFREQ
    TEST = pchi
    ALPHA = .05
    ODDSRATIO = 2
    REFPROPORTION = 0.06
    GROUPWEIGHTS = (N 1)
```

---

[1] Odds Ratio

```
         NTOTAL = 300+300*N
         POWER  = .;
RUN;
```

Erhöht man innerhalb von `PROC POWER` das Verhältnis von Kontrollen zu Fällen mit `GROUPWEIGHTS = (N 1)`, erhält man steigende Wahrscheinlichkeiten für die Power. Durch Einbinden von `PROC POWER` in ein Makro lässt sich die Power-Funktion für steigende n leicht darstellen (s. Abb. 1).

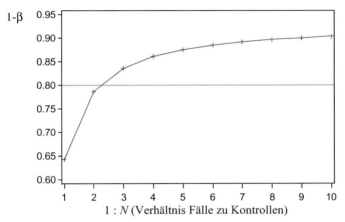

Abbildung 1: Powersimulation für p_K=0.06, OR=2, α=0.05, 300 Fälle

Die oben geforderte Power von 80% wird in dem Beispiel also bei einem Größenverhältnis zwischen Fall- und Kontrollgruppe von 1:3 erreicht.

Die Powersimulation verdeutlicht, dass eine Erhöhung des Verhältnisses von Fällen zu Kontrollen von 1:1 auf 1:2 den größten Effekt erzielt. Jede weitere Erhöhung verringert den Zugewinn an Power. Bei großen N steht dem Zugewinn an Power ein ungleich stärker steigender Aufwand für Rekrutierung, Logistik und steigende Kosten für die Untersuchungen gegenüber, weshalb N meist zwischen 2 und 4 gewählt wird.

2 Problemstellung

Bei einer epidemiologischen Studie zum Gesundheitsstatus von Migranten sollten gesunde Personen aus einer Migranten-Datenbank als Kontrollen für ein Interview eingeladen werden. Mittels Matching sollte sichergestellt werden, dass bestimmte Merkmale der Kontrollgruppe ähnlich der Fallgruppe sind. In der Studie war die Auswahl der Kontrollen zusätzlich auf eine bestimmte Region begrenzt, was den möglichen Kontrollpool stark einschränkte. Ein erster Versuch das Matching mit einem in der Literatur beschriebenen Verfahren (siehe [1]) mittels `PROC SQL` durchzuführen (Methode 1), führte zu einer unbefriedigenden Anzahl von identifizierten Fall-Kontroll-Paaren. Die Trefferquote konnte jedoch mit einer weiterentwickelten Nachbereitung deutlich verbessert werden (Methode 2). Die Anwendung der ebenfalls in der Literatur beschriebenen Methode der Propensity Scores (Methode 3; siehe [2]) brachte ähnliche Ergebnisse wie Methode 1. Im Folgenden werden zwei unterschiedliche Szenarien einer Fall-Kontrollstudie simuliert und dann in Kapitel 3 die drei genannten Methoden auf die simulierten Daten angewendet und deren Ergebnisse diskutiert.

2.1 Ausgangssituation

Angenommen es handelt sich um eine epidemiologische Fall-Kontrollstudie zur Erforschung von Risikofaktoren in einer Gruppe zugezogener Migranten. Von Interesse sind Unterschiede im Risikoprofil von erkrankten im Vergleich zu gesunden Migranten. Die Variablen Geschlecht, Alter und Zuzugsdatum stehen im Verdacht, sowohl mit dem Auftreten der Krankheit als auch mit den Expositionen in Verbindung zu stehen. Es soll daher ein 1:2-Matching von Fällen und Kontrollen nach Alter, Geschlecht und Zuzugsdatum durchgeführt werden. 300 Fällen steht ein begrenzter Pool mit 900 Personen gegenüber, die als Kontrollen in Frage kommen. Als relevanter Zuzugszeitraum gelten die Jahre von 1990 bis 2010. Da es sich um einen begrenzten Kontrollpool handelt, dürfen Fälle und Kontrollen in Alter und Zuzugsdatum jeweils um ±3 Jahre abweichen.

2.2 Szenariensimulation

Der Erfolg des Matching soll an zwei Studienszenarien getestet werden.
Szenario I:
- Gleiche Altersverteilung in der Fallgruppe und im Pool der möglichen Kontrollen
- Frauenanteil in beiden Gruppen jeweils 50%.

Szenario II:
- Linksschiefe Altersverteilung im Pool der möglichen Kontrollen
- Frauenanteil: Fallgruppe 30%, Gruppe der möglichen Kontrollen 50%

Die Verteilung der Zuzugsdaten soll in beiden Szenarien gleich sein. Die Altersverteilungen wurden in SAS mit einer Gompertz-Verteilung entsprechend folgender Formel simuliert (siehe auch [3]):

$$ALTER = \frac{c}{\alpha} \cdot LOG\left(\frac{1 - \alpha \cdot LOG(U)}{\lambda \cdot \exp(\beta \cdot X)}\right)$$

Dabei ist U eine gleichverteilte Zufallsvariable und X die binäre Variable für die Gruppenzugehörigkeit. Die Wahl der anderen Variablen beeinflusst das Aussehen der Gompertz-Verteilung. Abbildung 2 (s. folgende Seite) zeigt die simulierten Altersverteilungen in den verschiedenen Szenarien.

Klinische/Epidemiologische Anwendungen II

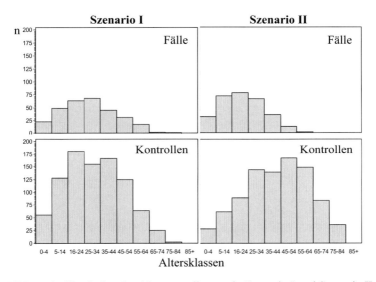

Abbildung 2: Simulation der Altersverteilungen in Szenario I und Szenario II

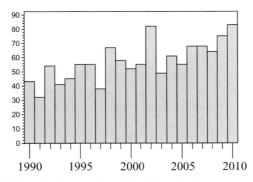

Abbildung 3: Simulation der Zuzugsdaten (hier Szenario I)

Für die Zuzugsdaten (s. Abbildung 3 oben) wurde zunächst eine Gleichverteilung für den Zeitraum von 1990 bis 2010 angenommen. Die simulierten Zuzugsdaten mussten allerdings nachträglich unter Berücksichtigung der Reihenfolge von Geburtsdatum und Zuzugsdatum in einigen Fällen korrigiert werden: Falls das Zuzugsdatum vor dem Geburtsdatum lag, wurde als neues Zuzugsdatum das Geburtsdatum plus die Differenz zwischen Geburtsdatum und altem Zuzugsdatum gewählt (mit Begrenzung auf 2010).

Damit ergibt sich z.B. für Szenario I eine leicht steigende Zunahme der Zuzüge über den gesamten Zeitraum[2], was durchaus einer realen Situation entsprechen kann.

Da es oftmals zu einem Fall mehrere passende Kontrollen gibt und umgekehrt gleichzeitig zu manchen Fällen keine, nur eine oder genau zwei passende Kontrollen existieren, gibt es keinen Algorithmus, der ohne die Berücksichtigung aller möglichen Kombinationen für jede Studiensituation und jede Verteilung der Matching-Variablen die optimale Fall-Kontroll-Zuweisung finden kann. Eine ideale Lösung (die Berechnung aller möglichen Kombinationen mit nachträglicher Auswahl der Kombination mit den meisten korrekten Zuweisungen) ist sowohl hinsichtlich des Programmieraufwandes als auch hinsichtlich der benötigten Rechenleistung sehr aufwendig. Daher versucht man mit einfacheren Methoden annähernd optimale Lösungen zu finden. Zwei dieser Methoden werden hier auf ihre Tauglichkeit hinsichtlich der oben beschriebenen simulierten Szenarien untersucht und verglichen.

3 Matching mit `PROC SQL` und Propensity Scores

Es existieren einige Ansätze, die versuchen, ein individuelles Matching in SAS mit Hilfe von Datasteps, Sortieralgorithmen und Häufigkeitstabellen zu lösen. Alle diese Ansätze erfordern einen hohen Programmieraufwand und sind oft nicht direkt auf beliebige Situationen übertragbar. Ein Matching mit PROC SQL erscheint dagegen auf Anhieb sinnvoll, da hierbei zunächst alle möglichen Kombinationen von Fällen und Kontrollen (ohne Beschränkung auf die einmalige Verwendung einer Kontrolle) in einer Tabelle erstellt werden ("Many-to-many match") und man dann nachträglich aus dieser Vielzahl „nur noch" die Fall-Kontroll-Paare so aussuchen muss, dass möglichst vielen Fällen auch Kontrollen zugewiesen werden können.

Eine weitere Möglichkeit bietet sich mit der Berechnung von Propensity Scores. Dabei wird für jede Person die Vorhersage-Wahrscheinlichkeit berechnet, aufgrund der individuellen Matching-Variablen-Struktur ein Fall zu werden. Dazu wird ein logistisches Regressionsmodell erstellt mit der binären Variable Fallzugehörigkeit als Outcome und den Matching-Variablen als Einflussgrößen. Kontrollen mit ähnlicher Struktur erhalten dadurch ähnliche Vorhersage-Wahrscheinlichkeiten wie vergleichbare Fälle. Anhand der Wahrscheinlichkeiten kann dann nachträglich eine Fall-Kontroll-Zuordnung mit Hilfe verschiedener Algorithmen vorgenommen werden.

3.1 Anwendung von `PROC SQL`

Die folgende Vorgehensweise (Methode 1) ist in einem Artikel von Kawabata et.al. beschrieben [1]. Die Datensätze zu den Fällen und Kontrollen enthalten jeweils eine eindeutige ID sowie Variablen zu Alter, Geschlecht und Zuzugsdatum. Zur Vorbereitung

---

[2] Für Szenario II fällt die Steigung aufgrund der linksschiefen Altersverteilung der Kontrollen geringer aus.

des Matching muss zunächst der Toleranzbereich für das Alter (hier in Form des Geburtsjahres) und das Zuzugsdatum in der Kontrollgruppe generiert werden.
Zuzugsjahr = year(Zuzugsdatum);

```
DATA Kontrollgruppe; SET Kontrollgruppe;
    Geburtsjahr = year(Geburtsdatum);
    min_Geburtsjahr = Geburtsjahr - 3;
    max_Geburtsjahr = Geburtsjahr + 3;
    min_Zuzugsjahr = Zuzugsjahr - 3;
    max_Zuzugsjahr = Zuzugsjahr + 3;
RUN;
DATA Fallgruppe; SET Fallgruppe;
    Geburtsjahr = year(Geburtsdatum);
    Zuzugsjahr = year(Zuzugsdatum);
RUN;
```

Danach kann dann die Verknüpfung von Fällen und Kontrollen mit PROC SQL erfolgen:

```
PROC SQL;
    CREATE TABLE Abgleich AS SELECT
        A.ID AS Fall_ID, B.ID AS Kontroll_ID,
        A.Geburtsjahr AS Fall_Gebjahr,
        B.Geburtsjahr AS Kontrolle_Gebjahr,
        A.Zuzugsjahr AS Fall_Zuzug,
        B.Zuzugsjahr AS Kontrolle_Zuzug,
        A.Geschlecht AS Fall_Geschlecht,
        B.Geschlecht AS Kontrolle_Geschlecht,
        FROM Fallgruppe A, Kontrollgruppe B
        WHERE ((A.Geburtsjahr between
                B.min_Geburtsjahr AND B.max_Geburtsjahr)
            AND (A.Zuzugsjahr between
                B.min_Zuzugsjahr AND B.max_Zuzugsjahr)
            AND A.Geschlecht = B.Geschlecht);
QUIT;
```

Hier wird mit PROC SQL eine neue Tabelle „Abgleich" erstellt und die Matching-Variablen werden so umbenannt, dass sie sich für Fälle und Kontrollen unterscheiden. Der Vorteil dieser Prozedur verbirgt sich in der Where-Anweisung, die die Kontrollen entsprechend den Matching-Bedingungen mit den Fällen verknüpft. Die Ergebnistabelle enthält alle möglichen Fall-Kontroll-Kombinationen (s. Abbildung 4).

Würde man nun aus der entstandenen Tabelle jeweils einfach nach Fällen sortieren und z.B. die ersten beiden Kontrollen zu jedem Fall als Treffer auswählen, dann ist es sehr wahrscheinlich, dass man zu einigen Fällen keine passenden Kontrollen findet, da diese schon vorher anderen Fällen zugewiesen wurden.

Fälle	
ID	Jahr
1	1960
2	1965
3	1963
4	1955

Kontrollen			
ID	Jahr	min	max
A	1962	1959	1965
B	1968	1965	1971
C	1966	1963	1969
D	1958	1955	1961
E	1963	1960	1966
F	1962	1959	1965
G	1959	1956	1962

Fälle		Kontrollen	
ID	Jahr	ID	Jahr
1	1960	D	1958
		E	1963
		F	1962
		G	1959
2	1965	A	1962
		B	1968
		C	1966
3	1963	A	1962
		E	1963
4	1955	D	1958
...	...	...	...

Abbildung 4: Kombination von Fällen und Kontrollen durch `PROC SQL`

Um den Fällen mit nur wenigen passenden Kontrollen den Vorzug zu geben, werden also zunächst die passenden Kontrollen pro Fall gezählt.

```
PROC SORT DATA = Abgleich; BY Fall_ID; RUN;
DATA Abgleich_2 (keep = Fall_ID Anzahl_K); SET Abgleich;
    BY Fall_ID;
    RETAIN Anzahl_K;
    IF first.Fall_ID THEN Anzahl_K = 1;
        ELSE Anzahl_K + 1;
    IF last.Fall_ID THEN OUTPUT;
RUN;
```

Die Anzahl der Kontrollen wird in die Ursprungstabelle übertragen und gleichzeitig eine Zufallszahl generiert. Ab hier wird der Prozess später in mehreren Durchläufen mit neuen Zufallszahlen neu gestartet (s. unten), wozu *seed* jedes Mal variiert wird. Dann werden die Fall-Kontroll-Paare nach Kontrollen und innerhalb von gleichen Kontrollen nach der Anzahl der Kontrollen pro Fall und innerhalb dieser nach den generierten Zufallszahlen sortiert.

```
DATA Abgleich_3; MERGE Abgleich Abgleich_2;   *
    BY Fall_ID;
    z_zahl=uniform(seed);
RUN;
PROC SORT DATA = Abgleich_3; BY Kontroll_ID Anzahl_K z_zahl; RUN;
```

Als nächstes wird die jeweils erste Kontrolle ausgewählt, die anderen Fall-Kontroll-Paarungen werden verworfen.

Klinische/Epidemiologische Anwendungen II

```
DATA Abgleich_4; SET Abgleich_3;
    BY Kontroll_ID;
    IF first.Kontroll_ID;
RUN;
```

Nun kann es Fälle geben, für die mehr als zwei verschiedene Kontrollen übrig geblieben sind. Also wird im nächsten Schritt noch nach den Fällen und den Zufallszahlen sortiert[3] und die ersten beiden Fall-Kontroll-Paare als Ergebnismenge ausgewählt.

```
PROC SORT DATA = Abgleich_4; BY Fall_ID z_zahl; RUN;
DATA Final Unvollstaendig; SET Abgleich_4;
    BY Fall_ID;
    RETAIN num;
    IF first.Fall_ID THEN num = 1;
    IF num le 2 THEN DO; /*1:2 Matching*/
        OUTPUT Final;
        num + 1;
    END;
    IF last.Fall_ID THEN DO;
        IF num le 2 THEN OUTPUT Unvollstaendig;
    END;
RUN;
```

Die Prozedur wird nun ab ✱ mit neuen Zufallszahlen mehrmals wiederholt[4] und dann letztendlich diejenige „Final"-Tabelle mit den meisten gefundenen Fall-Kontroll-Paaren ausgewählt. Dabei werden hier nur die Fälle mit jeweils 2 Kontrollen berücksichtigt, einfache Fall-Kontrollzuordnungen entfallen.

Wendet man die Prozedur in der beschriebenen Weise auf die 2 simulierten Szenarien an, können in *Szenario I* (gleiche Altersverteilung) 146 von 300 Fällen wie gewünscht zwei Kontrollen zugeordnet werden. Zu 23 Fällen findet sich jeweils noch eine Kontrolle. Für *Szenario II* (ungleiche Altersverteilung) können nur für 123 Fälle jeweils zwei passende Kontrollen gefunden werden und für 30 Fälle jeweils eine Kontrolle.

Diese schlechten Ergebnisse überraschen auf den ersten Blick, vor allem in Bezug auf *Szenario I*. Bei näherer Betrachtung lässt sich feststellen, dass dieser Algorithmus in bestimmten Situationen zu viele mögliche Fall-Kontroll-Paarungen verwirft und zu grob aussortiert. Die schlechten Trefferraten scheinen vor allem beim Abgleich mit Toleranzbereichen aufzutreten, da dann nach dem Sortieren selbst die Fälle mit wenigen Kontrollen am Anfang der Liste eine relativ hohe Anzahl möglicher Kontrollen aufwei-

---

[3] Da die Zufallszahlen bei jedem Durchlauf neu gesetzt werden, stehen hier jedes Mal andere Fälle an erster Stelle wodurch sich andere Paarungen ergeben und dadurch auch Schwankungen in der Anzahl der Treffer.
[4] Für 100 Wiederholungen wurden ca. 2 Minuten Rechenzeit benötigt. Bei 500 Wiederholungen lag die Rechenzeit bei ca. 5 Minuten (durchschnittlicher Arbeitsplatzrechner; Intel ® Core™ 2 Duo CPU, 2.4 GHz, 2 GB RAM). Mit 500 Wiederholungen wurde aber auch eine finale Tabelle mit mehr Zuordnungen gefunden als mit 100 Wiederholungen.

113

sen. In Abbildung 5 wird dies an einem Beispiel illustriert: Hier liegt eine Situation vor, bei der an den Rändern des Toleranzbereiches zu Fall 1 weitere Fälle liegen, zu denen die gleichen Kontrollen wie zu Fall 1 passen. Da aber Fall 1 jeweils die niedrigsten Zufallszahlen und zudem insgesamt weniger Kontrollen im Vergleich zu den meisten anderen Fällen hat, wird Fall 1 durch den Algorithmus immer an die erste Stelle innerhalb der gleichen Kontrollen gesetzt[5] (außer bei Kontrolle D). Das führt dann beim Auswählen der jeweils ersten Kontrolle und im weiteren Verlauf dazu, dass hier die Hälfte aller möglichen korrekten Paarungen unterschlagen wird.

Sortieren

Fälle			K
ID	z	# K	ID
1	0.22	8	A
4	0.66	8	A
5	0.71	15	A
6	0.99	21	A
1	0.12	8	B
8	0.44	10	B
1	0.67	8	C
7	0.86	9	C
9	0.33	1	D
1	0.72	8	D
1	0.02	8	E
4	0.35	8	E
6	0.49	21	E
1	0.54	8	F
7	0.59	9	F
11	0.99	17	F

first.Kontroll_ID

Fälle			K
ID	z	# K	ID
1	0.22	8	A
1	0.12	8	B
1	0.67	8	C
1	0.02	8	E
1	0.54	8	F
9	0.33	1	D

Ergebnis

Fälle			K
ID	z	# K	ID
1	0.22	8	A
1	0.12	8	B
9	0.33	1	D

Verlust

Fälle			K
ID	z	# K	ID
7	0.86	7	C
4	0.35	8	E
7	0.59	9	F

Abbildung 5: Beispiel für die Vorgehensweise des in Kawabata et.al. beschriebenen Algorithmus.[6]

3.2 Modifizierter SQL-Abgleich

Durch ein vom Autor entworfenes iteratives Verfahren (Methode 2) lässt sich die oben beschriebene Schwäche des Algorithmus beheben. Dazu wurde ein Makro entworfen, welches die Ergebnistabelle nach den beiden Sortierschritten mit der Ursprungstabelle abgleicht und danach aus der reduzierten Ursprungstabelle eine weitere Ergebnistabelle durch Sortieren erstellt, die an die erste Ergebnistabelle angehängt wird. Dieser Vorgang wird so oft wiederholt, bis die Ursprungstabelle keine Einträge mehr enthält.

[5] Genau dies war ja aber gefordert worden, damit die Fälle mit wenigen Kontrollen auch eine Chance auf ein erfolgreiches Matching haben.

[6] "#K" steht für Anzahl Kontrollen pro Fall, "K ID" ist die ID der Kontrollen und "z" die Zufallszahl. Das hier aufgeführte Beispiel ist zwar ziemlich unwahrscheinlich, es treten jedoch durchaus häufiger Konstellationen auf, bei denen sich immer wieder ähnliche Anordnungen für verschiedene Fälle ergeben.

Klinische/Epidemiologische Anwendungen II

In Abbildung 6 ist die Vorgehensweise des Makros anschaulich dargestellt. Entsprechend den eingefassten Fall-Kontroll-Paaren der ersten Ergebnistabelle (rechts) werden in der sortierten Ursprungstabelle (links) alle Kontroll- und alle Falleinträge getrennt eliminiert, da diese nicht mehr berücksichtigt werden dürfen. Mit der reduzierten Ursprungstabelle wird dann der Vorgang solange wiederholt, bis diese leer ist.

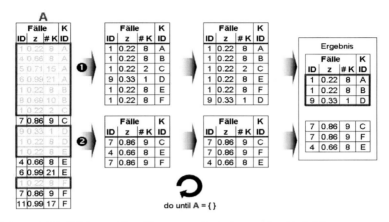

Abbildung 6: Modifizierter Algorithmus zur Optimierung des Abgleichs

Das entsprechende Makro hat folgenden Code:

```
%MACRO Optimierung(TabIn=, TabOut=, caseID=, controlID=,
numControls=, zzahl=);
   DATA _reduction; SET &TabIn.; RUN;
   PROC SQL NOPRINT; SELECT COUNT(*) INTO :_count FROM &TabIn.;
   QUIT;
   %DO %UNTIL (&_count. = %SYSEVALF(0));
      PROC SORT DATA = _reduction;
         BY &controlID. &numControls. &zzahl.; RUN;
      DATA _set1; SET _reduction; BY &controlID.;
         IF first.&controlID.;
      RUN;
      PROC SORT DATA = _set1; BY &caseID.; RUN;
      DATA _set2; SET _set1; BY &caseID.;
         IF (first.&caseID. or last.&caseID.); /*1:2-Matching*/
      RUN;
      PROC APPEND BASE = &TabOut. DATA = _set2; RUN;
      PROC SORT DATA = _reduction; BY &controlID.; RUN;
      PROC SORT DATA = _set2; BY &controlID.; RUN;
      DATA _reduction;
         MERGE _reduction _set2 (in = b keep = &controlID.);
```

```
            BY &controlID.;
            IF not b;
      RUN;
      PROC SORT DATA = _reduction; BY &caseID.; RUN;
      PROC SORT DATA = _set2; BY &caseID.; RUN;
      DATA _reduction;
            MERGE _reduction _set2 (in = b keep = &caseID.);
            BY &caseID.;
            IF not b;
      RUN;
      PROC SQL NOPRINT; SELECT COUNT(*) INTO :_count
            FROM _reduction; QUIT;
   %END;
%MEND Optimierung;
```

Dem Makro muss neben der Ursprungstabelle und den Fall- und Kontroll-IDs auch die Variable der Zufallszahl und die Variable für die Anzahl von Kontrollen pro Fall übergeben werden. Die einzelnen Arbeitsschritte des Makros sehen wie folgt aus:
- Übergabe der Anzahl der Einträge in der Ursprungstabelle an die DO-Schleife
- Sortieren der Ursprungstabelle nach Kontrollen, Auswählen der ersten Kontrolle
- Erneutes Sortieren, diesmal nach Fällen
- Auswählen des ersten und letzten Falles (1:2 Matching)[7] → Ergebnistabelle
- Hinzufügen der Ergebnistabelle zur Menge der Ergebnisse mit PROC APPEND
- Entfernen der Kontrollen der Ergebnistabelle aus der Ursprungstabelle
- Entfernen der Fälle der Ergebnistabelle aus der Ursprungstabelle
- Erneutes Zählen der restlichen Einträge in der Ursprungstabelle und die Übergabe des Wertes an die DO-Schleife

Mit diesem verbesserten Ansatz der Ergebnisaufbereitung konnten in *Szenario I* zu 273 Fällen jeweils zwei Kontrollen, zu 25 Fällen nur eine Kontrolle gefunden werden. In *Szenario II* werden noch für 169 Fälle 2 Kontrollen und für 57 Fälle eine Kontrolle gefunden. Methode 2 führt also zu erheblich verbesserten Ergebnissen.

3.3 Propensity Scores

In einem Artikel von Parsons et.al. wird eine Lösung des Matching-Problems mit Propensity Scores beschrieben [2] (Methode 3). Dazu wird mit einem logistischen Modell für jede Person die Vorhersage-Wahrscheinlichkeit berechnet, aufgrund ihrer individuellen Matching-Variablen-Struktur ein Fall zu sein. Das logistische Modell lässt sich für die hier untersuchten Szenarien wie folgt formulieren:

$$\log\left(\frac{p(F)}{1-p(F)}\right) = \alpha + \beta_1 \cdot ALTER + \beta_2 \cdot ZUZUG$$

---

[7] Eine für ein beliebiges 1:N Matching modifizierte Version kann auf E-Mail-Anfrage zur Verfügung gestellt werden.

Klinische/Epidemiologische Anwendungen II

bzw. $p(F) = P[F=1|X] = \dfrac{\exp(\alpha + \beta_1 \cdot ALTER + \beta_2 \cdot ZUZUG)}{1 + \exp(\alpha + \beta_1 \cdot ALTER + \beta_2 \cdot ZUZUG)}$

Man könnte das Geschlecht noch als zusätzliche Variable in das Modell aufnehmen. Da das Modell Wahrscheinlichkeiten und keine Eindeutigkeiten zuordnet, könnten dann aber Fällen Kontrollen unterschiedlichen Geschlechts zugewiesen werden, welche dann nachträglich entfernt werden müssten. Daher werden hier getrennte Modelle für Frauen und Männer gebildet. Der entsprechende Code in SAS sieht folgendermaßen aus:

```
PROC LOGISTIC DATA = Frauen;
    MODEL F_K = Alter Zuzug/
        SELECTION = NONE RISKLIMITS LACKFIT RSQUARE PARMLABEL;
    OUTPUT OUT = Propensity_f PROB = prob;
RUN;
```

Die Variable F_K ist eine binäre Variable, die bezeichnet, ob es sich um einen Fall oder um eine Kontrolle handelt. Für die hier beschriebenen Szenarien war es hilfreich, keine Variablenselektion vorzunehmen. Bei einer größeren Anzahl von Variablen können aber verschiedene Selektionen wie z.B. Stepwise zu einem reduzierten Modell mit besseren Ergebnissen führen. PROC LOGISTIC erstellt eine Tabelle, in der jedem Fall und jeder Kontrolle eine Vorhersagewahrscheinlichkeit zugeordnet ist. Nun muss man anhand dieser Wahrscheinlichkeiten die passenden Kontrollen den Fällen zuordnen. Parsons et.al. stellen dafür ein umfangreiches Makro bereit (s. [2]), das diese Zuordnung in einer Art Nearest Neighborhood-Abgleich durchführt[8].

Die Einschränkung des Matching-Ergebnisses auf Treffer innerhalb des Toleranzbereiches für das Alter und den Zuzug muss man nachträglich vornehmen, da die Ergebnistabelle grundsätzlich zu jedem Fall zwei Kontrollen enthält, diese aber in ihren tatsächlichen Werten erheblich von den Fällen abweichen können. Das liegt an der ausschließlichen Zuordnung über die berechneten Wahrscheinlichkeiten, beginnend mit 8-stelliger Übereinstimmung der Nachkommastellen und dann schrittweise reduziert bis auf die Übereinstimmung der jeweils ersten Ziffer.

Mit Propensity Score und nachfolgendem Nearest Neighborhood-Matching konnten für *Szenario I* nur zu 72 Fällen zwei Kontrollen gefunden werden, zu 118 Fällen jeweils eine Kontrolle. In *Szenario II* lieferte dieses Verfahren nur zu 32 Fällen zwei passende Kontrollen, zu 48 Fällen eine Kontrolle.

---

[8] Für das Matching anhand der Propensity Scores wurden verschiedene Verfahren entwickelt. Neben Nearest Neighborhood kann z.B. auch ein stratifiziertes Matching, Caliper Matching oder ein Difference-in-differences Matching durchgeführt werden. Je nach verwendeter Methode kann sich auch die Ergebnismenge sowohl in ihrer Größe als auch in den auftretenden Paarungen erheblich unterscheiden.

4 Vergleich von PROC SQL und Propensity Score

Die folgende Tabelle gibt einen Überblick über die mit den einzelnen Verfahren erzielten Ergebnisse. Zusätzlich zu den bereits beschriebenen Szenarien wurden die Prozeduren noch einmal mit 10.000 statt nur 900 möglichen Kontrollen getestet.

Tabelle 1: Vergleich der Ergebnisse der Methoden bei verschiedenen Szenarien

		300 Fälle, **900 Kontrollen**			300 Fälle, **10.000 Kontrollen**		
		2 K	1 K	keine	2 K	1 K	keine
Szenario I Gleiche Altersvert.	Methode 1 PROC SQL	146	23	131	186	1	113
	Methode 2 SQL modifiziert	273	25	2	298	2	0
	Methode 3 Propensity Score	72	118	110	288	8	4
Szenario II Ungleiche Altersvert.	Methode 1 PROC SQL	123	0	177	173	2	125
	Methode 2 SQL modifiziert	169	57	74	297	3	0
	Methode 3 Propensity Score	32	48	220	253	35	12

Aus der Tabelle wird ersichtlich, dass für die simulierten Szenarien Methode 2 immer die größte korrekte Treffermenge liefert. Für *Szenario II* mit 900 möglichen Kontrollen wird zwar zu 74 Fällen keine Kontrolle gefunden, eine vollständige Abdeckung aller Fälle mit Kontrollen scheint in diesem Szenario aber auch nicht möglich. Die Propensity Score-Methode (Methode 3) liefert für *Szenario I* bei 900 möglichen Kontrollen insgesamt zu mehr Fällen passende Kontrollen als Methode 1, unter diesen finden sich aber viele Fälle, denen nur eine Kontrolle zugeordnet wurde. Bei ungleicher Altersverteilung schneidet diese Methode schlechter ab als PROC SQL ohne Modifikation. Für einen großen Pool von möglichen Kontrollen hingegen nähern sich die Ergebnisse Methode 2 und 3 an.

Das relativ schlechte Ergebnis der Propensity Score Methode bei wenigen Kontrollen kann mehrere Ursachen haben. Zum einen gibt es wie erwähnt mehrere Methoden das Matching mit den erhaltenen Propensity Scores durchzuführen - hier wurde nur die Nearest Neighborhood-Methode angewandt. Außerdem können noch Verbesserungen durch Variation der Anzahl der Nachkommastellenvergleiche in dem bereitgestellten Makro erreicht werden. Zum anderen besteht das Regressionsmodell hier nur aus zwei Einflussgrößen, so dass diese Methode ihr Potential in den hier beschriebenen Szenarien womöglich nicht voll ausspielen kann. Propensity Scores bieten vor allem dann Vorteile, wenn ein Matching nach einer Vielzahl von Variablen durchgeführt werden soll

(z. B. bei einer klinischen Beobachtungsstudie mit sehr vielen Laborparametern) und wenn es sich um eine große Beobachtungsstudie handelt.

Abschließend bleibt festzuhalten, dass für Beobachtungsstudien mit einem relativ begrenztem Pool an möglichen Kontrollen und/oder nur wenigen Matching-Variablen ein Matching mit `PROC SQL` und einer wie hier vorgestellten nachfolgenden iterativen Bearbeitung der Ergebnisse sehr gute Resultate liefert.

Hinweis:
Zu Methode 2 wurde vom Autor ein flexibles Makro entwickelt, welches die komplette Matching-Prozedur enthält und verschiedene Matching-Szenarien bewerkstelligen kann. Dieses Makro kann auf Anfrage zur Verfügung gestellt werden (a.deckert@uni-heidelberg.de).

Literatur

[1] H. Kawabata, et.al.: Using SAS ® to Match Cases for Case Control Studies. SUGI 29, 173-29, Princeton, New Jersey

[2] L.S. Parson, et.al.: Performing a 1:N Case-Control Match on Propensity Score. SUGI 29, 165-29, Seattle, Washington

[3] R. Bender: Simulation von Überlebenszeiten mit Hilfe von SAS. http://www.rbsd.de/PDF/simcoxsas.pdf (Zugriff 12.02.2011)

Tipps und Tricks

Anwendung von (Perl) Regular Expressions für die Mustersuche in Strings

Andreas Deckert
Institute of Public Health
INF 324
69120 Heidelberg
a.deckert@uni-heidelberg.de

Heiko Zimmermann
Institute of Public Health
INF 324
69120 Heidelberg
h.zimmermann@uni-heidelberg.de

Zusammenfassung

SAS bietet verschiedene Funktionen wie z.B. SCAN, SUBSTR und INDEX zur Manipulation von Strings und Texten z.b. bei der Datenvalidierung und beim Ersetzen von Text-Teilen. Bei komplexen Problemstellungen wird der Code jedoch schnell umfangreich und unübersichtlich. Für Situations-flexible Algorithmen sind Schleifen erforderlich. Alternativ dazu können mit den Funktionen der (Perl) Regular Expressions selbst komplexe Problemstellungen mit wenigen Zeilen Code wesentlich effizienter gelöst werden. Ausgehend von einem einfachen Beispiel wird hier die Verwendung der (Perl) Regular Expressions veranschaulicht und deren Funktionsweise erläutert. Abschließend wird die Mächtigkeit dieses Werkzeugs an einer komplexen Problemstellung demonstriert.

Schlüsselwörter: Regular Expression, PRXPARSE, PRXSUBSTR, PRXCHANGE

1 Einleitung: (Perl) Regular Expressions

Regular Expressions (Reguläre Ausdrücke) können in SAS seit Version 6.2 verwendet werden. SAS-eigene Reguläre Ausdrücke wurden früher schon umfangreich bei der KSFE behandelt [1] und auch die Perl Regular Expressions waren schon einmal Thema von Tipps und Tricks [2]. Trotz ihrer vielen Vorteile sind sie jedoch nach wie vor kaum bekannt und viele Nutzer schrecken vor ihrer Verwendung zurück. Das Ziel dieses Artikels ist daher nicht, eine umfangreiche Einführung in Perl Regular Expressions zu geben, sondern stattdessen vor allem zur Anwendung der Regulären Ausdrücke anzuregen. Für eine detailliere Einführung sei auf [2], [3] verwiesen.

Der Begriff Regulärer Ausdruck stammt aus der Theoretischen Informatik und bezeichnet "eine Zeichenkette die der Beschreibung einer Menge bzw. Untermengen von Zeichenketten mit Hilfe bestimmter syntaktischer Regeln dient"[1]. Hiermit lassen sich Filter und Schablonen für Textbausteine erstellen, nach denen dann innerhalb eines Strings gesucht werden kann. Für den Aufbau Regulärer Ausdrücke steht eine Syntax aus (reservierten) Zeichen eines Alphabets zur Verfügung, die dann über die drei Operatoren Alternative, Verkettung und Wiederholung miteinander kombiniert werden können. Je

---

[1] Für eine allgemeine Einführung in Reguläre Ausdrücke siehe Wikipedia: http://de.wikipedia.org/wiki/Regulärer_Ausdruck [Zugriff 16.03.2011]

nach Anordnung und Kombination dieser Zeichen können damit verschiedene Anordnungen von Wörtern erfasst und verarbeitet werden.

Die Verwendung Regulärer Ausdrücke ist in SAS seit Version 6.2 in SAS integriert. Diese sogenannten SAS Regular Expressions haben eine eigene Syntax und sind in den RX-Funktionen hinterlegt. Beispielhaft seien hier die RX-Funktionen RXPARSE zur Erstellung eines Regulären Ausdrucks und RXCHANGE zum Ersetzen von Textteilen genannt. Seit Version 9 bietet SAS auch die Möglichkeit, sogenannte Perl Regular Expressions über die PRX-Funktionen zu verwenden, wodurch die Mächtigkeit für Textmanipulationen deutlich erweitert wurde. Die Syntax dieser Regulären Ausdrücke orientiert sich dabei an der Programmiersprache Perl. Auch hier gibt es mehrere Funktionen, die von SAS für den Umgang mit Perl Regular Expressions bereitgestellt werden, wie z.B. PRXPARSE (Erstellen des Regulären Ausdrucks), PRXSUBSTR (Ausgabe von Position und Länge eines gefundenen Ausdrucks in einem String) und PRXCHANGE (Austausch von Textteilen).

Im Folgenden soll nun anhand eines einfachen Beispiels die Verwendung von (Perl) Regular Expressions den Standard-SAS-Funktionen gegenübergestellt werden. Für die weiteren Betrachtungen werden dann die Perl Regular Expressons verwendet, da sie in ihrem Funktionsumfang und ihrer Syntax den SAS-Regular-Expressions überlegen sind.

2 Einführendes Beispiel

Angenommen ein Textstring enthalte ein Sonderzeichen, das entfernt werden soll, z.B. das $-Zeichen in "Dies ist ein Bei$spiel". Eine Möglichkeit dieses Zeichen zu entfernen, besteht in der Verwendung der Funktionen INDEX und SUBSTR:

```
DATA Beispiel;
    text = "Dies ist ein Bei$spiel";
    pos = INDEX(text,"$");
    l_total = LENGTH(text);
    l_part = l_total - pos;
    _text = SUBSTR(text,1,pos-1)||SUBSTR(text,pos+1,l_part);
RUN;
```

Dazu wird mit INDEX zunächst die Position des Zeichens in dem String bestimmt. Mit SUBSTR können nun die Textteile vor und nach dem Zeichen aus dem String herausgeschnitten werden und dann über eine Konkatenation wieder zusammengesetzt werden (entweder mit der Funktion CATS oder mit || in der Kurzform).

Der entsprechende Code mit SAS Regular Expressions sieht folgendermaßen aus:

```
DATA Beispiel;
    LENGTH _text $ 25;
    text = "Dies ist ein Bei$spiel";
    rx = RXPARSE("'$' to ''");
```

```
        CALL RXCHANGE(rx,1,text,_text);
RUN;
```

Dabei wird mit RXPARSE der Reguläre Ausdruck definiert, der in diesem Fall eine Regel zur Ersetzung von $ durch eine leere Menge beschreibt, was gleichbedeutend ist mit dem Entfernen des Zeichens. Man kann sich die Vorgehensweise der Funktion CALL RXCHANGE nun wie folgt vorstellen: Die mit RXPARSE erstellte Schablone wird von links nach rechts über den Text geschoben und sobald der erste Teil der Schablone auf eine Entsprechung im String trifft, wird die Ersetzungsregel angewandt. Die Zahl 1 innerhalb von RXCHANGE bedeutet dabei, dass die Ersetzung nur einmal vorgenommen werden soll. Anstelle der 1 kann auch eine beliebige Zahl eingesetzt werden; -1 bedeutet hingegen, dass jedes $ in dem zugrundeliegenden String ersetzt werden soll. Hierbei wird schon ein erster Vorteil gegenüber dem ersten Code (s. oben) sichtbar: Will man mit den Prozeduren INDEX und SUBSTR ebenso eine beliebige Anzahl von $ innerhalb eines Strings ersetzen, kommt man nicht umhin, dafür z.B. eine DO-UNTIL-Schleife zu installieren, die so oft ausgeführt werden muss, bis mit INDEX keine Position mehr für ein $ gefunden wird.

Mit Perl Regular Expressions, also der Syntax der Programmiersprache Perl, sieht der Code mit der gleichen Funktionalität wie folgt aus:

```
DATA Beispiel;
    LENGTH _text $ 25;
    text = "Dies ist ein Bei$spiel";
    pattern = PRXPARSE('s/\$//');
    CALL PRXCHANGE(pattern,-1,text,_text);
RUN;
```

Hier werden nun anstelle der Funktionen RXPARSE und RXCHANGE die Funktionen PRXPARSE und PRXCHANGE verwendet. Die Definition des Regulären Ausdrucks sieht hier ein wenig kryptischer aus. Das erste "*s*" innerhalb dieser Definition steht für "Substitution" und zeigt an, dass das darauffolgende Suchmuster ersetzt werden soll. Zwischen den auf das "*s*" folgenden Schrägstrichen "/" befindet sich die Beschreibung des eigentlichen Suchmusters, in unserem Fall das $-Zeichen. Diesem ist hier ein Backslash ("\") vorangestellt, da das $-Zeichen innerhalb der Perl-Syntax ein reserviertes Zeichen mit einer bestimmten Funktion darstellt. Zwischen dem zweiten und dem letzten Schrägstrich befindet sich dann die Beschreibung der Ersetzung, in unserem Beispiel hier eine leere Menge.

Der Code lässt sich noch weiter kürzen indem die Musterbeschreibung direkt in PRXCHANGE integriert wird. Schon hier ist zu erkennen, mit wie wenig Code die Regulären Ausdrücke im Vergleich zu den üblichen SAS-Funktionen auskommen können:

```
DATA Beispiel;
    text = "Dies ist ein Bei$spiel";
    text = PRXCHANGE('s/\$//',-1,text);
```

RUN;

Mit diesem Code können auch Sätze wie "Dies i$$$st ein Beisp$$iel" problemlos und mit wenig Aufwand bereinigt werden.

Die Syntax der Musterbeschreibung innerhalb des Regulären Ausdrucks ist sicherlich gewöhnungsbedürftig und wirkt auf den ersten Blick eher verwirrend. Hat man sich allerdings ein paar der häufigsten Zeichen eingeprägt, kann man relativ zügig Ausdrücke für entsprechende Muster zusammenstellen und anwenden. Die wichtigsten Zeichen und ihre Bedeutung sind in der folgenden Tabelle zusammengestellt:

Tabelle 1: Wichtige Zeichen für die Musterbeschreibung

Muster	Bedeutung
/	Beginn und Ende der Regular Expression
\w	Abgleichen von Buchstaben
\d	Abgleichen von Ziffern
[Tel]	Es wird explizit nach "Tel" gesucht
?	Falls nicht oder 1x vorhanden
+	Falls 1x oder beliebig oft vorhanden
*	Falls nicht oder beliebig oft vorhanden
(*Muster*)	Gruppierung und Speicherung
$1	Abruf des ersten Speichereintrages
s/*Muster*/*Ausgabe*/	Einsetzen bzw. Ersetzen von Textteilen

Wie oben schon angedeutet, steht der Schrägstrich "/" jeweils für den Beginn und das Ende eines regulären Ausdrucks. Ein Backslash "\" gefolgt von einem "*w*" bedeutet, dass das gesuchte Muster irgendeinen Buchstaben enthalten muss. Dagegen wird bei der Verwendung von "*d*" nach Ziffern gesucht. Sollen bestimmte Buchstaben oder Ziffern gesucht werden, müssen diese explizit in rechteckigen Klammern "[ ]" eingeschlossen angegeben werden. Falls einem Suchmuster z.B. bestehend aus "\w" ein "?" folgt, bedeutet dass, dass nach keinem oder genau einem Buchstaben gesucht wird. Steht statt dem Fragezeichen ein "+" nach "\w", sucht die Schablone nach mindestens einem oder beliebig vielen aneinander gereihten Buchstaben. Bei einem Stern wird nach keinem oder beliebig vielen Buchstaben gesucht. Wenn ein Suchmuster bestehend aus einer Folge von Zeichen in zwei Klammern gesetzt wird, dann wird der Inhalt des Strings der mit diesem Suchmuster übereinstimmt in den Speicher geschrieben. Die Speichereinträge können bei Bedarf wieder mit "*$1*" bis "*$n*" entsprechend der Reihenfolge ihres Eintrags aus dem Speicher ausgelesen werden (s. auch im Beispiel unten). Für das Ersetzen von Texten wird vor das Suchmuster und dem ersten Schrägstrich ein "*s*" gesetzt

Tipps und Tricks

und nach dem zweiten Schrägstrich "/" dann in ähnlicher Weise die Ausgabe bzw. der Ersatz für die im String gefundenen Teile definiert.

3 Komplexes Beispiel

Angenommen es existiere eine Tabelle A bei der in einer Variablen *Name* sowohl eine beliebige Anzahl an Vornamen als auch der Nachname von Personen in der Reihenfolge "Nachname, Vorname1 Vorname2 ..." enthalten sind (siehe Abbildung 1), wobei die Zwischenräume mit beliebig vielen Leerzeichen gefüllt sein können. Die Aufgabe besteht nun darin, diese Variable in eine weitere Variable zu überführen, in der nur der erste Vorname gefolgt von dem Nachnamen enthalten sind[2]. Dies ließe sich noch mit relativ wenig Aufwand mit den üblichen SAS-Funktionen verwirklichen. Ungleich schwieriger wird es allerdings, wenn die Variable in Tabelle A neben den Vor- und Nachnamen auch noch beliebige Namenszusätze enthält. Die folgende Abbildung illustriert die Problemstellung und das geforderte Ergebnis:

Name
Bauer, Peter
Sailer, Karl-Heinz
Müller,   Eva   Maria
Schmidt,   Hans-Peter   Matthias
Frau Dr. Weber, Karin
Prof. Dr. Stern,   Anton Richard

_Name
Peter Bauer
Karl-Heinz Sailer
Eva Müller
Hans-Peter Schmidt
Karin Weber
Anton Stern

Abbildung 1: Problemstellung

Mit Perl Regular Expressions lässt sich das Problem mit wenigen Zeilen Code lösen:

```
DATA Ergebnis; SET Namen;
    pattern = PRXPARSE("s/(\w+), +(\w+-?\w+)/$2 $1/");
    CALL PRXSUBSTR(pattern, Name, Position, Laenge);
    match = SUBSTR(Name,Position,Laenge);
    _Name = PRXCHANGE(pattern,-1,match);
RUN;
```

Die schwierigste Aufgabe besteht dabei darin, sich genau zu überlegen, wie das entsprechende Muster zu den gesuchten Textbausteinen aussehen muss, damit diese eindeutig vom Rest des Strings unterschieden werden können. Schauen wir uns die Beschreibung des Musters innerhalb von PRXPARSE nun genauer an:

1) Das "*s*" am Anfang bedeutet, dass eine Ersetzung vorgenommen werden soll.

---

[2] Das Aufsplitten in zwei getrennte Variable für Vor- und Nachname sollte dann kein größeres Problem darstellen.

2) Jeder Nachname in Tabelle A beginnt mit einem Buchstaben (\w, s. oben):
   s/(\w   **S**chmidt, Hans-Peter Matthias
3) Dem ersten Buchstaben können beliebig viele weitere folgen:
4) s/(\w+   **Schmidt,** Hans-Peter Matthias
5) Durch die runden Klammern um diesen ersten Ausdruck wird ein gefundener Nachname in den Speicher an die Stelle $1 geschrieben:
   s/(\w+)   → $1: Schmidt
6) Jedem Nachnamen folgt in der Tabelle ein Komma. Damit können die Nachnamen z.B. von den davorstehenden Namenszusätzen unterschieden werden:
   s/(\w+),   **Schmidt,** Hans-Peter Matthias
7) Nach dem Komma kann eines oder beliebig viele Leerzeichen enthalten sein:
   s/(\w+), +   **Schmidt,** Hans-Peter Matthias
8) Anschließend muss wieder ein Buchstabe bzw. beliebig viele Buchstaben folgen:
   s/(\w+), +(\w+   **Schmidt,   Hans**-Peter Matthias
9) Der erste Vorname kann (muss aber nicht) aus einem Namen mit Bindestrich bestehen (daher hier ein Fragezeichen):
   s/(\w+), +(\w+-?   **Schmidt,   Hans-**Peter Matthias
10) Nach einem Bindestrich (bzw. auch ohne Bindestrich) können wieder beliebig viele Buchstaben folgen:
    s/(\w+), +(\w+-?\w+   **Schmidt,   Hans-Peter** Matthias
11) Der erste Vorname ist damit ebenfalls erfasst und wird durch die Klammern in den Speicher an Stelle $2 geschrieben:
    s/(\w+), +(\w+-?\w+)   → $2: Hans-Peter
12) Mit dem nächsten Schrägstrich endet der Reguläre Ausdruck. Damit hat die Suchschablone nur dann Erfolg, wenn der Nachname gefolgt von einem Komma und dem ersten Vornamen genau entsprechend diesem Muster gefunden wurden. Sämtliche weitere Vornamen und auch die Namenszusätze werden durch das Suchmuster nicht abgedeckt.
13) Nach dem Schrägstrich wird nun definiert, durch was der gefundene Textteil des Strings ersetzt werden soll, in unserem Beispiel durch die verdrehte Reihenfolge der vorher in den Speicher geschriebenen Nach- und Vornamen:
    s/(\w+), +(\w+-?\w+)/$2 $1/ → Ausgabe: Hans-Peter Schmidt

Damit ist das Suchmuster eindeutig definiert. Im obigen Code werden zunächst über PRXSUBSTR die Position und die Länge des Suchmusters im String ausgegeben (dazu verwendet PRXSUBSTR nur das Suchmuster aus PRXPARSE ohne den Ersetzungsteil). Dann wird mit einem normalen SUBSTR ein gefundenes Muster (also Nachname, Vorname) aus dem String herausgeschnitten und an eine neue Variable übergeben. Auf diese neue Variable wird dann noch einmal mit PRXCHANGE das definierte Suchmuster angewendet (was dann natürlich immer zu Treffern führt) und dann die abschließende Ersetzung vorgenommen.

Tipps und Tricks

4 Anwendungsmöglichkeiten

Die Anwendung der Perl Regular Expressions im Falle des obigen komplexen Beispiels zeigt wie flexibel einsetzbar und gleichzeitig wie wenig Code-intensiv die PRX-Funktionen sind. Damit eignen sich Perl Regular Expressions beispielsweise sehr gut für die Datenvalidierung. Ein weiteres Einsatzgebiet für Perl Regular Expressions ist generell das Suchen und Ersetzen von Zeichenfolgen innerhalb von Strings. Bei der Bearbeitung von Freitexten können Perl Regular Expressions verwendet werden, um relevante Informationen aus den Freitexten zu extrahieren. Außerdem eignen sie sich, um lange ungeordnete Text-Variablen in Einzelteile zu zerlegen und zu bearbeiten. Dies sei abschließend an einem weiteren Beispiel kurz gezeigt.

Problemstellung: Von einer Homepage im Internet wird mittels copy & paste eine umfangreiche Adressliste in ein Text-File übernommen. Diese Liste besteht aus einer ungeordneten Abfolge von Adress-Teilen wie Anschrift, Straße und Telefonnummern. Nach dem Import in SAS hat die Tabelle das folgende Aussehen:

Tabelle 1: Importiertes Text-File mit einer Abfolge von Adress-Beständen

text
Landratsamt Altötting
Telefon 08671-502-665
Gesundheitsamt Amberg
Hockermühlstr. 53
Tel 08621-39-399
Landratsamt Hof
Fax.: 09281-16873
Tel.: 09281-16-0
Gesundheitsamt Hamburg
21029 Hamburg
Tel.: 042891-2216
Fax.: 042891-2200
Stadt Ingolstadt
Telefon: 0841-3051-460
85049 Ingolstadt

In der Tabelle stehen nun verschiedene Institutionen untereinander wobei die Einträge für jede Institution in unterschiedlicher Reihenfolge vorliegen. Angenommen es sollen aus dieser Tabelle alle Telefonnummern extrahiert und in ein einheitliches Format der Form "Tel.: 0XXXX-XXXXX..." überführt und dabei nur die Telefonnummern mit Vorwahlen beginnend mit 08 oder 09 berücksichtigt werden, so lässt sich dies mit Perl Regular Expressions wie folgt bewerkstelligen:

```
DATA Ergebnis; SET Liste;
    _Telefon = "s/[Tel]\w+\.*:* +([0][8-9]\d\d\d-\d+)/Tel.: $1/";
    pattern = PRXPARSE(_Telefon);
    IF PRXMATCH(pattern,text) THEN DO;
        Ergebnis = PRXCHANGE(pattern,-1,text);
    END;
RUN;
```

Das Ergebnis ist in der folgenden Tabelle dem ursprünglichen Eintrag gegenüber gestellt:

text	Ergebnis
Landratsamt Altötting	
Telefon 08671-502-665	Tel.: 08671-502-665
Gesundheitsamt Amberg	
Hockermühlstr. 53	
Tel 08621-39-399	Tel.: 08621-39-399
Landratsamt Hof	
Fax.: 09281-16873	
Tel.: 09281-16-0	Tel.: 09281-16-0
Gesundheitsamt Hamburg	
21029 Hamburg	
Tel.: 042891-2216	
Fax.: 042891-2200	
Stadt Ingolstadt	
Tel.: 0841-3051-460	Tel.: 0841-3051-460
85049 Ingolstadt	

Literatur

[1] W. Herff, et.al. (2003): Tipps & Tricks für einen leichteren Umgang mit der BASE SAS Software. C. Becker, H. Redlich (Hrsg.), Proceedings der 7. Konferenz der SAS®-Anwender in Forschung und Entwicklung (KSFE)Shaker-Verlag, Aachen

[2] M. Kappler, et.al. (2005): Tipps & Tricks für einen leichteren Umgang mit der BASE SAS Software. Proceedings der 9. Konferenz der SAS®-Anwender in Forschung und Entwicklung
http://de.saswiki.org/images/a/ae/9.KSFE-2005-Kappler-Tipps-und-Tricks-für-den-leichteren-Umgang-mit-der-SAS-Software.pdf [Zugriff 16.03.2011]

[3] R. Cody, et.al. (2004): An Introduction to Perl Regular Expressions in SAS9. SUGI 29 Tutorials, Paper 265-29, Princeton, New Jersey
http://www2.sas.com/proceedings/sugi29/265-29.pdf [Zugriff 16.03.2011]

Umkodieren von ICD-9-Daten zu ICD-10 in SAS mittels einer relationalen Datenbank und PROC SQL

Andreas Deckert
Institute of Public Health
INF 324
69120 Heidelberg
a.deckert@uni-heidelberg.de

Zusammenfassung

Mit SQL existiert eine mächtige Prozedur innerhalb von SAS, mit der die volle Funktionsfähigkeit der Datenbanksprache SQL (Structured Query Language) für die Abfrage und Verknüpfung von Daten und Tabellen zur Verfügung steht. Oftmals wird PROC SQL benutzt, um z.B. innerhalb eines Makros Einträge in einer Tabelle zu zählen und diese dann an eine globale Makrovariable zu übergeben oder um komplexe Verknüpfungen von Tabellen und Einträgen vorzunehmen. Es ist jedoch darüber hinaus auch möglich, mit PROC SQL eine komplette relationale Datenbank innerhalb von SAS aufzubauen. Damit ist die Handhabung von Wertebereichsintegritäten und referentiellen Integritäten innerhalb von SAS möglich, so dass auf externe Datenbanken verzichtet werden kann. Das Prinzip des Aufbaus einer relationalen Datenbank wird hier anhand eines einfachen Beispiels vorgestellt: Für die Analyse von Todesursachen über einen längeren Zeitraum hinweg stehen in der Regel ICD[1]-codierte Daten zur Verfügung. Überdeckt die Analyse einen längeren Zeitraum, liegen die Daten allerdings bis 1998 nach ICD Version 9 und danach nach ICD Version 10 kodiert vor. Für eine einheitliche Auswertung nach ICD10 stellt das DIMDI[2] eine sogenannte Umsteigertabelle bereit. Diese Umsteigertabelle wird hier in eine relationale Datenbank innerhalb SAS überführt und dann für die Umcodierung von ICD9-Daten nach ICD10 verwendet.

Schlüsselwörter: PROC SQL, relationale Datenbank, ICD9, ICD10, Umkodierung

1 Einleitung: relationale Datenbanken mit PROC SQL

Die Prozedur SQL bietet die Möglichkeit, innerhalb von SAS die komplette Syntax der standardisierten Datenbanksprache SQL zu verwenden. SQL wurde für die Handhabung und Abfrage relationaler Datenbanken entwickelt, wofür vor allem die Beziehungen zwischen einzelnen Tabellen von Bedeutung sind. Das Aufsplitten von einzelnen komplexen Daten-Objekten in viele verschiedene durch Relationen verbundene Tabellen bietet z.B. den Vorteil, mehrdimensionale Einträge einfach zu handhaben, wodurch allerdings die Übersichtlichkeit über ein komplettes Datenobjekt verlorengeht. Grund-

---

[1] ICD: International Statistical Classification of Diseases and Related Health Problems; s. auch http://de.wikipedia.org/wiki/Internationale_statistische_Klassifikation_der_Krankheiten_und_verwandter_Gesundheitsprobleme
[2] DIMDI: Deutsches Institut für Medizinische Dokumentation und Information

A. Deckert

Grundsätzlich können mit PROC SQL sämtliche Data Step Funktionalitäten sowie einige grundlegende SAS Prozeduren verwirklicht werden. PROC SQL bietet sich daher an, wenn es um die Verknüpfung von Data Sets (das Äquivalent zu Tabellen in SQL) für Abfragen/Manipulationen geht, wogegen SAS Data Steps vor allem für die Datenmanipulation innerhalb eines Data Sets geeignet sind. Im Vergleich zu Data Steps ist PROC SQL bei der Manipulation vieler kleinerer Data Sets deutlich schneller und benötigt zudem keine vorangestellten Sortier-Prozeduren. Generell können auch innerhalb eines Data Steps, z.b. mit MERGE oder SET mehrere Data Sets auf verschiedenste Weise zusammengeführt oder verknüpft werden. Der funktional äquivalente SQL-Code ist in der Regel allerdings wesentlich kompakter als die entsprechende Data Step Syntax. Ein paar der wichtigsten Verknüpfungen sind in der folgenden Abbildung schematisch dargestellt:

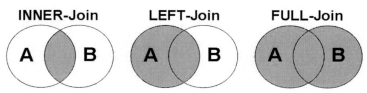

Abbildung 1: Tabellen-Verknüpfungen

Bei einer Verknüpfung zweier Data-Sets mittels INNER-Join werden zu jedem Eintrag aus Data Set A entsprechend der Verknüpfungsregel die passenden Einträge in Tabelle B gesucht und umgekehrt (kartesisches Produkt). Einträge aus A, zu denen es keine Entsprechung in B gibt und umgekehrt, werden nicht in die Ergebnis-Tabelle übernommen. Beim LEFT-Join dagegen werden auch Einträge aus dem Data Set A ohne Entsprechung in B übernommen, beim FULL-Join zusätzlich Einträge aus B ohne Entsprechung in A. Ein einfaches Beispiel einer Verknüpfung zweier Data Sets mit PROC SQL ist in den folgenden Code-Zeilen dargestellt:

```
PROC SQL;
    CREATE TABLE Ergebnis AS SELECT
        A.Medikament AS KH_Med, B.Medikament AS Kasse_Med,
        A.Diagnose, B.*
        FROM Krankenhaus A INNER JOIN Krankenkasse B
        ON A.Patient_ID=B.Patient_ID;
QUIT;
```

Hierbei entsteht eine Tabelle in der zu sämtlichen Generika die in einem Krankenhaus verordnet wurden, die entsprechenden Krankenkassen mit denen für diese Medikamente Rabattverträge bestehen aufgelistet werden (das können auch mehrere pro Generika sein). Im umgekehrten Fall werden zu jeder Krankenkasse diejenigen Medikamente aufgelistet, die dieses Krankenhaus mit dieser Krankenkasse abgerechnet hat.

Tipps und Tricks

Neben den Funktionen zur Verknüpfung von Tabellen kann PROC SQL auch benutzt werden, um z.b. arithmetische Operationen wie das Zählen aller Einträge vorzunehmen und das Ergebnis dann an eine Makro-Variable zu übergeben. Auch solche Operationen lassen sich mit PROC SQL einfacher umsetzen als mit Data Steps in Kombination mit der Übergabe von Parametern mittels CALL SYMPUT/ SYMGET.

Viele SAS-Nutzer setzen PROC SQL inzwischen für die oben beschriebenen Funktionalitäten routinemäßig ein[3] und sind mit den Operatoren von PROC SQL vertraut. Allerdings nutzen nur wenige das eigentlich ursprüngliche Potential der SQL-Datenbanksprache zum Aufbau einer kompletten relationalen Datenbank innerhalb von SAS. Dabei bietet die Verwendung einer relationalen Datenbank gerade innerhalb von SAS mehrere Vorteile: Zum einen entfallen dadurch zusätzliche externe Softwareprodukte wie z.B. Microsoft Access zur Verwaltung der Datenbank, zumal auch in SAS das Erstellen von Dateneingabemasken möglich ist [3]. Damit können von der Datenbankerstellung über die kontrollierte Dateneingabe bis zur Auswertung der Daten die kompletten Prozesse innerhalb von SAS umgesetzt werden. Zum anderen stehen die durch die relationale Datenbank festgelegten referentiellen Integritätsbedingungen sowie Wertebereichsintegritäten innerhalb von SAS zur Verfügung, was die Validität der Daten nach Verknüpfungen und Manipulationen gewährleistet. Es kann z.B. schon beim Erstellen der Datenbank festgelegt werden, dass bestimmte Variable keine fehlenden Werte enthalten dürfen oder nur bestimmte Werte innerhalb eines Bereiches einnehmen können. Verletzungen dieser Integritätsbedingungen bei Datenmanipulationen führen dann zu Fehlermeldungen, wogegen sie bei normalen Manipulationen ohne eine relationale Datenbank durch den Programmierer jedes Mal selbst geprüft werden müssen.

Ein weiterer großer Vorteil einer relationalen Datenbank ist die Verwendung von referentiellen Integritätsbedingungen zwischen einzelnen Tabellen bzw. Data Sets. Damit lassen sich Änderungen über mehrere Tabellen hinweg kontrollieren. So kann z.B. ein eindeutiger Primärschlüssel in einer Tabelle (z.B. eine ID) in einer anderen Tabelle als (redundanter) Fremdschlüssel verwendet werden. Durch die Referenzierung auf die Primärschlüssel-Tabelle können bei einer Änderung eines Eintrages in der Primärschlüssel-Tabelle notwendige Änderungen in der Fremdschlüssel-Tabelle mit durchgeführt werden. Durch referentielle Integritätsbedingungen sind vielfältige Beziehungen unter den Tabellen gestaltbar, wodurch Datenabfragen kontrollierbarer werden. Zudem sind Tabellen mit referentiellen Integritätsbedingungen vor unsachgemäßen Manipulationen und Löschen geschützt; dafür müssten zuerst die Integritätsbedingungen zwischen den Tabellen entfernt werden.

---

[3] Für einen einführenden Vergleich von PROC SQL und Data Steps siehe [1], eine umfangreiche Einführung bietet [2].

A. Deckert

2 Problemstellung: Umkodieren von ICD9 zu ICD10

Für das hier verwendete Beispiel zur Demonstration des Aufbaus einer relationalen Datenbank in SAS ist eine relationale Datenbank nicht unbedingt erforderlich, es eignet sich aber gut um die Verwendung relationaler Datenbanken in SAS einführend zu erläutern.

In speziellen epidemiologischen Studien ist man z.B. an den Todesursachen innerhalb einer Risikogruppe interessiert. Hierfür werden die Todesursachen dieser Gruppe über einen längeren Zeitraum analysiert. Für kategorielle Analysen und Vergleichbarkeit mit anderen Studien werden die Todesursachen in der Regel nach dem WHO[4]-Klassifikationssystem ICD kodiert. Bei langen Beobachtungszeiträumen kann dabei der Fall auftreten, dass ein Teil der Daten in der älteren ICD9-Version und ein anderer Teil in der aktuellen ICD10-Version vorliegt. Um eine Analyse zu ermöglichen, müssen die Daten in eine einheitliche ICD-Version überführt werden. Bei der Einführung des ICD10 wurden allerdings umfangreiche Änderungen in der Struktur des Kodierungssystems vorgenommen, so wurde z.B. eine alpha-numerische Notation mit stärkerer Differenzierung eingeführt. Einige ICD-Gruppierungen aus ICD9 wurden gestrichen, neue wurden hinzugefügt und Gruppen-Einträge wurden in andere Gruppierungen verschoben. Damit ist eine einfache und eindeutige Überführung von ICD9-kodierten Daten in ICD10 nur in 60% der Fälle möglich.

Das Deutsche Institut für Medizinische Dokumentation und Information[5] (DIMDI) stellt auf seiner Homepage die kompletten ICD9- und ICD10-Codes sowie eine sogenannte Umsteigertabelle als Text-Files im ASCII-Format zum Download zur Verfügung [4]. Die beiden ICD-Tabellen enthalten neben den eindeutigen ICD-Codes der jeweiligen Version die Beschreibung des Krankheitsbildes und der Krankheitsursachen. Die Umsteigertabelle enthält zum einen zeilenweise die eindeutigen Umsetzungen von ICD9 zu ICD10 und umgekehrt, und zum anderen alle möglichen mehrdeutigen Umsetzungen. Es gibt also ICD9-Codes für die mehrere mögliche ICD10-Kodierungen existieren und ebenso ICD10-Codes die mehrere Entsprechungen in ICD9 haben. Andererseits gibt es aber auch mehrere ICD9-Codes für die derselbe ICD10-Code gültig ist und umgekehrt. Zusätzlich existiert eine Variable die im Falle von mehreren Zuordnungsmöglichkeiten von ICD10 zu ICD9 eine Zuordnung empfiehlt. Für die Umsetzung von ICD9 nach ICD10 existiert keine solche Variable, da die ICD10 stärker ausdifferenziert ist als die ICD9. Die Struktur der Text-Files ist in Abbildung 2 dargestellt.

Die Text-Files können nun zunächst in SAS importiert werden. Hierzu kann folgender Code benutzt werden (Beispiel für die ICD10-Tabelle):

```
DATA import_ICD10;
    %LET _EFIERR_ = 0;
```

---
[4] World Health Organization
[5] Homepage des DIMDI: www.dimdi.de

Tipps und Tricks

```
        INFILE "&Pfad.\ICD10.txt"
        DELIMITER = ';' MISSOVER DSD LRECL = 32767 FIRSTOBS = 1;
        FORMAT Code10 $7. Titel10 $255.;
        INPUT Code10 $ Titel10 $;
        IF _ERROR_ THEN CALL SYMPUTX('_EFIERR_',1);
RUN;
```

Dabei ist &Pfad. eine globale Variable, die den Pfad der Download-Datei auf der Festplatte enthält. Nachdem alle drei Dateien erfolgreich in SAS importiert worden sind, kann mit dem Aufbau der relationalen Datenbank begonnen werden.

- **ICD-9 Tabelle:**
  ```
  410-414;  Ischämische Herzkrankheiten
  410;      Akuter Myokardinfarkt
  ...
  414;      Sonstige Formen von chronischen ischämischen Herzkrankheiten
  414.0;    Koronararteriosklerose
  414.1;    Herzwandaneurysma
  ```

- **ICD-10 Tabelle:**
  ```
  I21;      Akuter Myokardinfarkt
  I21.0;    Akuter transmuraler Myokardinfarkt der Vorderwand
  ...
  I22;      Rezidivierender Myokardinfarkt
  I22.0;    Rezidivierender Myokardinfarkt der Vorderwand
  ```

- **Umsteiger-Tabelle:**
  ```
  ICD-10   ICD-9   ICD-9(dreistellig)   1:1
  I21.0;   410;    410;                 A
  I23.3;   429.8;  429;                 A
  I24.0;   410;    410;
  ```

Abbildung 2: DIMDI Text-Files ICD9, ICD10 und Umsteigertabelle

3 Aufbau einer relationalen Datenbank in SAS

Die allgemeine Beschreibung des Aufbaus einer relationalen Datenbank mit diesen drei Tabellen ist in einem zusätzlichen Text-File im ZIP-Download der ICD-Tabellen des DIMDI enthalten und wurde hier auf SAS übertragen.

Nachdem die drei Tabellen des DIMDI nun in SAS importiert sind, soll mit diesen eine relationale Datenbank erstellt werden. Dazu werden mit PROC SQL Tabellen generiert und gleichzeitig die Integritätsbedingungen festgelegt. Der folgende Code zeigt den Aufbau der Datenbank mit PROC SQL:

A. Deckert

```
PROC SQL;
    CREATE TABLE ICD10 (Code10 CHAR(7), Titel10 CHAR(255),
        CONSTRAINT Code10X PRIMARY KEY(Code10));
    INSERT INTO ICD10
        SELECT * FROM import_ICD10 WHERE Code10 > "";
    CREATE TABLE ICD9 (Code9 CHAR(7), Titel9 CHAR(255),
        CONSTRAINT Code9X PRIMARY KEY(Code9));
    INSERT INTO ICD9
        SELECT * FROM import_ICD9 WHERE Code9 > "";
    CREATE TABLE Umsteiger (Code10 CHAR(7), Code9 CHAR(7),
        Automatik CHAR1),
        CONSTRAINT UICD10 FOREIGN KEY(Code10) REFERENCES ICD10,
        CONSTRAINT UICD9 FOREIGN KEY(Code9) REFERENCES ICD9);
    INSERT INTO Umsteiger
        SELECT * FROM import_Umsteiger WHERE Code10 > "";
QUIT;
```

Hier werden zunächst mit drei CREATE TABLE Anweisungen neue Tabellen aus den zuvor importierten Tabellen generiert. Dabei wird bei den ersten beiden Tabellen jeweils als Integritätsbedingung (Constraint) die Variable *Code9* bzw. *Code10* als Primärschlüssel festgelegt; die Integritätsbedingungen erhalten dabei die Namen *Code9X* bzw. *Code10X*. Bei der Umsteigertabelle werden dann mit zwei weiteren Integritätsbedingungen die Variablen *Code10* und *Code9* als Fremdschlüssel festgelegt und damit auf die Tabellen *ICD10* und *ICD9* referenziert. Diese Integritätsbedingungen erhalten die Namen *UICD10* und *UICD9*. Die folgende Abbildung zeigt skizzenhaft die daraus folgenden Beziehungen zwischen den Tabellen.

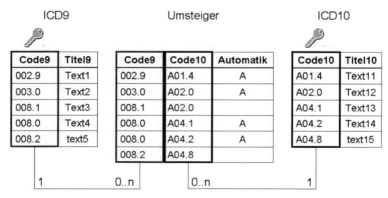

Abbildung 3: Darstellung der Beziehungen zwischen den Tabellen in der relationalen Datenbank

Die beiden Tabellen *ICD9* und *ICD10* besitzen nun eindeutige Primärschlüssel von denen es jeweils 0 bis n Einträge als Fremdschlüssel in der Tabelle Umsteiger geben kann. Damit ist in diesem einfachen Beispiel der Aufbau der relationalen Datenbank abgeschlossen und diese kann nun für die Umkodierung von ICD9 nach ICD10 verwendet werden.

4   Umkodieren von ICD9-Daten nach ICD10

Mit Hilfe der oben erstellten relationalen Datenbank sollen ICD9-kodierte Todesursachen in ICD10 überführt werden. Auch dies geschieht wieder mit einer PROC SQL-Anweisung:

```
PROC SQL;
    CREATE UNIQUE INDEX _id ON Data_ICD9 (_id);
    CREATE TABLE Ergebnis AS
        SELECT B.*, U.code10, I.titel10
        FROM Data_ICD9 AS B LEFT JOIN
            (Umsteiger AS U LEFT JOIN ICD10 AS I
                ON U.code10 = I.code10) ON B.cause = U.code9
quit;
```

Dabei enthält die Tabelle *Data_ICD9* die festgestellten patientenbezogenen Todesursachen nach ICD9. In dieser Tabelle wird zunächst jedem Eintrag eine eindeutige ID zugewiesen, welche später für die weitere Bearbeitung multipler Zuweisungen benötigt wird (s. Code unten). Danach wird eine Tabelle *Ergebnis* durch eine Verknüpfung der Tabellen *Umsteiger*, *Data_ICD9* und *ICD10* erstellt. Dazu erfolgt zunächst in der inneren Klammer ein LEFT JOIN von der Tabelle *Umsteiger* auf *ICD10*, wodurch jedem Eintrag in der Tabelle *Umsteiger* der Beschreibungstext des jeweiligen ICD10-Codes zugewiesen wird. Die daraus resultierende Tabelle wird dann (ebenfalls wieder über einen LEFT JOIN) mit der Tabelle *Data_ICD9* durch den Abgleich der ICD9-Codes in den Daten mit den ICD9-Codes in der Tabelle *Umsteiger* verknüpft. Durch den LEFT JOIN wird gewährleistet, dass in der Ergebnistabelle auch festgestellte Todesursachen enthalten sind, für die keine Entsprechung in den Tabellen *Umsteiger* und *ICD10* gefunden wurden. Das kann z.B. hilfreich sein, um Datenfehler in der Tabelle *Data_ICD9* aufzudecken. Die Ergebnistabelle hat folgendes Aussehen:

Tabelle 1: Ergebnistabelle der Umkodierung

_ID	Code9	Code10	Titel10	...
1	573.3	K75.2	Unspez. reaktive Hepatitis	...
1	573.3	K75.3	Granulomatöse Hepatitis	...
4	571.5	K76.1	Chronische Stauungsleber	...
8	5999			...
15	573.8	K76.1	Chronische Stauungsleber	...

Die Ergebnistabelle (s.. Tabelle 1) besteht in der linken Hälfte aus den Daten mit den patientenbezogenen Todesursachen und in der rechten Hälfte aus den zugewiesenen

A. Deckert

ICD10-Codes mit der entsprechenden Beschreibung. In dieser Tabelle gibt es hier nun zwei ICD9-Codes (_ID 4 und 15) denen derselbe ICD10-Code zugewiesen wird. Allerdings gibt es auch einen patientenbezogenen ICD9-Code, dem mehrere ICD10-Codes zugewiesen werden (_ID 1) und für den daher mehrere Einträge existieren. Durch den LEFT JOIN wurde auch _ID 8 mit in die Tabelle übernommen; dabei handelt es sich anscheinend um einen Kodierungsfehler in der Daten-Tabelle.

Um die multiplen Einträge bei manchen Patienten nun für die Auswertung eindeutig einem ICD10-Code zuzuweisen, sind mehrere Strategien denkbar. Zunächst können über den vorher generierten Index die multiplen Einträge von den eindeutig zugewiesenen Einträgen mit einer PROC SQL-Anweisung getrennt werden:

```
PROC SQL;
    CREATE TABLE multiple_Zuweisungen AS
        SELECT * FROM Ergebnis WHERE _id IN
        (SELECT _id FROM Ergebnis
            GROUP BY _id
            HAVING count(_id > 1))
QUIT;
```

Dabei werden mit `HAVING count (_id >1)` die Anzahl der Einträge pro _ID (Gruppierung erzwungen durch die GROUP-Anweisung davor) gezählt und nur Einträge mit mehreren Zuweisungen in die Tabelle *multiple_Zuweisungen* übernommen. Für die endgültigen Zuweisungen in dieser Tabelle könnte z.B. für ICD9-Codes jeweils nur die oberste ICD10-Gruppe aus den möglichen Zuweisungen ausgewählt werden. Oder man definiert für jeden ICD9-Code einen festen ICD10-Code und ordnet diesen alle gleichen ICD9-Codes in dieser Tabelle zu.

5 Löschen der relationalen Datenbank

Die erstellte relationale Datenbank ist in der SAS-Arbeitsumgebung in Form von drei "normal" aussehenden Data Sets sichtbar. Diese drei Data Sets sind allerdings durch die festgelegten Integritätsbedingungen miteinander verbunden und können daher nicht wie übliche Data Sets einfach gelöscht oder verändert werden. Die Integritätsbedingungen der bestehenden Tabellen können mit einer PROC SQL-Anweisung angezeigt werden:

```
PROC SQL;
    DESCRIBE TABLE CONSTRAINTS Umsteiger;
quit;
```

Hiermit werden die Namen der Integritätsbedingungen und ihre Bedingung selbst - hier für die Tabelle *Umsteiger* - ausgegeben. Um nun die relationale Datenbank in SAS löschen zu können, müssen zunächst die Integritätsbedingungen zwischen und in den Tabellen schrittweise entfernt werden. Dabei ist vor allem darauf zu achten, dass die

Tipps und Tricks

Fremdschlüssel vor den Primärschlüsseln entfernt werden. Erst danach können die Tabellen gelöscht werden.

```
PROC SQL;
    ALTER TABLE Umsteiger
    DROP CONSTRAINT UICD10, UICD9;
    ALTER TABLE ICD9
    DROP CONSTRAINT Code9X;
    ALTER TABLE ICD10
    DROP CONSTRAINT Code10X;
    DROP TABLE ICD9, ICD10, Umsteiger;
quit;
```

Die ALTER-Anweisung erlaubt Änderungen in den Tabellen durchzuführen, in diesem Fall wird die Integritätsbedingung jeweils mit DROP aus der Tabelle entfernt und diese dadurch verändert. Die Integritätsbedingungen müssen dabei entsprechend der beim Aufbau der relationalen Datenbank festgelegten Namen angesprochen werden. Die letzte DROP-Anweisung entfernt letztendlich die Tabellen aus der SAS Arbeitsumgebung.

Literatur

[1] C. Dickstein, et.al. (2004): DATA Step vs. PROC SQL: What's a neophyte to do? SUGI 29 Tutorials, Paper 269-29, Princeton, New Jersey

[2] M. Weires (2008): Einführung in PROC SQL. www.urz.uni-heidelberg.de/imperia/md/content/urz/programme/statistik/sas-treff/2008-07-10.pdf [Zugriff 15.03.2011]

[3] www.urz.uni-heidelberg.de/statistik/sas-ah/01.01.02/maske.html [Zugriff 15.03.2011]

[4] ICD9-ICD10-Überleitungstabelle von 2001: www.dimdi.de/dynamic/de/klassi/downloadcenter/icd-10-who/vorgaenger/version10/ueberleitung/ [Zugriff 16.03.2011; neuere Versionen sind kostenpflichtig!]

Programmierung

Systematisches Testen von Software

Markus Eckstein
Systematika Information Systems GmbH
Kurfürsten-Anlage 36
69115 Heidelberg
markus.eckstein@systematika.com

Zusammenfassung

Die wichtigsten Auswirkungen des systematischen Testens sind weniger Fehler, höhere Qualität und daher bessere Softwareprodukte und somit erfolgreiche Softwareprojekte. Um Software möglichst fehlerfrei zu erstellen, haben sich einige Vorgehensweisen und Verfahren in der Praxis bewährt. Systematisches Testen hilft Ihnen, keine Bananensoftware zu erstellen, die erst beim Kunden reifen muss, sondern hochwertige Software, die die Anforderungen erfüllt.

Schlüsselwörter: Softwaretesting, Modultest, Integrationstest, Systemtest, Blackbox-Whitebox-Tests, Testmetriken, Code-Coverage

1 Motivation

Komplexe Softwaresysteme sind in den seltensten Fällen 100% fehlerfrei. Beispielsweise ist durch einen Softwarefehler 1996 die europäische Trägerrakete Ariane 5 nach dem Start automatisch selbstzerstört worden, da ein Fehler bei der Berechnung der Geschwindigkeit vorlag. Hierdurch entstand ein Schaden in Höhe von ca. 500 Mio. €. Um Software möglichst fehlerfrei zu erstellen, haben sich einige Vorgehensweisen und Verfahren in der Praxis bewährt. Die wichtigsten Auswirkungen durch systematisches Testen sind weniger Fehler, höhere Qualität und daher bessere Softwareprodukte und somit erfolgreiche Softwareprojekte.

2 Softwaretesting

2.1 Testziele und Testanforderungen

Primäres Ziel des Testvorgehens ist eine korrekte (fachliche) Funktionalität und weniger Fehler in der Software sowie die Einhaltung der Qualitätsrichtlinien wie Wartbarkeit, Modularität und das Einhalten der Layoutvorgaben. Insgesamt wird hierdurch die Qualität der Software nicht nur gesichert, sondern auch erhöht.

Die Tests sollen nicht nur ihre Testziele erreichen, sondern auch ausreichend dokumentiert werden. Hilfreich sind eine Wiederholbarkeit der Tests und deren Automatisierung. Insbesondere bei der Entwicklung eines neuen Releases kann hierdurch der Testaufwand verringert werden, da bestehende Tests wiederverwendet werden können oder die Grundlage der neuen Tests bilden.

2.2 Testmetriken

Ungenaue und vage formulierte Testziele erschweren deren Erreichung, da ein Maßstab fehlt, der die Zielerreichung messbar macht. Hier unterstützen Testmetriken, die einerseits die exakt formulierten Testziele messbar machen und deren Erfüllung die Testphase beenden. Als Maßstäbe der Tests bieten sich folgende Metriken an:

- Zeit für Fehlerfinden
- Anzahl gefundener Fehler / Anzahl Code-Zeilen
- Anzahl gefundener Fehler und deren Klassifikation in leicht, mittel und schwer
- Meldungen im SAS-Log
- Überdeckungsgrad

2.2.1 Meldungen im SAS-Log

Bei Meldungen im SAS-Log kann das Kriterium anstatt „keine Error" auch strenger definiert werden und zusätzlich gefordert werden, dass SAS-Warnings und manche SAS-Notes ebenfalls nicht auftreten dürfen. Zum Beispiel

- `WARNING: The data set ... may be incomplete. ...`
- `WARNING: The variable ... in the DROP, KEEP, or RENAME list has never been referenced.`
- `NOTE: Character values have been converted to numeric values at ...`
- `NOTE: Invalid numeric data, ... = ... , at ...`
- `NOTE: Missing values were generated as a result of performing an operation on missing values....`

2.2.2 Überdeckungsgrad, Coverage

In vielen Programmiersprachen sind Tools zur Messung der Code-Überdeckung weit verbreitet. Bei der Code-Überdeckung wird gemessen, welche Code-Teile, insbesondere Statements, Zweige oder Pfade, bei der Durchführung der Tests ausgeführt werden. Je nach Überdeckungsgrad ändert sich die Anzahl der benötigten Testfälle.

Programmierung

An den einfachen SAS-Code

```
if (A > B or C > D) then ERG = "ok";
```

ergeben sich folgende mögliche Testdaten für die unterschiedlichen Überdeckungen:
- C_0-Überdeckung: Alle Statements werden ausgeführt
  1) A > B; C, D beliebig
- C_1-Überdeckung: Alle Zweige werden ausgeführt
  1) A > B; C, D beliebig
  2) A < B, C < D
- C_2-Überdeckung: Bedingungsteile werden variiert
  1) A > B, C < D
  2) A < B, C > D
- C_3-Überdeckung: Alle Kombinationen der Bedingungsteile werden ausgeführt
  1) A > B, C > D
  2) A < B, C < D
  3) A > B, C < D
  4) A < B, C > D
- C_∞-Überdeckung: Alle Pfade werden ausgeführt
  Bei diesem einfachen Beispiel entspricht dies der C_1-Überdeckung, da nur ein Pfad existiert. Im Allgemeinen sind die Testfälle für eine vollständige C_∞-Überdeckung sehr umfangreich.

2.3 Testarten

Man kann grundsätzlich zwei Arten des Tests unterscheiden, je nachdem ob die innere Struktur des Objekts für den Tester bekannt ist oder nicht.

2.3.1 Blackbox-Test

Bei dieser Testart ist die innere Struktur des Testobjekts nicht bekannt, daher wird mit dieser Testart funktionsorientiertes Testen durchgeführt. Die Testfälle werden gemäß der Funktionsbeschreibung (Spezifikation) erstellt. Methoden hierfür sind die Bildung von Äquivalenzklassen und die Grenzwertanalyse. Zusätzliche Implementierungen (Computerkriminalität) werden nicht entdeckt.

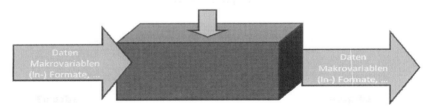

Abbildung 1: Blackbox-Test

2.3.2 Whitebox-Test

Bei dieser Testart ist die innere Struktur des Testobjekts bekannt, daher wird mit dieser Testart strukturorientiertes Testen durchgeführt. Die Testfälle werden gemäß des Kontrollflusses erstellt. Testziel hier ist die Coverage des Programms durch die Testdaten. Zusätzliche Implementierungen werden entdeckt. Da der Programmcode beim Whitebox-Test bekannt ist, gehört auch das Code-Review zu dieser Testart.

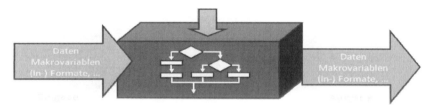

Abbildung 2: Whitebox-Test

2.4 Testphasen

2.4.1 Modultest

Der Modultest wird auch häufig Unittest oder Komponententest genannt. Testobjekte in dieser Testphase sind einzelne Makros und einzelne Programme. Der Modultest kann teilweise bereits während der Realisierungsphase durch den Entwickler durchgeführt werden. Der komplette Modultest sollte aber in einer getrennten Testphase durchgeführt werden. Ausgewählte Methoden des Modultests sind im Folgenden erläutert.

2.4.1.1 Code-Review

Beim Code-Review liegt der Schwerpunkt auf der Einhaltung der Entwicklerrichtlinien, insbesondere der Übersichtlichkeit, Wartbarkeit und Modularität des Testobjekts.

2.4.1.2 Testfälle

Mittels synthetischer Testdaten kann sowohl die fachliche Funktionalität als auch eine Überdeckung gezeigt werden. Bei der Erstellung der fachlichen Testdaten werden Äquivalenzklassen gebildet, aus deren korrekter Verarbeitung man auf die korrekte Verarbeitung ähnlicher Daten schließt. Werden die Testdaten anhand der Grenzen der Bedingungsanweisungen festgelegt, spricht man von Grenzwertanalyse. Unterstützend zu diesen beiden Teststrategien kann das Error-Guessing eingesetzt werden. Aus der Erfahrung mit bereits durchgeführten Projekten und dort vorkommenden Softwarefehlern werden solche Konstellationen konstruiert. Insgesamt sollte vor der Testdurchführung das erwartete Ergebnis des Tests festgelegt und dokumentiert werden, um anschließend leichter das tatsächliche Ergebnis des Tests beurteilen zu können.

Programmierung

2.4.1.3 Testdurchführung

Die Testdaten werden innerhalb eines Testtreibers erstellt, der das zu testende Objekt aufruft. Beim Coverage-Test wird nicht das zu testende Objekt selbst aufgerufen, sondern eine instrumentierte Version mit gleicher Funktionalität, aber erweitert um die Möglichkeit, anschließend die Überdeckungsquote zu bestimmen.

2.4.1.4 Testauswertung und Dokumentation

Entsprechend der zu Beginn festgelegten Testmetriken und der definierten Testfälle werden die Testergebnisse analysiert. Die gewählte Testmetrik ist dafür entscheidend, wie der Test zu bewerten ist. Die durchgeführten Test und Analyseergebnisse werden zur Nachvollziehbarkeit dokumentiert, meist werden auch alle notwendigen Dateien, die zu einer Wiederholung des Tests notwendig sind, archiviert.

2.4.2 Integrationstest

Schwerpunkt des Integrationstests sind die internen Schnittstellen zwischen den einzelnen Programmen und die fachliche Korrektheit des Softwareprodukts. Meist werden zum reinen Nachweis der technischen Funktionalität synthetische Testdaten, zum Nachweis der fachlichen Funktionalität echte Daten verwendet.

Die Erstellung der Testfälle, die Testdurchführung, die Testauswertung und Dokumentation ist analog zum Vorgehen beim Modultest. Aufgrund der meist hohen Komplexität des Softwareprodukts werden nicht alle möglichen Fälle untersucht, sondern nur diejenigen, von denen man erwartet, dass das Verhältnis zwischen Aufwand und Finden der Fehler nicht zu hoch ist.

2.4.3 Systemtests, Gesamtintegrationstest

Schwerpunkt des Systemtests, auch Gesamtintegrationstest oder end-2-end-Test genannt, sind die Schnittstellen zwischen den verschiedenen Softwareprodukten und deren fachlich korrektes Zusammenspiel. Meist werden echte Daten verwendet und die Systemumgebung sollte möglichst ähnlich zu der Systemumgebung der Produktion sein.

3 Fazit

Systematisches Testen erhöht die Wahrscheinlichkeit, dass die erstellte Software fachlich und technisch korrekt funktioniert und den Erwartungen entspricht. Definieren Sie vor Beginn der Tests Ihre Teststrategie und Testmetriken, nur so kann sichergestellt werden, dass Sie Ihre Testziele und damit ein qualitativ hochwertiges Softwareprodukt erstellen. Testen bedeutet nicht, die Richtigkeit des Programms zu zeigen, sondern es bedeutet, Fehler zu finden. Testen ist somit eher destruktiv, im Gegensatz zur Softwareentwicklung, die eher konstruktiv ist. Aufgrund dieser grundsätzlich anderen Ausrichtung sollten die Programme von Personen getestet werden, die nicht bei der Softwareerstellung beteiligt sind. Auch wenn man, wie E.W. Dijkstra formuliert hat, „Fehler nur aufzeigen kann, niemals deren Abwesenheit", erreichen Sie durch das systematische Testen eine höhere Qualität, so dass die von Ihnen erstellten Softwareprodukte nicht erst beim Kunden reifen müssen.

Statistik

Empirische Poweranalyse

Stefan Englert
Institut für Medizinische Biometrie und Informatik
Im Neuenheimer Feld 305
Heidelberg
englert@imbi.uni-heidelberg.de

Zusammenfassung

Dieser Vortrag stellt verschiedene Verfahren zur Durchführung und Optimierung von empirischen Poweranalysen vor. Diese sind gewöhnlich sehr zeit- und rechenaufwendig, sodass sich Techniken zur Optimierung der Laufzeit entsprechender SAS-Programme lohnen.

Auf folgende Aspekte wird dabei eingegangen:
- Möglichkeiten der Realisierung empirischer Powerberechnungen in SAS
- Optimierung des Aufbaus der Simulation
- Ausgabe notwendiger Kenngrößen mittels ODS OUTPUT
- Allgemeine laufzeitoptimierende Programmtechniken

Die Beispiele basieren auf SAS in der Version 9.2 und 9.1. Zur Beurteilung der Performance wurden Echtzeitmessungen durchgeführt.

Schlüsselwörter: Empirische Poweranalyse, Simulation, Performance, ODS OUTPUT

1 Einleitung

Für eine Vielzahl von statistischen Modellen und Tests existieren bisher entweder keine Methoden die Power analytisch zu berechnen, oder die entwickelten Methoden sind nur approximativ gültig und somit möglicherweise unzuverlässig. Empirische Powerberechnungen halten deshalb immer weiter Einzug in die Planung klinischer Studien.
Teilweise wird bereits in der Planung einer klinischen Studie vermutet, dass die Voraussetzungen eines statistischen Verfahrens verletzt sind. In dieser Situation können empirische Powerberechnungen verwendet werden, um die Stabilität des Verfahrens zu untersuchen. Dabei werden für spezielle Werte der Modellparameter eine große Anzahl hypothetischer Datensätze zufällig generiert. Auf jeden dieser Datensätze wird anschließend ein geeigneter statistischer Test angewendet und die Power anhand der Rate, wie oft die Nullhypothese abgelehnt wurde, geschätzt. Die Durchführung dieser Simulation ist dabei sehr zeit- und rechenaufwendig. Möchte man eine angestrebte Power von 80% mit einer Genauigkeit von 0,2% schätzen, so sind bereits 100'000 Wiederholungen notwendig (siehe Tabelle 1). Überlegungen, wie die Performance in diesen Fällen positiv beeinflusst werden kann, lohnen sich deshalb sehr schnell.

S. Englert

Tabelle 1: Geschätzte Genauigkeit einer empirischen Poweranalyse in Abhängigkeit vom Stichprobenumfang (Power = 0,8) [1]

Stichprobenumfang	1'000	10'000	100'000	1'000'000
Genauigkeit	±0,025	±0,008	±0,002	±0,001

Diese Problematik verschärft sich noch weiter, wenn durch empirische Poweranalysen der optimale Stichprobenumfang bestimmt werden soll. Hierbei wird für eine gegebene Ausgangssituation gewöhnlich der Stichprobenumfang so lang erhöht, bis eine gewünschte Power erreicht ist.

Eine weitere Problematik bei der praktischen Durchführung empirischer Powerberechnungen ist, dass nur wenige in SAS integrierte Prozeduren eine direkte tabellarische Ausgabe der zur Beurteilung notwendigen Kennziffern (bsp. p-Werte) ermöglichen. Meist werden diese nur im Output-Fenster als Listing wiedergegeben und können somit nicht direkt weiterverwendet werden.

In diesem Beitrag werden diese beiden Herausforderungen angegangen. Es werden unterschiedliche Szenarien zur Durchführung einer empirischen Poweranalyse vorgestellt, wobei jeweils Vorschläge gemacht werden, wie man in diesen Fällen mit einfachen Mitteln die Performance positiv beeinflussen kann. In den dargestellten Methoden wurden die verwendeten Testprozeduren bewusst nicht neu programmiert, sondern stets auf in SAS implementierte Prozeduren zurückgegriffen. Somit ermöglicht die vorgestellte Methode schnelle und einfache empirische Poweranalysen aller in SAS implementierten Prozeduren.

Abschließend werden zusammenfassend einige Tipps gegeben, die man immer berücksichtigen kann, da sie stets Vorteile bringen.

Die Performancemessungen wurden durch zwei SAS Makros realisiert, mit denen eine Echtzeitmessung durchgeführt werden kann. Das erste Makro initialisiert die Zeitmessung und das zweite berechnet die Zeit, die seit der Initialisierung vergangen ist, und gibt diese Information aus.

2 Aufbau der Simulation

In SAS können empirische Powerberechnungen grundsätzlich mit zwei verschiedenen Herangehensweisen durchgeführt werden [2-6]. Einerseits ist es möglich die für die Simulation notwendigen Datensätze einzeln zu erstellen und zu analysieren und dies über ein Makro wiederholt auszuführen (Iteration im Makro-Schritt). Andererseits können die verschiedenen hypothetischen Datensätze direkt gemeinsam generiert und ausgewertet werden (Iteration im Data-Schritt). Zu jedem der Ansätze ist im Folgenden ein Beispielprogramm angegeben.

2.1 Iteration im Makro-Schritt

Abbildung 1 zeigt den Aufbau eines Simulationsprogrammes, das die empirische Power durch eine Iteration in einem Makro-Schritt realisiert. Zuerst wir ein hypothetischer Datensatz erzeugt und anschließend eine passende Prozedur zur Auswertung angewendet. Die erhaltenen p-Werte werden ausgegeben, an einen weiteren Datensatz angefügt und dort gesammelt. Abschließend wird die relative Häufigkeit der Ablehnung der Nullhypothese (empirische Power) bestimmt.

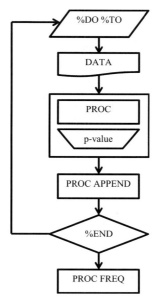

Abbildung 1: Flow-Chart einer Simulation mit Iteration in einem Makro-Schritt

Möchte man beispielsweise die Power einer ANOVA mit zwei Gruppen und 63 Beobachtungen pro Gruppe simulieren, so lässt sich dies in SAS wie folgt implementieren.

```
%MACRO ANOVA1(n);

%DO k = 1 %TO &n;
    DATA Simulation;
    DO i=1 TO 63;
    method=1; x=RANNOR(-1); OUTPUT;
    method=2; x=RANNOR(-1)+1; OUTPUT; END;

    PROC ANOVA DATA=Simulation NOPRINT OUTSTAT=Out;
     CLASS method; MODEL x=method;
    RUN; QUIT;

    PROC APPEND DATA=OUT BASE=Results; RUN;
```

S. Englert

```
%END;

DATA Results; SET Results(WHERE=(_SOURCE_='method'));
IF PROB > 0.05 then reject = 'no '; ELSE reject = 'yes';
RUN;

PROC FREQ DATA=Results; TABLE reject; RUN; QUIT;
%MEND ANOVA1;
```

Bei dieser Variante fällt insbesondere negativ auf, dass von SAS sehr viel in den Log geschrieben wird, was den Programmablauf merkbar ausbremst. Dem kann man entgegenwirken, indem man die Ausgabe sämtlicher Notes unterdrückt (`OPTIONS NONOTES;`). In dem angegebenen Beispiel führt diese Vorgehensweise mindestens zu einer Verdopplung der Geschwindigkeit. Da die erhaltenen p-Werte automatisch mit `OUTSTAT` in einen Datensatz geschrieben werden, sollte außerdem die Ausgabe im Output-Fenster mittels `NOPRINT` unterdrückt werden. Dies wirkt sich ebenfalls positiv auf die Performance aus.

2.2 Iteration im DATA-Schritt

In SAS ist es ebenfalls möglich alle für die Simulation notwendigen Teildatensätze gemeinsam zu erstellen und diese anschließend durch ein BY-Kommando auszuwerten. Einen Flow-Chart des Programmablaufs zeigt Abbildung 2.

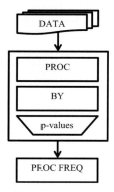

Abbildung 2: Flow-Chart einer Simulation mit Iteration im Data-Schritt

Für das Beispiel einer ANOVA mit zwei Gruppen und 63 Beobachtungen pro Gruppe lässt sich dies in SAS wie folgt realisieren.

```
%MACRO ANOVA2(n);
DATA Simulation;
    DO k=1 TO &n;
        DO i=1 TO 63;
            method=1; x=RANNOR(-1); OUTPUT;
            method=2; x=RANNOR(-1)+1; OUTPUT; END;
    END;

PROC ANOVA DATA=Simulation NOPRINT OUTSTAT=Out;
 CLASS method; MODEL x=method;
 BY k;
RUN;

DATA Results; SET Out(WHERE=(_SOURCE_='method'));
IF PROB > 0.05 then reject = 'no '; ELSE reject = 'yes';
RUN;

PROC FREQ DATA=Results; TABLE reject; RUN; QUIT;
%MEND ANOVA2;
```

Diese Variante erzeugt initial einen sehr großen Datensatz, der anschließend in einer entsprechenden Prozedur ausgewertet wird. Bei 1'000'000 Wiederholungen erreicht der Datensatz im angegebenen Beispiel eine Gesamtgröße von ca. 4 GB, sodass ausreichend Hauptspeicher zur Verfügung stehen muss.

Wichtig ist demnach auch, dass der Datensatz bereits passend für die Testprozedur erstellt wird, sodass zuvor keine Sortierung notwendig ist.

2.3 Performancevergleich

Während in Variante 1 (Iteration durch ein Makro) die Programmierung linear aufgebaut ist und deshalb sehr einfach zu programmieren ist, laufen in Variante 2 sämtliche Berechnungen parallel ab. Eine Performancemessung zeigt deutliche Unterschiede zwischen beiden Verfahren und zwischen den SAS Versionen 9.1 und 9.2.

Tabelle 2: Performancebewertung der unterschiedlichen Herangehensweisen (SAS Version 9.2)

Wiederholungen	Gesamtdauer der Simulation in Sekunden (Echtzeitmessung)		
	Variante 1	Variante 1 (nonotes)	Variante 2
10	0,53	0,38	0,18
100	4,23	2,42	0,20
1'000	40,55	23,25	0,36
10'000	372,03	232,03	4,47
100'000		2082,83	39,72
1'000'000			529,30

S. Englert

Tabelle 3: Performancebewertung der unterschiedlichen Herangehensweisen (SAS Version 9.1)

Wiederholungen	Gesamtdauer der Simulation in Sekunden(Echtzeitmessung)		
	Variante 1	Variante 1 (nonotes)	Variante 2
10	1,34	0,23	0,05
100	12,69	2,50	0,25
1'000	113,23	20,67	0,25
10'000	1077,00	206,53	3,98
100'000		1996,15	27,42
1'000'000			372,88

In beiden Varianten steigt die benötigte Gesamtzeit linear mit der Anzahl der Simulationsdurchläufe an. Allerdings ist Variante 2 etwa 100-mal schneller als Variante 1 in SAS 9.2 und etwa 250-mal schneller als in SAS 9.1. Ab 10'000 Wiederholungen erfolgen bei Variante 1 so viele Ausgaben in den Log, dass SAS die Berechnung unterbricht und eine Reaktion des Nutzers anfordert. Unterdrückt man sämtliche Notes, so halbiert sich die Simulationsdauer in SAS 9.2. In SAS 9.1 verringert sich die Simulationsdauer sogar um den Faktor 5, sodass sich keine Performanceunterschiede mehr zwischen SAS in Version 9.2 und 9.1 zeigen. Diese Variante ist jedoch immer noch etwa 50-mal langsamer als Variante 2.

Eine genauere Analyse des Programmablaufs in Variante 1 zeigt, dass etwa die Hälfte der Gesamtzeit (bei 100'000 Wiederholungen 1011,59 Sekunden) darauf verwendet wird, um die erhaltenen p-Werte an der Ergebnisdatensatz anzufügen. Scheinbar stellt das wiederholte Öffnen und Schließen von verschiedenen sehr kleinen Datensätzen SAS vor größere Herausforderungen als die Handhabung und Auswertung sehr großer Datensätze.

In der hier durchgeführten Simulation zeigt sich zusätzlich, dass SAS 9.1 in Variante 2 geringfügig schneller arbeitet als SAS 9.2.

3 Ausgabe statistischer Kenngrößen

Zur Beurteilung der statistischen Power ist es notwendig die von einer Prozedur berechneten p-Werte in Tabellen zur weiteren Bearbeitung abzuspeichern. Bei einer ANOVA ist dies durch OUTSTAT bereits vorimplementiert und deshalb sehr komfortabel möglich. Nur wenige in SAS integrierte Prozeduren bieten jedoch diese Möglichkeit. Meistens werden die p-Werte nur im Output-Fenster als Listing wiedergegeben und können somit nicht direkt weiterverwendet werden. Eine komfortable Möglichkeit diese Informationen auszulesen bietet das Output Delivery System (ODS). Mithilfe von ODS OUTPUT ist es möglich den Output direkt in eine Tabelle umzuleiten.

Wir illustrieren dies anhand einer Survivalanalyse mittels Log-Rank-Test, bei der eine direkte tabellarische Ausgabe der zur Beurteilung notwendigen Kennziffern (p-Werte) nicht möglich ist.

Statistik

Eine Abfrage mittels ODS TRACE ergibt, dass die Analyseergebnisse der Prozedur LIFETEST unter HomTests abgespeichert werden. Über ODS OUTPUT HomTests ist es deshalb möglich die Ergebnisse direkt in eine angegebene Tabelle (hier lograngstat) umzuleiten.

```
PROC LIFETEST DATA=Simulation;
...
ODS OUTPUT HomTests = logrankstat;
RUN;
```

Diese Vorgehensweise hat jedoch den unangenehmen Nebeneffekt, dass die Ausgabe im Output-Fenster nicht mehr mit NOPRINT unterdrückt werden darf, da andernfalls auch die Tabelle nicht mehr ausgegeben wird. Dies würde jedoch zu Performanceeinbußen führen. Deshalb ist es notwendig speziell die Ausgabe im Listing zu unterdrücken.

```
ODS LISTING CLOSE;
PROC LIFETEST DATA=Simulation;
...
ODS OUTPUT HomTests = logrank;
RUN;
ODS LISTING;
```

Die Verwendung von ODS OUTPUT ist in beiden vorgestellten Varianten des Programmierablaufs problemlos möglich. Wird innerhalb der Prozedur eine BY-Anweisung verwendet (Variante 2), so enthält der ausgegebene Datensatz die ermittelten Kenngrößen automatisch getrennt nach der BY-Variablen.

4 Schlussbemerkungen

Unser Vergleich der beiden Möglichkeiten zur Umsetzung empirischer Poweranalysen in SAS zeigt deutlich, wie wichtig es ist, den Aufbau der Simulation zu berücksichtigen. Iterationen sollten, wann immer es möglich ist, in einem Data- und nicht in einem Makro-Schritt durchgeführt werden.

Grundsätzlich sind zusätzlich folgende Mittel zur Steigerung der Performance einer empirischen Poweranalyse hilfreich

- Nur unbedingt notwendige Messgrößen berechnen lassen
- Datensätze bereits so erstellen, dass vor der Auswertung keine Sortierung notwendig ist
- Ausgaben im Log-Fenster einschränken, beispielsweise mittels OPTIONS NONOTES;
- Output soweit möglich mit NOPRINT bzw. ODS LISTING CLOSE; einschränken

Literatur

[1] W.J. Dixon, F.J. Massey: Introduction to Statistical Analysis. McGraw-Hill, 1983.
[2] SAS Institute, Inc., SAS/STAT User's Guide, Version 9.2, Cary, NC, USA 2009
[3] J. Zhou, B. Coate, Y. He: Empirical Power Computation Using SAS for Schuirmann's Two One-Sided Tests Procedure in Clinical Pharmacokinetic Drug-Drug Interaction Studies, Paper 154-29, SAS Users Group International 29, 2004
[4] J. Zhou, Y. Yuan, M. Chen, B. Coate: Empirical Power for Higher-Order Crossover Designs in Comparative Bioavailability Clinical Trials, Paper 184-30, SAS Users Group International 30, 2005
[5] J. Zhou, J. Le, B. Coate: Empirical Power Estimation for Phase I Dose Proportionality Studies Based on Power-Law Model Using Confidence Interval Criteria, Paper 182-31, SAS Users Group International 31, 2006
[6] X. Fan, A. Felsovalyi, S.A. Sivo, S.C. Keenan: SAS for Monte Carlo Studies: A Guide for Quantitative Researchers. SAS Publishing, Cary, NC, 2001

Tipps & Tricks

Sabine Erbslöh, Christina Gelhorn
Accovion GmbH
Helfmann-Park 10
65760 Eschborn
sabine.erbsloeh@accovion.com
christina.gelhorn@accovion.com

Zusammenfassung

Oft sind es ganz kleine Dinge, über die man im Programmieralltag stolpert, für deren ausführliche Bearbeitung man aber meist keine Zeit hat. Hier werden einige Tipps und Tricks zur effektiven Arbeit mit SAS vorgestellt.

Schlüsselwörter: Konfidenzintervalle, PROC REPORT, REPORT-Prozedur, Datumsfelder, LAG-Funktion, MERGE, IN Operator, Windows Editor, Klonen, DO-Schleifen, SELECT, CALL MISSING, SMALLEST, LARGEST, STRIP, COMPBL, SUBSTRN

1 Problem aus der Statistik: Berechnung von Konfidenzintervallen für 0% mit PROC FREQ

Es gibt manchmal die Situation, in der die Bestimmung eines Konfidenzintervalls zu einer Rate von 0% gewünscht ist. PROC FREQ gibt im Normalfall nur Konfidenzintervalle für beobachtete Ereignisse aus. Nachfolgend ist ein Weg beschrieben wie man vorgehen kann, falls in einer Stichprobe das eigentlich interessierende Ereignis nicht auftritt.

Beispiel: Man interessiert sich für die Wahrscheinlichkeit des Auftretens einer allergischen Reaktion auf das verabreichte Medikament. Diese Reaktion ist bei keinem der Patienten beobachtet worden. Der Inputdatensatz sieht folgendermaßen aus:

Obs	Patient	1=allergische Reaktion, 2=keine allergische Reaktion
1	1	2
2	2	2
3	3	2
4	4	2
5	5	2
6	6	2
7	7	2

Obs	Patient	1=allergische Reaktion, 2=keine allergische Reaktion
8	8	2
9	9	2
10	10	2

PROC FREQ liefert im Normalfall nur Schätzer für die Eintrittswahrscheinlichkeit des Ereignisses „keine allergische Reaktion". Ist man aber an einem Konfidenzintervall für die Eintrittswahrscheinlichkeit des Ereignisses „allergische Reaktion" interessiert, so lässt sich dies mit PROC FREQ nur über Umwege berechnen:

Dazu wird zuerst ein Format definiert, das alle möglichen Ausprägungen der Variable enthält:

```
proc format;
   value statusf
      1 = "allergische Reaktion'
      2 = "keine allergische Reaktion";
run;
```

Die absoluten Häufigkeiten aller so festgelegten Kategorien werden mit PROC TABULATE unter Verwendung der Optionen PRELOADFMT und PRINTMISS ausgezählt.

```
proc tabulate data = status out = anz;
   class     ereignis      / preloadfmt;
   table     ereignis * n / printmiss;
   format    ereignis statusf.;
run;
```

1=allergische Reaktion, 2=keine allergische Reaktion	
allergische Reaktion	keine allergische Reaktion
N	N
	10

Anschließend werden die ‚Missings' durch Nullen ersetzt:

```
data anz;
   set anz;
   if n eq . then n = 0;
run;
```

Das so erhaltene Ergebnis wird der PROC FREQ unter Verwendung der WEIGHT Anweisung übergeben. Als Gewichte werden dabei die Anzahlen der Beobachtungen in

Tipps und Tricks

den jeweiligen Kategorien verwendet. Damit die Null für die Gewichtung berücksichtigt wird, muss zusätzlich die Option ZEROS angegeben werden.

```
proc freq data = anz order = data;
   weight n       / zeros   ;
   table ereignis / binomial;
run;
```

So wird das Konfidenzintervall für die Eintrittswahrscheinlichkeit des Ereignisses „allergische Reaktion" berechnet.

Binomial Proportion for EREIGNIS = allergische Reaktion	
Proportion	0.0000
ASE	0.0000
95% Lower Conf Limit	0.0000
95% Upper Conf Limit	0.0000
Exact Conf Limits	
95% Lower Conf Limit	0.0000
95% Upper Conf Limit	0.3085

2 Feinheiten zu PROC REPORT

2.1 Erstellen von horizontalen Linien in RTF-Tabellen

Bei RTF-Outputs werden vertikale Linien ohne weiteren Aufwand erzeugt. Etwas komplexer ist die Darstellung von horizontalen Linien. Anhand von Beispielen wird die Verwendung von STYLES, BRDRT, BRDRS und BRDW erklärt.

2.1.1 Erzeugen des Beispieldatensatzes

```
DATA test;
 ATTRIB
  subjid     length=5      label="Pat.ID"
  soc        length=$30    label="System Organ Class"
  event      length=$20    label="Adverse Event Term"
 ;
 subjid=123; soc="Eye disorders";    event="Glaucoma";        output;
                                     event="Conjunctivitis";  output;
             soc="Gastrointestinal"; event="Severe Nausea";   output;
 subjid=456; soc="Eye disorders";    event="Blind";           output;
```

157

```
                                     event="Conjunctivitis"; output;
                                     event="Glaucoma";        output;
                   soc="Gastrointestinal"; event="Severe Nausea"; output;
  subjid=789; soc="Gastrointestinal"; event="Severe Nausea"; output;
RUN;
```

2.1.2 Regulärer Lst-Output

```
PROC REPORT data=test nowindows spacing=3 headline;
  column soc event subjid ;
  define soc    / order width=30 flow;
  define event  / order width=20 flow;
  define subjid /       width=10;
run;
```

System Organ Class	Adverse Event Term	Pat.ID
Eye disorders	Blind	456
	Conjunctivitis	123
		456
	Glaucoma	123
		456
Gastrointestinal	Severe Nausea	123
		456
		789

2.1.3 RTF Output ohne weitere Angaben:

```
ods rtf file = "&out_path./testpad.rtf" ;

PROC REPORT data=test nowindows
  style={rules=cols cellspacing=0 cellpadding=5};
  column soc event subjid ;
  define soc    / order width=30 flow;
  define event  / order width=20 flow;
  define subjid /       width=10;
run;

ods rtf close;
```

Tipps und Tricks

Die erzeugte Tabelle enthält vertikale Linien und einen äußeren Rahmen.

System Organ Class	Adverse Event Term	Pat.ID
Eye disorders	Blind	456
	Conjunctivitis	123
		456
	Glaucoma	123
		456
Gastrointestinal	Severe Nausea	123
		456
		789

2.1.4 RTF Output mit horizontalen Linien

Die Definition von horizontalen Linien basiert auf RTF Spezifikationen. Diese werden innerhalb eines COMPUTE Statements als call define definiert. Die nachfolgende Tabelle aus [1] bietet einen kurzen Überblick der verwendeten Einstellungen für die Absatzränder.

Paragraph borders:

\brdrt	Oberer Rand (Border top)
\brdrs	Einfache Rahmenstärke (Single-thickness border)
\brdrw*N*	Breite der Linie, angegeben mit Zahl als N *(N is the width in twips of the pen used to draw the paragraph border line. N cannot be greater than 75. To obtain a larger border width, the \brdth control word can be used to obtain a width double that of N.)*

```
ods rtf file = "&out_path./testhorizontal.rtf" ;

PROC REPORT data=test nowindows spacing=3 headline headskip
  style={rules=cols cellspacing=0 cellpadding=0}
  style(header column)=[protectspecialchars=off ];
  column soc event subjid ;
  define soc    / order width=30 flow;
  define event  / order width=20 flow;
  define subjid /       width=10;
compute soc;
if soc ne ' ' then call define
   ('_c1_','style','style=[pretext="\brdrt\brdrs\brdrw11 "]');
endcomp;
compute event;
```

159

```
if event ne ' ' then call define
   ('_c2_','style','style=[pretext="\brdrt\brdrs\brdrw11 "]');
endcomp;
compute subjid;
if subjid ne . then call define
   ('_c3_','style','style=[pretext="\brdrt\brdrs\brdrw11 "]');
endcomp;
RUN;

ods rtf close;
```

Achtung: Die Tabelle muss im Print Preview oder Reading Layout angezeigt werden, um die horizontalen Linien zu sehen!

System Organ Class	Adverse Event Term	Pat.ID
Eye disorders	Blind	456
	Conjunctivitis	123
		456
	Glaucoma	123
		456
Gastrointestinal disorders	Severe Nausea	123
		456
		789

2.2 Seitenumbruch nach einer Spalte

Um Reports übersichtlich zu gestalten, wird häufig vor Beginn einer neuen Ausprägung der Gruppierungsvariablen ein Seitenumbruch eingefügt. Manchmal ist es aber auch wünschenswert, nach einer bestimmten Spalte einen Seitenumbruch zu erzwingen. PROC REPORT bietet auch die Möglichkeit, im DEFINE Statement mit /PAGE zu arbeiten.

Der Beispieldatensatz wurde um 3 Variablen erweitert: pt (preferred term), serious und related. Die Variable subjid wird als Identifier verwendet.

2.2.1 PROC REPORT mit automatischem Spaltenumbruch

```
PROC REPORT data=test3 nowindows spacing=3 headline;
   column subjid soc pt event serious related ;
   define subjid   / id order width=10;
   define soc      / order width=20 flow;
   define pt       / order width=20 flow;
   define event    /       width=20 flow;
   define serious  /       width=7;
   define related  /       width=7;
RUN;
```

Tipps und Tricks

Der erzeugte Output benötigt 2 Seiten, der automatische Umbruch erfolgt NACH der Variablen Event (Label Adverse Event Term).

```
Pat.ID    System Organ Class    Preferred Term    Adverse Event Term
   123    Eye disorders         Conjunctivitis    Conjunctivitis
                                Glaucoma          Glaucoma
          Gastrointestinal      Nausea            Severe Nausea
          disorders
   456    Eye disorders         Blindness         Blind
                                Conjunctivitis    Conjunctivitis
                                Glaucoma          Glaucoma
          Gastrointestinal      Nausea            Severe Nausea
          disorders
   789    Gastrointestinal      Nausea            Severe Nausea
          Disorders
------------------------------ neue Seite ------------------------------

          serious      related
Pat.ID    flag         flag
   123    1            1
          0            1
          0            1
          0            0
          1            0
   456    0            1
          1            0
          0            0
   789    0            0
```

2.2.2 PROC REPORT mit definiertem Spaltenumbruch

Möchte man den Umbruch aber bereits vor der Spalte Event haben, kann man das als zusätzliche Option innerhalb des Define angeben.

```
PROC REPORT data=test3 nowindows spacing=3 headline;
  column subjid soc pt event serious related ;
  define subjid  / id order width=10;
  define soc     / order width=20 flow;
  define pt      / order width=20 flow;
  define event   /       width=20 flow page;
  define serious /       width=7;
  define related /       width=7;
RUN;
```

Der erzeugte Output benötigt ebenfalls 2 Seiten, der definierte Umbruch erfolgt VOR der Variablen Event

S. Erbslöh, C. Gelhorn

Pat.ID	System Organ Class	Preferred Term
123	Eye disorders	Conjunctivitis
		Glaucoma
	Gastrointestinal disorders	Nausea
456	Eye disorders	Blindness
		Conjunctivitis
		Glaucoma
	Gastrointestinal disorders	Nausea
789	Gastrointestinal disorders	Nausea

---------------------- neue Seite -------------------------

Pat.ID	Adverse Event Term	serious flag	related flag
123	Conjunctivitis	0	1
	Glaucoma	0	0
	Severe Nausea	0	1
456	Blind	1	0
	Conjunctivitis	0	1
	Glaucoma	1	0
	Severe Nausea	0	1
789	Severe Nausea	0	1

3 Arbeiten mit Datumsfeldern

3.1 Auffüllen von unvollständigen Datumsangaben mit dem letzten Tag des Monats

Um unvollständige Daten in die Analyse mit einzubeziehen muss man manchmal unvollständige Datumsangaben auffüllen, z.B. bei einem fehlenden Tag mit dem letzten Tag des Monats.

Folgende Ersetzungen sollen vorgenommen werden:

Wert	Monat
28	Februar ohne Schaltjahr
29	Februar mit Schaltjahr
30	April, Juni, September, November
31	Januar, März, Mai, Juli, August, Oktober, Dezember

Umständliche Algorithmen mit Zuweisung von 28, 29, 30 oder 31 Tagen kann man umgehen, in dem man vom ersten Tag des Folgemonats einen Tag abzieht. Dazu wird ein Makro vorgestellt.

Tipps und Tricks

Voraussetzungen zum Makro-Lauf: Vorhandene numerische Monatsvariable und Jahres-Variable, die beim Aufruf übergeben werden.

```
%macro get_lmdt(month=,year=,outdt=);

*** if month is December ---> fill with 31 ***;
if &month eq 12 then
   &outdt=input(compress("3112"||put(&year,z4.)),ddmmyy8.);

*** else ---> 01 of next month - 1 day ***;
else
    &outdt=input(compress("01"||put(&month+1,z2.)
                          ||put(&year,z4.)),ddmmyy8.)-1;

format &outdt date9.;
%mend get_lmdt;
```

3.2 Umwandeln von einzelnen Datums- und Zeitvariablen in eine Datetime Variable

Um aus mehreren Datums- und Zeitvariablen eine einzige Variable im Datetime Format zu erzeugen, wird diese oft mühselig durch Input und Konkatenierung zusammengesetzt, wobei der Zeitanteil oft noch in Sekunden umgerechnet wird. Die Funktion DHMS bietet eine kurze und elegante Methode, um ans Ziel zu kommen.

3.2.1 Umständliche Varianten:

```
datetm= input(put(dat,date7.) || "," || put(tim,time5.),datetime.);
```

oder

```
datetm= (dat*24*60*60)+ tim;
```

3.2.2 Elegantere Methode:

```
datetm= dhms(dat,0,0,tim);
```

Syntax der Funktion: DHMS(date,hour,minute,second)

Da eine SAS Zeitvariable die Zeit bereits in Sekunden enthält, werden Stunde und Minute auf 0 gesetzt.

Die DHMS Funktion eignet sich auch hervorragend um Zeitfenster abzufragen, z.B. 5 Stunden und 30 Minuten vor und nach Ende eines Event.

```
timelow = dhms(end,-5,-30,endtim);
timeupp = dhms(end,5,30,endtim);
```

163

4 ACHTUNG – Was geht NICHT in SAS

4.1 LAG-Funktion in einer IF/ELSE-Anweisung

Die LAG Funktion kann unerwartete Ergebnisse liefern, falls sie innerhalb einer IF/THEN-Anweisung aufgerufen wird.
Beispiel: In einer Studie mit mehreren Studienphasen wurde nur das Startdatum der Phase dokumentiert:

Obs	Patient ID	Phase	Start Datum
1	1	1	06MAY2009
2	1	2	27MAY2009
3	2	1	08MAY2009
4	2	2	29MAY2009
5	2	3	19JUN2009

Jede Phase endet mit dem Beginn der darauffolgenden Phase. Man möchte für alle Phasen – bis auf die letzte - das Enddatum berechnen. Für die letzte Phase soll das Enddatum fehlen.

Der Berechnungsalgorithmus wird wie folgt programmiert:

```
data phase_end;
   set phase;
   attrib enddt format=date9. label = "End Datum";

   * Den Datensatz auslesen (sortiert nach Patienten und
     innerhalb des Patienten absteigend nach Phase);
   by patient descending phase startdt;

   * für den ersten Eintrag innerhalb des Patienten (die letzte
     phase) -> Enddatum leer lassen;
   if first.patient then enddt = .;
   * ansonsten ist das Enddatum = Startdatum der nächsten Phase,
     d.h. der vorherigen Zeile;
   else enddt = lag(startdt);
run;
```

Das Programm liefert folgendes Ergebnis:

Obs	Patient ID	Phase	Start Datum	End Datum
1	1	1	06MAY2009	
2	1	2	27MAY2009	
3	2	1	08MAY2009	29MAY2009
4	2	2	29MAY2009	06MAY2009
5	2	3	19JUN2009	

Tipps und Tricks

Man erkennt, dass das Enddatum entweder gar nicht (beim Patienten 1) oder nicht korrekt (Patient 2, Phase 2) berechnet wurde. Offensichtlich liefert die LAG Funktion nicht den Wert des vorherigen Eintrags.

Es kommt nämlich darauf an, ob die Funktion innerhalb einer Bedingung aufgerufen wurde oder nicht. In der folgenden Tabelle sehen wir die Ergebnisse der Funktion, die mit dem gleichen Funktionsaufruf LAG(startdt) berechnet wurden, und zwar einmal außerhalb der IF/ELSE Klausel, dann innerhalb der IF und schließlich innerhalb der ELSE Anweisung.

Obs	Patient ID	Phase	Start Datum	Lag (normal)	Lag (if)	Lag (else)
1	1	2	27MAY2009			
2	1	1	06MAY2009	27MAY2009		
3	2	3	19JUN2009	06MAY2009	27MAY2009	
4	2	2	29MAY2009	19JUN2009		06MAY2009
5	2	1	08MAY2009	29MAY2009		29MAY2009

Falls die LAG Funktion innerhalb einer Bedingung aufgerufen wird, wird die Menge der für die Berechnung verwendeten Beobachtungen beschränkt und zwar auf die Beobachtungen, die diese Bedingung erfüllen. Jeder Aufruf der LAG Funktion stellt den aktuellen Wert in eine Queue und liefert den zuvor gespeicherten Wert zurück. Bei obigem Beispiel befindet sich der Funktionsaufruf innerhalb einer ELSE Anweisung, somit „kennt" die LAG Funktion nur die Beobachtungen 2, 4 und 5. Der vorherige Wert für die Beobachtung 4 ist also der aus der Beobachtung 2 und nicht – wie gewünscht – aus der Beobachtung 3.

Den Wert der Variablen aus der vorherigen Beobachtung sollte man also außerhalb der Bedingung in eine Variable schreiben, und diese dann in der Bedingung verwenden:

```
data phase_end;
   set phase;
   by patient descending phase startdt;
   attrib enddt format=date9. label = "End Datum";

   lag_startdt = lag(startdt);

   if first.patient then enddt = .;
   else enddt = lag_startdt;
run;
```

Das Programm liefert nun das gewünschte Ergebnis:

Obs	Patient ID	Phase	Start Datum	End Datum
1	1	1	06MAY2009	27MAY2009
2	1	2	27MAY2009	
3	2	1	08MAY2009	29MAY2009
4	2	2	29MAY2009	19JUN2009
5	2	3	19JUN2009	

S. Erbslöh, C. Gelhorn

4.2 Vorsicht mit weiteren Anweisungen nach Merge

Der Tipp wurde von Hr. Elmar Dunkl, RPS Research Germany GmbH Nürnberg übernommen.

Manchmal führen Variablenmodifikationen in Kombination mit dem MERGE Statement zu unerwarteten Ergebnissen.

Beispiel: Patientendaten per Zentrum wurden erhoben:

Zentrum	Zentrum Nummer
Berlin	29
Heidelberg	99

Die Zentreninformationen sind in einem separaten Datensatz gespeichert:

Zentrum	Patient ID
Berlin	1
Berlin	2
Berlin	3
Heidelberg	4
Heidelberg	5

Die beiden Datensätze werden verknüpft:

```
data zentpat;
   merge zentinfo
         patinfo;
   by zent;
run;
```

und das Ergebnis sieht wie folgt aus:

Zentrum	Zentrum Nummer	Patient ID
Berlin	29	1
Berlin	29	2
Berlin	29	3
Heidelberg	99	4
Heidelberg	99	5

Nachträglich stellt sich heraus, dass sich Zentrennummern verändert haben (wurden um eins erhöht). Das Programm wird kurzerhand angepasst:

Tipps und Tricks

```
data zentpat;
   merge patinfo
         zentinfo;
   by zent;
   zentnum = zentnum+1;
run;
```

mit dem folgenden Ergebnis:

Zentrum	Patient ID	Zentrum Nummer
Berlin	1	30
Berlin	2	31
Berlin	3	32
Heidelberg	4	100
Heidelberg	5	101

Die Nummerierung für das Zentrum erhöht sich in jeder Beobachtung, und nicht – wie beabsichtigt – nur einmal für jedes Zentrum. Was ist passiert?

Zuerst ein kleiner Exkurs in die SAS Datenschrittverarbeitung: Hier geht SAS sequenziell vor und arbeitet eine Beobachtung nach der anderen ab. Die Variablen werden vom Inputdatensatz ausgelesen, evtl. abgeleitet und die Zwischenergebnisse in einen Programmdatenvektor (PDV) geschrieben. Der Programmdatenvektor ist ein logischer Speicherbereich, der während der Datensatzerzeugung als Zwischenspeicher verwendet wird, um die Werte der aktuell verarbeiteten Beobachtung zu behalten. Sind alle Anweisungen abgearbeitet, so wird der Inhalt des PDV in den Zieldatensatz geschrieben.

In unserem Fall (1:N Verknüpfung + Modifikation) werden zuerst die Variablen FIRST. und LAST. erzeugt. Sie markieren jeweils die erste und die letzte Beobachtung innerhalb einer BY Gruppe.
Danach liest SAS die erste Beobachtung der ersten BY Gruppe aus den beiden Datensätzen aus und schreibt diese in den Programmdatenvektor. Nach der Bearbeitung der ersten Beobachtung aus dem letzten Datensatz und Ausführung anderer Anweisungen, schreibt SAS den Inhalt des Programmdatenvektors in den Zieldatensatz.
SAS behält die Werte aller Variablen im Programmdatenvektor mit Ausnahme der neu erzeugten Variablen und setzt das Verknüpfen der Datensätze fort bis alle Beobachtungen der ersten BY Gruppe abgearbeitet sind. Danach werden alle Variablen in dem Programmdatenvektor auf „Missing" gesetzt und die Schritte für die nächste BY Gruppe wiederholt.
Das Behalten der Werte im Programmdatenvektor führt dazu, dass die Modifizierung mehrfach durchgeführt wird. Um dies zu vermeiden, sollen solche Ableitungen in einem separaten Datenschritt bzw. nur einmal innerhalb einer BY Gruppe (z.B. unter Verwendung der FIRST Anweisung) durchgeführt werden.

S. Erbslöh, C. Gelhorn

4.3 Ab SAS 9.2 Abfrage mit IN auch in der Makro-Sprache möglich

Im DATA Step ist es schon lange üblich, statt länglicher Abfragen mit OR den Operator IN zu verwenden. Der Code wird so übersichtlicher und beinhaltet weniger Wiederholungen. Außerdem ist es effektiver, weil keine Mehrfach-Abfragen nötig sind.

```
DATA subset;
   SET sashelp.class;
   *** ausgeschrieben ***;
   IF name='Alice' or name='James' or name='John' or name='Judy';
   *** abgekürzt mit IN ***;
   IF name in('Alice', 'James', 'John', 'Judy');
RUN;
```

Innerhalb der Makrosprache war es vor SAS 9.2 nicht möglich, mit %IN zu arbeiten.

```
*MACRO mit IN als operator;
%macro usein(proc,ds);
  %if %upcase(&proc) in (MEANS,PRINT) %then %do;
    proc &proc data=&ds;
    run;
  %end;
%MEND usein;

%usein(print,sashelp.class);
```

Die Ausführung des Makros ergab eine Fehlermeldung, die den vorzeitigen Abbruch zur Folge hatte:

```
ERROR: Required operator not found in expression:
       %upcase(&proc) in (MEANS, PRINT)
ERROR: The macro USEIN will stop executing.
```

Diese Fehlermeldung erscheint ab Version 9.2 bei Verwendung des IN Operators innerhalb von Makros nach wie vor - zur gewünschten Ausführung müssen zwei Optionen gesetzt werden:
- MINOPERATOR: Erlaubt es, den IN Operator zu benutzen.
- MINDELIMITER=: Ein Zeichen wird als Trennzeichen der einzelnen Werte in der Liste definiert. Standard: Leerzeichen

```
options minoperator mindelimiter=',';
```

In diesem Beispiel wurde der MINDELIMITER als Komma definiert, die Werte in der Abfrage werden durch Komma getrennt, wie auch in der DATA Step Version. Daraufhin funktioniert die Anwendung des IN Operators im Makro.
Der folgende Makroaufruf führt nun zum Ausdruck des Datensatzes sashelp.class.

```
%usein(print,sashelp.class);
```

5 Einfach bequem

5.1 Anzeigen von Variablennamen UND Variablenlabels (proc sql)

Leider zeigt PROC PRINT nur entweder die Variablennamen oder die -label an. Um beides zu sehen, kann folgendes Script verwendet werden.
Als Beispiel wird der Datensatz Class aus Sashelp verwendet. Der Datensatz wird ins Work Directory eingelesen und es werden Label vergeben.

```
DATA class;
  SET sashelp.class;
  label name= "Vorname" sex= "Geschlecht" age= "Alter in Jahren"
        height= "Größe in Inch" weight= "Gewicht in Pound";
RUN;
```

Übergabe der Library und des Memname in Makrovariablen:

```
%let lib= work;
%let memname= class;
```

Die folgenden Druckbefehle führen zur Anzeige entweder des Name oder des Label:

```
title3 "&lib..&memname.: name only";
PROC PRINT width= minimum data= &lib..&memname;
run;

title3 "&lib..&memname.: label only";
PROC PRINT width= minimum data= &lib..&memname label;
run;
```

Mit Hilfe von PROC SQL wird eine Makrovariable generiert, die beide Informationen enthält. Dazu benötigt man Angaben aus dem Dictionary-Datensatz Columns.

Obs	name	label
1	Name	Vorname
2	Sex	Geschlecht
3	Age	Alter in Jahren
4	Height	Größe in Inch
5	Weight	Gewicht in Pound

Alle 'name' und 'label' des ausgewählten Datensatzes werden in eine Makrovariable geschrieben, die später zum Ausdrucken verwendet wird

```
PROC SQL noprint;
  select trim(left(name)) !! "= '" !! trim(left(label))
         !! " (" !! trim(left(name)) !! ")'"
         as newlabel into :newlabel separated by " "
    from dictionary.columns
    where libname eq upcase("&lib") and memname eq upcase("&memname.")
  ;
quit;
```

Der Ausdruck wird dann mit der Option LABEL und der Angabe der Makrovariablen im Befehl Label gestartet:

```
title3 "&lib..&memname.: label (name)";
PROC PRINT width= minimum data= &lib..&memname label;
   label &newlabel.;
run;
```

Der Inhalt der Makrovariablen &newlabel ist der folgende:
```
Name= 'Vorname (Name)' Sex= 'Geschlecht (Sex)' Age= 'Alter in Jahren
(Age)' Height= 'Größe in Inch (Height)' Weight= 'Gewicht in Pound
(Weight)'
```

PROC PRINT erzeugt folgenden Output:
```
                                Alter in    Größe in    Gewicht in
           Vorname  Geschlecht   Jahren       Inch        Pound
   Obs     (Name)     (Sex)       (Age)     (Height)     (Weight)

     1     Alfred       M           14        69.0         112.5
     2     Alice        F           13        56.5          84.0
     3     Barbara      F           13        65.3          98.0
   ...
```

Vorsicht: Wenn im Variablenlabel einfache Hochkommata vorkommen, dann gibt es ein Problem. Man kann es aber mit einem zwischengeschalteten TRANSLATE überbrücken, falls notwendig.

5.2 Angriff der SAS Kloneditoren unter Windows

Speziell bei langen Programmen muss der Programmierer oft vor und zurück scrollen, bis alle Informationen zusammengetragen sind. SAS unter Windows bietet die Möglichkeit, den Editor zu klonen. Es wird ein zweites Fenster mit dem Inhalt des aktuellen Fensters geöffnet.

Dazu öffnet man im Editor mit dem aktuellen Programm ein neues Fenster:
Menü *Window* (Alt W) und dann *New Window*.

Änderungen im Code werden in beiden Fenstern parallel durchgeführt, wobei man aber in den beiden Fenstern an unterschiedlichen Stellen im Programm sein kann. Das zweite Fenster kann ohne Datenverlust einfach wieder geschlossen werden. Erst beim Schließen des ersten Fensters erfolgt die Nachfrage, ob man speichern möchte.

6 Kurz und elegant

Oft gibt es bei der Programmierung vor Datensätzen und Tabellen statt länglicher Definitionen zur Darstellung aller verschiedenen Möglichkeiten von Variablen-Zuweisungen die Möglichkeit, durch geschicktes Nutzen von Befehls-Optionen Programmteile wesentlich abzukürzen. Einige Beispiele zu verschiedenen DO-Schleifen, Möglichkeiten mit SELECT und CALL MISSING:

6.1 Verschiedene DO Schleifen

Die klassische Anwendung einer Schleife ist das Hochzählen eines Index mit Start- und Endwert:

```
DO i=1 to n
```

Es sind aber auch Sprünge möglich, man kann Text in der Schleife verwenden und die Schleifenvariable kann auch als Variable im Datensatz weiterverwendet werden.

```
DO iday= 5, 7, 10, 14;
   output;
END;

DO proc= "Print", "Freq", "Report";
   output;
END;
```

Anwendungsbeispiel: Erzeugen eines Dummy-Datensatzes zur späteren Tabellierung aller möglichen Ausprägungen einer Variablen

6.1.1 Version mit einzelnen Zuweisungen

```
DATA dummy;
  catord=1; cattxt='Number of discontinuations';      OUTPUT;
  catord=2; cattxt='Protocol violation';              OUTPUT;
  catord=3; cattxt='Protocol entry criterion not met'; OUTPUT;
  catord=4; cattxt='Adverse Event';                   OUTPUT;
  catord=5; cattxt='Lost to follow-up';               OUTPUT;
RUN;
```

6.1.2 Version mit Variablennamen in DO-Schleife und Format

Hier wird zunächst ein Format für die Textvariable definiert. Das hat den Vorteil, dass Änderungen einfacher im Format durchgeführt werden können. Außerdem wird das Format noch weiterverwendet werden.

```
PROC FORMAT;
   value txtf
       1 = 'Number of discontinuations'
       2 = 'Protocol violation'
       3 = 'Protocol entry criterion not met'
       4 = 'Adverse Event'
       5 = 'Lost to follow-up'
       ;
RUN;
```

S. Erbslöh, C. Gelhorn

Die Schleifenvariable catord wird als Ordnungsvariable weiterverwendet, die Textvariable wird mit dem Format erzeugt.

```
DATA dummy;
  DO catord=1 TO 5;
     cattxt=put(catord, txtf.);
     OUTPUT;
  END;
RUN;
```

6.2 Möglichkeiten des SELECT Statements

6.2.1 Mehrere Elemente in der WHEN Klammer

Statt einzelner Variablenausprägungen in der WHEN Klammer können auch mehrere Variablenausprägungen zusammengefasst werden.

```
SELECT(catord);
  when (3,4,5)  put ">= 3";
  when (1,2)    put "<= 2";
  otherwise;
END;
```

6.2.2 Komplette Bedingung direkt in WHEN Klammer

Man kann auch die Klammer hinter SELECT weglassen und die komplette Bedingung direkt in die WHEN Klammer einfügen.

```
SELECT;
  when (catord IN (3,4,5)) put ">= 3";
  when (catord IN (1,2))   put "<= 2";
  otherwise;
END;
```

6.3 CALL MISSING

Diese schöne Funktion zum Initialisieren gibt es neu ab Version 9. Sie weist einer Liste von Variablen fehlende Werte zu, die numerisch oder alphanumerisch sein können.

Syntax: CALL MISSING (n1, c1, n2, c2, ...)

Im folgenden Beispiel werden die Variablen num1, num2 und char1-char3 initialisiert. Dass es sich um numerische bzw. alphanumerische Variablen handelt, wird über das LENGTH-Statement festgelegt. Beim Initialisieren muss man sich dann keine Gedanken darüber machen, ob die Variable numerisch oder alphanumerisch ist.

```
DATA dummy;
  LENGTH num1 num2 4 char1-char3 $10 ;
  CALL MISSING (num1, num2, char1, char2, char3);
RUN;
```

Das entspricht den Zuweisungen:

```
Num1 = .;
Num2 = .;
Char1 = "";
Char2 = "";
Char3 = "";
```

Im Vergleich dazu wird bei der Funktion MISSING nur geprüft, ob das Argument einen fehlenden Wert hat. Der Wert selbst wird nicht verändert.

```
IF missing(var1) THEN...
```

Hinweis: In der Variablenliste müssen die Variablen bei CALL MISSING durch Komma getrennt werden, eine Aufzählung wie char1-char3 ist nicht möglich.
Fehlermeldung:

```
CALL MISSING (num1, num2, char1-char3);

WARNING 134-185: Argument #3 is an expression, which cannot be up-
dated by the MISSING subroutine call.
```

7 Nützliche Funktionen

7.1 SMALLEST und LARGEST (ab SAS 9)

Mit den Funktionen ist es möglich, den x-kleinsten / x-größten Wert einer Zahlenreihe zu ermitteln.

Syntax: SMALLEST (k, value-1<,value-2 ...>)
LARGEST (k, value-1<,value-2 ...>)

k=numerische Konstante, Variable oder Ausdruck
value=Liste von Variablen, die bearbeitet werden

Beispiel: SMALLEST (k, 456, 789, ., 123);

```
DATA largsmall;
   label k="x-" xklein='SMALLEST' xgross='LARGEST';
   do k = 1 to 4;
      xklein = smallest (k, 456, 789, ., 123);
      xgross = largest  (k, 456, 789, ., 123);
      output;
   end;
RUN;
```

x-	SMALLEST	LARGEST
1	123	789
2	456	456
3	789	123
4		

Wenn die Angabe von k fehlt, erfolgt eine Fehlermeldung.

Missings werden ans Ende sortiert und zunächst ignoriert. Es werden immer erst die vorhandenen Werte genommen und erst wenn die Anzahl von k größer ist als die Anzahl der vorhandenen Werte wird missing ausgegeben. Es erfolgt keine Fehlermeldung, aber eine NOTE über fehlende Werte wird angezeigt.

```
NOTE: Missing values were generated as a result of performing an
operation on missing values.
```

Wenn k größer als die Anzahl der Gesamtwerte ist (inklusive Missings), erfolgt eine Fehlermeldung.

7.2 STRIP (ab SAS 9)

In einem Schritt werden alle führenden und abschließenden Leerzeichen von einem Textargument entfernt. Dies ist eine Verkürzung gegenüber der V8: left(trim(string)).

Syntax: STRIP(text)

Beispiel:
```
svar="*"||strip("    Text1    Text2    ")||"*";
```

➔ *Text1 Text2*

7.3 COMPBL (ab SAS 8)

In einem Schritt werden mehrfache Leerzeichen innerhalb des Arguments durch nur ein Leerzeichen ersetzt.

Syntax: COMPBL(text)

Beispiel:
```
cvar="*"||compbl("    Text1    Text2    ")||"*";
```

➔ * Text1 Text2 *

7.4 SUBSTRN (ab SAS 9)

Ist verwandt mit der SUBSTR Funktion, verhält sich anders bei 'ungültigen' Argumenten (z.B. negative Startposition, negative Textlänge). SUBSTRN ist robuster.

Syntax: SUBSTRN(Text, Position <, Länge>)

Tipps und Tricks

Text: Konstante, Variable oder Ausdruck. Wenn Text numerisch ist, wird zunächst in Zeichen umgewandelt mit BEST32, anschliessend werden Leerzeichen am Anfang und Ende entfernt.
Position: Startposition für die zu extrahierenden Zeichen in Text.
Länge: Integer Länge der Zeichenkette (ohne Angabe bis zum Ende des String).

Die Funktion ist sehr robust:
- Wird die Länge der Zielvariablen im DATA Step nicht definiert, erhält sie die Länge des ersten Argumentes.
- Wenn Position oder Länge fehlen, erhält man einen String der Länge 0.
- Wenn die Positionsangabe < 0 ist, wird das Ergebnis am Anfang abgeschnitten. Das erste Zeichen des Ergebnisses ist das erste Zeichen des String. Die Länge wird entsprechend angepasst.
- Wenn "length" größer als "string" ist, wird am Ende des "strings" abgeschnitten. Das letzte Zeichen des Ergebnisses ist das letzte Zeichen des Strings.

Hier ein Beispiel für die Umwandlung von numerischen Angaben in Zeichen.
```
data substrn;
  v_substr  = "*" || SUBSTR(1234.5678,2,6)  || "*";
  v_substrn = "*" || SUBSTRN(1234.5678,2,6) || "*";
run;
```

Ergebnisse der Variablen nach Anwendung der Funktion SUBSTR bzw. SUBSTRN:
```
v_substr  =*  1234*
v_substrn =*234.56*
```

Mit einer Stellenübersicht wird der Unterschied zwischen beiden Funktionen deutlich:
```
123456789012 - Stelle 1-12
   1234.5678 - Umwandlung in Zeichen durch substr
1234.5678    - Umwandlung in Zeichen durch substrn
```

SUBSTR wandelt auf 12 Stellen rechtsbündig um, SUBSTRN wandelt zunächst auf BEST32 um, entfernt dann aber die führenden Leerzeichen.

In der SAS Language Reference findet sich eine Übersicht der Unterschiede zwischen SUBSTR und SUBSTRN.

Literatur

[1] Rich Text Format (RTF) Specification, version 1.6
http://msdn.microsoft.com/en-us/library/aa140283(v=office.10).aspx#rtfspec_paraborders

Funktionen und Befehle allgemein wurden auf folgenden Internetseiten nachgeschlagen:

[2] SAS(R) 9.2 Language Reference: Dictionary, Fourth Edition
http://support.sas.com/documentation/cdl/en/lrdict/64316/HTML/default/viewer.htm#titlepage.htm

[3] SAS(R) 9.2 Language Reference: Concepts, Second Edition
http://support.sas.com/documentation/cdl/en/lrcon/62955/HTML/default/viewer.htm#titlepage.htm

Einführung in effizientes Programmieren mit PROC IML am Beispiel einer Simulation

Biljana Gigic
Nationales Centrum für Tumorerkrankungen /
Deutsches Krebsforschungszentrum
Heidelberg
Im Neuenheimer Feld 350
69120 Heidelberg
biljana.gigic@nct-heidelberg.de

Andreas Deckert
Institute of Public Health /
Institut für Medizinische
Biometrie und Informatik, Heidelberg
Im Neuenheimer Feld 324
69120 Heidelberg
a.deckert@uni-heidelberg.de

Zusammenfassung

Im diesem Beitrag wird eine Einführung in SAS IML gegeben. Neben der Syntax von PROC IML wird auf die wichtigsten Operatoren eingegangen und die Spezifizierung, Generierung und Modifizierung von Matrizen und Vektoren demonstriert. Zum Schluss wird am Beispiel der Simulation „ToxCrit" die Effizienz dieser Programmiersprache aufgezeigt.

Schlüsselwörter: SAS/IML, PROC IML, Matrizen, Vektoren, Funktionen, Subroutinen, PROC IML-Module, Operatoren, Simulation, Makrovariable

1 SAS IML Software

IML steht für Interaktiv Matrix Language. SAS/IML ist eine eigenständige Programmiersprache innerhalb von SAS, die matrizenorientiert arbeitet. Eine Interaktion mit SAS-Datensätzen ist natürlich möglich. Datensätze können in Matrizen überführt, mit SAS/IML bearbeitet und anschließend die Ergebnisse wieder als Datensätze ausgegeben werden.

Besonders geeignet ist SAS/IML für Matrizenoperation, für die Programmierung statistischer Verfahren, die nicht in SAS als Prozeduren implementiert sind und für aufwändige Simulationen. Eine ausführliche Online-Dokumentation zur Prozedur IML stellt SAS bereit (siehe [2]).

2 Syntax

Mit `proc iml` erfolgt der Aufruf von SAS/IML, mit `quit` wird die Session beendet.

```
proc iml;
...;
< IML-Statements >
...;
quit;
```

Solange `quit` nicht ausgeführt wird, kann SAS/IML interaktiv benutzt werden: Nach dem Aufruf mit `proc iml` können so Anweisungen zeilenweise eingegeben und ausgeführt werden, das jeweilige Zwischenresultat wird angezeigt.

3 Arbeiten mit Matrizen

3.1 Spezifizierung einer Matrix

Im Folgenden wird zunächst auf die Erstellung elementarer Objekte in SAS/IML eingegangen, den Skalar, Zeilen- und Spaltenvektoren und zweidimensionale Matrizen.

Skalar der Dimension 1 x 1:
```
reset print;
a = 10;
```

Im Outputfenster erscheint:

```
a      1 row  1 col  (numeric)

              10
```

Mit der Ausgabe des Ergebnisses mit `reset print` erhält man Informationen über den Skalarnamen (`a`), die Anzahl der Zeilen (`1 row`), die Anzahl der Spalten (`1 col`) und den Typ des Elementes (`numeric`).

Zeilenvektor der Dimension 4 x 1:
```
b = {1 2 3 4};
print b;
```

Mit `print b` erhält man (im Gegensatz zu `reset print`) folgende Outputdarstellung im Output-Fenster:

```
b

1      2       3       4
```

Programmierung

Spaltenvektor der Dimension 1 x 4:
```
reset print;
c = {1,2,3,4};
```
Output:
```
c         4 rows    1 col     (numeric)

                    1
                    2
                    3
                    4
```

Zweidimensionale Matrix der Dimension 2 x 4:
```
reset log print;
d = {1 2 3 4,5 6 7 8};
```

Mit `reset log print` wird der Output in das Log-Fenster geschoben. Folgende Ausgabe erscheint:

```
reset log print;
d = {1 2 3 4,5 6 7 8};

d         2 rows    4 cols    (numeric)

1         2         3         4
5         6         7         8
/*Zweidimensionale Matrix der Dimension 2 x 4*/
```

3.2 Generierung einer Matrix

SAS/IML stellt zur Generierung von Matrizen eine große Zahl an Funktionen zur Verfügung. Im Folgenden werden einige davon erläutert.

Generierung einer Matrix:
Zur Generierung einer Matrix aus identischen Elementen wird die J-Funktion angewandt.
Eingabeparameter: Zeilenanzahl (2), Spaltenanzahl (3), Element (0).
```
e = j(2,3,0);
```

Im Output erscheint:
```
e

0         0         0
0         0         0
```

179

Vervielfachen einer Matrix:
Eine Matrix kann mit der REPEAT-Funktion vervielfacht werden.
Eingabeparameter: Matrix ({1 2 3,4 5 6}), zeilenweise Wiederholung (2), spaltenweise Wiederholung (1).
f = repeat({1 2 3,4 5 6},2,1);

Im Output erscheint:
f

1	2	3
4	5	6
1	2	3
4	5	6

Generierung eines Indexvektors:
Ein Indexvektor wird mit der DO-Funktion generiert.
Eingabeparameter: Startwert (-8), Endwert (2), Inkrement (2).
g = do(-8,2,2);

Im Output erscheint:
g

-8	-6	-4	-2	0	2

3.3 Modifizierung einer Matrix

Mit sogenannten Subroutinen können innerhalb von PROC IML Matrizen bearbeitet bzw. modifiziert werden.
Anhand einiger Beispiele soll die Modifizierung der Matrix d gezeigt werden.
d

1	2	3	4
5	6	7	8

Beispiel 1: Die ersten drei Elemente der zweiten Zeile sollen um 3 erhöht werden.

```
do i = 1 to 3;                          i = do(1,3,1);
    d[2,i] = d[2,i]+3;      ODER        d[2,i] = d[2,i]+3;
end;
```
Um die nacheinander folgenden Elemente anzusprechen und zu modifizieren, kann zum einen eine DO-Schleife verwendet werden, zum anderen kann stattdessen ein ganzer Vektor, in diesem Fall ein Indexvektor von 1 bis 3 an die Stelle i gesetzt werden. Soll eine solche Anweisung ohne Abbruchkriterien durchgeführt werden, empfiehlt es sich, einen Indexvektor zu verwenden. Besteht die Möglichkeit, dass die Ausführung an einer bestimmten Stelle abgebrochen werden muss, ist die DO-Schleife anzuwenden. Im Fall des Indexvektors ist ein Abbruchkriterium nicht möglich.

Output:
```
d

1         2         3         4
8         9        10         8
```

Beispiel 2: Alle Elemente der zweiten Zeile um 3 erhöhen.

Um eine komplette Zeile bzw. Spalte anzusprechen wird die Element-by-Element-Funktion verwendet:

```
d[2,] = d[2,]+3;
```

Hierbei wird die Matrix d an der Stelle „2. Zeile" um 3 erhöht.

4   Operatoren in SAS/IML

Für Matrizenoperationen bietet SAS/IML eine umfangreiche Operatorenbibliothek. Die hier Aufgeführten stellen lediglich einen Auszug der wichtigsten Operatoren dar.

- Transponieren einer Matrix   '
- Matrixmultiplikation   *
- Potenzierung quadratischer Matrizen   **
- Elementweise Multiplikation   #
- Elementweise Potenzierung   ##
- Elementweise Division   /
- Horizontale Konkatenation ||
- Vertikale Konkatenation   //
- Arithmetisches Mittel   :
- Inversion   inv

5   Syntax eines Moduls innerhalb PROC IML

In SAS/IML können Unterprogramme, die bestimmte Anweisungen unter bestimmten Voraussetzungen ausführen, implementiert werden. Man spricht von Modulen. Wird dabei ein Rückgabewert erzeugt, spricht man von Funktionen.

```
start meinModul(argument1, argument2...);
    ...;
     < IML Statements >
    ...;
    return();
finish mein Modul;
```

Mit `start` beginnt das Modul, mit `finish` wird es beendet. `Argument1`, `argument 2`... sind die Eingabeparameter. Mit `return` wird der Ausgabewert zurückgegeben.

B. Gigic, A. Deckert

6 Simulation ToxCrit

Im Folgenden soll anhand einer Simulation ein ausführliches IML-Programm vorgestellt werden. In frühen Phasen klinischer Studien kommt es häufig zu toxischen Reaktionen der Patienten auf die Prüfsubstanz. Aufgrund inakzeptabel hoher Toxizitätsraten kann eine Studie abgebrochen werden. In diesem Zusammenhang wurde die Simulation ToxCrit implementiert. Die Simulation berechnet zum einen für jede Patientenzahl die Anzahl der kritischen Toxizitätsfälle, bei denen die Studie abgebrochen werden muss, zum andern die Wahrscheinlichkeit, dass es zum Abbruch kommt ([1]).

6.1 Ein- und Ausgabeparameter

Eingabeparameter für die Simulation:
- Npat → Anzahl Studienteilnehmer
- ptoxcrit → kritische Toxizitätsrate
- pabbruch → Wahrscheinlichkeitsgrenze für inakzeptable Toxizität
- ptox → angenommene Wahrscheinlichkeit für Toxizität bei einem Patienten
- nsim → Anzahl der Simulationsläufe
- seed → Zufallsanker für die Reproduzierbarkeit der Simulation

Ausgabe:
- Anzahl Toxizitätsfälle, bei denen die Studie abgebrochen wird
- Abbruchrisiko der Studie

6.2 Struktur des Programms

ToxCrit ist innerhalb eines Makros eingebettet. Zur Implementierung wurde SAS/IML angewandt.

```
%macro toxcrit(...);
    proc iml;
        start Pat_Array(...);
            ...;
            return(crit);
        finish Pat_Array;
    start sim(...);
        ...;
        return(stop);
    finish sim;
    < Aufruf der Funktionen Pat_Array und sim>
    < Berechnung der Wahrscheinlichkeiten zum Studienabbruch >
    < Ausgaben >
    quit;
%mend toxcrit;
```

Das Programm führt zwei Funktionen aus, `Pat_Array` und `sim`. Innerhalb `Pat_Array` wird die kritische Anzahl der Toxizitäten für einen Studienabbruch berechnet. `Sim`

Programmierung

schätzt die Anzahl der abgebrochenen Studien. Beide Funktionen erzeugen einen Ausgabewert.

Im zweiten Teil des Programms werden die Funktionen aufgerufen und die Return-Werte (ganze Vektoren) übergeben. Anschließend werden die Wahrscheinlichkeiten zum Studienabbruch berechnet. Zum Schluss werden die Ergebnisse zum einen als Vektoren ausgegeben, zum anderen werden diese zu einer Matrix zusammengeführt und als Data-Set an SAS übergeben.

6.3 Effizienz von SAS/IML

Natürlich ist die Implementierung der Simulation mit SAS Datasteps ebenfalls umsetzbar, jedoch bietet SAS/IML in einigen kritischen Fällen eine schnellere und komfortable Lösung an.

Hier einige Vorteile von SAS/IML:

- Wie im Makro kann auch in SAS/IML ein goto in verschachtelten Schleifen oder IF-Anweisungen verwendet werden und die Anweisung, unter bestimmten Abbruchkriterien, verlassen werden. Im SAS Datastep ist dies nicht möglich.
```
start Pat_Array(npat,pabbruch,ptoxcrit); /*Funktionsaufruf*/
    crit = j(npat,1,npat+1); /*Initialisierung des Vektors crit*/
    do u = 1 to npat;
            do l = 0 to u;
            wk = betainv((1-pabbruch),1+l,1+u-l);
                  if (wk>ptoxcrit) then do;
                  crit[u,1] = l;
                        goto exit;
                  end;
            end;
    end;
    exit:
end;
```

- Durch die Unterprogramme (Funktionen) können Berechnungen bzw. Modifikationen durchgeführt werden und die Rückgabewerte jederzeit übergeben und verwendet werden. Die Ergebnisse können neben einzelnen Ergebnissen auch Vektoren und Matrizen sein.
```
    return (crit);
finish Pat_Array; /*Funktionsende*/
```

- Der Zugriff auf Vor- und Nachfolgewerte in einem Vektor erfolgt durch sogenannte Subroutinen. Hier kann auf jedes beliebige Element mit wenig Aufwand zugegriffen werden. Im SAS Datastep ist dieser Schritt mit der LAG-Funktion durchführbar, aber nicht innerhalb von DO-Schleifen. Hierfür müssten Arrays verwendet werden, was jedoch dann nicht trivial ist. In SAS-IML können die Vektorwerte dagegen einfach manipuliert werden:

```
start sim(npat,nsim,ptox,crit,seed);
...
    else total[z,1] = total[z-1,1]+tox; /*Zugriff auf Vorwert*/
...
finish sim;
```

- Um auf die Rückgabewerte der Funktionen Pat_Array und sim zuzugreifen, werden die Funktionen aufgerufen und die Return-Werte einem neuen Vektor übergeben:
  ```
  ...
  _crit = Pat_Array(&npat,&pabbruch,&ptoxcrit);
  _stop = sim(&npat,&nsim,&crit,&seed);
  ...
  ```

- Die Ergebnisse können sowohl in Vektor- bzw. Matrixform ausgegeben werden, als auch in Datasets überführt werden.
  ```
  print _Pat _crit _wkm _wkmkum; /*Ausgabe der vier Vektoren*/
  ```

  Horizontale Konkatenation, die vier Vektoren werden zu Matrix _toxcrit zusammengeführt:
  ```
  _toxcrit = _Pat || _crit || _wkm || _wkmkum;
  varnames = {PatientNo ToxPatients InterruptionProb
  InterruptionCum}; /*Variablennamen*/
  ```

  Matrix _toxcrit wird an Dataset toxcrit übergeben und die Variablennamen vergeben:
  ```
  create toxcrit from _toxcrit [colname=varnames];
  append from _toxcrit;
  close toxcrit;
  ```

_Pat	_crit	_wkm	_wkmkum
1	1	7.9895	7.9895
2	1	7.3188	15.3083
3	2	0	15.3083
4	2	0.5484	15.8567
5	2	0.9804	16.8371
6	2	1.3628	18.1999
7	2	1.6718	19.8717
8	3	0	19.8717
9	3	0.1556	20.0273
10	3	0.3155	20.3428
11	3	0.4619	20.8047
12	3	0.6107	21.4154
13	3	0.788	22.2034
14	4	0	22.2034
15	4	0.0727	22.2761
16	4	0.1552	22.4313
17	4	0.2388	22.6701
18	4	0.3146	22.9847
19	4	0.4055	23.3902
20	5	0	23.3902

PATIENTNO	TOXPATIENTS	INTERRUPTIONPROB	INTERRUPTIONCUM
1	1	7.9895	7.9895
2	1	7.3188	15.3083
3	2	0	15.3083
4	2	0.5484	15.8567
5	2	0.9804	16.8371
6	2	1.3628	18.1999
7	2	1.6718	19.8717
8	3	0	19.8717
9	3	0.1556	20.0273
10	3	0.3155	20.3428
11	3	0.4619	20.8047
12	3	0.6107	21.4154
13	3	0.788	22.2034
14	4	0	22.2034
15	4	0.0727	22.2761
16	4	0.1552	22.4313
17	4	0.2388	22.6701
18	4	0.3146	22.9847
19	4	0.4055	23.3902
20	5	0	23.3902

Abbildung 1: Ausgabe der vier Vektoren im Output-Fenster

Abbildung 2: Ausgabe des Ergebnisses als Dataset

Programmierung

- Generell müssen innerhalb eines Makros die Steuerbefehle und Parameter eines SAS/IML-Moduls nicht mit einem %-Zeichen versehen werden.
- Innerhalb eines Makros werden keine %sysevalf- oder %eval-Funktionen für die SAS/IML-Operationen benötigt.

6.4 Simulationszeiten im Vergleich zu R und Java

ToxCrit wurde ursprünglich in R implementiert. Das SAS-Programm wurde zu Validierungszwecken erstellt, mit Java konnte eine benutzerfreundliche Oberfläche zur Verfügung gestellt werden. Abbildung 3 stellt die Simulationszeiten grafisch dar:

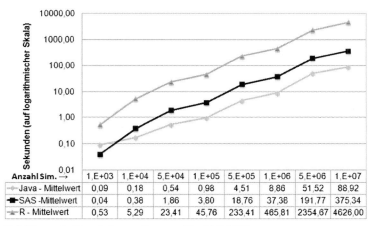

Abbildung 3: Simulationszeiten von ToxCrit ([3])

Betrachtet man die Simulationszeiten für 1.000.000 Simulationsläufe, so liegt das Java-Programm mit ca. 9 Sekunden ganz vorne. SAS/IML benötigt für die Berechnung ungefähr das 5-fache von Java und R über das 10-fache von SAS/IML. Sicherlich muss man hier beachten, dass die verschachtelten DO-Schleifen das R-Programm deutlich verlangsamen, allerdings sind diese für dieses Simulationsprogramm unverzichtbar.

Literatur

[1] H. Aamot, B. Gigic, U. Abel, I. Schenkel: Continuous monitoring of toxicity in clinical trials – simulating the risk of stopping prematurely. Int J Clin Pharmacol Ther, 48(7):476-7, 2010.

[2] http://support.sas.com/documentation/cdl/en/imlug/59656/HTML/default/imlstart.htm, SAS/IML® 9.2 User's Guide, zuletzt besucht am 15.02.2011.

[3] H. Aamot, B. Gigic, U. Abel, I. Schenkel: ToxCrit – Ein Simulationsprogramm zum Studienabbruch aufgrund des kontinuierlichen Monitorings der Toxizität; 54. GMDS-Jahrestagung, Essen 2009.

Scalable Vector Graphics in SAS 9.2

Sven Greiner
Accovion GmbH
Helfmann-Park 10
65760 Eschborn
sven.greiner@accovion.com

Nicola Tambascia
Accovion GmbH
Helfmann-Park 10
65760 Eschborn
nicola.tambascia@accovion.com

Zusammenfassung

Seit gut zehn Jahren ist SVG (Scalable Vector Graphics) ein anerkannter Internetstandard zur Darstellung von vektorbasierten Grafiken. Mit SAS 9.2 ist es jetzt erstmals möglich auch SAS zur Erstellung von Grafiken im SVG-Format zu nutzen. Aus diesem Grund soll der SVG-Standard mit seinen Eigenschaften als Vektorgrafikformat kurz vorgestellt werden. Dazu wird zunächst ein Vergleich zwischen Vektor- und Rastergrafiken angestellt, der die Vor- und Nachteile beider Grafiktypen gegenüberstellt und gleichzeitig die grundlegenden Eigenschaften von SVG darlegt. Auf dieser Grundlage werden die Geschichte und die technische Umsetzung von SVG vorgestellt und anhand von Beispielen erklärt. Schließlich soll mittels einiger Programmbeispiele die tatsächliche Anwendung von SVG in SAS demonstriert werden. Besondere Aufmerksamkeit wird dabei auf den SVG-spezifischen Anwendungsmöglichkeiten liegen, wie dem Einbinden von Tooltips und Links in Grafiken oder dem Erstellen von mehrseitigen Grafiken mit Inhaltsverzeichnis und Steuerungselementen. Abschließend werden einige der nicht von SAS unterstützten Funktionen vorgestellt sowie die Kinderkrankheiten des SVG-Standards besprochen.

Schlüsselwörter: SVG, Scalable Vector Graphics, Grafik, Vektorgrafik

1 Vektor- und Rastergrafiken

Bei der Darstellung einer Grafik am Computer kann zwischen zwei Typen von Grafiken unterschieden werden: Vektorgrafiken und Rastergrafiken. Noch ehe man sich für ein Grafikformat entscheidet, sollte die Vorauswahl auf einen dieser beiden Typen gefallen sein. Da es sich bei „Scalable Vector Graphics" (SVG) um ein Grafikformat der Vektorgrafiken handelt, sollen an dieser Stelle kurz die Unterschiede zwischen Vektor- und Rastergrafiken erklärt und die daraus resultierenden Vor- und Nachteile besprochen werden.

Rastergrafiken, auch Pixelgrafiken genannt, bestehen aus rasterartig angeordneten Bildpunkten (Pixel). Jedem Bildpunkt wird eine eindeutige Farbe zugeordnet, so dass die Rastergrafik einem Mosaik ähnelt. Die Bildgröße einer Rastergrafik, also die Breite und Höhe in Pixel, bezeichnet man als Auflösung, während man die Differenzierbarkeit der Farbwerte jedes einzelnen Pixels als Farbtiefe bezeichnet. Gängige Formate zur Darstellung von Rastergrafiken am Computer sind u.a. JPEG, Bitmap und GIF.

Im Gegensatz zu Rastergrafiken werden **Vektorgrafiken** nicht in Form von Pixel, sondern als grafische Primitive abgelegt. Vektorgrafiken sind objektorientiert und diese grafischen Primitive (üblicherweise u.a. Linien, Kreise, Polygone und Kurven) werden als Objekte behandelt und entsprechende Attribute (beispielsweise x- und y-Koordinaten, Radius, Farbe, Linienstärke) zugeordnet. Um einen Kreis als Vektorgrafik abzulegen, benötigt man also im einfachsten Fall nur den Mittelpunkt und den Radius des Kreises.

Da die Bildinformationen von Vektorgrafiken in Form von grafischen Primitiven und den dazugehörigen Attributen abgelegt werden, ist zum Anzeigen der Grafiken ein Interpreter notwendig. Diese Aufgabe erfüllt üblicherweise ein Browser oder ein Grafikbearbeitungsprogramm. Weit verbreitete Vektorgrafikformate sind u.a. EPS (Encapsulated PostScript), SWF (Macromedia Flash) und SVG.

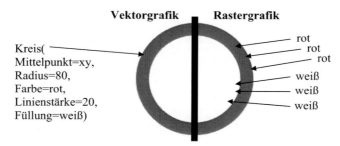

Abbildung 1.1: Darstellung eines Kreises als Vektor- und Rastergrafik

Durch die **Unterschiede zwischen den beiden Grafiktypen** ergeben sich für verschiedene Anwendungsgebiete Vor- und Nachteile. Ist die darzustellende Grafik einfach aus grafischen Primitiven zu erzeugen, ist die Vektorgrafik im Allgemeinen der Rastergrafik vorzuziehen. Wie in Abbildung 1.1 zu sehen, kann ein Kreis als Vektorgrafik mit sehr kleinem Speicherplatzverbrauch und sehr hoher Qualität abgelegt werden. Als Rastergrafik muss trotz der Einfachheit der Grafik für jeden Pixel die Farbinformation einzeln abgelegt werden. Gerade bei großen Bildern kann dies schnell zu einem erheblichen Verbrauch an Speicherplatz führen.

Neue Schnittstellen I

        Vektorgrafik   **Rastergrafik**

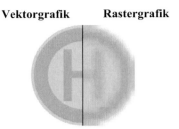

Abbildung 1.2: Hochskalierung einer Vektor- und Rastergrafik im Vergleich [1]
(Vektor- und Rastergrafik vergrößert von 20x20 auf 160x160 Pixel)

Ein weiterer Vorteil von Vektorgrafiken gegenüber Rastergrafiken ist ihre bessere **Skalierbarkeit**. Ist es notwendig die Größe einer Vektorgrafik zu ändern, wird weder beim Vergrößern, noch beim Verkleinern, die Qualität der Darstellung reduziert oder der Speicherplatzverbrauch erhöht. Die grafischen Primitive werden einfach in der entsprechenden Größe neu erzeugt.

Die Skalierung von Rastergrafiken dagegen ist nicht ohne Verlust in der Qualität der Grafik möglich. Wird eine Rastergrafik vergrößert werden neue Pixel erzeugt, die die Farbinformationen der benachbarten Pixel erhalten. Die Bildinformationen werden verfälscht und das Bild wirkt „verwaschen" (siehe Abbildung 1.2). Außerdem nimmt der Speicherplatzbedarf erheblich zu.

Wird eine Rastergrafik stattdessen verkleinert, werden Pixel gelöscht und Bildinformationen gehen verloren. Teilweise entstehen beim Verkleinern völlig neue Farbtöne, wenn die Farbinformationen aus zwei (oder mehreren) Pixel in einem Pixel zusammengelegt werden, um das zweite (oder alle betreffenden) Pixel löschen zu können.

Die Stärke von Rastergrafiken liegt in der Darstellung von **komplexen Farbverläufen**. Diese findet man meist in Bildern, die mit einer Digitalkamera aufgenommen oder mit einem Scanner digitalisiert wurden. Hier ist es nicht oder nur sehr schwer möglich, die Formen und Farben der Grafik anhand von grafischen Primitiven zu beschreiben. Versucht man dennoch komplexe Farbverläufe als Vektorgrafik darzustellen, wirkt das Ergebnis meist künstlich und unansehnlich.

Aufgrund der Vor- und Nachteile beider Grafiktypen haben sich in unterschiedlichen **Anwendungsgebieten** jeweils andere Grafiktypen durchgesetzt. Prinzipiell werden photorealistische Bilder als Rastergrafik beschrieben, während man überall, wo dies nicht notwendig ist, auch auf Vektorgrafiken zurückgreift. Das betrifft u.a. Grafikanwendungen (vektorbasierte Zeichenprogramme wie Corel-Draw oder Inkscape), Seitenbeschreibungen und Schriften am Computer (PostScript, PDF, TrueType) und Internetanwendungen (Macromedia Flash, SVG).

S. Greiner, N. Tambascia

2 Scalable Vector Graphics (SVG)

Scalable Vector Graphic (SVG) ist der vom World Wide Web Consortium (W3C) empfohlene Standard zur Beschreibung zweidimensionaler Vektorgrafiken im Internet. Entwickelt wurde SVG von Adobe Systems aus der hauseigenen Sprache Precision Graphics Markup Language (PGML) und Microsofts Vector Markup Language (VML). Sowohl PGML als auch VML war zuvor vom W3C abgelehnt worden, ehe SVG als Weiterentwicklung aus beiden Sprachen im Jahr 1999 angenommen wurde. Die momentan empfohlene Version von SVG ist die seit 2001 aktuelle Version 1.1. Version 1.2 ist in Entwicklung.

Adobe Systems stellt SVG als neuen Web-Grafikstandard vor

Unterschleißheim, 18. Februar 1999 – Adobe Systems hat dem World Wide Web Consortium (W3C) einen neuen offenen Standard für Web-Grafiken vorgeschlagen: Mit den hochauflösenden Scalable Vector Graphics (SVG) läßt sich die grafische Qualität von Web-Angeboten entscheidend verbessern. Ein wichtiger Anwendungsbereich sind eCommerce-Websites, denn mit SVG kann die von gedruckten Katalogen, Magazinen und Anzeigen gewohnte Qualität jetzt auch im Web realisiert werden. SVG verleiht Web-Grafiken darüber hinaus dynamische und interaktive Dimensionen. Die Grafiken sind deutlich schneller herunterzuladen, entlasten damit die Bandbreite und optimieren die Browser-Performance. SVG wird im Laufe des Jahres für Endkunden, Web-Publisher und Entwickler verfügbar sein. Mit der Spezifikation der Precision Graphics Markup Language (PGML) hatte Adobe dem W3C bereits einen Web-Standard vorgeschlagen und damit seine zentrale Rolle bei der technologischen Entwicklung im Web-Bereich unterstrichen.

Abbildung 2.1: Offizielle Pressemitteilung von Adobe Systems zur Vorstellung von SVG [2]

Die technische Umsetzung von SVG erfolgt durch verschiedene **Elemente**, die in Form von XML-Code (Extensible Markup Language) abgelegt werden. SVG unterteilt diese Elemente wiederum in drei Gruppen vor Grafikobjekten:

- Vektorgrafikelemente
- Rastergrafiken
- Text

Vektorgrafikelemente bezeichnet die Umsetzung der verschiedenen grafischen Primitive in SVG. Zur Beschreibung von Vektorgrafiken stehen folgende Elemente zur Verfügung: Pfad <PATH>, Rechteck <RECT>, Kreis <CIRCLE>, Ellipse <ELLIPSE>, Linie <LINE>, Linienzug <POLYLINE> und Polygon <POLYGON>.

Neben den Vektorgrafikelementen ist es auch möglich **Rastergrafiken** in SVG zu verwenden. In diesem Fall muss die Rastergrafik extern zur Verfügung stehen und kann dann beispielsweise als Hintergrundbild für die Vektorgrafik eingebunden werden. Dies leistet das Element <IMAGE>.

Mit dem Element <TEXT> wird **Text** in die Grafik eingebettet.

Neue Schnittstellen I

Da SVG-Grafiken in XML definiert werden, können diese mit jedem beliebigen Texteditor gelesen und bearbeitet werden. Folgender Code zeigt den Inhalt einer SVG-Grafikdatei mit einigen simplen Text- und Vektorgrafikelementen. Abbildung 2.2 zeigt die aus dem Code erzeugt Grafik.

```
<svg
   xmlns="http://www.w3.org/2000/svg"  version="1.1"
   width="500" height="450">
<title>Text- und Grafikelemente von SVG</title>

<rect width="300" height="240" x="0" y="210" fill="blue" />
<ellipse cx="280" cy="230" rx="190" ry="120" fill="yellow"/>
<path d="M150 200 L50 400 L250 400 Z" stroke="black" fill="lime" />
<text x="200" y="220" font-family="Arial" font-size="35">
   KSFE 2011
</text>
</svg>
```

Abbildung 2.2: Text- und Grafikelemente von SVG

Der Code beginnt mit dem **Wurzelelement <SVG>**, das den gesamten Definitionsbereich der SVG-Grafik umschließt. Die Attribute XMLNS (XML Name Space) und VERSION spezifizieren, welcher Standard zur Interpretation des folgenden Codes genutzt wird und in welcher Version. In diesem Fall wird der SVG-Standard des W3C in der Version 1.1 verwendet. Die Attribute WIDTH und HEIGHT legen die Größe des Ausgabebereichs fest, in dem die Grafik angezeigt werden kann.
Es folgt das Element <TITLE>, mit dem der Text festgelegt wird, der als Überschrift im Fenster mit der Grafik erscheint.
Die Elemente <LINE>, <RECT>, <CIRCLE> und <TEXT> definieren mit ihren diversen Attributen die in Abbildung 2.2 sichtbaren Formen und Text.
Natürlich sind die in Abbildung 2.2 dargestellten Formen nur ein sehr simpler Anwendungsfall für SVG. SVG unterstützt auch **interaktive und dynamische** Anwendungen, d.h. es kann auch auf Benutzereingaben reagieren und Animationen darstellen. Wegen dieser Flexibilität und der gleichzeitig effizienten Arbeitsweise hat sich SVG auf vielen tragbaren Geräten etabliert. Hier werden üblicherweise reduzierte Versionen von SVG wie SVG Basic oder SVG Tiny genutzt.

SVG wurde in erster Linie für die Darstellung von Grafiken im Internet entworfen. Allerdings ist die **Browser-Unterstützung** für SVG nicht so weit fortgeschritten, dass man ohne weiteres von einer korrekten Darstellung im eigenen Browser ausgehen kann. Zu beachten ist an diesem Punkt vor allem die fehlende Unterstützung des Internet Explorers für SVG. Erst in der noch nicht finalen Version 9 des Internet Explorers wird eine Unterstützung implementiert sein. Tabelle 2.1 bietet eine Übersicht über die Unterstützung von SVG in verschiedenen Browsern:

Tabelle 2.1: Browser-Unterstützung für SVG 1.1 [3]

Browser	SVG 1.1 Unterstützung
Opera 10.61	95,26 %
Safari 5.0	82,48 %
Google Chrome 4.0	82,12 %
Mozilla Firefox 4.0 Nightly	78,83 %
Mozilla Firefox 3.6	61,50 %
Internet Explorer 9 Preview 4	58,00 %
Internet Explorer bis Version 8	keine

Neben der nativen SVG-Unterstützung durch den Browser wurde von Adobe Systems der „Adobe SVG Viewer" entwickelt, der SVG-Unterstützung auch für den Internet Explorer und andere Browser ermöglicht. Weitere Informationen zum „Adobe SVG Viewer" können auf der Webseite von Adobe Systems gefunden werden: http://www.adobe.com/svg/viewer/install/.

3 SVG in SAS 9.2

Mit SAS 9.2 ist es jetzt zum ersten Mal möglich, aus SAS heraus Grafiken zu erstellen, die dem SVG Standard entsprechen. Die Änderungen im Vergleich zu anderen Grafikformaten sind dabei marginal: Nur die GOPTION DEVICE und gegebenenfalls die ODS Destination müssen geändert werden, um aus einem bestehenden SAS-Grafikprogramm eine SVG-Grafik zu erzeugen.

Für diesen Zweck stehen seit SAS 9.2 fünf neue **Devices** zur Erstellung von SVG-Grafiken zur Verfügung. Welche davon das optimale Resultat liefert, hängt von der Art der Anwendung ab. Hier eine kurze Übersicht über die neuen Devices:

- SVG: Erzeugt SVG 1.1 Grafiken
- SVGT: Erzeugt SVG 1.1 Grafiken mit transparentem Hintergrund
- SVGZ: Erzeugt komprimierte SVG 1.1 Grafiken
- SVGVIEW: Erzeugt SVG 1.1 Grafiken mit Steuerungselementen (mehrseitige Grafiken)
- SVGnotip: Erzeugt SVG 1.1 Grafiken ohne Tooltip

Die Ausgabe der SVG-Grafiken hängt aber nicht alleine vom benutzten Device ab. Je nach verwendeter ODS Destination unterscheiden sich die Merkmale der von SAS erzeugten Grafikdateien. Die für SVG gültigen ODS Destinations sind: ODS Listing, ODS HTML, ODS PDF und ODS Printer.

Neue Schnittstellen I

Die Ausgabe von ODS Listing und ODS Printer ist in jedem Fall eine einzelne SVG-Datei. Diese alleinstehende SVG-Grafik kann auch über mehrere Seiten gehen.
ODS HTML dagegen generiert eine SVG-Datei und zusätzlich eine HTML-Datei, die die SVG-Datei in HTML einbettet. Geht die SVG-Grafik über mehrere Seiten wird für jede Seite eine einzelne SVG-Datei erzeugt.
ODS PDF produziert eine einzelne PDF-Datei, in der die SVG-Grafik enthalten ist. Eine SVG-Datei wird mit ODS PDF nicht erzeugt.

Um einige der gerade beschriebenen Anwendungsmöglichkeiten besser zu verdeutlichen und das Thema SVG in SAS etwas weiter zu vertiefen, folgen jetzt einige Beispiele zu SVG in SAS. Der Code wurde in vielen Fällen auf die grundlegenden Befehle reduziert und ist in dieser Form nicht zwangsläufig lauffähig.

Beispiel 1 – Mehrseitige Grafik mit Steuerungselementen

```
FILENAME fname "shoes.svg";
GOPTIONS GSFMODE=REPLACE GSFNAME=fname DEVICE=SVGVIEW;

PROC GCHART DATA=sashelp.shoes;
   PIE3D product / TYPE=SUM SUMVAR=sales GROUP=subsidiary;
   WHERE subsidiary IN ('London' 'Paris' 'Madrid');
RUN; QUIT;
```

Die ersten beiden Zeilen des Codes legen den Device und den Ausgabenamen der Grafikdatei fest. Weil in diesem Beispiel keine andere ODS Destination festgelegt ist, wird für die Ausgabe ODS Listing und damit eine einzelne SVG-Datei verwendet. DEVICE=SVGVIEW aktiviert die Steuerungselemente für mehrseitige SVG-Grafiken.

PROC GCHART erzeugt die eigentliche Grafik. Pro Stadt werden Verkäufe über die Zeit, aufgeschlüsselt nach Schuhtyp, dargestellt. Da die Daten von drei Städten (London, Paris und Madrid) betrachtet werden, ist das Ergebnis eine dreiseitige Grafik.

Abbildung 3.1: Index einer dreiseitigen Grafik mit Steuerungselementen

193

In Abbildung 3.1 wird der Index der dreiseitigen SVG-Grafik in einem Browserfenster gezeigt. Durch das Klicken auf eine der drei Seiten im Index erhält man die entsprechende Seite in Großansicht. Die **Steuerungselemente** im oberen Teil des Bildes können durch ein Klicken auf „SVG Controls" ausgeblendet werden. Das Steuerungselement „Index" führt von jeder Einzelseite der Grafik wieder zurück zu dieser Indexansicht. Die Pfeilsteuerungselemente im rechten Teil des Bildes lassen den Anwender eine Seite nach der anderen, bzw. die erste und letzte Seite der Grafik ansteuern.

Aktiviert werden kann die Funktionalität von Index und Steuerungselementen entweder durch die Device SVGView oder das Setzen der SAS-Systemoption SVGCONTROLBUTTONS mit einem anderen SVG-Device.

Beispiel 2 - Transparenz

```
OPTIONS PRINTERPATH=SVGT;
ODS PRINTER FILE="germany.svg";

PROC GMAP DATA=maps.germany MAP=maps.germany;
    ID id;
    CHORO id / COUTLINE=YELLOW DES="";
RUN; QUIT;

PROC GCHART DATA = sashelp.demographics;
    VBAR name / TYPE=SUM SUMVAR=pop DES="";
    WHERE name IN ("GERMANY" "FRANCE");
RUN; QUIT;

ODS PRINTER CLOSE;
```

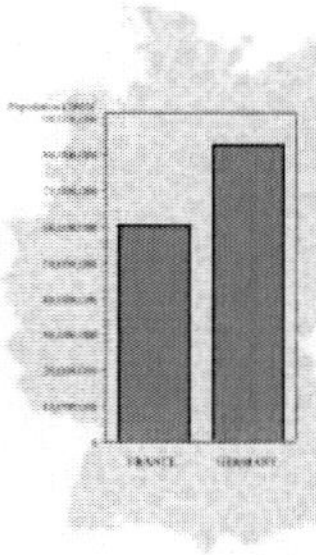

Abbildung 3.2: Deutschlandkarte mit transparentem Balkendiagramm

In Beispiel 2 werden zwei Grafiken erzeugt, die mit Hilfe von SVG **Transparenz**-Device und ODS Printer übereinander gelegt werden sollen. Zu diesem Zweck wird mit PRINTERPATH=SVGT der Transparenz-Device als Ausgabe-Printer gesetzt und ODS Printer geöffnet. Die Funktionalität von ODS Printer erlaubt es, mehrere Grafiken übereinander zu legen.

Die von PROC GMAP gezeichnete Karte von Deutschland und das Balkendiagramm aus PROC GCHART werden übereinander gelegt. Wie in Abbildung 3.2 zu sehen ist, bildet die Deutschlandkarte den Hintergrund zum Balkendiagramm. Durch die Transparenz kann man durch den Hintergrund des Balkendiagramms auf die Deutschlandkarte sehen.

Neue Schnittstellen I

Beispiel 3 – SVG in HTML und PDF

```
GOPTIONS DEVICE=SVG;

ODS LISTING CLOSE;
ODS PDF FILE="stocks.pdf";
ODS HTML FILE="stocks.html";

PROC GCHART DATA = sashelp.stocks;
   VBAR date /DISCRETE SUMVAR = close
              NAME="stocks";
RUN; QUIT;

ODS HTML CLOSE;
ODS PDF CLOSE;
ODS LISTING;
```

Abbildung 3.3: SVG-Grafik in HTML (links) und PDF (rechts)

Bis zu diesem Zeitpunkt haben wir uns auf bei der Ausgabe von Grafiken auf ODS Listing beschränkt. Beispiel 3 zeigt wie SVG-Grafiken auch mit ODS PDF und ODS HTML ausgegeben werden können. Die Änderungen zu ODS Listing sind geringfügig: lediglich die entsprechende ODS Destination mit Dateiname muss angegeben werden.
Das von ODS PDF generierte PDF-Dokument besteht aus einer einzelnen Seite, die die von PROC GCHART gezeichnete Grafik beinhaltet.
ODS HTML dagegen erzeugt zwei Dateien: eine Datei namens „stocks.svg" und eine namens „stocks.html". Die erste Datei „stocks.svg" enthält die aus PROC GCHART erzeugte SVG-Grafik, die auch ohne die HTML-Datei vollständig und lauffähig ist. Ihren Namen erhält die Datei vom Parameter NAME="stocks" im VBAR Statement. Die zweite Datei „stocks.html" beinhaltet von SAS erzeugte Formatierungsanweisungen und bindet „stocks.svg" über das Element <EMBED> ein. Das Ergebnis ist die in Abbildung 3.3 dargestellte HTML-Datei mit Balkendiagramm und grauem Hintergrund.

Beispiel 4 – Grafik mit Link und Tooltip

```
GOPTIONS DEVICE=SVG;

ODS LISTING CLOSE;
ODS HTML FILE="zufriedenheit.htm";

PROC GCHART DATA = svg1;
   VBAR3D year / DISCRETE TYPE=SUM SUMVAR=result
                 HTML=html_var DES="";
RUN;
QUIT;

ODS HTML CLOSE;
```

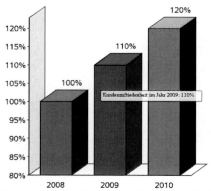

Abbildung 3.4: Balkendiagramm mit Tooltip und Links

Der angegebene Code erzeugt eine Grafik wie in Abbildung 3.4 zu sehen. Die entscheidenden Merkmale dieser Grafik sind das Anzeigen eines **Tooltips** (Beschreibungstext zu einem Balken) über den Balkenflächen und das **Verlinken** zu anderen Internetseiten (bzw. Dokumenten) beim Klicken auf die Balkenflächen.

Wie in den ersten Zeilen des Codes angegeben, wird für dieses Beispiel als Device SVG mit ODS HTML verwendet. Ohne ODS HTML kann die erzeugte Grafik weder einen Tooltip anzeigen, noch auf ein anderes Ziel verlinken. Der kritische Parameter für diesen Zweck ist HTML=html_var, der auf eine Variable im Eingangsdatensatz verweist (in diesem Fall html_var). Diese Variable enthält die Informationen zu Tooltip und Links.

Obs	year	result	html_var
1	2008	100%	title="Kundenzufriedenheit im Jahr 2008: 100%"href="http://www.accovion.com"
2	2009	110%	title="Kundenzufriedenheit im Jahr 2009: 110%"href="http://www.accovion.com"
3	2010	120%	title="Kundenzufriedenheit im Jahr 2010: 120%"href="textdokument.pdf"

Abbildung 3.5: Eingangsdatensatz zu Abbildung 3.4

Die in Abbildung 3.5 zu sehenden Beobachtungen enthalten die Daten zum Balkendiagramm in Abbildung 3.4. Höhe und Aussage der Balken werden durch die Variablen year und result bestimmt. Die Variable html_var dagegen beinhaltet mit den Parametern **TITLE und HREF** beschreibende Informationen. TITLE wird ein Text übergeben, der als Tooltip über der Balkenfläche angezeigt wird. HREF übergibt dem Balken einen Link, dem beim Klicken auf die Balkenoberfläche gefolgt wird. Natürlich ist hier nicht nur das Verlinken von Webseiten möglich. Auch Dokumente mit ins Detail gehenden Statistiken können für jeden einzelnen Balken eingebunden werden.

Neue Schnittstellen I

Beispiel 5 – Kompression

```
GOPTIONS DEVICE=SVG;
PROC GCHART DATA = sashelp.class;
    VBAR name / SUMVAR = height;
RUN; QUIT;

GOPTIONS DEVICE=SVGZ;
PROC GCHART DATA = sashelp.class;
    VBAR name / SUMVAR = height;
RUN; QUIT;
```

Name	Size
gchart.svg	40 KB
gchart.svgz	9 KB

Abbildung 3.6: SVG-Grafik, komprimiert (SVGZ) und unkomprimiert (SVG)

Beispiel 5 zeigt den Effekt der Kompression auf die Dateigröße einer SVG-Datei. Wir erzeugen zweimal dieselbe Grafik mit ODS Listing. Anstelle von Device SVG wird beim zweiten Lauf mit Device SVGZ eine komprimierte SVGZ-Datei ausgegeben. Das Ergebnis ist in Abbildung 3.6 zu sehen: Die Größe der komprimierten Datei ist um mehr als 75% geringer als die der unkomprimierten. Allerdings ist es nicht mehr möglich, die komprimierte Datei in einem Texteditor sinnvoll zu lesen oder zu editieren.

4 Ausblick

Wie im vorigen Kapitel zu sehen, ist die in SAS umgesetzte Funktionalität von SVG bisher auf statische Grafiken beschränkt. Grafiken, die **Animation oder Benutzereingabe** erfordern, werden von SAS nicht unterstützt.

Abbildung 4.1: Unterer Teil der Trajanssäule (Rom); per Mausklick zerlegbar [4]

Abbildung 4.1 zeigt den unteren Teil der Trajanssäule in Rom als SVG-Grafik. Durch Klicken auf die einzelnen Teile der Säule kann der Nutzer die Säule zerlegen und so Gänge und Treppen freilegen. Ob eine solche Anwendung jemals aus SAS heraus erzeugt werden kann, bleibt abzuwarten.

Ein weiteres Problem für die Nutzung von SVG mit SAS ist die mangelnde Integrierbarkeit in gängige **Textverarbeitungsprogramme**. Dieses Problem betrifft weniger SAS selbst, als dass es die Nützlichkeit der mit SAS erzeugten Grafiken stark einschränkt. So können SVG-Grafiken in MS Word nur über das Umwandeln der Grafik in ein unterstütztes Grafikformat eingebunden werden. Auch in LaTeX kann nur der Umweg über eine Umwandlung in ein PDF gewählt werden. In Open Office dagegen ist das Einbinden der SVG-Grafiken einfach und reibungslos möglich. Um SVG nicht nur als Standard für das Internet zu etablieren, sondern auch zu einer ernsthaften Alternative in der Dokumentenerstellung zu machen, müsste SVG an diesem Punkt mit anderen Grafikformaten gleichziehen.

Literatur

[1] http://de.wikipedia.org/w/index.php?title=Datei:Zeichen_224.svg

[2] http://www.adobe.com/de/aboutadobe/pressroom/pr/feb99/adbsvg.pdf

[3] Die Quelle ist http://www.codedread.com/svg-support.php. Hier ist auch eine Interpretation der Zahlen zu finden.

[4] http://de.wikipedia.org/w/index.php?title=Datei:Trajans-Column-lower-animated.svg; Urheber: Hk kng

Robuste und effiziente Konfidenzbereiche für nichtzentrale Perzentile

Cornelius Gutenbrunner
Siemens Healthcare Diagnostics
Products GmbH
Postfach 1149
35001 Marburg
Cornelius.Gutenbrunner@siemens.com

Zusammenfassung

Für die Punkt- und Intervall-Schätzung randständiger Perzentile (p=0.01,0.02, 0.05, 0.95, 0.98, .99 usw.) bei Stichprobenumfängen n im Bereich 100-400 Beobachtungen ist es nicht einfach, gute Methoden zu finden: Die meistgenutzte nichtparametrische Methode (Stichprobenperzentile, $X\_p0 < X\_p < X\_p1$, p0 und p1 zum gewünschten Konfidenzniveau verteilungsfrei konstruiert) bietet je nach n und p keine oder eine sehr ineffiziente und Ausreißer-empfindliche Lösung. Die gängige parametrische Methode (Schätzer der Form MW +/- k*SD, k auf Basis der Normalverteilung berechnet) ist nicht robust und versagt schnell, wenn die wahre Verteilungsform nicht der Normalverteilung entspricht.

Im Vortrag wird ein sehr einfaches allgemeines Konstruktionsprinzip für Punkt- und Intervallschätzer gezeigt, das gute Kompromisse zwischen beiden oben genannten Verfahren erlaubt. Die Bestimmung der Konstanten des Verfahrens erfolgt über Simulation, die mit einem sehr einfachen SAS-Makro durchgeführt werden kann.

Schlüsselwörter: Perzentile, Quantile, Konfidenzbereiche, mediantreue Schätzung, Simulation, Robustheit, Effizienz

1 Einleitung und Aufgabenstellung

Die Schätzung der Perzentile einer Verteilung ist eine häufig auftretende Aufgabe in vielen Anwendungsbereichen statistischer Methoden (siehe z.B. [3],[4]). Zu einer Verteilungsfunktion $p=F(x)$ bezeichne $x=Q(p)=F^{-1}(p)$ die zugehörige Perzentil- oder Quantilfunktion. Die Punkt- und Intervallschätzung zentraler Perzentile $Q(p)$, p nahe an 0.5 ($0.1 \leq p \leq 0.9$) ist i.allg. unproblematisch. Dies gilt jedoch nicht für randständige Perzentile $Q(p)$. Je näher p an 0 oder 1 liegt, desto größer muss der Stichprobenumfang n sein, um eine brauchbare Punkt- und erst recht Intervallschätzung (Konfidenzintervall) zu bekommen.

Es gibt hier bei den beiden bekanntesten Verfahren: 1. Nichtparametrische Schätzung und 2. Schätzung unter Normalverteilungsannahme auf der Basis von Mittelwert und Standardabweichung, eine für die Praxis empfindliche Lücke. So braucht man zum Beispiel mindestens n=368 Beobachtungen, um das nichtparametrische 95%-Konfidenzintervall für Q(0.01) oder Q(0.99) zu berechnen. Selbst wenn man diese 368 (oder etwas mehr) Beobachtungen zusammenbekommt, enthält das resultierende Konfidenzintervall als eine Grenze die kleinste (bei p=0.01) oder größte Beobachung (bei p=0.99) der Stichprobe. Wenn aber eine Stichprobe überhaupt Ausreißer enthält, dann ist mit hoher Wahrscheinlichkeit die kleinste oder größte Beobachtung davon betroffen! Auf der anderen Seite ist das Intervall [MW+k_1(p)*SD, MW+k_2(p)*SD], das man auf Normalverteilungsbasis berechnen kann, sehr empfindlich gegen Abweichungen von dieser. Anders als etwa im Falle des t-Tests kann man sich hier also nicht mit einer gewissen Robustheit des Verfahrens gegenüber Abweichungen von der Normalverteilung beruhigen.

Die vorliegende Präsentation soll zeigen, wie leicht man durch statistische Simulation zu Verfahren kommt, die man als klugen Kompromiss zwischen den oben dargestellten Extremen auffassen kann. Die erforderlichen Simulationen lassen sich durch sehr einfache SAS-Programme realisieren.

Um Missverständnissen vorzubeugen: Die Präsentation ist kein Plädoyer für unverantwortlich kleine Stichprobenumfänge im Zusammenhang mit der Schätzung randständiger Perzentile. Im Gegenteil, da man immer die dazugehörigen Konfidenzintervalle mitberechnen kann, erkennt man schon an deren (u.U. großer) Breite, welche Unsicherheit jeweils mit der Punktschätzung verbunden ist.

Als kleiner Nebeneffekt ergibt sich aus den angegebenen Verfahren auch eine einfache Möglichkeit, aus den gängigen Definitionen für Stichprobenperzentile (etwa SAS-PCTLDEF 1-5), die meist nicht Erwartungs- oder Median-treue Schätzer liefern, Perzentilschätzer mit diesen Eigenschaften zu konstruieren.

2 Konstruktionsprinzip der Schätzer

Die betrachteten Punktschätzer und Konfidenzintervallgrenzen sind von der Form

(1) $\hat{Q}(p) = \hat{M} + c(p, F_0)\hat{D}$

Hierbei ist $\hat{M}$ ein sich gegenüber Lage- und Skalentransformationen der Stichprobe äquivariant verhaltendes Lokationsmaß, wie etwa der Median der Stichprobe.

$\hat{D}$ ist ein sich gegenüber Lagetransformationen invariant und gegenüber Skalentransformationen äquivariant verhaltendes Dispersionsmaß, wie etwa der MAD (Median der absoluten Abweichungen vom Median) oder eine einfache Perzentildifferenz, wie z.B.

(2) $\hat{D} = \hat{X}(p) - \hat{X}(0.5)$,

$\hat{X}(p)$ das Stichprobenperzentil.

Klinische/Epidemiologische Anwendungen I

Der Faktor $c(p, F_0)$ hängt neben p auch vom Verteilungstyp F_0 ab, daher ist das Verfahren parametrisch. Es ist aber leicht, in kurzer Zeit mehrere Verteilungstypen und auch verschiedene Typen von Dispersionsmaßen in die Simulationen einzubeziehen, um festzustellen, welche Wahl des Dispersionsmaßes zu einer möglichst geringen F_0-Abhängigkeit des Faktors führt. Die Wahl des Dispersionsmaßes hängt auch davon ab, ob es sinnvoll erscheint, Symmetrie von F_0 vorauszusetzen oder nicht. Symmetrie der Verteilungen ist eine starke Voraussetzung, die oft in der Praxis nicht erfüllt ist, andererseits aber, wenn sie als gegeben angenommen werden kann, zu einer ungefähren Verdoppelung der Effizienz der Schätzer führt.

Für die Konstruktion von Konfidenzgrenzen und mediantreuen Punktschätzern muss man Wahrscheinlichkeiten der Art

(4) $P(\hat{Q}(p) \leq Q(p))$

kontrollieren. Unter (1) ist (4) gleich

(5) $P(Z \leq c(p, F_0))$

mit dem unter Lage- und Skalentransformationen invarianten Ausdruck

(6) $Z = (Q(p) - \hat{M}) / \hat{D}$.

Die Invarianz von Z bewirkt, dass man für jeden Verteilungstyp nur einen Vertreter dieses Typs simulieren muss. Die Aufgabe der Bestimmung der korrekten Konstanten c in (1) reduziert sich also auf die Bestimmung der Perzentile der Verteilung von Z unter dem ausgewählten Vereilungstyp F_0. Die Bestimmung der Perzentile der Verteilung von Z wiederum ist sehr einfach durch Simulation zu bewerkstelligen.

3 Beispiele

Beispiel 1: Gamma-Verteilung
Aufgabe: Bei n=100 95%-Konfidenzintervall für Q(0.025) und Q(0.975) angeben.

Anm.: Für das nichtparametrische Intervall wäre n=146 minimaler Stichprobenumfang.

Wir wählen $\hat{M} = \hat{X}(0.5)$ (Stichprobenmedian) und $\hat{D} = \hat{X}(0.5) - \hat{X}(0.025)$ (für Q(0.025)) bzw. $\hat{D} = \hat{X}(0.975) - \hat{X}(0.5)$ (für Q(0.975)). Es ist hier genau die gewählte Definition der Stichprobenperzentile zu berücksichtigen, bei SAS also z.B. die gewählte PCTLDEF (=1, 2, 3, 4 oder 5). Für PCTLDEF=5 (default) und eine angenommene Gamma-Verteilung mit Parameter $a=3$ der Beobachtungen ergibt Simulation mit 100000 Replikationen (ca. 30 Sekunden Rechenzeit) folgende Perzentile der Verteilung von Z:

Für Q(0.025): $\hat{Z}(0.025) = 0.89$, $\hat{Z}(0.500) = 1.01$, $\hat{Z}(0.975) = 1.18$.

Für Q(0.975): $\hat{Z}(0.025) = 0.71$, $\hat{Z}(0.500) = 1.02$, $\hat{Z}(0.975) = 1.42$.

Die mediantreuen Punktschätzer sind also

$\hat{Q}(0.025) = \hat{X}(0.5) + 1.01(\hat{X}(0.025) - \hat{X}(0.5))$, $\hat{Q}(0.975) = \hat{X}(0.5) + 1.02(\hat{X}(0.975) - \hat{X}(0.5))$,

die 95%-Konfidenzintervalle sind

Für Q(0.025): [$\hat{X}(0.5) + 1.18(\hat{X}(0.025) - \hat{X}(0.5))$, $\hat{X}(0.5) + 0.89(\hat{X}(0.025) - \hat{X}(0.5))$]

Für Q(0.975): [$\hat{X}(0.5) + 0.71(\hat{X}(0.975) - \hat{X}(0.5))$, $\hat{X}(0.5) + 1.42(\hat{X}(0.975) - \hat{X}(0.5))$]

Bei PCTLDEF=5 gilt $\hat{X}(0.025) = X_{(3)}$ (dritte Ordnungsstatistik) und entsprechend $\hat{X}(0.975) = X_{(98)}$ (zu den PCTLDEF's vgl. auch [1]).

Hätte man PCTLDEF=4 gewählt, so wäre z.B. $\hat{X}(0.025) = 0.475 X_{(2)} + 0.525 X_{(3)}$ und es hätten sich für Q(0.025) die Werte $\hat{Z}(0.025) = 0.87$, $\hat{Z}(0.500) = 0.98$, $\hat{Z}(0.975) = 1.14$ ergeben, somit als mediantreuer Schätzer $\hat{Q}(0.025) = \hat{X}(0.5) + 0.98(\hat{X}(0.025) - \hat{X}(0.5))$ und als Konfidenzintervall [$\hat{X}(0.5) + 1.14(\hat{X}(0.025) - \hat{X}(0.5))$, $\hat{X}(0.5) + 0.87(\hat{X}(0.025) - \hat{X}(0.5))$].

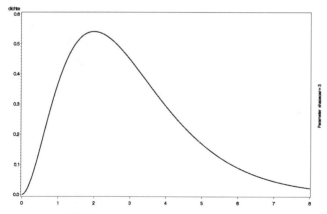

Abbildung 1: Dichte der Gamma-Verteilung mit Parameter a=3

Beispiel 2: t-Verteilung
Aufgabe analog zu Beispiel 1

Als Beispiel für eine symmetrische Verteilung mit starken Flanken wählen wir die t-Verteilung mit 2.345 Freiheitsgraden. Diese Wahl der Freiheitsgrade führt gerade zu einer Tailstärke 2.00 im Sinne von [2] (Tailstärke $t_{0.05,0.15}$=(Q(0.95)-Q(0.05))/(Q(0.85)-Q(0.15)); Gauß-Verteilung: Tailstärke 1.59; Cauchy-Verteilung: Tailstärke 3.22). Tatsächlich ist die t-Verteilung mit 2.345 Freiheitsgraden schon recht nahe an der Cauchy-Verteilung: Ihr zweites absolutes Moment $E|X|^2$ ist noch endlich, aber bereits das 2.5-te Moment $E|X|^{2.5}$ ist unendlich. Analog wie in Beispiel 1 erhalten wir für n=100 als Konfidenzintervall für Q(0.975):

$$[\hat{X}(0.5)+0.53(\hat{X}(0.975)-\hat{X}(0.5)), \hat{X}(0.5)+1.70(\hat{X}(0.975)-\hat{X}(0.5))],$$

als mediantreuen Punktschätzer

$$\hat{Q}(0.975) = \hat{X}(0.5)+1.03(\hat{X}(0.975)-\hat{X}(0.5)).$$

4 Programmierung in SAS

Code des SAS-Programms für obiges Beispiel:

```
%macro CI_for_Pctl_Gamma_Dist(
    p=0.025,
    n=100,
    shapepar=3,
    rep=10000,
    seed=38642159,
    out=tmp);

* evtl. schon vorh. Tabelle _d in work library löschen;
PROC DATASETS nolist LIB=work;DELETE   _d    /MEMTYPE=DATA;RUN;QUIT;

data _d;
array zz z1-z&rep;
array xx x1-x&n;

* number of replicates for simulation. 100000 is recommended;
rep=&rep;

*number of measurements per sample;
n=&n;

*Parameter of Gamma-distribution,-1 refers to Gaussian distribution;
shapepar=&shapepar;
*Percentage of Percentile;
p=&p;p100=100*p;
```

```
*true Percentile;
TruePctl=probit(&p);
if shapepar>0 then TruePctl=gaminv(&p,shapepar);

do i1=1 to rep;* Replications for simulation;

    do i3=1 to n;

        xx[i3]=rannor(&seed);**Gaussian random numbers;

        **transforming to gamma-distribution if shapepar>0;
        if shapepar>0 then do;
            xx[i3]=gaminv(probnorm(xx[i3]),shapepar);
        end;
     end;

    x_p=pctl(p100,of x1 - x&n);
    x_50=pctl(50 ,of x1 - x&n);

    zz[i1]=(TruePctl-x_50)/(x_50-x_p);
end;

z_025=pctl( 2.5,of z1 - z&rep);
z_500=pctl(50  ,of z1 - z&rep);
z_975=pctl(97.5,of z1 - z&rep);
run;

data &out;set _d;run;

proc print data=_d;
    var z_025 z_500 z_975 ;
    format z_025 z_500 z_975 8.2;
    label
        z_025='Factor_for_UL_of_95CI_Q(p)'
        z_500='Factor_for_Median_Unbiased_Q(p)'
        z_975='Factor_for_LL_of_95CI_Q(p)'
    ;
title"CI_for_Pctl_Gamma_Dist(p=&p,n=&n,shapepar=&shapepar,rep=&rep,
seed=&seed,out=&out)";
run;
%mend CI_for_Pctl_Gamma_Dist;

/*
Sample call of macro:
%CI_for_Pctl_Gamma_Dist(p=0.025,n=100,shapepar=3,rep=100000,
seed=38642159,out=tmp);
*/
```

Literatur

[1] H. Stürzl, C. Gutenbrunner: SAS Makro UNISTATS 2.0. 14.KSFE 2010 Berlin, U Rendtel, P Schirmbacher, O Kao, W.F. Lesener, R. Minkenberg (Hrsg.). Shaker Verlag, Aachen, 2010.

[2] W. Kössler, W. Lesener: Adaptive Lokationstests mit U-Statistiken. 14.KSFE 2010 Berlin, U Rendtel, P Schirmbacher, O Kao, W.F. Lesener, R. Minkenberg (Hrsg.). Shaker Verlag, Aachen, 2010.

[3] CLSI Guideline C28-A3: Clinical and Laboratory Standards Institute (CLSI). Defining, Establishing and Verifying Reference Intervals in the Clinical Laboratory; Approved Guideline—Third Edition. CLSI document C28-A3 (ISBN 1-56238-682-4). CLSI, 940 West Valley Road, Suite 1400, Wayne, Pennsylvania 19087-1898 USA, 2008.

[4] CLSI Guideline EP17-A:Protocols for Determination of Limits of Detection and Limits of Quantitation; Approved Guideline. CLCI document EP17-A (ISBN 1-56238-551-8). CLSI, 940 West Valley Road, Suite 1400, Wayne, Pennsylvania 19087-1898 USA, 2004.

Einfluss fehlender Daten auf Analyse und Fallzahlplanung in Bioäquivalenzstudien

Henrike Häbel
Fakultät für Mathematik und Wirtschaftswissenschaften,
Universität Ulm

Albert-Einstein-Allee 11
89081 Ulm
henrike.haebel@uni-ulm.de

Julia Habeck
Boehringer Ingelheim
Pharma GmbH & Co KG.
MDS / Phase I/IIa
Biostatistics
Birkendorfer Straße 65
88397 Biberach
julia.habeck@
boehringer-ingelheim.com

Michaela Mattheus
Boehringer Ingelheim Pharma
GmbH & Co KG.
MDS / Phase I/IIa Biostatistics
Binger Straße 173
55216 Ingelheim am Rhein
michaela.mattheus@
boehringer-ingelheim.com

Zusammenfassung

Wie in allen klinischen Studien, kann es auch bei Bioäquivalenzstudien vorkommen, dass Werte pharmakokinetischer Parameter nicht in die Auswertungen eingeschlossen werden können (z.B. im Falle schwerwiegender Protokollverletzungen) oder diese Werte möglicherweise nicht gemessen wurden (z.B. bei vorzeitigem Ausscheiden eines Probanden aus der Studie). Hierbei stellt sich die Frage, bei wie vielen fehlenden Werten weitere Probanden nachrekrutiert werden müssen (vorausgesetzt dies ist logistisch durchführbar). Im Rahmen dieser Fragestellung kann in Simulationsstudien der Einfluss fehlender Daten auf die Variabilität der Ergebnisse untersucht werden.

Die vorliegenden Analysen beruhen auf Simulationen von normalverteilten Daten in 2x2-Crossover Studien. Bei diesen Simulationen wurde der Probandeneffekt als zufällig und normalverteilt angenommen. Des Weiteren wurde vorausgesetzt, dass von jedem Probanden höchstens ein Wert fehlt. Es wird nur uninformatives Fehlen betrachtet, das heißt, das Fehlen ist nicht von dem potentiellen unbeobachteten Wert abhängig. Ein Teil der Untersuchungen konzentriert sich auf nahezu balanciertes Fehlen mit möglichst gleich vielen fehlenden Werten für jede Behandlung in beiden Perioden.
Zudem werden Datensätze betrachtet, in denen die Werte vorwiegend in Periode 2 oder ausschließlich für eine Behandlung fehlen. Zu erkennen ist, dass der gCV des geschätzten Behandlungseffekts, betrachtet über alle Simulationen, mit zunehmender Anzahl fehlender Werte zunächst langsam, dann rapide ansteigt.

Anschließend wurde eine Fallzahlbetrachtung mit SAS® durchgeführt. Die dabei erhaltenen Ergebnisse für die Power einer Studie können schließlich bei der Entscheidung, ob weitere Probanden nachrekrutiert werden müssen, herangezogen werden.

Schlüsselwörter: Bioäquivalenzstudien, unvollständige Datensätze, PROC SURVEYSELECT, PROC MIXED, PROC POWER

1 Bioäquivalenzstudien

Als Pharmakokinetik bezeichnet man alle Prozesse der Reaktion (Absorption, Verteilung und Elimination) des Körpers auf eine Substanz. Somit spielen Konzentrations-Zeit-Verläufe in klinischen Studien eine wichtige Rolle. Zu den primären Zielvariablen zählen die Fläche unter der Plasmakonzentrationskurve AUC (Area Under the Curve) und die maximale Konzentration C_{max}. Dabei wird anhand der AUC das Ausmaß und mit C_{max} die Höhe der Absorption des Wirkstoffes gemessen. Die Zielvariablen werden auch pharmakokinetische (PK-) Parameter genannt.

In Bioäquivalenzstudien wird im Rahmen der klinischen Entwicklung eines Wirkstoffes getestet, ob Test- und Referenzformulierung bioäquivalent sind, mit anderen Worten, hinsichtlich ihrer pharmakokinetischen Eigenschaften nur unwesentlich voneinander abweichen. Die PK-Parameter müssen dabei nach Applikation von Test- und Referenzformulierung nicht identisch, sondern innerhalb definierter Grenzen vergleichbar sein. Die klassische Bioäquivalenzstudie dient somit dazu, anhand der pharmakokinetischen Surrogatparameter die Ähnlichkeit von verschiedenen Formulierungen in Bezug auf Sicherheit und Wirksamkeit zu untersuchen. So wird beispielsweise vor der Vermarktung einer verbraucherfreundlicheren Darreichungsform eines Medikaments getestet, ob der Wirkstoff in Form einer neu zusammengesetzten Tablette die gleichen pharmakokinetischen Eigenschaften aufweist wie die bisher produzierte Formulierung.

Das typische Design einer Bioäquivalenzstudie mit einer Test- (T) und einer Referenzformulierung (R) ist ein 2x2-Crossover. Hierbei kommt es auf zwei Aspekte an: (a) Der Behandlungsunterschied wird intra-individuell geschätzt, wodurch die Genauigkeit in der Regel höher wird als bei einem inter-individuellen Vergleich (paralleles Design). Bei der Durchführung werden Test- und Referenzformulierung in zwei Perioden gegeben, wobei zwischen den beiden Perioden ein definiertes Zeitfenster liegt, die sogenannte Wash-out Periode. Sie dient der klaren Abgrenzung der zwei Behandlungen und soll sogenannte Carry-over Effekte vermeiden.
(b) Vorab werden N Probanden jeweils zur Hälfte zufällig einer Sequenz RT oder einer zweiten Sequenz TR zugeordnet. Die Behandlung hängt anschließend von der jeweiligen Sequenz und Periode ab, wie Abbildung 1 veranschaulicht:

Datenqualität

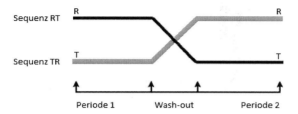

Abbildung 1: Darstellung eines 2x2-Crossovers

Dieses Studiendesign mit zwei Sequenzgruppen bewirkt, dass sich eventuell aufgetretene Periodeneffekte bei der Schätzung des Behandlungsunterschiedes im Mittel aufheben.

Für jeden Probanden werden die zu analysierenden PK-Parameter nach jeder Behandlung bestimmt. Falls der Wert eines PK-Parameters einer Behandlung aus der Analyse ausgeschlossen werden soll oder ganz fehlt, gibt es zwei mögliche Ansätze, wie fortzufahren ist: entweder (1) kann der jeweilige Proband ganz aus der Analyse ausgeschlossen werden, das heißt, die Werte aus allen beiden Behandlungen werden nicht berücksichtigt, oder (2) alle verfügbaren Daten des Probanden werden in die Analyse aufgenommen.

Hält man sich an die Alternative (1), so werden vorhandene Informationen ignoriert, was besonders dann kritisch ist, wenn dies auf mehrere Probanden n < N zutrifft. In diesem Fall ist klar ersichtlich und kalkulierbar, dass die Power für den Nachweis von Bioäquivalenz derjenigen entspricht, die man bereits vor Beginn der Studie mit N-n Probanden berechnet hätte. Mit Ansatz (2) ist dies jedoch offensichtlich nicht der Fall. Im Folgenden wird geprüft, ob und wie viele weitere Probanden bei Anwendung von Ansatz (2) nachrekrutiert werden müssen, um das Erreichen des Studienzieles zu gewährleisten.

In Simulationsstudien kann der Einfluss von fehlenden Daten auf die Analyse und Fallzahlplanung in Bioäquivalenzstudien untersucht werden. Diese Arbeit präsentiert die Durchführung, Auswertung und Ergebnisse der zu dieser Fragestellung durchgeführten Simulationsstudien.

2 Das Modell

An die ermittelten Werte der PK-Parameter wird nach Logarithmieren (natürlicher Logarithmus) ein lineares Modell angepasst. Dabei geht man von verschiedenen Einflussgrößen auf die jeweilige Zielvariable aus. So ist zu berücksichtigen, dass jeder Proband unterschiedlich auf die Behandlungen reagiert. Zudem können die Art der Behandlung, das heißt, die Verabreichung der Test- oder Referenzformulierung und der Zeitpunkt der Administration entscheidend sein.

Betrachtet man nun diese Faktoren, ergibt sich folgendes Modell für ein 2x2-Crossover Design nach Chow und Liu [1], mit einer auf der log-Skala normalverteilten Zielvariablen Y_{ijk} für $i = 1, ..., N$ Probanden, $j = 1, 2$ Perioden und $k = 1, 2$ Sequenzen.

$Y_{ijk} = S_{ik} + P_j + F_{jk} + C_k + e_{ijk}$
mit
Y_{ijk} = logarithmierte Zielvariable des i-ten Probanden in der k-ten Sequenz in Periode j; $i = 1, ..., N$; $j = 1, 2$; $k = 1, 2$
S_{ik} = Effekt des i-ten Probanden in der k-ten Sequenz
P_j = Effekt in Periode j
F_{jk} = Behandlungseffekt in der k-ten Sequenz in Periode j
C_k = Effekt in der k-ten Sequenz
e_{ijk} = Residual-Fehler des i-ten Probanden in der k-ten Sequenz in Periode j

Die ursprünglich ermittelten Werte der PK-Parameter $\exp(Y_{ijk})$ sind logarithmisch normalverteilt.

2.1 Modellvoraussetzungen

Der Perioden-, Behandlungs- und Sequenzeffekt werden als fest vorausgesetzt. Der Effekt eines einzelnen Probanden sei eine Realisierung einer unabhängig und identisch $N(0,\tau^2)$-verteilten Zufallsvariablen. Die Störgrößen beziehungsweise Residual-Fehler seien ebenfalls unabhängig und identisch verteilt mit $E(e_{ijk}) = 0$ und $Var(e_{ijk}) = \sigma^2$.
Der Probandeneffekt wird hier als zufällig angenommen. Unter diesen Voraussetzungen kann mittels der Restricted Maximum Likelihood (REML) Methode die Varianz τ^2 zwischen den Probanden und die Varianz σ^2 innerhalb eines Probanden auch dann geschätzt werden, wenn Werte fehlen sollten. Dies ermöglicht der bei der REML Methode implementierte Newton (-Raphson) Algorithmus, da mit diesem numerischen Verfahren aus der Klasse der Fixpunktiterationen nichtlineare Gleichungssysteme gelöst werden können.

Ein als fest angenommener Probandeneffekt würde dazu führen, dass ein Proband mit einem fehlenden Wert von der Analyse ausgeschlossen wird. Wie bereits geschildert, sollen die simulierten Datensätze jedoch unter Berücksichtigung aller verfügbaren Werte analysiert werden.

2.2 Modellannahmen

Im Allgemeinen wurde $P_1 = F_{11} = F_{22} = C_1 = C_2 = 0$ gewählt. Somit ergibt sich für die logarithmierte Zielvariable des i-ten Probanden je nach Sequenz und Periode folgende einfache Zusammenstellung:

Tabelle 1: Zusammenstellung der logarithmierten Zielvariablen

Sequenz	Periode 1	Periode 2
RT (k=1)	$Y_{i11} = S_{i1} + e_{i11}$	$Y_{i21} = S_{i1} + P_2 + F_{21} + e_{i21}$
TR (k=2)	$Y_{i12} = S_{i2} + F_{12} + e_{i12}$	$Y_{i22} = S_{i2} + P_2 + e_{i22}$

Für die Größen der Effekte wurden zwei Gruppen gebildet und unterschiedliche Annahmen getroffen, die in den folgenden Unterkapiteln näher erläutert werden.

2.2.1 Modellannahmen zur Untersuchung wesentlicher Effekte

Im ersten Teil der Untersuchungen wurden Größen mit besonders deutlichen Effekten gewählt, um deren Einfluss klar erkennen zu können. In diesem Zusammenhang wurde $P_2 = 3$ und $F_{12} = F_{21} =: F_2 = 5$ gewählt. Für den zufälligen Probandeneffekt wurden 3 verschiedene Varianzen τ^2 der Normalverteilung angenommen: $\tau^2 = 1, 9, 100$. Für die Residual-Fehler wurde eine Varianz von $\sigma^2 = 0.5$ gewählt.

2.2.2 Modellannahmen zur Untersuchung „realistischer Effekte"

Um Datensätze, die auch in der Realität vorkommen könnten, zu simulieren, wurden im zweiten Teil der Untersuchungen folgende Größen auf der Log-Skala angenommen: $P_2 = 0.2$, $F_2 = 0.1$ und $\tau^2 = 0.25$ sowie $\sigma^2 = 0.06$. Dies bedeutet auf der Original-Skala eine um 22% erhöhte Bioverfügbarkeit in der zweiten Periode und eine um 11% erhöhte Bioverfügbarkeit bei einer Behandlung mit der Testformulierung: der Wert der Zielvariablen erhöht sich durch Multiplikation mit einem Faktor von $\exp(0.2) = 1.22$ beziehungsweise $\exp(0.1) = 1.11$.

3 Simulation

Unter Berücksichtigung dieser Modellannahmen können nun mit SAS® vollständige und unvollständige Datensätze simuliert werden. Für die Simulationsstudien wurde zunächst ein vollständiger Datensatz für 24 Probanden, demnach mit 48 Werten, generiert. Dieser vollständige Datensatz wurde anschließend mit `PROC MIXED` analysiert, denn diese SAS® Prozedur verwendet zur Schätzung der gesuchten Varianzen τ^2 und σ^2 (oder anderer Größen von Interesse) die REML Methode.

Daraufhin wurden aus dem vollständigen Datensatz weitere 8 Datensätze mit jeweils 1, 2, 3, 4, 8, 12, 16 und 20 zufällig fehlenden Werten erstellt, um diese anschließend mit PROC MIXED zu analysieren.
PROC SURVEYSELECT bietet eine sehr gute Möglichkeit, zufällig Daten fehlen zu lassen, etwa

```
PROC SURVEYSELECT DATA = complete
    METHOD = srs N = 4 OUT = incomplete;
    STRATA stra;
RUN;
```

PROC SURVEYSELECT zieht mit der Methode srs (simple random sampling) aus einem gegebenen Datensatz (hier: complete) zufällig N Werte ohne Zurücklegen und schreibt diese in einen neuen Datensatz (hier: incomplete). Mit der optionalen Funktion STRATA kann angegeben werden, aus welchen Teilmengen der gegebenen Daten Werte gezogen werden sollen.

Bei den Simulationen der unvollständigen Datensätze wurde berücksichtigt, dass von jedem Probanden mindestens ein Wert in die Analyse einfließt. Dabei wurden drei verschiedene Fälle für fehlende Werte betrachtet:
- Fehlen in beiden Behandlungen und in beiden Perioden (Fall I)
- Fehlen nur in Periode 2 (Fall II)
- Fehlen nur in Behandlung mit der Referenzformulierung (Fall III).

Abbildung 2 veranschaulicht den vollständigen Datensatz, der als Grundlage für die Simulation der drei gewählten Fälle verwendet wird. Dabei steht die Variable PTNO für die Nummer des Probanden, TPATT für die Sequenz, PKPER für die Periode, PKTRT für die Behandlung und lnPK für den logarithmierten Wert des PK-Parameters. Die Spalte STRA ist speziell für die Simulierung der unvollständigen Datensätze angelegt worden und gehört nicht zu einem typischen Datensatz einer Bioäquivalenzstudie.

Um die unvollständigen Datensätze für die bereits beschriebenen Fälle zu simulieren, wird der vollständige Datensatz zunächst durch die Variable STRA zerteilt, um das Ziehen von Werten auf bestimmte Bereiche (Strata) zu reduzieren. Anschließend werden die nicht vom Ziehen betroffenen Segmente und die nun nach Anwendung von PROC SURVEYSELECT unvollständigen Strata wieder zusammengeführt.

Im Fall I wurde für m = 4, 8, 12, 16 und 20 fehlende Werte darauf geachtet, dass gleich viele Werte pro Behandlung pro Periode vorhanden sind. Hierbei wurde, wie Abbildung 2 verdeutlicht, die Einteilung des vollständigen Datensatzes in die einzelnen durch Trennlinien gekennzeichneten Teile vorgenommen. Anschließend wurden aus den grau schraffierten Bereichen (weiterer Datensatz) dann 6-m/4 Werte pro Stratum gezogen.

Datenqualität

Hierfür wurde der Anweisung STRATA der Spaltenname stra übergeben. Der nach Anwendung von PROC SURVEYSELECT erhaltene Datensatz wurde anschließend mit dem Datensatz, dessen Inhalt hier unschraffiert dargestellt ist, verbunden. Für m = 1 wurden 47 von den insgesamt 48 Werten, für m = 2 wurden jeweils 23 von 24 pro Sequenz gezogen und für m = 3 wurden 5 Werte pro dunkel schraffiertem Stratum gezogen. Dieser Datensatz wurde analog zu dem bereits Beschriebenen mit dem Datensatz, dessen Inhalt hier unschraffiert dargestellt ist, verbunden.

Für die Fälle II und III mit fehlenden Werten ausschließlich in Periode 2 oder in der Referenzformulierung wird PROC SURVEYSELECT zur Weiterverarbeitung ein Datensatz übergeben, der nur Werte aus Periode 2 enthält (rechter Block in Abbildung 2) beziehungsweise der nur Werte für die Referenzbehandlung enthält (bestehend aus den beiden oberen Bereichen auf der linken Seite sowie den beiden unteren Bereichen auf der rechten Seite).

PTNO	TPATT	PKPER	PKTRT	InPK	STRA	PTNO	TPATT	PKPER	PKTRT	InPK	STRA
1	RT	1	R	X	1	1	RT	2	T	X	3
2	RT	1	R	X	1	2	RT	2	T	X	3
3	RT	1	R	X	1	3	RT	2	T	X	3
4	RT	1	R	X	1	4	RT	2	T	X	3
5	RT	1	R	X	1	5	RT	2	T	X	3
6	RT	1	R	X	1	6	RT	2	T	X	3
7	RT	1	R	X	1	7	RT	2	T	X	3
8	RT	1	R	X	1	8	RT	2	T	X	3
9	RT	1	R	X	1	9	RT	2	T	X	3
10	RT	1	R	X	1	10	RT	2	T	X	3
11	RT	1	R	X	1	11	RT	2	T	X	3
12	RT	1	R	X	1	12	RT	2	T	X	3
13	TR	1	T	X	2	13	TR	2	R	X	4
14	TR	1	T	X	2	14	TR	2	R	X	4
15	TR	1	T	X	2	15	TR	2	R	X	4
16	TR	1	T	X	2	16	TR	2	R	X	4
17	TR	1	T	X	2	17	TR	2	R	X	4
18	TR	1	T	X	2	18	TR	2	R	X	4
19	TR	1	T	X	2	19	TR	2	R	X	4
20	TR	1	T	X	2	20	TR	2	R	X	4
21	TR	1	T	X	2	21	TR	2	R	X	4
22	TR	1	T	X	2	22	TR	2	R	X	4
23	TR	1	T	X	2	23	TR	2	R	X	4
24	TR	1	T	X	2	24	TR	2	R	X	4

Abbildung 2: Vollständiger Datensatz

Die Simulation eines vollständigen Datensatzes und die darauf basierende Generierung der 8 unvollständigen Datensätze für jeden Fall von fehlenden Daten wurde 1000 Mal wiederholt.

Somit ergibt sich folgender Pseudo-Code:
```
DO 1 TO 1000;
```
   1. Simuliere vollständigen Datensatz für 24 Probanden
   2. Werte vollständigen Datensatz mit PROC MIXED aus
   3. FOR m = 1, 2, 3, 4, 8, 12, 16, 20 DO
         PROC SURVEYSELECT um Datensätze mit i fehlenden Werten auf drei Varianten zu simulieren
      END
   4. Werte unvollständige Datensätze mit PROC MIXED aus
```
END;
```

4 Analyse

Die simulierten Datensätze wurden wie reale Datensätze analysiert. Hierzu wurde in SAS®, wie im vorherigen Abschnitt bereits erwähnt, PROC MIXED verwendet. Ein Rückgabewert von PROC MIXED ist der mittlere quadratische Fehler MSE (Mean Squared Error), welcher bei unserem Modell einen Schätzer für die Varianz σ^2 innerhalb eines Probanden darstellt. Der MSE ist in der Ausgabe von PROC MIXED in der Tabelle Covariance Parameter Estimates, als Wert von Estimate für Residual zu finden. Anschließend kann man mit dem MSE den geometrischen Variationskoeffizienten gCV (geometric Coefficient of Variation) berechnen, der wie folgt definiert ist

$$gCV := 100\sqrt{\exp(MSE) - 1}.$$

Diese Formel leitet sich gemäß Hauschke, Steinijans und Pigeot [4] aus der Definition des Variationskoeffizienten

$$CV := \frac{\sqrt{Var(X)}}{E(X)}$$

einer lognormalverteilten Zufallsvariablen X ab, für die gilt

$$E(X) = \exp(\mu + \frac{\sigma^2}{2}) \quad \text{und} \quad Var(X) = \exp(2\mu + \sigma^2)(\exp(\sigma^2) - 1),$$

wobei der MSE als ein Schätzer für σ^2 eingesetzt wird. So ergibt sich für $\sigma^2 = 0.06$ ein gCV in Höhe von 25%. Der gCV wird von Naturwissenschaftlern für anschaulicher gehalten als der MSE, enthält aber die gleiche Information.

Datenqualität

Der gCV ist eine entscheidende Größe bei der Fallzahlbestimmung. Intuitiv gilt, je höher der gCV ist, desto mehr Probanden müssen rekrutiert werden. Die Berechnung der Fallzahl beziehungsweise der Power kann in SAS® mit PROC POWER durchgeführt werden.

4.1 Analyse mit PROC MIXED

Bei der Durchführung einer Bioäquivalenzstudie möchte man mittels des angepassten Modells zeigen, dass zwischen der Test- (T) und der Referenzformulierung (R) kein relevanter pharmakokinetischer Unterschied besteht.

Zur Untersuchung des Unterschieds zwischen den beiden Behandlungen μ_T und μ_R (in Kapitel 2.2 mit F_2 bezeichnet) wird eine Varianzanalyse mit der REML-Methode durchgeführt. Dabei werden die Variabilität zwischen den Probanden τ^2 und die Variabilität innerhalb eines Probanden σ^2 zwischen Test- und Referenzformulierung berücksichtigt. Bei einem klassischen Verfahren (Average Bioequivalence) wird überprüft, ob das 90%-Konfidenzintervall der Behandlungsdifferenz $\mu_T - \mu_R$ im Äquivalenzbereich von [ln(0.8), ln(1.25)] liegt.

Anhand des Schätzers für $\mu_T - \mu_R$ und der Varianzen τ^2 und σ^2 kann ein Konfidenzintervall für die Behandlungsdifferenz ermittelt und folgende Hypothesen geprüft werden:

Nullhypothese H_0 : $\quad \mu_T - \mu_R \leq \ln(0.8)$ oder

$$\mu_T - \mu_R \geq \ln(1.25)$$

versus

Alternativhypothese H_1 : $\quad \ln(0.8) < \mu_T - \mu_R < \ln(1.25)$

In SAS® kann hierfür die Prozedur PROC MIXED aufgerufen werden, etwa mit:

```
PROC MIXED DATA = data ORDER = INTERNAL
    CLASS ptno pktrt tpatt pkper;
    MODEL lnpk = pktrt pkper tpatt
    / HTYPE = 2 SOLUTION
        OUTPRED = outpred
        DDFM = KR;
    RANDOM ptno(tpatt) / S;
    LSMEANS pktrt pkper / CL;
```

```
            ESTIMATE 'Diff T-R' pktrt -1 1 / CL ALPHA= 0.1;
RUN;
```

Hierbei wird PROC MIXED zuerst ein zu analysierender Datensatz (data) übergeben, der mit der Methode REML analysiert werden soll, wobei ORDER = INTERNAL festlegt, dass die Werte für die Variablen in CLASS nach dem unformatierten Wert sortiert werden. Unter CLASS werden die qualitativen im Modell zu berücksichtigenden Variablen angegeben, diese sind in unserem Fall Probandennummer, Behandlung, Sequenz und Periode.

Die logarithmierte Zielvariable (lnkp) wird in Abhängigkeit der festen Effekte unter MODEL angegeben. Mit HTYPE = 2 wird angegeben, dass Typ-2 F-Tests für die fixen Effekte durchgeführt werden sollen. SOLUTION führt zur Ausgabe von Schätzern und Standardfehlern sowie der Berechnung einer t-Statistik für die festen Effekte. Mit OUTPRED wird nach dem Modellaufruf ein Datensatz ausgegeben, der unter anderem die geschätzten Werte enthält, und DDFM = KR legt fest, dass die Freiheitsgrade nach Kenward-Roger bestimmt werden sollen. Mit RANDOM wird der zufällige Probandeneffekt (innerhalb der Sequenz) übergeben, wobei S die Ausgabe von Schätzern und Standardfehlern sowie die Berechnung einer t-Statistik für die zufälligen Effekte hervorruft. Mit LSMEANS werden die Kleinste-Quadrate-Schätzer der festen Effekte sowie mit CL deren Standard-95%-Konfidenzgrenzen angefordert. Nach den Spezifikationen unter ESTIMATE wird die zu schätzende Behandlungsdifferenz inklusive des 90%-Konfidenzintervalls ausgegeben. Weitere Informationen können dem SAS/Stat 9.2 User's Guide [3] entnommen werden.

4.2 Ergebnisse

Die aus den 1000 Datensätzen nach anschließender Auswertung mit PROC MIXED erhaltenen MSEs und daraus berechneten gCVs wurden deskriptiv ausgewertet. Im Detail bedeutet dies, dass für Fall I, II und III die je 1000 geschätzten MSEs und berechneten gCVs gespeichert wurden (das heißt für die in Kapitel 3 beschriebenen Fälle I, II und III für fehlende Werte). Für jeden der drei Fälle wurde dann eine deskriptive Statistik erstellt. In diesem Kapitel erfolgt eine Fokussierung auf die wesentlichsten Ergebnisse und somit die Resultate aus Fall III (fehlende Werte ausschließlich in der Referenzbehandlung) mit Modellannahmen aus Kapitel 2.2.2. Tabelle 2 zeigt die deskriptive Statistik über die in diesem Szenario in 1000 Simulationen beobachteten gCVs.

Datenqualität

Tabelle 2: Deskriptive Statistik über die beobachteten gCVs mit Annahmen aus 2.2.2 ($\sigma^2 = 0.06$), Fall III

Anzahl fehlender Werte	Anzahl Simulationen	Minimum	25% Perzentil	Mittelwert	75% Perzentil	Maximum
0	1000	13.765	22.001	24.569	26.828	37.540
1	1000	13.887	22.001	24.594	26.917	40.143
2	1000	13.887	21.820	24.536	27.045	39.052
3	1000	14.258	21.662	24.561	27.138	39.950
4	1000	5.301	19.552	24.317	28.520	48.217
8	1000	7.589	19.137	24.417	29.182	53.245
12	1000	4.040	16.892	24.018	29.659	68.274
16	1000	0.599	13.904	23.498	30.804	68.017
20	1000	0.0001	0.011	20.338	36.371	87.275

Um die geschätzten Werte anschaulich analysieren zu können, wurden Boxplot Diagramme erstellt, zum Beispiel für den eben beschriebenen Fall:

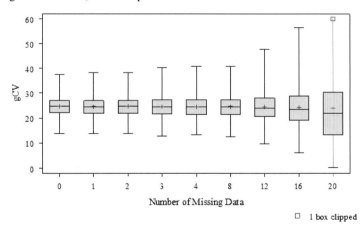

Abbildung 3: Median, Mittelwert, 25%-, 75%- Perzentile, Minimum und Maximum der beobachteten gCVs für Annahmen aus 2.2.2 ($\sigma^2 = 0.06$), Fall III

In Abbildung 3, wie auch für alle anderen durchgeführten Simulationen, ist zu erkennen, dass der gCV des geschätzten Behandlungseffekts, mit zunehmender Anzahl fehlender Werte zunächst langsam, dann rapide ansteigen kann.

H. Häbel, J. Habeck, M. Mattheus

5 Fallzahlplanung

Die Fallzahl in Bioäquivalenzstudien sollte ausreichend groß sein, sodass die im Abschnitt 4.1 beschriebene Nullhypothese, welche besagt, dass ein relevanter Unterschied zwischen den Behandlungen vorliegt, mit einer Wahrscheinlichkeit von mindestens 80% verworfen wird, vorausgesetzt, es liegt tatsächlich kein relevanter Unterschied vor. Mit anderen Worten bedeutet dies, dass das 90%-Konfidenzintervall des Quotienten der geometrischen Mittelwerte von Test- und Referenzformulierung μ_T/μ_R mit mindestens 80%-iger Wahrscheinlichkeit vollständig im Äquivalenzbereich von [0.80, 1.25] liegen sollte. Dies ist äquivalent zu der Aussage, dass das 90%-Konfidenzintervall der Behandlungsdifferenz $\mu_T - \mu_R$ auf der log-Skala vollständig im Äquivalenzbereich von [ln(0.8), ln(1.25)] liegen sollte. Diese betrachtete Wahrscheinlichkeit wird auch Power genannt.

5.1 Fallzahlung mit Proc Power

Für die vorliegenden Auswertungen wurde in SAS® für eine Fallzahl von 24 Probanden zu den mit PROC MIXED geschätzten MSEs beziehungsweise gCVs die jeweilige Power wie folgt berechnet:

```
PROC POWER;
      PAIREDMEANS TEST = Equiv_Mult

         LOWER = 0.8

         UPPER = 1.25

         ALPHA = 0.05

         MEANRATIO = 1

         CV = 0.20    0.24    0.25
/*CV ergibt sich aus den Analysen und entspricht, hier von links
nach rechts, den Resultaten für 20; 16, 12, 8, 4 und 0-3 fehlende
Werte für σ² = 0.06 im Fall III· vgl. Tabelle 2, Mittelwert*/
         CORR = 0.5

         POWER = .

         NPAIRS = 24;

      PLOT X = n MIN = 6 MAX = 30 VARY(linestyle,symbol)

         YOPTS = (ref = 0.8) XOPTS = (ref = 24)

         /DESCRIPTION = 'Plot of power by sample size';
   RUN;
```

Datenqualität

Die ersten Optionen legen die Art des Hypothesentests, den Äquivalenzbereich, das Testniveau und den mittleren erwarteten Behandlungsquotienten fest. Hierbei ist zu beachten, dass nicht mehr auf der log-Skala gerechnet wird. Deshalb werden die geschätzten gCVs als Variationskoeffizienten (CV), in diesem Fall die, die sich im Mittel für Annahmen aus 2.2.2 ($\sigma^2 = 0.06$) im Fall III mit fehlenden Werten ausschließlich in der Referenzbehandlung ergaben, angegeben.

Die Option CORR erfasst die Korrelation der Werte von Test- und Referenzformulierung bei einem beliebigen Probanden. Im Folgenden bezeichne wieder τ^2 die Varianz zwischen den Probanden und σ^2 die Varianz innerhalb eines Probanden. Hiermit folgt nach Patterson und Jones [2] unter Berücksichtigung der unabhängigen Verteilung von S_{ik} und e_{ijk} für alle $i = 1, \ldots, N$ und $j, k = 1, 2$:

$$Var(Y_{ijk}) = Var(S_{ik} + e_{ijk}) = \tau^2 + \sigma^2$$
$$Cov(Y_{i1k}, Y_{i2k}) = Cov(S_{ik} + e_{i1k}, S_{ik} + e_{i2k}) = Cov(S_{ik}, S_{ik}) = Var(S_{ik}) = \tau^2$$

Somit ergibt sich die Korrelation der beiden gemessenen Werte eines Probanden nach Behandlung mit der Test- beziehungsweise Referenzformulierung unter Berücksichtigung der identischen Verteilung von Y_{i1k} und Y_{i2k}:

$$\rho = cor(Y_{i1k}, Y_{i2k}) = \frac{Cov(Y_{i1k}, Y_{i2k})}{\sqrt{Var(Y_{i1k})Var(Y_{i2k})}} = \frac{Cov(Y_{i1k}, Y_{i2k})}{Var(Y_{ijk})} = \frac{\tau^2}{\tau^2 + \sigma^2}$$

Für die angenommenen Größen mit $\tau^2 = 0.5$ und $\sigma^2 = 0.06$ würde sich eine Korrelation von $\rho \approx 0.806$ ergeben. Um eine verallgemeinerte, von den Modellannahmen unabhängige Aussage treffen zu können, wurde hier für die Berechnung der Power $\tau^2 = \sigma^2$ angenommen und somit $\rho = 0.5$ gewählt.

Des Weiteren kann PROC POWER entweder die Power zu einer gegebenen Fallzahl oder die Fallzahl zu einer gegebenen Power berechnen. Hier wird zu einer Fallzahl (NPAIRS) von 24 Probanden die Power (POWER) bestimmt.

Zusätzlich können die berechneten Werte mit der Option PLOT grafisch dargestellt werden. Abbildung 4 zeigt die so erstellte Grafik mit CV = 0.20, 0.24, 0.25 bei einem σ^2 von 0.06 für den Fall III mit fehlenden Werten ausschließlich in der Referenzbehandlung.

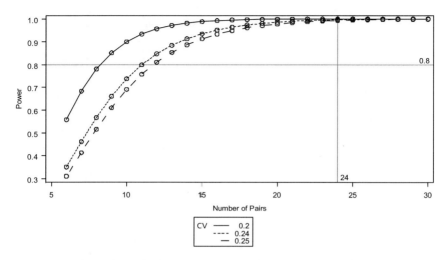

Abbildung 4: Darstellung der Power, basierend auf den mittleren gCVs aus 1000 Simulationen für die verschiedenen Szenarien der Anzahl fehlender Werte für Annahmen in 2.2.2 ($\sigma^2 = 0.06$) im Fall III

5.2 Ergebnisse

Mit SAS® wurde die Powerberechnung anhand der in den drei verschiedenen Fällen (von fehlenden Werten) beobachteten gCVs durchgeführt und grafisch ausgewertet.

Abbildung 5 zeigt die berechnete Power (gekennzeichnet durch Kreise) zu den gCVs im 75%-Perzentil der acht Szenarien von fehlenden Werten für die Referenzformulierung (Fall III) bei je 1000 Simulationen mit Annahmen aus 2.2.2 ($\sigma^2 = 0.06$) für eine Fallzahl von 24. Zusätzlich wurde die Power für vollständige Datensätze für eine Fallzahl von 6 bis 30 Probanden berechnet und auf einer Kurve zum Vergleich eingezeichnet. Anhand dieser Grafik kann zum Beispiel abgelesen werden, dass bei 24 Probanden und 20 fehlenden Werten nur eine effektive Fallzahl von 20 Probanden angenommen werden kann. Dementsprechend müssten 4 zusätzliche Probanden nachrekrutiert werden, um mindestens eine der Ausgangslage entsprechende Power zu erhalten, wobei in diesem Beispiel die Power bei 20 fehlenden Werten weiterhin mehr als 80% beträgt. Würden die 20 Probanden mit fehlenden Werten komplett von der Studie ausgeschlossen werden (entsprechend Variante (1) in Kapitel 1), so würden die übrigen 4 Probanden nicht genügen, und es müsste nachrekrutiert werden. Hier ist also deutlich ein Vorteil der in Kapitel 1 beschriebenen Variante (2) zu erkennen, bei der der Probandeneffekt als zufällig gewählt wird.

Datenqualität

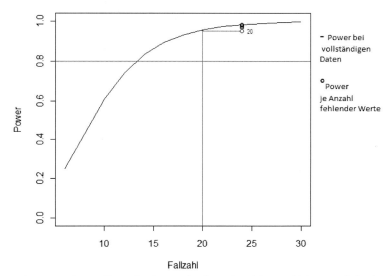

Abbildung 5: Darstellung der Power, basierend auf dem 75%-Perzentil des beobachteten gCVs aus 1000 Simulationen für m=1, 2, 3, 4, 8, 12, 16, 20 fehlende Werte unter Annahmen 2.2.2 ($\sigma^2 = 0.06$), Fall III; vgl. Tabelle 2, 75%-Perzentil

Diese Auswertungen wurden für beide Teile der Simulationsstudien, das heißt, zum einen anhand von Größen mit deutlichem Einfluss (Annahmen 2.2.1) und zum anderen anhand von in der Realität beobachtbaren Größen (Annahmen 2.2.2) durchgeführt, für alle drei Fälle der Verteilung von fehlenden Werten (Fall I, II und III), um eine allgemeine Antwort auf die Frage, bei wie vielen fehlenden Daten zusätzliche Probanden rekrutiert werden müssen, finden zu können.

6 Fazit

Die durchgeführten Simulationsstudien haben ergeben, dass bei 24 Probanden in einer Bioäquivalenzstudie mit einem 2x2-Crossover Design in den meisten Fällen keine weiteren Probanden nachrekrutiert werden müssen. Auf Basis der im 75%-Perzentil beobachteten gCVs sollte in manchen Fällen jedoch bei 10 bis 12 fehlenden Werten nachrekrutiert werden, besonders dann, wenn das Fehlen in beiden Behandlungen und Perioden auftritt.

Weiterführende Fragestellungen könnten sich mit Kohorten und anderen Kovariablen beschäftigen oder die Variabilität der geschätzten Restvarianz σ^2 in Betracht ziehen.

Literatur

[1] S.C. Chow, J.P. Liu: Design and Analysis of Bioavailability and Bioequivalence Studies. Marcel Dekker, Inc., New York, 1992

[2] S. Patterson, B. Jones: Bioequivalence and Statistics in Clinical Pharmacology. Chapman & Hall / CRC, Boca Raton, 2006

[3] SAS/Stat 9.2 User's Guide: The Mixed Procedure (Book Excerpt). SAS Publishing, 2008

[4] D. Hauschke, V. Steinijans, I. Pigeot: Bioequivalence Studies in Drug Development. Whiley, West Sussex, England, 2007

Makros zur Berechnung von Personenjahren in epidemiologischen Studien

Gaël P. Hammer
Universitätsmedizin der Johannes
Gutenberg-Universität Mainz
Langenbeckstr. 1
55131 Mainz
gael.hammer@unimedizin-mainz.de

Zusammenfassung

In epidemiologischen Kohortenstudien werden häufig rohe Raten, standardisierte Raten und Raten-Verhältnisse berechnet. Dazu werden Anzahlen beobachteter Fälle (im Zähler) benötigt und entsprechende Beobachtungszeiten (im Nenner), die in Personenjahren gemessen werden. Üblicherweise werden diese aufgeschlüsselt nach Geschlecht, Alter (in Altersklassen), und Kalenderjahr (in Klassen). Häufig kommen noch weitere Dimensionen hinzu, wie die Höhe der Exposition mit einer (beruflichen) Noxe, die im Laufe des Lebens zunimmt. SAS bietet keine Prozedur zur Berechnung von Personenjahren an.
In diesem Beitrag werden drei Makros vorgestellt, die diese Berechnungen komfortabel und flexibel vornehmen. Alle Makros arbeiten tagesgenau und erstellen Kontroll-Ausgaben zur Behebung von Datenfehlern. Das erste Makro, %PersonYears, unterteilt individuelle Beobachtungszeiten nach frei wählbaren Klassen von Alters- und Zeitabständen. Das zweite Makro, %DynamicExposure, berechnet für beliebige individuelle Expositionshistorien die Zeitpunkte der Übergänge einer Expositionskategorie in die nächste. Schließlich unterteilt das dritte Makro, %Merge_PY_with_Exposure, eine durch %PersonYears berechnete Tabelle mit individuellen Personenjahren nach den Zeitpunkten, die mit %DynamicExposure bestimmt wurden.

Schlüsselwörter: Personenjahre, Epidemiologie, Kohortenstudien

1 Einleitung

Immer dann, wenn Raten präzise berechnet werden sollen, muss der Nenner dieser Raten, die Personenzeit unter Risiko (Personenjahre), exakt bestimmt werden. Das betrifft rohe Raten ebenso wie standardisierte Raten und Raten-Verhältnisse (rate ratios, RR). SAS bietet keine Prozedur zur Berechnung von Personenjahren an. Diese Lücke schließen die hier vorgestellten Makros. Die Berechnung von Personenjahren direkt im SAS-Auswertungsprogramm erspart dem Anwender den Umweg über ein externes Programm und eröffnet weitere Möglichkeiten. Nachfolgend werden drei Makros vorgestellt, die Personenjahre komfortabel und flexibel berechnen. Alle Makros arbeiten tagesgenau und erstellen Kontroll-Ausgaben, die bei der Behebung von Datenfehlern hilfreich sind und zur Qualitätssicherung dienen.

G. P. Hammer

In nahezu jeder epidemiologischen Kohortenstudie, in der Raten berechnet werden sollen, ist eine Unterteilung der Personenzeit unter Risiko nach Klassen von Alters- und Zeitabständen notwendig [1]. Diese Aufgabe übernimmt das erste Makro, %PersonYears. Es erlaubt die Angabe frei wählbarer Alters- und Zeitklassen.

Meist müssen Personenjahre zusätzlich feiner unterteilt werden nach Klassen weiterer zeitabhängiger Variablen, wie zum Beispiel der Zeit seit erster Exposition, der Zeit seit letzter Exposition oder der kumulativen Exposition. Das Makro %DynamicExposure berechnet für beliebige individuelle Expositionshistorien die Liste der Zeitpunkte, zu denen Übergänge von einer Expositionskategorie in die nächste stattfinden. Es erlaubt eine flexible Wahl der Expositionsklassen.

Schließlich muss der Datensatz mit Personenjahren mit dem Expositionsdatensatz zusammengeführt werden, oder sogar sukzessiv mit mehreren. Das übernimmt das Makro %Merge_PY_with_Exposure. Es führt zwei beliebige Datensätze, die Zeitintervalle enthalten, anhand der in beiden enthaltenen Personen-ID zusammen. Es erstellt einen neuen Datensatz, die nach allen aufgeführten individuellen Zeitpunkten unterteilt ist.

2 Anwendungsbeispiel

Das nachfolgende Beispiel zeigt die grundsätzliche Funktionsweise der Makros auf. Weitere Anwendungsmöglichkeiten werden hier nur erwähnt. Näher ausgeführt sind sie in dem Beispiel-Programm, das zu den Makros geliefert wird. Die Syntax der Makros und weitere Erläuterungen dazu finden sich im Anhang.

2.1 Die Daten

Zwei Personen werden in einer historischen Berufskohortenstudie eingeschlossen (Tabelle 1). Im Zeitraum 01.06.1996 bis 31.12.1999 waren beide mit einer Noxe exponiert. Die genaue Höhe ihrer Exposition wurde Jahresweise aufgezeichnet (Tabelle 2). Zum Jahreswechsel 2000 wechselte die eine Person den Betrieb, die andere ging in Rente. Ihr Vitalstatus wurde bis zum Stichtag 31.12.2005 erhoben.

Tabelle 1: Beispiel Kohortendaten

ID	Sex	Geburtsdat	Beob.beginn	Beob.ende	Tod
1	M	1971-11-14	1996-06-01	2005-12-31	0
2	F	1935-12-11	1996-06-01	2005-06-30	1

Tabelle 2: Beispiel Expositionsdaten

ID	Zeitraum.beginn	Zeitraum.ende	Exposition
1	1996-06-01	1996-12-31	7,1
1	1997-01-01	1997-12-31	12,3
1	1998-01-01	1998-12-31	11,9
1	1999-01-01	1999-12-31	13,2
2	1996-06-01	1996-12-31	3,4
2	1997-01-01	1997-12-31	6,1
2	1998-01-01	1998-12-31	5,9
2	1999-01-01	1999-12-31	6,3

2.2 Das Makro %PersonYears()

Das Makro %PersonYears() unterteilt die Personenjahre unter Risiko aus Tabelle 1 in Alters- und Kalenderjahres-Klassen. Hier wurden je 5-Jahres-Klassen verwendet. Es entsteht folgender Datensatz (Tabelle 3), in dem für jede Person für jede Alter- und Kalenderjahres-Klasse jeweils das Datum des Eintritts in und des Austritts aus dieser Klasse aufgeführt sind, mit den Personenjahren (PY) als Differenz beider Zeitpunkte. Die Beobachtungszeit ist jeweils eingeschränkt auf den in Tabelle 1 angegebenen Zeitraum. Anhand der tagesgenauen Datumswerte kann genau nachvollzogen werden, dass das Makro korrekt gerechnet hat. Person mit ID 1 hat am 14. November Geburtstag, wechselt also einmal im 5-Jahres Kalenderintervall in die nächsthöhere Altersklasse (Zeilen 2 und 4 der Tabelle 3).

Tabelle 3: Beispiel: Personenjahre in der Kohorte (Auszug aus dem Originaldatensatz)

Obs	ID	Altersklasse	Kalenderjahre	Start	Ende	PY
1	1	20 – 24,99	1995 – 1999	1996-06-01	1996-11-13	0.45
2	1	25 – 29,99	1995 – 1999	1996-11-14	1999-12-31	3.13
3	1	25 – 29,99	2000 – 2004	2000-01-01	2001-11-13	1.87
4	1	30 – 34,99	2000 – 2004	2001-11-14	2004-12-31	3.13
5	1	30 – 34,99	2005 – 2009	2005-01-01	2005-12-31	1.00
6	2	60 – 64,99	1995 – 1999	1996-06-01	1999-12-31	3.58
7	2	60 – 64,99	2000 – 2004	2000-01-01	2000-12-10	0.94
8	2	65 – 69,99	2000 – 2004	2000-12-11	2004-12-31	4.06
9	2	65 – 69,99	2005 – 2009	2005-01-01	2005-06-30	0.50

Anhand der Daten aus Tabelle 3 können z.B. standardisierte Mortalitäts-Ratios (SMR) berechnet werden, wenn Sterblichkeitsraten zur Verfügung stehen. Typischerweise sind diese in 5-Jahres-Klassen eingeteilt (siehe erstes Syntaxbeispiel unten).

Das Makro %PersonYears() verarbeitet auch (Alters- und Jahres-)Klassen unterschiedlicher Länge. Das ist z.B. nötig, wenn Raten für Kinder im Alter von 0, 1, 2-4, 5-9 und 10-14 Jahren berechnet werden sollen.

Klassengrenzen werden in Jahren angegeben, sind aber nicht auf ganze Zahlen beschränkt. So können auch Personenjahre z.B. monatsweise (genauer: 1/12-Jahresweise) oder für Neugeborene (Alter 0 bis 28 Tage) berechnet werden. Kalenderjahresklassen können ebenso wie Altersklassen flexibel angegeben werden. Das ist z.b. interessant, um saisonale Effekte zu untersuchen.

Syntaxbeispiele (innerhalb des Makroaufrufs):
- `AgeClasses = 0 TO 100 BY 5` (Voreinstellung: 5-Jahres-Klassen 0-4 Jahre, 5-9 Jahre, ..., 95-99 Jahre, 100+ Jahre)
- `AgeClasses = 0, 1/12, 1/2 , 1, 5 TO 100 BY 5` (PJ von Kindern feiner: < 1 Monat, 1-5 Monate, 6-11 Monate, 1-4 Jahre, 5+9 Jahre, ...)
- `CalendarDateClasses = 1900 TO 2100 BY 5` (Voreinstellung: 5-Jahres-Klassen)
- `CalendarDateClasses = 1900 TO 2100 BY 1/12` ("Monats"-Klassen)
- `CalendarDateClasses = 1900+5/12 TO 2100, 1900+9/12 TO 2100` (Regenzeit von Juni bis September und Trockenzeit sonst)

Das Makro prüft die Daten auf fehlende Werte und führt weitere Plausibilitätsprüfungen durch, die es im Ausgabedatensatz kennzeichnet. Wenn aufgrund von Datenfehlern keine Personenjahre berechnet werden konnten, wird ein Dummy-Datensatz mit 0 Personenjahren ausgegeben.

2.3 Das Makro %DynamicExposure()

Das Makro %DynamicExposure() berechnet für die individuellen Expositionshistorien (Tabelle 2) die Liste der Zeitpunkte, zu denen Übergänge von einer Kategorie der kumulativen Exposition in die nächste stattfinden. Es nimmt an, dass die Expositionsrate in jedem einzelnen Zeitintervall konstant ist. Im aktuellen Beispiel wurde eine Unterteilung in gleichmäßig große Kategorien von je 10 Expositions-Einheiten angefordert (Tabelle 4). Person 1 erreicht am 28.03.1997 eine kumulative Exposition von 10 Einheiten.

Prinzipiell lässt das Makro die Angabe unterschiedlich großer Expositionsklassen zu, in ähnlicher Art und Weise wie das Makro %PersonYears(). Auch dieses Makro prüft die Daten. Lücken in der Expositionshistorie werden entdeckt, ebenso wie überlappende Expositionsperioden und Expositionsangaben mit negativem Wert.

Klinische/Epidemiologische Anwendungen I

Tabelle 4: Beispiel klassifizierte Expositionsdaten (Auszug aus dem Originaldatensatz)

ID	Expositionsklasse	Start	Ende
1	0 – 9,99	1996-06-01	1997-03-27
1	10 – 19,99	1997-03-28	1998-01-19
1	20 – 29,99	1998-01-20	1998-11-21
1	30 – 39,99	1998-11-22	1999-08-28
1	40 – 49.99	1999-08-29	1999-12-31
2	0 – 9,99	1996-06-01	1998-01-31
2	10 – 19,99	1998-02-01	1999-09-23
2	20 – 29,99	1999-09-24	1999-12-31

2.4 Das Makro %Merge_PY_with_Exposure()

Werden die Informationen aus Tabellen 3 und 4 zusammengeführt, können z.B. SMR nach kumulativer Exposition berechnet werden.

Das Makro %Merge_PY_with_Exposure() führt die Tabellen zusammen. Es geht davon aus, dass die kumulative Exposition in dem Zeitraum nach Ende der letzten Exposition konstant bleibt (Tabelle 5). Im Beispiel (Tabellen 2 und 4) findet ab 2000 keine Exposition statt.

Der Personenjahr-Datensatz kann sukzessive weiter unterteilt werden nach Klassen beliebiger weiterer Expositionen. Ein Beispiel dafür findet sich im mitgelieferten SAS-Programm.

Tabelle 5: Beispiel Personenjahre, unterteilt nach Expositionsklassen.

ID	Altersklasse	Kalenderjahre	Expo.klasse	Start	Ende	PY
1	20 – 24,99	1995 – 1999	0 – 9,99	1996-06-01	1996-11-13	0.45448
1	25 – 29,99	1995 – 1999	0 – 9,99	1996-11-14	1997-03-27	0.36687
1	25 – 29,99	1995 – 1999	10 – 19,99	1997-03-28	1998-01-19	0.81588
1	25 – 29,99	1995 – 1999	20 – 29,99	1998-01-20	1998-11-21	0.83778
1	25 – 29,99	1995 – 1999	30 – 39,99	1998-11-22	1999-08-28	0.76660
1	25 – 29,99	1995 – 1999	40 – 49.99	1999-08-29	1999-12-31	0.34223
1	25 – 29,99	2000 – 2004	40 – 49.99	2000-01-01	2001-11-13	1.86995
1	30 – 34,99	2000 – 2004	40 – 49.99	2001-11-14	2004-12-31	3.13210
1	30 – 34,99	2005 – 2009	40 – 49.99	2005-01-01	2005-12-31	0.99932
2	60 – 64,99	1995 – 1999	0 – 9,99	1996-06-01	1998-01-31	1.67009
2	60 – 64,99	1995 – 1999	10 – 19,99	1998-02-01	1999-09-23	1.64271
2	60 – 64,99	1995 – 1999	20 – 29,99	1999-09-24	1999-12-31	0.27105
2	60 – 64,99	2000 – 2004	20 – 29,99	2000-01-01	2000-12-10	0.94456
2	65 – 69,99	2000 – 2004	20 – 29,99	2000-12-11	2004-12-31	4.05749
2	65 – 69,99	2005 – 2009	20 – 29,99	2005-01-01	2005-06-30	0.49555

3 Diskussion

Mit den hier vorgestellten Makros können Personenjahre sehr flexibel direkt in SAS berechnet und nach Alters-, Kalenderjahres- und Expositionsklassen unterteilt werden. Alle Makros arbeiten tagesgenau. Sie führen Plausibilitätsprüfungen durch und erstellen Kontroll-Ausgaben zur Behebung von Datenfehlern. Damit eignen sie sich für eine Vielzahl von Anwendungen. Die Makros sind online abzurufen unter:
http://de.saswiki.org/images/7/75/PersonYear-macros.zip

SAS-Datensätze mit Personenjahren werden leicht sehr groß, insbesondere wenn die Alters-, Kalenderzeit- und diversen Expositionsklassen sehr fein unterteilt sind. Daher ist es wichtig festzulegen, welche Variablen darin gespeichert werden sollen. Auf die Variable Geschlecht trifft es meistens zu, andere können und sollten meist weggelassen werden. Sie sind ohnehin in anderen Datensätzen vorhanden. Berechnungen sollten möglichst mit aggregierten Daten durchgeführt werden.

Der Einfachheit halber nimmt das Makro %PersonYears() Alters- und Jahresangaben in Jahren an. Sollen kleinere Zeitabstände angegeben werden, so ist dies nur als Bruchteil eines Jahres möglich, Monate z.B. als $1/12$ Jahr. Auf diese Weise werden Monatsgrenzen nicht exakt getroffen. Auf das zweite Zwölftel des Jahres („Februar") entfallen unter Umständen genauso viele Personenjahre wie auf das erste Zwölftel („Januar"). Werden inzidente Fälle nach exakten Kalendermonaten eingeteilt, so werden in kurzen Monaten Inzidenzraten unter- und in langen Monaten überschätzt.

Obwohl die Makros Tagesgenau arbeiten und exakte Datumsgrenzen ausgeben, werden Personenjahre statt Personentage ausgegeben. Sie werden berechnet als Personentage dividiert durch 365,25. Das ist oft genau genug, aber weder in Jahren mit 365, noch in solchen mit 366 Tagen korrekt. Dadurch kommen selten „glatte" Zahlen zustande.

Sollen Personenjahre für eine Poisson-Regressions-Analyse berechnet werden, so kann es angebracht sein, kleine Klassen zu wählen, um z.B. besser für das Alter adjustieren zu können. Wenn eine Variable als stetige Größe in das Regressionsmodell aufgenommen werden soll, ist bei der Rekodierung der Expositionsklassen zu beachten, dass ihr numerischer Wert die mittlere Exposition in dieser Klasse sein sollte.

In der Literatur finden sich Studien, in denen Personenjahre in 15-Tages-Klassen unterteilt worden sind, u.a. um die Exposition 15-Tages-Weise zu bestimmen statt nach Grenzen von Expositionsklassen zu suchen, und um fein adjustieren zu können [2]. Eine solch feine Unterteilung ist vermutlich in den seltensten Fällen angebracht. Die Feinheit der Unterteilung sollte sich immer nach dem Rechenaufwand und der benötigten Genauigkeit richten.

Klinische/Epidemiologische Anwendungen I

Diese drei Makros decken viele, aber nicht alle Anwendungsfälle ab. Ein weiteres Makro, das Personenjahre z.b. nach der Zeit seit letzter Exposition (oder einem beliebigen anderen Anfangsdatum) unterteilt, erstellt der Autor zurzeit.

Die Makros sind online abzurufen unter:
http://de.saswiki.org/images/7/75/PersonYear-macros.zip oder
http://www.staff.uni-mainz.de/ghammer/PersonYear-macros.zip

Der Autor ist dankbar für jedweden Verbesserungs- oder Ergänzungsvorschlag und konstruktive Kritik.

Literatur

[1] J. Estève, E. Benhamou, L. Raymond (Hrsg.): Statistical Methods in Cancer Research. Volume IV – Descriptive Epidemiology. IARC Scientific Publications No. 128. International Agency for Research on Cancer, Lyon, France.

[2] E. Cardis et al.: Risk of cancer after low doses of ionising radiation: retrospective cohort study in 15 countries. BMJ. 2005;331(7508):77.

Anhang A: Syntax und Erläuterungen

A.1 MAKRO %PersonYears()

Das Makro wird mit der folgenden Syntax aufgerufen.
```
%PersonYears(DATA=, ID=, BirthDate=, ObsStart=, ObsEnd=, OUTPUT=,
OutStart=, OutEnd=, AgeClasses=, CalendarDateClasses=, FmtNameAge=,
FmtNameDat=, KEEP=);
```

Die einzelnen Argumente und Voreinstellungen sind in Tabelle 6 dargestellt. Die Variablen des Ergebnis-Datensatzes sind in Tabelle 7 zusammengefasst.

Das Makro %PersonYears() prüft zu Beginn die Existenz aller SAS-Bibliotheken, Datensätze und Variablen und bricht die Verarbeitung bei Fehlern ab.

Das Makro %PersonYears() erkennt folgende Fehler und Probleme in den Daten:
- Geburtsdatum fehlt
- Beobachtungs-Beginn fehlt
- Beobachtungs-Ende fehlt
- Beobachtungs-Beginn < Beobachtungs-Ende
- Beobachtungs-Ende < Geburtsdatum
- Beobachtungs-Ende < erste angegebene Grenze für die Berechnung von Personenjahren

G. P. Hammer

- Beobachtungs-Beginn > letzte angegebene Grenze für die Berechnung von Personenjahren

Pro betroffene ID generiert das Makro im Ergebnis-Datensatz eine Dummy-Zeile mit einer entsprechenden Meldung und 0 Personenjahren.

Tabelle 6 : Argumente des Makros %PersonYears()

Argument	Erläuterung
DATA	Name des Eingabe-Datensatzes
	(Die Verwendung von Datensatz-Optionen ist möglich.)
ID	Name der Variable: Eindeutige Personen-ID
BirthDate	Name der Variable: Geburtsdatum
ObsStart	Name der Variable: Beginn des Beobachtungszeitraums
ObsEnd	Name der Variable: Ende des Beobachtungszeitraums
OUTPUT	Name des Ausgabe-Datensatzes
OutStart	Name der Variable: Beginn des Zeitintervalls im Ausgabe-Datensatz
	Voreinstellung: Start
OutEnd	Name der Variable: Ende des Zeitintervalls im Ausgabe-Datensatz
	Voreinstellung: End
AgeClasses	Alters-Klassen
	Dieser Ausdruck wird in einer DO-Schleife in einem DATA-Schritt verwendet. Es können alle dort legalen Ausdrücke verwendet werden.
	Voreinstellung: 0 TO 100 BY 5
CalendarDateClasses	Kalenderzeit-Klassen
	Dieser Ausdruck wird in einer DO-Schleife in einem DATA-Schritt verwendet. Es können alle dort legalen Ausdrücke verwendet werden.
	Voreinstellung: 1900 TO 2100 BY 5
FmtNameAge	Name des ausgegebenen Formates für Alters-Klassen (für die Variable AgeClass im Ausgabe-Datensatz)
	Voreinstellung: PYAGE
FmtNameDat	Name des ausgegebenen Formates für Kalenderzeit-Klassen (für die Variable CalendarDateClass im Ausgabe-Datensatz)
	Voreinstellung: PYDATE
KEEP	Liste der im Ausgabedatensatz zu behaltenden Variablen
	Voreinstellung: _ALL_

Klinische/Epidemiologische Anwendungen I

Tabelle 7: Vom Makro %PersonYears() erstellte Variablen im Ausgabedatensatz

Variable	Erläuterung
Error	Beschreibung eines Fehlers in den Eingabedaten
Caveat	Beschreibung eines möglichen Datenproblems in den Eingabedaten
AgeClass	Altersklasse, formatiert (siehe oben)
Age	untere Grenze der Altersklasse, ganzzahlig
CalendarDateClass	Altersklasse, formatiert (siehe oben)
CalendarDate	untere Grenze der Kalenderzeit-Klasse, Datumswert
&OutStart	Start des Zeitintervalls, Datumswert
&OutEnd	Ende des Zeitintervalls, Datumswert
PY	Personenjahre = (OutEnd – OutStart + 1)/365,25

A.2 MAKRO %DynamicExposure()

Das Makro wird mit der folgenden Syntax aufgerufen.
```
%DynamicExposure(DATA=, OUTPUT=, ID=, ExpStart=, ExpEnd=, Exposure=,
ExposureClasses=, LagTime=);
```

Die einzelnen Argumente und Voreinstellungen sind in Tabelle 8 dargestellt. Die Variablen des Ergebnis-Datensatzes sind in Tabelle 9 zusammengefasst.

Das Makro %DynamicExposure() prüft zu Beginn die Existenz aller SAS-Bibliotheken, Datensätze und Variablen und bricht die Verarbeitung bei Fehlern ab.

Das Makro %DynamicExposure() erkennt folgende Fehler und Probleme in den Daten:
- Überlappende Expositions-Perioden
- Negative Exposition (wird auf 0 gesetzt)
- Lücken in der Expositions-Historie
- Kombinationen dieser Probleme

Tabelle 8 : Argumente des Makros %DynamicExposure()

Argument	Erläuterung
DATA	Name des Eingabe-Datensatzes
OUTPUT	Name des Ausgabe-Datensatzes
ID	Name der Variable: Eindeutige Personen-ID
ExpStart	Name der Variable: Beginn des Expositionszeitraums (Datum)
ExpEnd	Name der Variable: Ende des Expositionszeitraums (Datum)
Exposure	Kumulative Exposition in diesem Zeitraum
ExposureClasses	Untere Grenzen der Expositions-Klassen. Dieser Ausdruck wird in einer DO-Schleife in einem DATA-Schritt verwendet. Hier können alle dort legalen Ausdrücke verwendet werden.
LagTime	Latenzzeit (in Jahren)

G. P. Hammer

Tabelle 9: Vom Makro %DynamicExposure() erstellte Variablen im Ausgabedatensatz

Variable	Erläuterung
&ID	Name der Variable: Eindeutige Personen-ID
&Exposure	Name der Variable: Nummer der Expositions-Klasse
&ExpStart	Name der Variable: Beginn des Expositionszeitraums (Datum)
&ExpEnd	Name der Variable: Ende des Expositionszeitraums (Datum)
Exp_Cave	Variable mit Hinweisen auf Datenprobleme

A.3 MAKRO %Merge_PY_with_Exposure()

Das Makro wird mit der folgenden Syntax aufgerufen.

```
%Merge_PY_with_Exposure(PYData=,    ExposureData=,    OUTPUT=,    ID=,
PYBegin=, PYEnd =, PY=, ExpPeriodBegin=, ExpPeriodEnd=);
```

Die einzelnen Argumente und Voreinstellungen sind in Tabelle 10 dargestellt. Der Ergebnis-Datensatz enthält alle Variablen der Eingabe-Datensätze, bis auf die mit ExpPeriodBegin und ExpPeriodEnd bezeichneten Variablen.

Tabelle 10 : Argumente des Makros %Merge_PY_with_Exposure()

Argument	Erläuterung
PYData	Name des Eingabe-Datensatzes mit Personenjahren
ExposureData	Name des Eingabe-Datensatzes mit Expositionsdaten
OUTPUT	Name des Ausgabe-Datensatzes
ID	Name der Variable: Eindeutige Personen-ID
PYBegin	Name der Variable: Beginn des Personenjahr-Abschnitts (Datum)
PYEnd	Name der Variable: Ende des Personenjahr-Abschnitts (Datum)
ExpPeriodBegin	Name der Variable: Beginn des Expositionszeitraums (Datum)
ExpPeriodEnd	Name der Variable: Ende des Expositionszeitraums (Datum)

Poster

Logistische Regression mit Messwiederholungen: Anwendung von PROC GENMOD in SAS

Birgit Hay	Silvia Sander
Institut für Biometrie,	Institut für Biometrie,
Universität Ulm	Universität Ulm
Schwabstraße 13	Schwabstraße 13
89070 Ulm	89070 Ulm
Birgit.Hay@uni-ulm.de	Silvia.Sander@uni-ulm.de
Manfred Weiß	Martina Kron
Klinik für Anästhesiologie,	Institut für Biometrie,
Universitätsklinik Ulm	Universität Ulm
Steinhövelstraße 9	Schwabstraße 13
89075 Ulm	89070 Ulm
Manfred.Weiss@uniklinik-ulm.de	Martina.Kron@uni-ulm.de

Zusammenfassung

Bei schwerstkranken Patienten der Anästhesiologischen Intensivstation kommt es oft zu extremen Blutzuckerentgleisungen.
Wie häufig kommt es zu Entgleisungen und welche Faktoren sind Risikofaktoren? Anhand eines Datensatzes von 804 Patienten mit 7409 Verlaufsbeobachtungen sollen Risikofaktoren identifiziert werden. Als mögliche Risikofaktoren gibt es sowohl einmalig erhobene Parameter (z.B. Alter, Geschlecht) als auch täglich untersuchte Parameter (z.B. Therapien). Die Zielgrößen Hypoglykämie (<80mg/dl vs. normal) und Hyperglykämie (≥150mg/dl vs. normal) werden anhand der Blutzuckerwerte täglich ermittelt.
Die Identifikation wichtiger Risikofaktoren erfolgt für jede Zielgröße durch multiple logistische Regressionsmodelle mit Messwiederholungen in SAS 9.2. Rohe und adjustierte Odds Ratios mit Konfidenzintervallen können für Verlaufsdaten in SAS 9.2 mit der Prozedur GENMOD ausgewertet werden. Jedoch ist die Rückwärtselimination von Einflussgrößen in PROC GENMOD nicht implementiert und muss schrittweise „von Hand" durchgeführt werden.

Schlüsselwörter: multiple logistische Regression, Messwiederholungen, PROC GENMOD

1 Motivation

Bei schwerstkranken Patienten der Anästhesiologischen Intensivstation kommt es oft zu extremen Blutzuckerentgleisungen. Da diese Entgleisungen die Organfunktionen und somit auch die Mortalität beeinflussen, erhalten die Patienten prophylaktisch eine intensivierte Insulintherapie (IIT). Trotz dieser IIT lässt sich der Blutzuckerwert häufig nicht im Normbereich zwischen 80 mg/dl und 150 mg/dl halten.

Fragen:
Wie häufig gibt es Hypoglykämien (BZ < 80mg/dl)?
→welche Risikofaktoren gibt es für Hypoglykämie?
Wie häufig gibt es Hyperglykämien (BZ ≥150mg/dl)?
→welche Risikofaktoren gibt es für Hyperglykämie?
Wie lässt sich dies in SAS lösen?

2 Durchführung und Ergebnisse

Die Daten erwachsener Patienten der Jahre 2007 und 2008, die mindestens drei Tage auf der Intensivstation lagen, werden analysiert.
→ Es liegen 7409 Verlaufsbeobachtungen von 804 Patienten vor.
Zur Ermittlung der beiden **Zielgrößen** werden die täglich mehrfach gemessenen Blutzuckerwerte (in mg/dl) jeden Tag sowohl in **Hypo**glykämie (ja vs. normal) als auch in **Hyper**glykämie (ja vs. normal) dichotomisiert.
Als **Einflussgrößen** sollen Variablen betrachtet werden, die sowohl **einmalig** (z.B. Alter (J), Geschlecht, Aufnahmeparameter (z.B. OP-Art)) als auch **täglich** (z.B. IIT, Therapie (z.B. Steroid), Status (z.B. Sepsis)) erhoben werden.
Die Identifikation wichtiger Risikofaktoren erfolgt für beide Zielgrößen durch logistische Regressionsmodelle mit Messwiederholungen [1]. Dabei wird der Einfluss einmalig und täglich erhobener Parameter auf die Zielgrößen mit der Prozedur GENMOD [2] berechnet.

2.1 Rohe Odds Ratios

Zuerst werden für jede Einflussvariable rohe Odds Ratios und 95%-Konfidenzintervalle berechnet. Um diese Odds Ratios mit den dazugehörigen Konfidenzintervallen zu erhalten, ist die Angabe des ESTIMATE Statements notwendig. Das REPEATED Statement ist erforderlich, da für jeden Patienten die Zielgröße und teilweise die Einflussgrößen täglich erhoben werden.

Programmbeispiel für eine Einflussgröße (Zielgröße Hypoglykämie)

```
TITLE 'Hypoglykämie (BZ<80 vs normal)' ;
PROC GENMOD ;
  CLASS patnr
        iit  (PARAM=ref REF='nein') ;
  MODEL hypo = iit
             / DIST=BIN LINK=LOGIT ;
  REPEATED SUBJECT=patnr / TYPE=CS ;
  ESTIMATE 'IIT' iit 1 / EXP ;
RUN ;
```

SAS-Output Beispiel für eine Einflussgröße (Zielgröße Hypoglykämie)

```
                      Hypoglykämie (BZ<80 vs normal)

                      Analysis Of GEE Parameter Estimates
                      Empirical Standard Error Estimates

                           Standard      95% Confidence
         Parameter   Estimate    Error         Limits              Z    Pr > |Z|
         Intercept    -2.1035   0.0992   -2.2979   -1.9090   -21.20    <.0001
         IIT     ja    0.8717   0.1145    0.6474    1.0960     7.62    <.0001

                             Contrast Estimate Results

           Mean         Mean        L'Beta Standard          L'Beta         Chi-    Pr >
  Label  Estimate Confidence Limits Estimate   Error  Alpha  Confidence Limits  Square   ChiSq
  IIT     0.7051   0.6564   0.7495   0.8717   0.1145  0.05    0.6474   1.0960   58.00   <.0001
  Exp(IIT)                           2.3910   0.2737  0.05    1.9105   2.9922
```

2.2 Rückwärtselimination

Anschließend werden alle potentiellen Einflussgrößen in einem Gesamtmodell simultan betrachtet, um dann mittels Rückwärtselimination schrittweise wichtige Parameter (p≤0.05) zu identifizieren. Um den globalen p-Wert für die vierstufige Einflussgröße OP-Art zu erhalten, ist das CONTRAST Statement erforderlich.

Programmbeispiel für Gesamtmodell (Zielgröße Hypoglykämie)

```
TITLE 'Hypoglykämie (BZ<80 vs normal)         GESAMTMODELL' ;
PROC GENMOD ;
   CLASS patnr
         iit      (PARAM=ref REF='nein')
         opart    (PARAM=ref REF='neuroch')
         steroid  (PARAM=ref REF='nein')
         adren    (PARAM=ref REF='nein')
         noradr   (PARAM=ref REF='nein')
         geschl   (PARAM=ref REF='m')
         sepsis   (PARAM=ref REF='nein') ;
   MODEL hypo = iit opart steroid adren noradr geschl sepsis alter
              / DIST=BIN LINK=LOGIT ;
   REPEATED SUBJECT=patnr / TYPE=CS ;
   CONTRAST 'OP-Art' opart 1 0 0 ,
                     opart 0 1 0 ,
                     opart 0 0 1 ;
RUN ;
```

SAS-Output Beispiel für Gesamtmodell (Zielgröße Hypoglykämie)

```
          Hypoglykämie (BZ<80 vs normal)        GESAMTMODELL

                    Analysis Of GEE Parameter Estimates
                      Empirical Standard Error Estimates

                          Standard      95% Confidence
Parameter      Estimate   Error         Limits            Z      Pr > |Z|
Intercept      -3.2733    0.2747    -3.8117  -2.7348   -11.91    <.0001
iit       ja    0.7249    0.1225     0.4848   0.9651     5.92    <.0001
opart     Ba   -0.4324    0.1739    -0.7732  -0.0915    -2.49    0.0129
opart     Ge   -0.1929    0.1792    -0.5442   0.1583    -1.08    0.2817
opart     Tr   -0.2166    0.1861    -0.5812   0.1481    -1.16    0.2444
steroid   ja    0.2813    0.1350     0.0167   0.5459     2.08    0.0372
adren     ja    0.3309    0.2014    -0.0638   0.7257     1.64    0.1004
noradr    ja    0.3530    0.1345     0.0892   0.6167     2.62    0.0087
geschl    w     0.2233    0.1345    -0.0404   0.4869     1.66    0.0970
sepsis    ja   -0.0748    0.1138    -0.2979   0.1482    -0.66    0.5109
alter           0.0198    0.0038     0.0124   0.0272     5.23    <.0001

           Contrast Results for GEE Analysis
                          Chi-
Contrast       DF         Square       Pr > ChiSq    Type
OP-Art         3          6.16         0.1039        Score
```

Im ersten Schritt wird aus dem Ergebnis des Gesamtmodells die Variable mit dem größten p-Wert eliminiert und ein neues Modell (im Bsp. ohne ‚sepsis') gerechnet. Dieses Vorgehen wird sooft wiederholt, bis nur noch Variablen mit p-Werten ≤0.05 im Modell sind.

2.3 Endmodell

Sind alle Einflussgrößen mit p-Werten > 0.05 eliminiert, ergibt sich das Endmodell. Wichtige Prädiktoren für das Auftreten einer **Hypo**glykämie sind die Merkmale Alter bei Aufnahme sowie die Insulin-, Noradrenalin- und Steroidgabe am Untersuchungstag.

Programmbeispiel für Endmodell (Zielgröße Hypoglykämie)

```
TITLE 'Hypoglykämie (BZ<80 vs normal)        ENDMODELL' ;
PROC GENMOD ;
  CLASS patnr
        iit     (PARAM=ref ref='nein')
        steroid (PARAM=ref ref='nein')
        noradr  (PARAM=ref ref='nein') ;
  MODEL hypo = iit steroid noradr alter
              / DIST=BIN LINK=LOGIT ;
  REPEATED SUBJECT=patnr / TYPE=CS ;
  ESTIMATE 'IIT'     iit 1 / EXP ;
  ESTIMATE 'Steroid' steroid 1 / EXP ;
  ESTIMATE 'Noradr.' noradr 1 / EXP ;
  ESTIMATE 'Alter'   alter 1 / EXP ;
RUN ;
```

SAS-Output Beispiel für Endmodell (Zielgröße Hypoglykämie)

```
             Hypoglykämie (BZ<80 vs normal)          ENDMODELL

                     Analysis Of GEE Parameter Estimates
                     Empirical Standard Error Estimates

                              Standard    95% Confidence
           Parameter   Estimate    Error       Limits          Z    Pr > |Z|
           Intercept    -3.3540   0.2487  -3.8414  -2.8667  -13.49   <.0001
           IIT     ja    0.7410   0.1176   0.5105   0.9714    6.30   <.0001
           Steroid ja    0.2615   0.1315   0.0038   0.5192    1.99    0.0467
           Noradr  ja    0.3645   0.1015   0.1655   0.5635    3.59    0.0003
           Alter         0.0188   0.0036   0.0117   0.0259    5.19   <.0001

                              Contrast Estimate Results

          Mean          Mean           L'Beta Standard           L'Beta          Chi-    Pr >
Label    Estimate  Confidence Limits  Estimate  Error  Alpha  Confidence Limits  Square  ChiSq
IIT        0.6772    0.6249   0.7254    0.7410  0.1176  0.05   0.5105   0.9714   39.71  <.0001
Exp(IIT)                                2.0980  0.2467  0.05   1.6661   2.6417
Steroid    0.5650    0.5010   0.6270    0.2615  0.1315  0.05   0.0038   0.5192    3.96   0.0467
Exp(Steroid)                            1.2989  0.1708  0.05   1.0038   1.6807
Noradr.    0.5901    0.5413   0.6373    0.3645  0.1015  0.05   0.1655   0.5635   12.89   0.0003
Exp(Noradr.)                            1.4398  0.1462  0.05   1.1800   1.7568
Alter      0.5047    0.5029   0.5065    0.0188  0.0036  0.05   0.0117   0.0259   26.90  <.0001
Exp(Alter)                              1.0190  0.0037  0.05   1.0118   1.0262
```

Für die zweite Zielgröße **Hyper**glykämie sind ebenso die Merkmale Alter bei Aufnahme sowie die Insulin-, Noradrenalin- und Steroidgabe wichtig, außerdem sind die Operationsart und das Vorliegen einer Sepsis am Untersuchungstag von Bedeutung.

3 Fazit

Rohe und adjustierte Odds Ratios mit Konfidenzintervallen können für Verlaufsdaten in SAS 9.2 mit der Prozedur GENMOD ausgewertet werden. Jedoch ist die Rückwärtselimination in PROC GENMOD nicht implementiert und muss schrittweise „von Hand" durchgeführt werden.

Literatur

[1] Hosmer DW, Lemeshow S: Applied logistic regression. New York, Wiley, 2000

[2] SAS Institute Inc., Cary, NC, USA, Online-Documentation

JMP 9 Highlights

Bernd Heinen
SAS Institute GmbH
In der Neckarhelle 162
69118 Heidelberg
Bernd.heinen@jmp.com

Zusammenfassung

Seit Oktober 2010 ist die neue Version JMP 9 erhältlich. Gleichzeitig beginnt auch eine neue Produktstrategie, mit der die Leistungen von JMP anwendungsorientiert oder technisch differenziert werden und so den Bedürfnissen der unterschiedlichen Nutzergruppen näher kommen. Dieser Vortrag bezieht sich auf JMP 9, Abweichungen zu anderen Produkten werden nur kurz angerissen. Mit der Degradation Plattform und den vollständig überarbeiten Neuronalen Netzen fallen die wichtigsten Änderungen gleich ins Auge. Aber auch die Möglichkeit, geografische Karten als Hintergrund in Grafiken einzublenden und statistische Kennzahlen mit regionalem Bezug darzustellen, unterstreicht das Ziel, die visuelle Datenanalyse weiter voranzutreiben. Schnittstellen, über die EXCEL und R in die Funktionalität von JMP eingebunden werden, erweitern die analytische Tiefe und den Umfang der Anwendungsbereiche.

Schlüsselwörter: Degradation, Neuronale Netze, Karten, JMP 9

1 Auf den ersten Blick

JMP 9 erscheint mit einer neuen Oberfläche (s. Abbildung 1). Das Startfenster, jede Datentabelle und die Auswertungen erscheinen in separaten Fenstern. Icons in den Fußleisten der Fenster sowie die Tastenkombination Strg+Tab erlauben schnelles Navigieren zwischen den einzelnen Objekten.

2 Plattformen

Die statistischen Analysemethoden werden in JMP thematisch zu Gruppen zusammengefasst, die „Plattformen" genannt werden. In der Version 9 sind zwei neue Plattformen enthalten: Degradation und Neuronale Netze.

B. Heinen

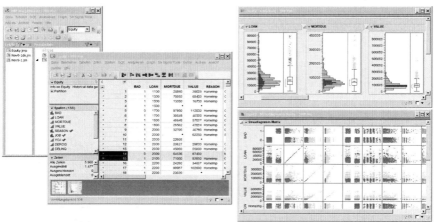

Abbildung 1: Neue Fensteroberfläche

2.1 Degradation

Bei der Analyse von Lebensdauern ist es oft so, dass das Zielereignis nicht abrupt eintritt, eventuell gar nicht beobachtet wird, aber eine messbare Funktion sich über die Zeit

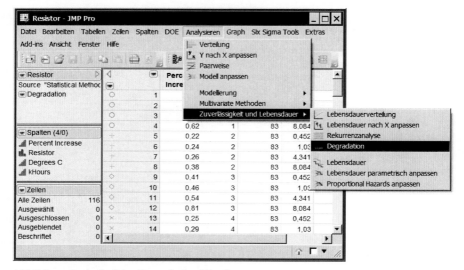

Abbildung 2: Aufruf der Degradation Plattform

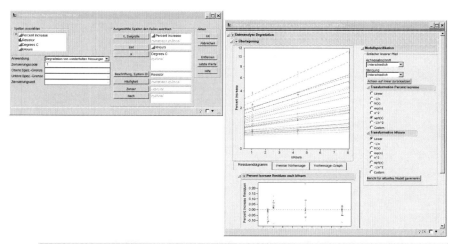

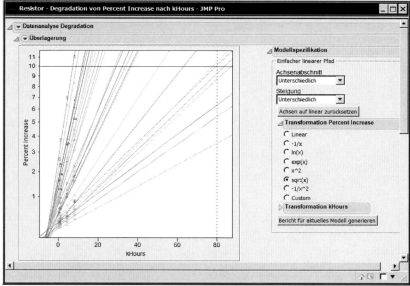

Abbildung 3: Anwendung und Ergebnisse Degradation Analyse
Der Modelldialog (oben), die angepassten Geraden nach einer Wurzeltransformation und die Residuen (rechts). Durch Spezifikation des Zielereignisses (10% Erhöhung des Widerstands) und eines Zensierungszeitpunktes (80.000 h) werden die Prognosefunktionen für diesen Bereich angezeigt (unten).

verändert. In dieser Plattform (für den Aufruf siehe Abbildung 2) sind nun alle Funktionen zusammengefasst, die zur Analyse und Modellbildung in dieser Situation erforderlich sind.

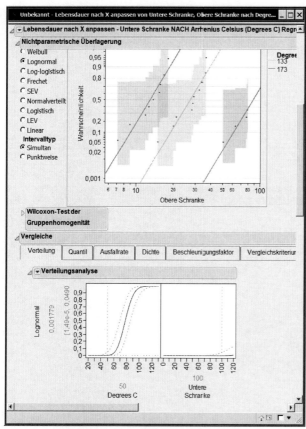

Hierzu ein Beispiel: Ein elektrischer Widerstand wird als defekt bezeichnet, wenn sein Widerstand 10% vom Sollwert abweicht. Da man nicht abwarten kann, bis alle zu testenden Widerstände tatsächlich so weit von der Norm abweichen, berechnet man ein Prognosemodell für die Lebensdauer (Abb. 3).

Indem die Schätzungen für die Ausfallrate und den Zensierungszeitpunkt in eine Tabelle gespeichert werden, können über die Regression für Überlebenskurven eine vertiefte Diagnose und der bekannte JMP Profiler ausgeführt werden, der es erlaubt, verschiedene Prognosekombinationen durchzuspielen (Abb. 4).

Abbildung 4: Profiler für Degradation Modelle

JMP: Grundlagen

2.2 Neuronale Netze

Mit neuronalen Netzen wird man weniger die Struktur und Abhängigkeit von Variablen studieren, als vielmehr Prognosemodelle entwickeln. In einer Studie wurden Pilze in essbare und nicht essbare eingeteilt und anhand von 22 Faktoren beschrieben. Eine schrittweise Partitionierung zeigt, dass nach drei Teilungsschritten eine fast vollständige Unterscheidung in essbare und nicht essbare Pilze erfolgt (Abb. 5).

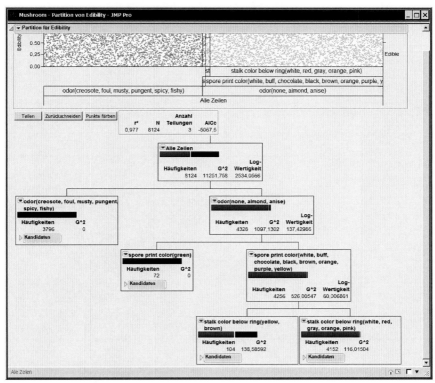

Abbildung 5: Partition

B. Heinen

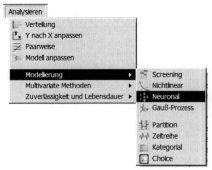

Für die zukünftige Klassifizierung von Pilzen soll ein Neuronales Netz angepasst werden.
Im Plattformdialog (Aufruf Abb. 6, Abb. 7) werden die Variablen und ihre Funktionen zugewiesen, wobei eine Validierungsvariable nur in JMP Pro zugewiesen werden kann:
Der Folgedialog bietet dann die Möglichkeit, ein Neuronales Netz zu spezifizieren und berechnen zu lassen.

Abbildung 6: Aufruf Neuronale Netze

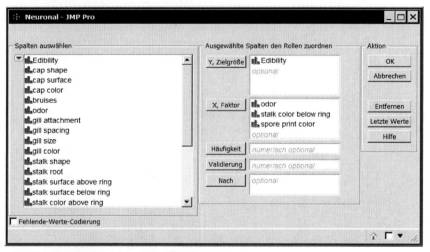

Abbildung 7: Dialog Neuronale Plattform

Hierbei unterscheiden sich JMP und JMP Pro: in der Basisversion ist nur eine Schicht von Neuronen modellierbar, in JMP Pro stehen zwei Schichten zur Verfügung. Beide Programme bieten drei Linkfunktionen an, die Zahl der Neuronen pro Schicht ist beliebig. Darüber hinaus bietet JMP Pro die Technik des Boosting zur Modellbildung an, bei der das spezifizierte Modell iterativ auf die Residuen der jeweils vorher geschätzten Modelle angewandt wird.

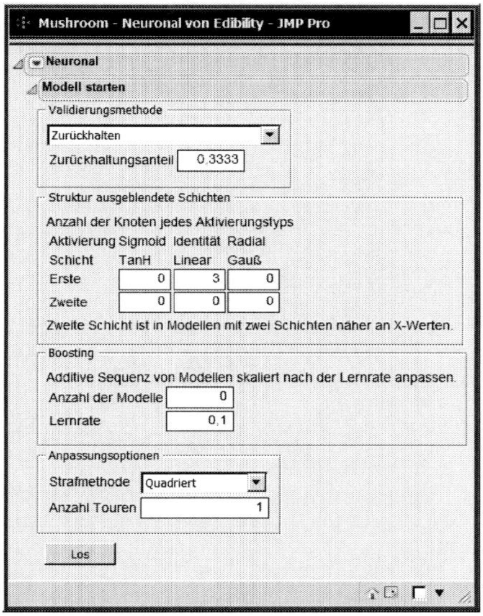

JMP: Grundlagen

Neuronale Netze tendieren zum „Overfitting", d.h. sie passen sich perfekt an den aktuellen Datensatz an, haben aber eine geringe prognostische Güte, wenn sie mit neuen Daten berechnet werden. Um dies zu verhindern, wird ein Teil der Daten zur Validierung der Prognosestärke zurückbehalten. Ihr Anteil kann beliebig oberhalb von 10% gewählt werden. Die übrigen Sätze bilden den Trainingsdatensatz, an dem das Modell entwickelt wird. Mit Hilfe des Validierungsdatensatzes wird berechnet, wann der Anpassungsprozess endet.

Abbildung 8: Modellbildung Neuronale Netze

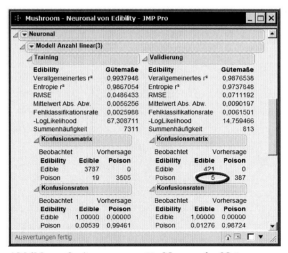

Abbildung 9: Anpassungsgüte Neuronaler Netze

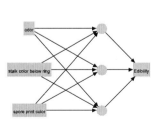

Abbildung 10: Neuronales Netz

245

Der Ergebnisbericht zeigt verschiedene Gütemaße für beide Datensätze und auch die Konfusionsmatrizen, die hier zeigen, dass für das Prognosemodell immerhin noch 1,3% der Pilze als essbar eingestuft werden, obwohl sie giftig sind (Abb. 9). Weitere Ergebnisdarstellungen lassen sich über den „Hot Spot", das kleine rote Dreieck in der Titelzeile des Reports, auswählen; unter anderem eine Grafik, die das gewählte Neuronale Netz darstellt (Abb. 10). Der Modellierungsdialog bleibt im oberen Teil des Berichts ständig zur Verfügung, so dass man mehrere Modelle durchrechnen und innerhalb desselben Reports vergleichen kann. Wie bei allen anderen Analyseplattformen kann man die Schätzer wieder in den Datensatz speichern, wo sie dann für weitere Analysen zur Verfügung stehen.

2.3 Grafiken

Der Graph Builder ist mit seinen interaktiven Gestaltungsmöglichkeiten um zwei Bereiche erweitert worden: die Farbsteuerung und das Formfeld.
Wenn eine Variable zur Farbsteuerung eingesetzt wird, dann werden die Datenpunkte entsprechend den Ausprägungen dieser Variable farbig dargestellt.
Das Formfeld ermöglicht, einen räumlichen Bezug herzustellen. Wird hier z.B. eine Variable mit Namen der Bundesländer hergezogen, dann erscheinen die Zielvariablen (Abb. 11) mit entsprechender geografischer Darstellung. Auch in dieser Darstellung bleibt die Linkfunktion von JMP erhalten. Ein ausgewählter Datensatz (Bayern 2005) wird in der Datentabelle und allen anderen Darstellungen zu der Tabelle markiert.
Weiterhin steht jetzt auch die Möglichkeit zur Verfügung, mit dem Graph Builder Konturdiagramme zu erstellen, mit beliebiger Zahl der Konturstufen und freier Farbwahl (Abb. 12). Wird eine Häufigkeitsvariable angegeben, werden alle verfügbaren Statistiken ebenfalls entsprechend dieser Häufigkeiten gewichtet. Für den Mittelwert stehen verschiedene Fehlerbalken (Standardabweichung, Standardfehler, Bereich, Konfidenzintervall) zur Verfügung.

JMP: Grundlagen

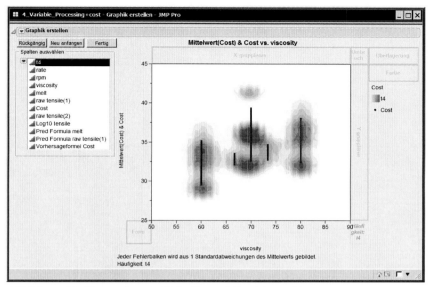

Abbildung 11: Konturplot mit 10 Stufen und Bereichsmarkierung

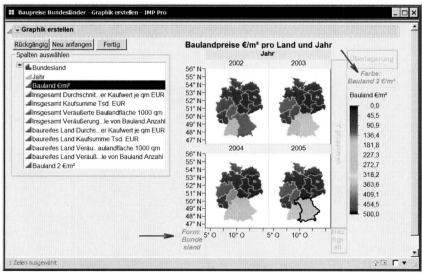

Abbildung 12: Geographische Einheiten als Formfaktor

247

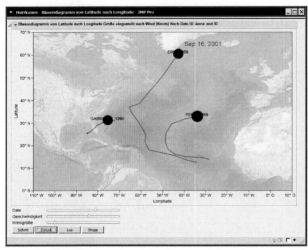

Das Blasendiagramm (Bubble Plot) kann nun auch mit geografischem Bezug dargestellt werden (Abb. 13). Diese und andere animierte Grafiken lassen sich als Objekte für die Adobe Flash Software speichern, so dass sie auch mit einem Browser betrachtet werden können. Dabei bleiben die Animation und die Verlinkung innerhalb einer Grafik erhalten.

Abbildung 13: Bubble Plot mit Karte als Hintergrund

2.4 JMP als Analyseschaltpult

In JMP 9 sind drei Neuerungen erhalten, die ermöglichen, JMP als eine zentrale Drehscheibe für eine Vielzahl an Erweiterungen einzusetzen. Dabei handelt es sich um:

Add-Ins	zum einfachen Verteilen und Installieren von (JMP-)Scripten
EXCEL Schnittstelle	zum Erstellen von interaktiven JMP Grafiken direkt aus EXCEL und zur Nutzung des JMP Profilers für Optimierung und Simulation in EXCEL Modellen.
R-Schnittstelle	zur Übergabe von Daten aus JMP an R und Rückgabe der Analyseergebnisse an JMP zur Speicherung und grafischen Darstellung.

2.5 Weiteres

Die hier vorgestellten Änderungen zeichnen sich durch ihre besondere Bedeutung für die Datenanalyse oder als besondere Innovation aus. Es gibt viele weitere Ergänzungen, die quer über alle Plattformen den Funktionalitätsumfang von JMP erweitern. Zusätzliche Statistiken, verbesserte Grafiken, erweiterte Interaktivität und flexiblere Darstellungsmöglichkeiten erhöhen den Gebrauchswert von JMP in vielen Bereichen. Weitere Informationen finden Sie unter www.jmp.com/de.

JMP: Anwendungen

„Entscheidungsbäume" – eine Möglichkeit, Präferenzen und Zufriedenheit von Patienten im Gesundheitswesen zu verstehen?

Prof. Dr. Wolfgang Himmel
Abteilung Allgemeinmedizin
Universitätsmedizin Göttingen
Humboldtallee 38
37073 Göttingen
whimmel@gwdg.de

Ulrich Reincke
Competence Center Enterprise,
Intelligence, SAS Institute
In der Neckarhelle 162
69118 Heidelberg
Ulrich.Reincke@ger.sas.com

Zusammenfassung

Hintergrund. Befragungen zur Patientenzufriedenheit sind ein etabliertes Verfahren im Gesundheitswesen – mit dem Ziel der Kundenbindung, Qualitätssicherung und wissenschaftlichen Analyse von Präferenzen. Die üblichen Auswertungsstandards lassen zumeist nicht erkennen, welche Erfahrungen in der Arztpraxis oder im Krankenhaus letztlich die Entscheidung, dort wieder hinzugehen, beeinflussen. Dies begrenzt auch die Möglichkeit einer gezielten Intervention.

Fragestellung. Aus den Antworten von ca. 87.700 Patienten zu 26 Merkmalen der Zufriedenheit mit ihrem Krankenhausaufenthalt sollten die Entscheidung zur „Weiterempfehlung des Krankenhauses" mittels der Methode „Entscheidungsbaum" untersucht und die Ergebnisse mit multivariaten Standardanalysen (multiple logistische Regression) verglichen werden. Besondere Beachtung sollte die große Zahl „fehlender Werte" finden.

Methode. Primäres Kriterium für die beiden Methoden „Entscheidungsbaum" und multiple logistische Regression war die Weiterempfehlung eines Krankenhauses durch Patienten (als Indikator für „globale Patientenzufriedenheit"). Prädiktoren waren 26 Bewertungen verschiedener Eigenschaften des Krankenhauses und der Erfahrungen während des Aufenthaltes, z. B. Behandlungs- und Betreuungsqualität oder Zimmerausstattung. Den Entscheidungsbaum haben wir im Programm „Partition" im Modul JMP von SAS modelliert.

Ergebnisse. Als wichtiger Faktor für die Patientenzufriedenheit erwies sich die „aufmerksame Behandlung im Krankenhaus". Dieser Faktor war das oberste Blatt im Entscheidungsbaum und hatte auch in der multiplen Regression ein adjustiertes Odds Ratio (OR) von 2,4 (95%-Vertrauensintervall: 2,3 bis 2,6). Ebenfalls sehr wichtig im Baum und in der multiplen Regression waren: gute Betreuung (OR=3,8; 3,4 – 4,3) und Behandlungserfolg (2,9; 2,6 – 3,1). Für die weitere Analyse im Entscheidungsbaum wählten wir folgende Einstellungen: pro „Blatt" mind. 4.000 „Fälle" (Personen), 5-fache Kreuzvalidierung sowie Einschluss fehlender Werte. Der Datensatz wurde in 70 % Trainingsdaten und 30 % Validierungsdaten gesplittet. Die Lösung, die sich aus den von uns gewählten Kriterien ergab, führte zu 11 Teilungen. Die ROC-Kurven sowohl für die Trainings- als auch Validierungs-Stichprobe hatten einen Fläche unter der Kurve (*area under the curve*; AUC) von knapp über 80%. Insbesondere die Kombination von aufmerksamer Behandlung, Erklärung des Befundes, Zimmerausstattung und Behandlungserfolg führte zur Zufriedenheit bei fast allen Befragten (89 %). Umgekehrt zeigte der Entscheidungsbaum, dass Defizite in der „aufmerksamen Behandlung" durch eine „gute Gesamtbetreuung" und „Vermeidung von

Ärger" soweit kompensiert werden konnte, dass immerhin noch 49 % der Patienten mit dem betreffenden Krankenhaus zufrieden waren.

Diskussion. Eindrucksvoll zeigte der „Entscheidungsbaum" die Bedeutung einer aufmerksamen Behandlung, umsichtigen Betreuung und verständlichen Informationen seitens der Ärzte, Pfleger und Schwestern – typisch ärztliche und pflegerische Leistungen, die durchaus beeinflussbar sind bzw. deren Bedeutung den im Krankenhaus Beschäftigten vermittelbar sein sollte. Für aussagefähige Ergebnisse ist die Modellierung der Voreinstellungen im Entscheidungsbaum wichtig.

Schlüsselwörter: JMP, Entscheidungsbaum, Decision Tree, Patientenzufriedenheit, Krankenhaus

1 Einleitung

Die Zufriedenheit von Patienten mit ihrer medizinischen Versorgung hat sich in den letzten Jahren zu einem Marketing-Argument entwickelt; vor allem aber gilt die Patientenzufriedenheit als sensibler und verlässlicher Indikator für die Qualität der medizinischen Behandlung [1, 2]. Zufriedenheit ist ein multidimensionales Konstrukt, in das u.a. die Bewertung der technischen und emotionalen Aspekte medizinischen Handelns einfließen, aber auch externe Bedingungen, wie die bauliche Qualität, Erreichbarkeit oder Wartezeiten. Zufriedenheit ist gewissermaßen das Endprodukt der subjektiven Bewertung dieser verschiedenen Dimensionen unter Berücksichtigung ihrer unterschiedlichen Bedeutung für den einzelnen.

Für die Erhebung der Zufriedenheit stehen zahlreiche Instrumente, im Regelfall standardisierte Fragebogen zur Verfügung [3], welche die verschiedenen organisatorischen Gegebenheiten (z. B. in der Arztpraxis oder im Krankenhaus) berücksichtigen. Die Fragen, die dabei zum Einsatz kommen, sind im Regelfall strukturell nicht anders, als man dies von Hotel-Befragungen u. ä. kennt. Mittlerweile gelten mehrere dieser Erhebungsinstrumente als valide; die Auswertung stellt Forscher und Praktiker aber vor Probleme – gerade wenn Studien zur Patientenzufriedenheit handlungs- bzw. interventionsorientiert sein sollen.

Bei der Auswertung könnte man ganz einfach deskriptiv vorgehen und Antwort für Antwort einzeln oder als Summenscores (z. B. auf Basis einer Faktorenanalyse) auswerten. Damit können evtl. einzelne Schwachstellen einer medizinischen Einrichtung abgebildet werden. Aber aus einer solchen Auswertung lässt sich nicht oder nur unzureichend erkennen, welche Erfahrungen in der Arztpraxis oder im Krankenhaus letztlich die Entscheidung, dort wieder hinzugehen, beeinflussen. Dies begrenzt auch die Möglichkeit einer gezielten Intervention.

Scheinbar bieten Verfahren wie die multiple logistische Regression die Möglichkeit, ein Ereignis auf Basis mehrerer Variablen zu erklären. Im Fall der Patientenzufriedenheit könnte man sich vorstellen, Patienten zu fragen, ob sie dieselbe Praxis oder dasselbe Krankenhaus Verwandten und Bekannten empfehlen würden, um dann zu prüfen, welche Fragen zur Zufriedenheit am stärksten mit dieser Empfehlung assoziiert sind. Dieses Verfahren stößt aber schnell an Grenzen, wenn die Zahl der Variablen – also die verschiedenen Fragen zur Zufriedenheit – umfangreich sind und man auch noch (ggf. mehrfache) Interaktionen zwischen den Variablen berücksichtigen möchte.

Als Alternative bietet sich der sog. Entscheidungsbaum an – ein Verfahren, mit dem der Einfluss einer beliebig großen Zahl von Variablen, einschließlich ihrer Interaktion auf eine Ziel-Variable untersucht werden kann. Um allerdings eine Entscheidungsbaum-Analyse durchzuführen und die Ergebnisse möglichst intuitiv zu verstehen, sind leistungsfähige Software-Module notwendig. Mit dem Modul JMP steht in SAS ein solches Verfahren zur Verfügung, das wir für die Auswertung eines umfangreichen Datensatzes zur Patientenzufriedenheit im Krankenhaus verwendet und im praktischen Handling überprüft haben.

2 Methode

Antworten von Patienten zur Frage der Zufriedenheit im Krankenhaus wurden explorativ mit der Methode „Entscheidungsbaum", unter Verwendung des Moduls JMP ausgewertet.

2.1 Stichprobe und Fragebogen

Es lagen Antworten von ca. 87.700 Patienten aus verschiedenen Krankenhäusern und von verschiedenen Stationen vor. Das Alter der Patienten war erwartungsgemäß höher als im Durchschnitt der Bevölkerung (Mittelwert: 60,6; Standardabweichung: 16,3); entsprechend lag auch der Anteil der Frauen etwas höher (54 %).

Alle Befragten hatten den Zufriedenheitsbogen des Picker-Instituts ausgefüllt [4]. Dieser Fragebogen hat den Vorteil, nicht nur global nach Zufriedenheit mit den verschiedenen Personen oder Bereichen eines Krankenhauses zu fragen, sondern kritische Verhaltensweisen und Ereignisse zu erheben. Zum Beispiel wird danach gefragt, ob man verständliche Antworten erhielt, wenn man Ärzte oder Pflegepersonen fragte – mit der Antwortmöglichkeit: „Ja, immer"; „Ja, manchmal"; „Nein" und „Ich hatte keine Fragen". Der Fragebogen ist mit insgesamt 98 Fragen bzw. Items sehr detailliert.

2.2 Auswertung

Die Patienten wurden unter anderem danach gefragt, ob sie das betreffende Krankenhaus ihrer Familie oder ihren Freunden weiterempfehlen würden. Die Antworten auf diese Frage haben wir als globales Maß der Zufriedenheit gewertet und die Stichprobe dichotomisiert (Antwort: „Ja, ganz sicher" = „zufrieden" vs. Antworten: „Ja, wahrscheinlich" oder „Nein" = „nicht zufrieden"). Mit der Methode „Entscheidungsbaum" sollte statistisch nachvollzogen werden, wie die Entscheidung zur Weiterempfehlung eines Krankenhauses bzw. Nicht-Empfehlung zustande kommt.

Eine gute Beschreibung der Methode findet sich z.B. bei [5]. An dieser Stelle seien nur einige Merkmale bei der Konstruktion von Entscheidungsbäumen beschrieben. Der Gesamtdatensatz (bzw. ein Trainingsdatensatz) mit seiner Aufteilung nach dem Kriterium – in unserem Fall also die Unterscheidung nach Empfehlung bzw. Nicht-Empfehlung – wird als Wurzel bezeichnet. Es werden nun schrittweise diejenigen Merkmale gesucht, mit dem sich der Datensatz gemäß dem Kriterium bestmöglich teilen lässt. Bspw. könnte dies zunächst das Merkmal „Qualität des Essens" sein. Die Teilung des Datensatzes in Personen, die mit dem Essen zufrieden sind, und Personen, die damit unzufrieden sind, würde also – im Vergleich zu allen denkbaren anderen Teilungen – die beste Vorhersagemöglichkeit ergeben, wer ein Krankenhaus weiterempfehlen dürfte. Man hat also die vergleichsweise beste Trefferqualität bei der Annahme, dass die zufriedenen Esser das Krankenhaus wohl weiterempfehlen und umgekehrt. Die Prognose selbst muss nicht besonders gut bzw. sicher sein (vielleicht würden 40% der zufriedenen Esser das Krankenhaus gar nicht weiterempfehlen); nur ist diese erste Prognose auf Basis einer ersten Teilung immer noch besser als jede andere mögliche Aufteilung des Datensatzes.

In einem weiteren Teilungsschritt würde man nun versuchen, entweder die Gruppe der zufriedenen oder unzufriedenen Esser nach einem weiteren Merkmal aufzuteilen, um für diese Untergruppen die prognostische Qualität hinsichtlich des Kriteriums zu verbessern. Um noch einmal beim Beispiel zu bleiben: Man könnte die Gruppe der unzufriedenen Esser danach aufteilen, ob sie mit der ärztlichen Information zufrieden oder unzufrieden waren. Die beiden Merkmale Unzufriedenheit mit dem Essen und der ärztlichen Information werden vermutlich die Wahrscheinlichkeit erhöhen, das Krankenhaus nicht weiterzuempfehlen – und damit auch unsere prognostische Fähigkeit, dieses Kriterium vorauszusagen.

Schon an dieser Stelle deuten sich drei wesentliche Eigenschaften der Methode „Entscheidungsbaum" an: (1) Es bedarf eines Kriteriums für die Teilung, d.h. an welcher Stelle des Entscheidungsbaums weitergeteilt und welches Kriterium dafür gewählt wird; (2) es bedarf genauso eines Abbruchkriteriums, wann nicht weitergeteilt werden soll, weil natürlich jede weitere Teilung immer noch – und sei es minimal – die Prognose verbessert; (3) das Verfahren wird relativ schnell unübersichtlich. Die Vorteile des Entscheidungsbaums, aber auch die zuletzt genannten Probleme möchten wir an unserem Beispiel-Datensatz erläutern.

3 Ergebnisse

Unter der Annahme, dass eine vorbehaltlose Weiterempfehlung des Krankenhauses eine globale Zufriedenheit ausdrückt, waren 67,3 % der Befragten mit ihrem Krankenhausaufenthalt zufrieden. Um einen ersten Eindruck zu erhalten, welche Erfahrungen im

Krankenhaus mit der globalen Zufriedenheit assoziiert sind, zeigt Tabelle 1 die 15 wichtigsten Variablen, einschließlich ihrer Odds Ratios als Effektmaß. Ebenfalls zur Information finden sich dort auch die Ergebnisse einer multiplen logistischen Regression mit Einschluss dieser zehn wichtigsten Variablen. Den stärksten Effekt haben die eingeschätzte Betreuung im Krankenhaus, das Vertrauen in die Ärzte, Behandlungserfolg sowie die Erfahrung, von Ärzten aufmerksam behandelt worden zu sein. Bei dieser Auswertungsvariante gab es bereits fast 23.000 „fehlende Werte". Hätte man übrigens alle 31 Bewertungen in die logistische Regression eingeschlossen, wäre die Zahl fehlender Werte auf fast 42.000 gestiegen.

Im Vergleich dazu nun die Vorgehensweise und Ergebnisse mit der Methode „Entscheidungsbaum". Das Modul JMP ist in SAS eingebunden, so dass der für die multiple Regression verwendete SAS-Datensatz unmittelbar auch für JMP verwendbar ist. Etwas verwirrend ist am Anfang, dass man im Menü-gesteuerten Programm eine Prozedur „Entscheidungsbaum" bzw. „decision tree" nicht findet. Das vergleichbare statistische Verfahren firmiert bei JMP als „partition" unter dem Haupt-Menü „Modellierung".

Tabelle 1: Faktoren für eine Weiterempfehlung eines Krankenhauses

Variable *	Odds Ratio	Adjustiert Odds Ratio	(95%-Intervall)
Gute Betreuung	32,0	3,8	3,4 - 4.3
Behandlungserfolg	9,0	2,8	2,6 - 3,1
Aufmerksame Behandlung	8,0	2,4	2,3 - 2,6
Vertrauen in Ärzte	9,8	2,4	2,3 - 2,6
Von anderen empfohlen	2,6	2,0	1,9 - 2,3
Empfohlen durch Familie	2,3	2,0	1,9 - 2,2
Gute Zimmerausstattung	3,9	1,8	1,7 - 1,9
Gutes Essen	3,3	1,7	1,6 - 1,8
Kenne Krankenhaus	1,5	1,7	1,6 - 1,8
Krankenhaus nicht in der Nähe	1,5	1,7	1,6 - 1,8
Keinen Ärger	4,8	1,7	1,6 - 1,8
Ergebnisse erklärt	4,6	1,6	1,5 - 1,7
Gute Nasszellen	2,9	1,6	1,5 - 1,7
Symptome erklärt	3,8	1,5	1,4 - 1,6
Antworten der Ärzte verständlich	6,4	1,5	1,4 - 1,6

* sortiert nach adjustierten Odds Ratios; missing values: n = 22.691

Nach Aufrufen des entsprechenden Menü-Punktes müssen das Kriterium (bei uns also Krankenhaus-Empfehlung) und die Liste möglicher entscheidungsrelevanter Variablen eingegeben werden. Wie für diese Methode nicht unüblich, haben wir alle zur Verfügung stehenden Variablen in das Model mitaufgenommen, vor allem natürlich die einzelnen Zufriedenheitsaspekte, aber auch Geschlecht und Alter, Größe des Krankenhauses etc. Alle Variablen lagen kategorial vor bzw. wurden (z.B. im Falle des Alters) kategorial gruppiert, viele Variablen mit Mehrfach-Ausprägung dichotomisiert. Das wäre übrigens nicht erforderlich gewesen, da alle Varianten von Variablen im Entscheidungsbaum möglich sind, eine Dichotomisierung bzw. eine Begrenzung der Variablen auf wenige Ausprägungen Variablen aber am einfachsten „lesbar" ist.

Die erste Teilung des Datensatzes erfolgt – etwas abweichend von den Ergebnissen der logistischen Regression – nicht anhand der Variablen „Gute Betreuung", sondern anhand „Aufmerksame Behandlung durch Ärzte" (Abbildung 1). Die Information, die man durch diese Teilung des Datensatzes bzw. an dieser Stelle des Entscheidungsbaums erhält, könnte man folgendermaßen lesen: Wenn man lediglich weiß, dass ein Patient mit der ärztlichen Aufmerksamkeit im Krankenhaus zufrieden war, wird man mit 78 % Wahrscheinlichkeit voraussagen können, dass diese Person das Krankenhaus weiterempfiehlt. In der nächsten Stufe des Entscheidungsbaums bzw. durch die nächste Teilung des Datensatzes wird man versuchen, dasjenige Merkmal zu finden, das zum größten Informationsgewinn in der Prognose beiträgt. Im konkreten Fall würde eine weitere Teilung optimal am Knoten „Zufriedenheit mit aufmerksamen Behandlung" ansetzen – und nicht (was auch denkbar gewesen wäre) bei der Unzufriedenheit mit der Behandlung. Und das optimalste Trennungsmerkmal ist „Vertrauen in die Ärzte" (Abbildung 2). Mit anderen Worten: Wenn man weiß, dass eine Person sich aufmerksam behandelt fühlte und Vertrauen hatte, kann man nun schon mit einer Sicherheit von 80 % davon ausgehen, dass diese Person das Krankenhaus weiterempfiehlt – oder anders formuliert: Von allen Personen, für die diese Kombination zutrifft, werden 80 % eine Weiterempfehlung aussprechen. Damit deutet sich dann auch die unterschiedliche Betrachtungsweise im Vergleich zur logistischen Regression an.

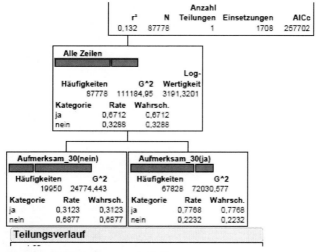

Abbildung 1: Entscheidungsbaum – 1. Teilung

Bisher haben wir den Entscheidungsbaum rein intuitiv und ohne definierte Kriterien wachsen lassen. Im Folgenden soll es darum gehen, wie weit man die Kriterien für die Teilung steuern kann – und soll das gleich im Programm selbst demonstriert werden. Das inhärente Problem der Methode „Entscheidungsbaum" ist, dass fast zwangsläufig jede weitere Teilung zu einer Verbesserung der Prognose führt – zumindest für die Trainingsdaten, diese Verbesserung sich aber nicht unbedingt für die Validierungsdaten verallgemeinern lässt. Ab einer bestimmten Progression der Teilungen tritt das sogenannte „overfitting" auf den Trainingsdaten ein [6]. Abbildung 3 veranschaulicht dieses Phänomen. Schon deshalb sollte man die Stichprobe in Trainings- und Validierungsdaten teilen, um sicher zu stellen, dass weitere Teilungen im Entscheidungsbaum einen messbaren Informationsgewinn auch für die Validierungs-Stichprobe bedeuten.

Ein weiteres mögliches Kriterium ist eine Mindestzahl an Beobachtungen für jedes Blatt des Entscheidungsbaums. Aufgrund der großen Stichprobe konnten wir dieses Kriterium großzügig mit n=4000 definieren. Damit ist garantiert, dass hinter jeder Entscheidungsregel mit 5% der Gesamtheit auch eine praktisch relevante Zahl von Probanden bzw. Patienten steht.

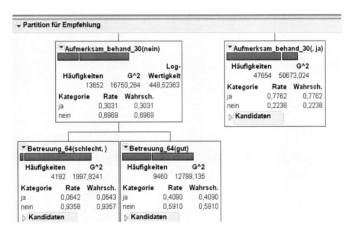

Abbildung 2: Entscheidungsbaum – 2. Teilung

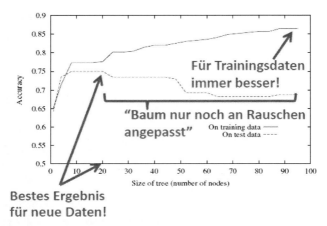

Abbildung 3: Entscheidungsbaum – Overfitting der Trainigsdaten nach [6]

Ein weiteres, gerade für unsere Stichprobe sinnvolles Kriterium im „Entscheidungsbaum" ist die Art der Berücksichtigung fehlender Werte. Sie können *per Zufall* einer der beiden Teilungsvarianten zugeteilt werden (als „Einsetzungen" in Abbildung 1 gekennzeichnet) – sicher unproblematisch bei nur wenigen fehlenden Werten. Bei einer Vielzahl fehlender Werte ist dagegen das Kriterium sinnvoll, die fehlenden Werte *sichtbar* einer der beiden Teilungsvarianten zuzuweisen. Ein „Blank" bei der betreffenden Ausprägung einer Kategorie symbolisiert „fehlende Werte";. In Abbildung 4 wären also die „fehlenden Werte" bei der Kategorie „Betreuung_64 (schlecht;) und „Antwort_Verstand_9" (nein, , keine Fragen). Gerade diese Maßnahme trägt im Gegensatz zu logistischen Regressionen zur Transparenz der Methode bei.

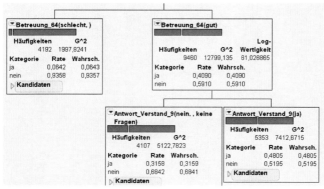

Abbildung 4: Fehlende Werte

Auch im Sinne gezielter Qualitätssicherung ist eine weitere Option in JMP sinnvoll: nämlich die „Sperrung" von Variablen für die weitere Analyse. Bewusst haben wir in unserem ersten Anlauf der Datenanalyse mehr oder minder alle Variablen, die uns zur Verfügung standen, in das Modell eingeschlossen (einschl. Alter und Geschlecht der Patienten oder auch die Größe des jeweiligen Krankenhauses). Das kann im Einzelfall natürlich interessant sein (übrigens spielte bei uns nur das Alter der Patienten eine Rolle). Unter dem Aspekt der Qualitätssicherung aber würde man möglicherweise der Größe des Krankenhauses oder auch dem Alter der Befragten nicht unbedingt Bedeutung beimessen, weil man diese Faktoren nicht ändern kann. Es könnte sich dann als sinnvoll herausstellen, diese Faktoren aus dem Modell auszuschließen und erneut das Modell zu rechnen (beides ist in JMP leicht umsetzbar).

So intuitiv und leicht zugänglich die Menüsteuerung bei JMP ist, so enervierend kann das immer gleiche Anklicken bestimmter Optionen werden, wenn man kleine Varianten durchrechnen möchte. Hier bietet ein Skriptfenster (Abbildung 5) den Vorteil den Programm-Code darzustellen, in dem dann selbst an den entscheidenden Stellen eine Variante eingefügt werden kann. In der erwähnten Abbildung zeigen die Pfeile beispielhaft wo man die minimale Anzahl für die Teilung bzw. die Berücksichtigung fehlender Werte ändern kann.

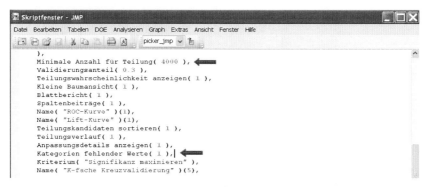

Abbildung 5: Skriptfenster

Blattbericht

Zielgrößenwahrscheinlichkeit

Benennung des Blattes	ja	nein
Aufmerksam_behand_30(nein)&Betreuung_64(schlecht,)	0,0643	0,9357
Aufmerksam_behand_30(nein)&Betreuung_64(gut)&Antwort_Verstand_9(nein, , keine Fragen)	0,3159	0,6841
Aufmerksam_behand_30(nein)&Betreuung_64(gut)&Antwort_Verstand_9(ja)	0,4805	0,5195
Aufmerksam_behand_30(, ja)&Ergeb_erklaer_28(nein, , keine Unters)&Antwort_Verstand_9(ne	0,5195	0,4805
Aufmerksam_behand_30(, ja)&Ergeb_erklaer_28(nein, , keine Unters)&Antwort_Verstand_9(ja)	0,6835	0,3165
Aufmerksam_behand_30(, ja)&Ergeb_erklaer_28(immer)&Zimm_ausstatt_55_1(schlecht)	0,6263	0,3737
Aufmerksam_behand_30(, ja)&Ergeb_erklaer_28(immer)&Zimm_ausstatt_55_1(nicht wichtig, ,	0,7348	0,2652
Aufmerksam_behand_30(, ja)&Ergeb_erklaer_28(immer)&Zimm_ausstatt_55_1(nicht wichtig, ,	0,7928	0,2072
Aufmerksam_behand_30(, ja)&Ergeb_erklaer_28(immer)&Zimm_ausstatt_55_1(nicht wichtig, ,	0,8238	0,1762
Aufmerksam_behand_30(, ja)&Ergeb_erklaer_28(immer)&Zimm_ausstatt_55_1(nicht wichtig, ,	0,8766	0,1234
Aufmerksam_behand_30(, ja)&Ergeb_erklaer_28(immer)&Zimm_ausstatt_55_1(nicht wichtig, ,	0,9028	0,0972
Aufmerksam_behand_30(, ja)&Ergeb_erklaer_28(immer)&Zimm_ausstatt_55_1(nicht wichtig, ,	0,9329	0,0671

Abbildung 6: Entscheidungsregeln

Für die Überprüfung der Güte des Entscheidungsbaums haben wir die Daten in 70 % Trainingsdaten und 30 % Validierungsdaten aufgeteilt. Die Lösung, die sich aus den von uns gewählten Kriterien ergab, führte zu 11 Teilungen. Abbildung 6 zeigt die Entscheidungsregeln, die sich als am prognostisch effizientesten bei dieser Anzahl von Teilungen herausgestellt haben. Abbildung 7 zeigt dann die ROC-Kurven sowohl für die Trainings- als auch Validierungs-Stichprobe mit einer recht akzeptablen Fläche unter der ROC-Kurve (*area under the curve*; AUC) von knapp über 80 %. Das ist auch nach mehrfach gezielten Durchrechnen mit verschiedensten Teilungsvarianten der derzeit beste Kompromiss.

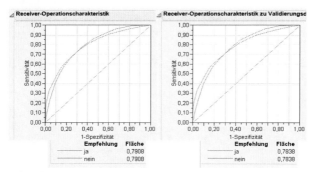

Abbildung 7: ROC-Kurven für Trainings- und Validierungsdaten

Die gefundene Entscheidungsbaum-Variante kann man übrigens als SAS-Code mit den entsprechend verschachtelnden *do-if-end-loops* als SAS-Code schreiben lassen (ausschnittsweise in Abbildung 8). Auch das kann man als klaren Transparenz-Vorteil sehen, insoweit tatsächlich die Entscheidungsregeln für jede Person des Datensatzes eine errechnete Wahrscheinlichkeit für die Weiterempfehlung des Krankenhauses ergeben, die dann mit der tatsächlichen Entscheidung verglichen werden kann (Abbildung 9). So zeigt sich bei Patient 11986 eine falsche Zuordnung, die man bei Bedarf dann genauer überprüfen könnte.

4 Diskussion

Die Erfahrungen im Krankenhaus und die Zufriedenheit mit dem dortigen Aufenthalt standen zwar nicht im Vordergrund dieses Beitrages, aber - noch weit deutlicher als in der logistischen Regression - zeigte sich im Entscheidungsbaum, dass für die Patienten aufmerksame Behandlung, umsichtige Betreuung und verständliche Informationen seitens der Ärzte, Pfleger und Schwestern am wichtigsten sind. Natürlich wissen wir, dass auch scheinbar äußerliche Faktoren wie die Ausstattung des Zimmers und die Qualität des Essens wichtig sind, aber sie stehen hier erst an dritter und vierter Stelle.

Das bedeutet aber auch, dass der Entscheidungsbaum uns deutlich macht, dass die Kriterien für eine letztendliche Bewertung des Krankenhauses zu komplex sind, als dass eine einfache Manipulation wie z. B. Zimmerkosmetik oder etwas besseres Essen schon nachhaltig die Beurteilung des Krankenhauses ändern würde. Umgekehrt wird deutlich, dass es typisch ärztliche und pflegerische Leistungen sind, die über die Bewertung von Patienten entscheiden und in der Tat auch durch die Krankenhausleitung zu ändern sind bzw. deren Bedeutung den im Krankenhaus Beschäftigten vermittelbar sein sollte.

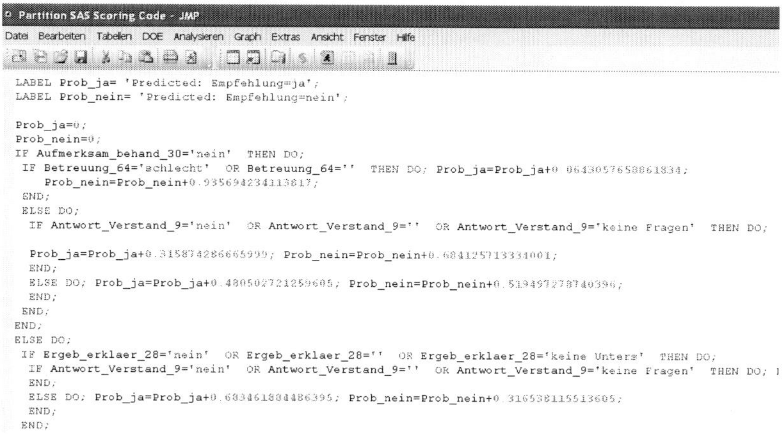

Partition SAS Scoring Code - JMP

Datei Bearbeiten Tabellen DOE Analysieren Graph Extras Ansicht Fenster Hilfe

```
LABEL Prob_ja= 'Predicted: Empfehlung=ja';
LABEL Prob_nein= 'Predicted: Empfehlung=nein';

Prob_ja=0;
Prob_nein=0;
IF Aufmerksam_behand_30='nein'  THEN DO;
 IF Betreuung_64='schlecht'  OR Betreuung_64=''  THEN DO; Prob_ja=Prob_ja+0.0643057658861834;
    Prob_nein=Prob_nein+0.935694234113817;
 END;
 ELSE DO;
  IF Antwort_Verstand_9='nein'  OR Antwort_Verstand_9=''  OR Antwort_Verstand_9='keine Fragen'  THEN DO;

  Prob_ja=Prob_ja+0.315874286665999; Prob_nein=Prob_nein+0.684125713334001;
  END;
  ELSE DO; Prob_ja=Prob_ja+0.480502721259605; Prob_nein=Prob_nein+0.519497278740396;
  END;
 END;
END;
ELSE DO;
 IF Ergeb_erklaer_28='nein'  OR Ergeb_erklaer_28=''  OR Ergeb_erklaer_28='keine Unters'  THEN DO;
  IF Antwort_Verstand_9='nein'  OR Antwort_Verstand_9=''  OR Antwort_Verstand_9='keine Fragen'  THEN DO; I
  END;
  ELSE DO; Prob_ja=Prob_ja+0.683461884486395; Prob_nein=Prob_nein+0.316538115513605;
  END;
 END;
```

Abbildung 8: SAS-Scoring-Code

	Geschlecht	Versicher	Betten	jungalt	Empfehlung	Wahrsch. (Empfehlung==ja	Wahrsch. (Empfehlung==nei	Blattnummer
11984	Mann	Kasse	<999	< 65	ja	0,8765624996	0,1234375004	10
11985	Frau	Kasse	<999	> 64	ja	0,7928264323	0,2071735677	8
11986	Mann	Kasse	<999	< 65	nein	0,734779346	0,265220654	7
11987	Mann	Kasse	<999	< 65	nein	0,0643057659	0,9356942341	1
11988	Frau	Kasse	<999	< 65	ja	0,626339329	0,373660671	6
11989	Frau	Kasse	<999	> 64	ja	0,3158742867	0,6841257133	2
11990	Frau	Kasse	<999	> 64	ja	0,734779346	0,265220654	7
11991	Frau	Kasse	<999	< 65	ja	0,9328694052	0,0671305948	12
11992	Frau	Kasse	<999	< 65	ja	0,7928264323	0,2071735677	8
11993	Mann	Privat	<999	< 65	ja	0,626339329	0,373660671	6
11994	Mann	Kasse	<999	< 65	ja	0,6834618845	0,3165381155	5
11995	Frau	Kasse	<999	> 64	ja	0,9328694052	0,0671305948	12
11996	Frau	Kasse	<999	> 64	nein	0,0643057659	0,9356942341	1
11997	Frau	Kasse	<999	< 65	ja	0,8765624996	0,1234375004	10
11998	Mann	Kasse	<999	< 65	ja	0,7928264323	0,2071735677	8

Abbildung 9: SAS-Scoring; verglichen mit tatsächlicher Entscheidung („Empfehlung")

Eine deutliche Einschränkung zur Validität der Ergebnisse bzw. zur Validität der Methode „Entscheidungsbaum" muss gemacht werden. Diese Methode ist eine rein fiktive Nachbildung eines Entscheidungsprozesses und besagt nichts über den tatsächlichen Ablauf einer Entscheidung – und schon gar nichts über den Einzelfall. Wir sehen im Entscheidungsbaum, nicht anders als in der multiplen Regression statistische Zusammenhänge, deutlicher noch gesagt: assoziative Zusammenhänge, die uns mit gewisser Wahrscheinlichkeit über die Bedeutung einzelner Faktoren informieren. Wenn wir uns allerdings eine Person auf einer der untersten Blätter des Entscheidungsbaums vorstellen (also mit einer komplexen Entscheidungsregeln), wäre sehr wohl auch denkbar, dass nicht diese multiplen Faktoren ihre Entscheidung zur Weiterempfehlung prägte, sondern ganz einfach das Glück über eine gelungene Operation alles andere dominierte.

Eine weitere Einschränkung bezieht sich auf die Globalanalyse, die zwar recht stabil und zuverlässig die „Weiterempfehlung des Krankenhauses" voraussagt (schon aufgrund der großen Zahl von Fällen), aber nicht unbedingt für einzelne Krankenhäuser gelten muss. Erst krankenhausbezogene Analysen liefern spezifische Ansatzpunkte für Interventionen, deren Erfolg aber getrennt evaluiert werden müsste, da der „Entscheidungsbaum" nicht mehr als ein – allerdings mächtiges – heuristisches Verfahren ist.

In jedem Fall empfanden wir es als positiv, dass die komfortabel-intuitive Bedienung des Programms einerseits, die graphische Darstellung der Ergebnisse andererseits einen umfangreichen Datensatz mit umfangreichen Informationen heuristisch aufschließt und für Maßnahmen der Qualitätssicherung erste Ansatzpunkte liefert.

Literatur

[1] Glickman SW, Boulding W, Manary M, Staelin R, Roe MT, Wolosin RJ, Ohman EM, Peterson ED, Schulman KA.: Patient satisfaction and its relationship with clinical quality and inpatient mortality in acute myocardial infarction. *Circ Cardiovasc Qual Outcomes* 2010, 3 S. 188-195.

[2] Rao M, Clarke A, Sanderson C, Hammersley R.: Patients' own assessments of quality of primary care compared with objective records based measures of technical quality of care: cross sectional study. *Br Med J* 2006, 333 S. 19.
[http://www.bmj.com/content/333/7557/19.full.pdf?sid=22f40392-8471-4918-9bd2-102af3f623a3]

[3] Castle NG, Brown J, Hepner KA, Hays RD.: Review of the literature on survey instruments used to collect data on hospital patients' perceptions of care. *Health Serv Res* 2005, 40 S. 1996-2017.

[4] Jenkinson C, Coulter A, Bruster S.: The Picker Patient Experience Questionnaire: development and validation using data from in-patient surveys in five countries. *Int J Qual Health Care* 2002, 14 S. 353-358.

[5] Gaudard M, Ramsey P, Stephens M. Interactive Data Mining and Design of Experiments: the JMP Partition and Custom Design Platforms. North Haven Group. SAS (White Paper): March 2006
[http://www.jmp.com/software/whitepapers/pdfs/372455_interactive_datamining.pdf]

[6] Mitchell TM: Machine Learning, Boston, Mass. McGraw-Hill, 1997.

Datenqualität

Ein Algorithmus zur Auswahl einer vollständigen Datenmenge

Bernd Paul Jäger
Ernst-Moritz-Arndt-Universität
Greifswald, Institut für Biometrie
und Med. Informatik
Walther-Rathenau-Straße 48
Greifswald
bjaeger@biometrie.uni-greifswald.de

Michael Wodny
Ernst-Moritz-Arndt-Universität
Greifswald, Institut für Biometrie
und Med. Informatik
Walther-Rathenau-Straße 48
Greifswald
wodny@biometrie.uni-greifswald.de

Sandra. Lieckfeldt
Ernst-Moritz-Arndt-Universität
Greifswald, Institut für Biometrie
und Med. Informatik
Walther-Rathenau-Straße 48
Greifswald
sandera24@web.de

Philipp Otto
Ernst-Moritz-Arndt-Universität
Greifswald, Institut für Biometrie
und Med. Informatik
Walther-Rathenau-Straße 48
Greifswald
ottoph@uni-greifswald.de

Paul Eberhard Rudolph
Leibniz-Institut für Nutztierbiologie,
FB Genetik und Biometrie

Wilhelm-Stahl-Allee 2
Dummerstorf
pe.rudolph@fbn-dummerstorf.de

Karl-Ernst Biebler
Ernst-Moritz-Arndt-Universität
Greifswald, Institut für Biometrie
und Med. Informatik
Walther-Rathenau-Straße 48
Greifswald
biebler@biometrie.uni-greifswald.de

Zusammenfassung

Vorgestellt wird ein SAS-Programm, das in der Lage ist, aus einer mit Ausfallwerten behafteten großen Datei alle vollständigen Dateien auszuwählen, wie sie für zahlreiche statistische Verfahren benötigt werden. Die letzte Entscheidung darüber, für welche der vollständigen Dateien man sich entscheidet und welche Variablen man unbedingt in der Analyse haben möchte, liegt aber in der Hand des Nutzers.
Diese letzte Entscheidung sollte nicht automatisiert werden, etwa in der Art, dass das Produkt aus Variablenanzahl und nutzbaren Datensätzen maximal wird. Im vorgestellten Beispiel stellte sich im Nachhinein heraus, dass dieses Optimum zum Einsatz kam.
Bei der Diskriminanzanalyse mit ab- oder aufbauenden Verfahren der Variablenselektion ergab sich als Nebenprodukt eine Arbeitsstichprobe, die nicht in der Lernstichprobe enthalten war und das Verfahren durch „echte" Klassifikation zu testen gestattete.

Schlüsselwörter: vollständige Datenmenge, Variablenselektion, Diskriminanzanalyse, PROC IML

B. P. Jäger, M. Wodny, S. Lieckfeldt, P. Otto, P. E. Rudolph, K.-E. Biebler

1 Einleitung

Viele Prozeduren der Statistik benötigen eine vollständige Datenmenge, d. h. für alle Datensätze darf keine Variable fehlende Werte enthalten. Große Datenmengen enthalten naturgemäß auch zahlreiche Missings. Deshalb ist die obige Forderung eine einschränkende, zumindest lästige Forderung. Zahlreiche Varianten sind ersonnen worden, um fehlende Werte zu ergänzen, etwa durch Einsetzen von Gruppenmitteln oder durch eine normalverteilte Zufallszahl mit dem Gruppenmittel und der Gruppenvarianz der vorhandenen Messwerte. Diese Art der „Datenfälschung" soll hier nicht behandelt werden. Nimmt man einzelne Datensätze oder Variablen aus der Analyse heraus, kann man in der Regel Vollständigkeit erreichen. Es wird hier eine Vorgehensweise aufgezeigt, die das „Probieren" des Streichens besonders lückenhafter Datensätze und Variablen ersetzt durch eine objektive Suche nach einer geeigneten vollständigen Datenmenge. Das Verfahren wird als SAS-Programm vorgestellt und an einem Beispiel erläutert.

Wendet man auf diese vollständige Datenmenge (Lernstichprobe) eine Diskriminanzanalyse mit Variablenselektion an, werden in der Regel nicht alle ins Verfahren eingespeisten Variablen benötigt. Die resultierende eingeschränkte Variablenmenge definiert eine vollständige Datenmenge größeren Umfangs. Diese Datenmenge zerfällt in natürlicher Weise in Lern- und Arbeitsstichprobe. Damit können das Klassifikationsergebnis überprüft und die tatsächlichen Fehler geschätzt werden ohne Bootstrap-Methoden zu bemühen.

2 Die medizinische Aufgabenstellung

Es wurden 21 Labordaten des Universitätsklinikums Greifswald vom Jahr 2005 verwendet, die eine Bedeutung für die Nierendiagnostik haben. Diese wurden aus den standardmäßig bei Einlieferung ins Klinikum erhobenen Labordaten ausgewählt.

Zwei Patientengruppen sind in die Analyse eingegangen, die Gruppe der chronisch Nierenerkranken CNK und als Vergleichsgruppe G diejenigen Patienten, wo sich weder in der Hauptdiagnose noch in einer der 49 Nebendiagnosen ein Hinweis auf Nierenerkrankungen ergab. Eine weitere Gruppe stellen die Patienten dar, die keine chronische Nierenerkrankung haben, aber in Haupt- oder Nebendiagnosen eine andere Nierenerkrankung oder eine Krankheit mit Nierenbeteiligung haben. Die Diagnosen in dieser Gruppe sind zu heterogen, um eine eigene Gruppe „nierenkrank, aber nicht chronisch nierenkrank" zu definieren. Diese Patienten wurden nicht in die Analyse aufgenommen.

In der Regel werden Laborwerte mehrfach bei einem Krankenhausaufenthalt kontrolliert und manche Patienten kamen 2005 darüber hinaus auch mehrfach in das Universitätsklinikum, unter Umständen mit neuen Erkrankungen. Dann wurde der jeweils erste Krankenhausaufenthalt ausgewählt unter der Annahme, dass die Werte beim ersten Aufenthalt am wenigsten durch die Behandlung verändert sind. Übrig blieb pro Patient ein einziger Parametersatz. Insgesamt sind es 19464 Datensätze. Möglicherweise gehört der Datensatz zu einem solchen Patienten, bei dem erst bei einem späteren Krankenhausaufenthalt im Jahr die Diagnose „Chronische Nierenerkrankung „Stadium 1" ge-

Datenqualität

stellt wurde und die Laborparameter den Zustand vor Krankheitsbeginn beschreiben. Diese aufwändige Vorselektion wird hier nicht besprochen.

Mit einer Diskriminanzanalyse soll dann versucht werden, einen Patienten allein unter Berücksichtigung der 21 Laborparameter zu klassifizieren. Wenn das erfolgreich wäre und ohne größere Klassifikationsfehler gelänge, wäre es möglich, unmittelbar bei der Einweisung eines Patienten vom Labor aus den Hinweis auf eine chronische Nierenerkrankung CNK zu geben.

3 Beschreibung des Algorithmus zur Auswahl einer vollständigen Datenmenge

Leider sind die Datensätze nicht vollständig, stets fallen einige Laborwerte aus. Die Diskriminanzanalyse erfordert aber eine vollständige Datenmenge. Zahlreiche Varianten sind ersonnen worden, um fehlende Werte zu ergänzen:

- Das Ersetzen eines fehlenden Wertes durch das Gruppenmittel führt dazu, dass zwar der Mittelwert in den Gruppen unverändert bleibt, die Varianz der entsprechenden Zufallsvariable jedoch mit zunehmender Anzahl an Ersetzungen monoton verkleinert wird.
- Ersetzt man die Missingwerte durch eine normalverteilte Zufallszahl mit dem Gruppenmittel und der Gruppenvarianz der vorhandenen Messwerte, so ignoriert man die Kovarianz mit anderen Variablen.

Diese Art der „Datenfälschung" soll hier nicht ausgeführt werden.

Die Datei mit 19464 Datensätzen überblicken zu wollen, ist ebenso aussichtslos, wie durch Erraten auf eine möglichst große Datenmenge zu kommen, bei der auf der einen Seite möglichst viele der 21 Variablen, auf der anderen aber auch möglichst viele der Patienten eingehen sollen.

Vorausgesetzt wird für den Algorithmus eine SAS-Datei X, die ausschließlich aus numerischen Variablen besteht. Das ist für die 21 Laborwerte der Fall. Sollten alphanumerische Variablen vorhanden sein, müssen diese transformiert werden. Beispielsweise wird die Variable GESCHLECHT mit den Ausprägungen „männlich" und „weiblich" zur Variable GESCHLECHT1 umgewandelt, für die eine 1 steht, wenn GESCHLECHT = „männlich" und eine 0 steht, wenn GESCHLECHT =„weiblich".

Hat die alphanumerische Variable mehr als zwei Kategorien, sollte man diese nicht durch ganze Zahlen kodieren, sondern im Hinblick auf eine spätere Weiterbearbeitung mit der Diskriminanzanalyse so genannte Dummy-Variablen einführen. Hat beispielsweise die Variable WUNDAUSDEHNUNG die Kategorien „klein", „mittel" oder „groß", gewinnt man daraus drei neue Variablen WUNDE_KLEIN, WUNDE_MITTEL und WUNDE_GROSS, die jeweils mit einer 1 ausgefüllt werden, wenn die Variable Wundausdehnung die entsprechende Kategorie aufweist. Ansonsten wird sie mit einer 0 oder einem fehlenden Wert versehen, je nachdem ob eine andere Kategorie vorliegt bzw. die Wundausdehnung für diesen Datensatz nicht erhoben wurde.

B. P. Jäger, M. Wodny, S. Lieckfeldt, P. Otto, P. E. Rudolph, K.-E. Biebler

3.1 Programmschritt 1

Die Datei g.laborwerte mit den Laborwerten wird mittels PROC IML in einer Matrix x erfasst. Für jeden Datensatz i ($1 \leq i \leq z$) und jede Variable j ($1 \leq j \leq s$) wird der Wert in ein Dualwort W[i,j] umgewandelt. Das Dualwort ist eine 1, wenn der Datensatz i bezüglich der j-ten eingelesenen Variable vorliegt und eine 0, wenn es ein fehlender Messwert ist. Eine SAS-Datei work.asdf, bestehend aus diesen Dualworten aller Datensätze, wird ausgegeben.

```
Programmschritt 1:
libname g "G:\Niere ";
%let s=21;
proc iml;
use g.laborwerte;
read all var _num_ into x;
*liest alle numerischen Variablen in ein Feld x;
z=nrow(x); *nrow = Anzahl der Zeilen;
W=J(z,&s,"A");
do i=1 to z;
do j=1 to &s;
if x[i,j]^=. then W[i,j]="1"; else W[i,j]="0";
*x wird in ein alphanumerisches Feld der Länge s (Anzahl der
Variablen) umgewandelt, bestehend aus den Zahlen 1 und 0;
end;
end;
create asdf from W;
append from W; *Ausgabe in eine SAS-Datei work.asdf;
quit;
run;
```

3.2 Programmschritt 2

In einem Datastep werden die s Dualworte, die zu einem Datensatz gehören, zu einem Dualwort WORD der Länge s = 21 verkettet und mit der PROC FREQ wird ausgezählt, wie häufig jede Variante von WORD vorkommt. Die Ausgabe der PROC FREQ wird angezeigt, ist lexikografisch geordnet und wird gleichzeitig in eine SAS-Datei WORK.HELP umgeleitet.

```
Programmschritt 2:
data asdf;
set asdf;
Wort=cat(Of col1-col&s);*Verketten des Datensatzes zu einem Wort;
run;
proc freq data=asdf;
tables wort/out=help ;
run;
data help;
set help;
keep wort count;
run;
```

Datenqualität

Tabelle 1: Auszählung der Häufigkeiten der Worte aus der PROC FREQ im Programmschritt 2 (Ausschnitt aus der Gesamttabelle)

Beob.	Wort	Anzahl	Prozent
1	0000000000000000000100	1	0.0051
2	0000000000000001000000	2	0.0103
3	0000000000100000000000	9	0.0462
4	0000000001000010000000	9	0.0462
5	0000000001100010000000	3	0.0154
6	**0000000100000000000010**	**15**	**0.0771**
7	**0000000100000000000110**	**25**	**0.1284**
8	0000000101000000000110	1	0.0051
9	0000000011000010000010	1	0.0051
....	.....	....	...
45	0001110111111110000011	24	0.1233
46	0001110111111110000101	62	0.3185
47	**0001110111111110000111**	**1057**	**5.4305**
48	0001110111111110011111	1	0.0051
49	0001110111111111000111	3	0.0154
50	0001110111111111010111	1	0.0051
....	....	....	....
117	**0101110111111110000111**	**1958**	**10.0596**
118	0101110111111110010011	1	0.0051
119	0101110111111110010111	5	0.0257
120	0101110111111110100111	1	0.0051
....	....	....	....
151	**0101111111111110000111**	**3004**	**15.4336**
152	0101111111111110010101	2	0.0103
153	0101111111111110010111	20	0.1028
....	....	....	....
299	1101111111111110000011	44	0.2261
300	1101111111111110000101	213	1.0943
301	**1101111111111110000111**	**4154**	**21.3420**
302	1101111111111110010011	1	0.0051
303	1101111111111110010101	4	0.0206
304	1101111111111110010111	39	0.2004
....	....	....	....
334	1111111111111110000111	82	0.4213
335	1111111111111110010011	1	0.0051
336	1111111111111110010101	1	0.0051
337	1111111111111110010111	14	0.0719
338	1111111111111110011111	2	0.0103
339	1111111111111111100111	2	0.0103

B. P. Jäger, M. Wodny, S. Lieckfeldt, P. Otto, P. E. Rudolph, K.-E. Biebler

Nach dem ersten und zweiten Programmschritt stellt man fest, dass nur ein kleiner Anteil der denkbaren 2^{21} = 2.097.152 Möglichkeiten realisiert wurde, nämlich 339. Selbstverständlich sind die Worte, die mit einer hohen Anzahl an Datensätzen einhergehen, verdächtig, dass ihre Variablenkombination auch zu einer optimalen Dateigröße führt. Leider ist das nur ein notwendiges Kriterium, kein hinreichendes.

3.3 Programmschritt 3

Wenn man das 6. bzw. 7. Wort mit den Häufigkeiten 15 bzw. 25 der Tabelle 1 ansieht, ist erkennbar, worauf sich das hinreichende Kriterium beziehen muss.
Das 6. Wort hat an der 8. und 20. Position eine 1. Das bedeutet, dass es genau 15 Datensätze gibt, bei denen ausschließlich die 8. und 20. Variable ausgefüllt sind. Das 7. Wort hat ebenfalls an der 8. und 20. Position eine 1 und darüber hinaus auch noch an der 19.
Bei optimalen Datenmengen interessiert man sich für solche Datensätze die *mindestens an den vorgegebenen Positionen*, nicht an *genau den Positionen*, einen Eintrag besitzen. Es gibt demnach mindestens 40 Datensätze, bei denen an der Position 8 und 20 eine 1 steht. Bei aufmerksamen Durchmustern findet man weitere Worte, die an 8. und 20. Position eine 1 stehen haben. Dazu zählen die beiden unmittelbar folgenden und möglicherweise noch viele weitere der 339 anderen Worte.
Um alle herauszufinden, wird die in der PROC FREQ im Programmschritt 2 ausgegebene Datei work.help in PROC IML eingelesen.
Man bildet nacheinander für jedes Wort, das als ein Vektor der Länge s = 21 aufgefasst wird, das Skalarprodukt < . ; . > mit sich selbst. Beispielsweise

<W6;W6> = < (0,0,0,0,0,0,0,1,0,0,0,0,0,0,0,0,0,0,0,1,0);

(0,0,0,0,0,0,0,1,0,0,0,0,0,0,0,0,0,0,0,1,0) > = 2.

Alle weiteren Worte Wi mit <W6,Wi> = 2 haben mindestens an den Positionen, an denen W6 eine 1 stehen hatte ebenfalls eine 1. Das gilt für die oben erwähnten Worte W7, W8 und W9:

<W6;W7> = < (0,0,0,0,0,0,0,1,0,0,0,0,0,0,0,0,0,0,0,1,0);
   (0,0,0,0,0,0,0,1,0,0,0,0,0,0,0,0,0,1,1,0) > = 2,
<W6;W8> = < (0,0,0,0,0,0,0,1,0,0,0,0,0,0,0,0,0,0,0,1,0);
   (0,0,0,0,0,0,0,1,0,1,0,0,0,0,0,0,0,0,0,1,0) > = 2 und
<W6;W9> = < (0,0,0,0,0,0,0,1,0,0,0,0,0,0,0,0,0,0,0,1,0);
   (0,0,0,0,0,0,1,1,0,0,0,0,1,0,0,0,0,0,0,1,0) > = 2 .

Die Häufigkeiten der weiteren Worte Wi mit <W6; Wi> = 2 müssen zur Häufigkeit, mit der W6 auftritt, hinzugezählt werden. Da die Worte in der Datei work.help aus der PROC FREQ stammen, sind sie bezüglich der lexikografischen Ordnung aufsteigend geordnet und man muss nur Worte Wi berücksichtigen, die in der Datei unterhalb liegen, im Beispiel i > 6 (siehe Programmzeile DO i=j+1 to n;).

Datenqualität

Programmschritt 3:
```
Proc IML;
use help;
read all var {wort} into x;
read all var {count} into count;
n =NROW(x); *Anzahl der Sätze;
sl=LENGTH(x[1,1]); *Länge der Strings;
M=J(n,sl,.);
vanz=J(n,1,0);
DO j=1 to n;
  DO i=1 to sl;
    if SUBSTR(x[j,1],i,1)="0" then M[j,i]=0;
    ELSE M[j,i]=1;
    vanz[j]=(M[j,+]); *Anzahl der belegten Zellen pro Zeile;
  END;
END;
DO j=1 to n;
  Sp=(M[j,]#M[j,])[+]; *Skalarprodukt mit sich selbst;
  DO i=j+1 to n;
    *Skalarprodukt mit anderen Zeilen --> Erhöhung der Häufigkeit;
    if Sp=(M[j,]#M[i,])[+] Then count[j]=count[j]+count[i];
  END;
END;
create help2 from count;
append from count;
create help3 from M;
append from M;
create help4 from vanz;
append from vanz;
quit;
run;
```

3.4 Programmschritt 4

In einem Datastep werden die von der PROC IML ausgegebenen SAS-Dateien mit MERGE zur Datei work.werte_anzahl vereinigt. Die Variable Produkt, die durch Multiplikation der Variablenanzahl und den entsprechenden Datensätzen entsteht, ist ein Maß für die optimale Größe der verbleibenden Datei. Mit der PROC MEANS wird das Maximum bestimmt und ausgegeben. Für mindesten 13 Variablen liegen bei 13523 Datensätzen Messwerte vor, das sind 175799 Dateneintragungen. Das zugehörige Wort

(0, 0, 0, 1, 1, 1, 0, 1, 1, 1, 1, 1, 1, 1, 0, 0, 0, 1, 1, 1)

entspricht den ausgefüllten Variablen

V4, V5, V6, V8, V9, V10, V11, V12, V13, V14, V19, V20, V21.

Neben diesem Maximum wird eine Gesamtübersicht gegeben, geordnet nach Variablenanzahl und Datensätzen, damit der Nutzer unter Umständen eine andere Variante mit mehr Variablen oder mehr Datensätzen auswählen kann. Für die durchgeführte Diskriminanzanalyse wurden diese 13 Variablen ausgewählt.

Tabelle 2: Gesamtübersicht

Var	Datensätze	Prod.	Variablennummer																			
			1	2	3	4	5	6	7	8	9	10	11	12	13	14	15	16	17	18	19	20	21
1	348	348	0	0	1	0	0	0	0	0	0	0	0	0	0	0	0	0	0	0	0	0	0
1	2 930	2 930	0	0	0	0	0	0	0	0	0	0	0	0	0	1	0	0	0	0	0	0	0
1	9 043	9 043	1	0	0	0	0	0	0	0	0	0	0	0	0	0	0	0	0	0	0	0	0
1	12 556	12 556	0	0	0	0	0	0	1	0	0	0	0	0	0	0	0	0	0	0	0	0	0
1	15 176	15 176	0	1	0	0	0	0	0	0	0	0	0	0	0	0	0	0	0	0	0	0	0
1	15 735	15 735	0	0	0	0	0	0	0	0	0	0	0	0	0	0	0	0	0	0	1	0	0
1	17 048	17 048	0	0	0	0	0	0	0	0	0	1	0	0	0	0	0	0	0	0	0	0	0
1	19 196	19 196	0	0	0	0	0	1	0	0	0	0	0	0	0	0	0	0	0	0	0	0	0
2	8 161	16 322	1	0	0	0	0	0	1	0	0	0	0	0	0	0	0	0	0	0	0	0	0
2	12 469	24 938	0	0	0	0	0	0	1	0	0	1	0	0	0	0	0	0	0	0	0	0	0
7	19 192	134 344	0	0	0	1	1	1	0	0	0	0	1	1	1	0	0	0	0	0	0	0	1
8	15 031	120 248	0	0	0	1	1	1	0	0	0	0	1	1	1	0	0	0	0	0	0	0	1
8	15 580	124 640	0	0	0	1	1	1	0	0	0	0	1	1	1	0	0	0	0	0	1	0	1
8	15 777	126 216	0	0	0	1	1	1	0	1	0	0	1	1	1	0	0	0	0	0	0	0	1
8	16 859	134 872	0	0	0	1	1	1	0	0	0	1	1	1	1	0	0	0	0	0	0	0	1
8	17 294	138 352	0	0	0	1	1	1	0	0	0	0	1	1	1	1	0	0	0	0	0	0	1
9	11 295	101 655	0	1	0	1	1	1	1	0	0	0	1	1	1	0	0	0	0	0	0	0	1
9	12 335	111 015	0	0	0	1	1	1	1	0	0	1	1	1	1	0	0	0	0	0	0	0	1
9	12 820	115 380	0	0	0	1	1	1	0	0	0	0	1	1	1	0	0	0	0	0	1	0	1
9	13 871	124 839	0	0	0	1	1	1	0	1	0	1	1	1	1	0	0	0	0	0	1	0
9	14 340	129 060	0	1	0	1	1	1	0	0	0	1	1	1	1	0	0	0	0	0	0	0	1
9	14 759	132 831	0	0	0	1	1	1	0	1	0	0	1	1	1	0	0	0	0	0	0	1	1
9	15 536	139 824	0	0	0	1	1	1	0	1	0	0	1	1	1	0	0	0	0	0	1	0	1
9	17 211	154 899	0	0	0	1	1	0	1	0	1	1	1	1	1	0	0	0	0	0	0	0	1
10	10 544	105 440	0	0	0	1	1	1	1	0	0	1	1	1	1	0	0	0	0	0	0	1	0
10	11 231	112 310	0	1	0	1	1	1	1	0	0	1	1	1	1	0	0	0	0	0	0	0	1
10	12 165	121 650	0	0	0	1	1	1	0	0	1	1	1	1	1	0	0	0	0	0	0	0	1
10	12 786	127 860	0	1	0	1	1	1	0	0	0	1	1	1	1	0	0	0	0	0	1	0	1
10	13 869	138 690	0	0	0	1	1	1	0	1	0	1	1	1	1	0	0	0	0	0	0	1	1
10	14 166	141 660	0	1	0	1	1	1	0	0	0	1	1	1	1	0	0	0	0	0	0	0	1
10	14 452	144 520	0	1	0	1	1	1	0	0	1	0	1	1	1	0	0	0	0	0	0	0	1
10	14 533	145 330	0	0	0	1	1	1	0	1	0	0	1	1	1	0	0	0	0	0	1	1	1
10	14 565	145 650	0	0	0	1	1	1	0	1	0	1	1	1	1	0	0	0	0	0	1	0	1
10	15 159	151 590	0	0	0	1	1	1	0	1	1	1	1	1	1	0	0	0	0	0	0	0	1
10	16 513	165 130	0	0	0	1	1	1	0	0	1	1	1	1	1	1	0	0	0	0	0	0	1
11	10 031	110 341	0	0	0	1	1	1	1	1	0	0	1	1	1	0	0	0	0	0	1	1	1
11	11 072	121 792	0	1	0	1	1	1	1	0	1	1	1	1	1	0	0	0	0	0	0	0	1
11	11 112	122 232	0	1	0	1	1	1	1	0	1	0	1	1	1	0	0	0	0	0	1	0	1
11	11 117	122 287	0	1	0	1	1	1	1	0	1	0	1	1	1	0	0	0	0	0	0	0	1
11	11 932	131 252	0	1	0	1	1	1	0	1	0	0	1	1	1	1	0	0	0	0	1	1	1
11	12 112	133 232	0	0	0	1	1	1	1	0	1	1	1	1	1	0	0	0	0	0	0	0	1
11	12 452	136 972	0	1	0	1	1	1	0	1	0	1	1	1	1	0	0	0	0	0	1	0	1
11	12 647	139 117	0	1	0	1	1	1	0	1	0	1	1	1	1	0	0	0	0	0	1	0	1
11	13 674	150 414	0	1	0	1	1	1	1	1	0	0	1	1	1	0	0	0	0	0	1	1	1
11	14 111	155 221	0	1	0	1	1	1	0	0	1	1	1	1	1	0	0	0	0	0	1	0	1
11	14 200	156 200	0	0	0	1	1	1	0	1	1	0	1	1	1	1	0	0	0	0	0	1	1
11	14 441	158 851	0	1	0	1	1	1	0	1	0	1	1	1	1	0	0	0	0	0	1	0	1
11	14 608	160 688	0	0	0	1	1	1	1	0	1	1	1	1	1	0	0	0	0	0	1	0	1
11	14 940	164 340	0	0	0	1	1	1	0	1	1	1	1	1	1	0	0	0	0	0	1	0	1
12	9 211	110 532	0	1	0	1	1	1	1	1	0	0	1	1	1	0	0	0	0	0	1	1	1
12	9 274	111 288	0	1	0	1	1	1	1	0	1	0	1	1	1	0	0	0	0	0	0	1	1
12	9 686	116 232	0	1	0	1	1	1	1	1	0	1	1	1	1	0	0	0	0	0	1	0	1
12	9 989	119 868	0	0	0	1	1	1	1	0	1	1	1	1	1	0	0	0	0	0	1	1	1
12	11 070	132 840	0	1	0	1	1	1	1	0	1	1	1	1	1	0	0	0	0	0	0	0	1

Datenqualität

12	11 661	139 932	0	1	0	1	1	1	0	1	0	1	1	1	1	0	0	0	0	0	1	1	1
12	11 754	141 048	0	1	0	1	1	1	0	1	0	1	1	1	1	0	0	0	0	0	1	1	1
12	11 942	143 304	0	1	0	1	1	1	0	1	1	0	1	1	1	1	0	0	0	0	0	1	1
12	12 392	148 704	0	1	0	1	1	1	0	0	1	1	1	1	1	0	0	0	0	1	0	1	
12	12 514	150 168	0	1	0	1	1	1	0	1	1	1	1	1	1	0	0	0	0	0	0	1	
12	12 614	151 368	0	1	0	1	1	1	0	1	1	0	1	1	1	1	0	0	0	0	1	0	1
12	13 525	162 300	0	0	0	1	1	1	0	1	1	1	1	1	1	0	0	0	0	0	1	1	1
12	13 561	162 732	0	0	0	1	1	1	0	1	0	1	1	1	1	1	0	0	0	0	1	1	1
12	13 713	164 556	0	0	0	1	1	1	0	1	1	1	1	1	1	0	0	0	0	0	1	1	
12	13 995	167 940	0	0	0	1	1	1	0	1	1	0	1	1	1	1	0	0	0	0	1	1	1
12	14 405	172 860	0	0	0	1	1	1	0	1	1	1	1	1	1	0	0	0	0	1	0	1	
13	9 181	119 353	0	1	0	1	1	1	1	1	0	1	1	1	0	0	0	0	0	1	1	1	
13	9 233	120 029	0	1	0	1	1	1	1	1	1	0	1	1	1	1	0	0	0	0	0	1	
13	9 234	120 042	0	1	0	1	1	1	1	1	0	1	1	1	1	0	0	0	0	0	0	1	
13	9 637	125 281	0	1	0	1	1	1	0	1	1	1	1	1	1	0	0	0	0	1	0	1	
13	9 644	125 372	0	1	0	1	1	1	1	1	1	0	1	1	1	1	0	0	0	0	1	0	1
13	9 709	126 217	0	1	0	1	1	1	1	1	1	1	1	1	1	0	0	0	0	0	0	1	
13	9 926	129 038	0	0	0	1	1	1	1	1	0	1	1	1	1	0	0	0	0	1	1	1	
13	9 928	129 064	0	0	0	1	1	1	1	1	1	0	1	1	1	1	0	0	0	0	1	1	1
13	10 005	130 065	0	0	0	1	1	1	1	1	1	1	1	1	1	0	0	0	0	0	1	1	
13	10 422	135 486	0	0	0	1	1	1	1	1	1	1	1	1	1	0	0	0	0	1	0	1	
13	11 608	150 904	0	1	0	1	1	1	0	1	0	1	1	1	1	0	0	0	0	1	1	1	
13	11 720	152 360	0	1	0	1	1	1	0	1	1	1	1	1	1	0	0	0	0	0	1	1	
13	11 792	153 296	0	1	0	1	1	1	0	1	1	0	1	1	1	1	0	0	0	0	1	1	1
13	12 362	160 706	0	1	0	1	1	1	0	1	1	1	1	1	1	0	0	0	0	1	0	1	
13	**13 523**	**175 799**	**0**	**0**	**0**	**1**	**1**	**1**	**0**	**1**	**1**	**1**	**1**	**1**	**1**	**0**	**0**	**0**	**0**	**1**	**1**	**1**	
14	9 142	127 988	0	1	0	1	1	1	1	1	0	1	1	1	1	0	0	0	0	1	1	1	
14	9 142	127 988	0	1	0	1	1	1	1	1	1	0	1	1	1	1	0	0	0	0	1	1	1
14	9 205	128 870	0	1	0	1	1	1	1	1	1	1	1	1	1	0	0	0	0	0	1	1	
14	9 615	134 610	0	1	0	1	1	1	1	1	1	1	1	1	1	0	0	0	0	1	0	1	
14	9 896	138 544	0	0	0	1	1	1	1	1	1	1	1	1	1	0	0	0	0	1	1	1	
14	11 577	162 078	0	1	0	1	1	1	0	1	1	1	1	1	1	0	0	0	0	1	1	1	
15	9 115	136 725	0	1	0	1	1	1	1	1	1	1	1	1	1	0	0	0	0	1	1	1	
19	16	304	1	1	1	1	1	1	1	1	1	1	1	1	1	0	1	0	1	1	1		
20	2	40	1	1	1	1	1	1	1	1	1	1	1	1	1	1	0	1	1	1	1		

Programmschritt 4:
```
data help2;
set help2;
keep Datensaetze; *Weglegen der Systemariablen;
datensaetze=col1; *Häufigkeit der Zeilenbelegung;
run;
data help4;
set help4;
keep anz; * Weglegen der Systemariablen;
anz=col1; * Variablenanzahl;
run;
data werte_anzahl;
merge help2 help3 help4;
produkt=anz*datensaetze; *Anzahl belegter Zellen;
run;
proc sort data=werte_anzahl;
by  anz datensaetze;
run;
title Gesamtübersicht;
proc print data=werte_anzahl noobs;
var  anz datensaetze produkt col1--col&s;
```

```
run;
title Maximum;
proc means max;
var produkt;
run;
```

4 Die Diskriminanzanalyse

Vorangestellt wurde die parametrische Prozedur PROC STEPDISC. Mit dem aufbauenden Verfahren wurden sechs Variablen ausgewählt, bis keine Verbesserung erreichbar war.
Mit diesen sechs Variablen wurde die 5-nächste-Nachbarn-Methode der PROC DISCRIM als parameterfreie Variante der Diskrimination durchgeführt. Die parametrische und parameterfreie Methode kommen in der Regel zu anderen Klassifikationsergebnissen. Trotz aller Bedenken wird die ausgewählte Parametermenge der PROC STEPDISC nahe an der optimalen Variablenmenge liegen. Durch wiederholten Austausch einer Variablen aus der ausgewählten mit einer Variable aus der nichtausgewählten Gruppe, die bei Verschlechterung des Klassifikationsergebnisses rückgängig gemacht wurde, konnte das Reklassifikationsergebnis nur unwesentlich verbessert werden. Das Endresultat enthält Tabelle 3. Erstaunlich gut werden die Patienten klassifiziert. Nicht einer der chronischen Nierenpatienten wird falsch und auch 94.4% der Vergleichspersonen werden richtig, 5.6% falsch zugeordnet.

Tabelle 3: Reklassifikationsergebnis der 5-nächste-Nachbarn-Diskriminanzanalyse mit sechs Variablen der optimaler Datenmenge (Lernstichprobe = Arbeitsstichprobe)

		in		
		G	CNK	Summe
von	G	6122	363	6485
	CNK	0	422	422
	Summe	6122	785	6907

Bekanntlicherweise ist das Reklassifikationsergebnis ein wenig zu optimistisch, realistischer ist das Klassifikationsergebnis mit einer neuen Arbeitsstichprobe.
Beim Start der Diskriminanzanalyse hat man sich auf Datenvektoren bezogen, die an mindestens 13 Positionen ausgefüllt waren. Die Lernstichprobe enthielt 6907 Datensätze.
Eine Auswahl an Datenvektoren, die an genau sechs Teilpositionen der 13 eine 1 besitzen, ist weniger einschränkend und erhält dadurch mehr Datensätze, nämlich 9218. Dazu gehören selbstverständlich die obigen 6907 der Lernstichprobe, aber die 9218 – 6907 = 2311 Datensätze sind nicht in der Lernstichprobe enthalten und bilden die Arbeitsstichprobe. Das Klassifikationsergebnis dieser Arbeitsstichprobe enthält Tabelle 4. Vergleicht man die Reklassifikation der Lernstichprobe in Tabelle 3 mit der Klassifikation der Arbeitsstichprobe, so stellt man gute Übereinstimmung fest. Die Fehlklassifikation in der Gruppe der Patienten mit chronischer Nierenerkrankung beträgt 2.5% und in der Vergleichsgruppe ist sie sogar leicht auf 4% gesunken.

Datenqualität

Tabelle 4: Klassifikationsergebnis der 5-nächste-Nachbarn-Diskriminanzanalyse mit sechs verbleibenden Variablen in der Arbeitsstichprobe

		in		
		G	CNK	Summe
von	G	2140	89	2229
	CNK	2	80	82
	Summe	2142	169	2311

5 Zusammenfassung

Vorgestellt wurde ein SAS-Programm, das in der Lage ist, alle vollständigen Teildateien aus einer hochdimensionalen großen Datei auszuwählen, wie sie für zahlreiche statistische Verfahren benötigt werden. Die letzte Entscheidung darüber, für welche der vollständigen Teildateien man sich entscheidet und welche Variablen man unbedingt in der Analyse haben möchte, liegt aber in der Hand des Nutzers.

Diese Entscheidung sollte unserer Meinung nach nicht automatisiert werden, etwa in der Art, dass das Produkt aus Variablenanzahl und nutzbaren Datensätzen maximal wird. Im vorgestellten Beispiel stellte sich im Nachhinein heraus, dass dieses Optimalitätskriterium zum Einsatz kam.

Bei der Diskriminanzanalyse mit ab- oder aufbauenden Verfahren der Variablenselektion ergab sich als Nebenprodukt eine Arbeitsstichprobe, die nicht in der Lernstichprobe enthalten war und das Verfahren durch „echte" Klassifikation zu testen gestattet.

Literatur

[1] SAS Institute Inc., 2004. SAS/STAT 9.1 User Guide. Cary, NC: SAS Institute Inc.

[2] Wodny, M. u.a.: Statistikpraktikum mit SAS. Shaker Verlag Aachen 2010

<?xml version="1.0" encoding="utf-8"?>
- Über die Tücken eines XML-Datenstroms

Christian Kothenschulte
LBS Westdeutsche Landesbausparkasse
Himmelreichallee 40
48149 Münster
christian.kothenschulte@lbswest.de

Zusammenfassung

In einem konkreten Anwendungsfall soll XML (eXtensible Markup Language) aus einer DB2-Datenbank (unter z/OS) in ein SAS-Dataset überführt und fachlich lesbar werden. Dabei liegt der XML-Strom in einem Tabellenfeld vor. Mittels Connect-To-DB2 kann der XML-Strom in ein Feld eines SAS-Datasets eingelesen werden. Die Informationen liegen dann jedoch weiterhin als XML-Strom vor und sind nicht interpretierbar. Daher müssen die Daten von dort über den Umweg einer (temporären) Datei mit der XML-Engine eingelesen werden. SAS unterscheidet beim Einlesen von XML zwischen einfachen und komplexen Strukturen. Beide Varianten (mit und ohne XMLMap) werden vorgestellt. Der Vortrag zeigt außerdem Lösungsansätze für die Aufgabenstellung auf und geht insbesondere auf die Fallstricke ein, die einem (wahrscheinlich nicht nur bei z/OS) über den Weg laufen. Bei einer möglichen Lösung wurde der SAS XML Mapper zur Erzeugung der XMLMaps genutzt. Dieses Programm wird ebenso vorgestellt, wie weitere Tipps&Tricks.

Schlüsselwörter: XML, XML-Engine, XMLMap, XML Mapper

1 Anwendungsfall

Die LBS Westdeutsche Landesbausparkasse (LBS West) ist seit dem Start von Wohn-Riester im Jahr 2008 Anbieter von Riester-Bausparverträgen.
Die Abwicklung verschiedener Geschäftsvorfälle (z.B.: Zulagenbeantragung, Anbieterwechsel) erfordert eine Kommunikation mit der Zentralen Zulagenstelle für Altersvermögen (ZfA).
Diese Kommunikation erfolgt über verschiedene Meldungen mit unterschiedlichen Meldungstypen, die in XML (eXtensible Markup Language) zwischen der LBS West und der ZfA ausgetauscht werden.

In der LBS West existiert eine DB2-Tabelle auf dem Großrechner unter z/OS mit einem Feld, das einen XML-Strom beinhaltet. Das Feld kann bis zu 30.000 alphanumerische Zeichen aufnehmen. Die DB2-Tabelle wird von einem Cobol-Programm beschrieben. Ein möglicher XML-Strom sieht so aus:

```
<Daten><Header erstDat="2011-02-25T09:00:26-000" mmMeld="1" anbie-
ter="1234567890" vtNr="0987654321" zfNr="654321"
meGd="XY89"/><RueckzSchaedlEnt refNr="Z1111111111123" stundung="0"
```

C. Kothenschulte

```
datumSchaedLVerw="2010-12-11" lfd_ber_nref="9" datumAntrag="2011-01-
12"><Anleger nachname="Kothenschulte" vorname="Christian"
zuNr="10000000K789"><GebDat gebDat="1978-01-
01"/></Anleger><RueckzZulage
waehrung="EUR">123,00</RueckzZulage><RueckzStErm
waehrung="EUR">20,02</RueckzStErm></RueckzSchaedlEnt></Daten>waehrun
g="EUR">20,02</RueckzStErm></RueckzSchaedlEnt></Daten>
```

Der Nachteil der Speicherung der Informationen in einer DB2-Tabelle liegt in der grundsätzlichen Flüchtigkeit (Überschreiben/Löschen) der Zeilen.

Um die ein- und ausgehenden Meldungen mit Stand zum Zeitpunkt der Verarbeitung nachweisen zu können, sollen sie in einer Liste (sequentielle Datei) ausgegeben und archiviert werden.

Das Berichtswesen in der LBS West wird grundsätzlich mit SAS abgewickelt. Daher soll in einer Vorstudie geprüft werden, wie eine Umsetzung der Anforderung mit der vorhandenen Infrastruktur erfolgen kann.

Um diese nutzen können, ist die Breite einer Liste fest vorgegeben und kann nicht beliebig variiert werden.

Bei der Umsetzung soll ein vertretbares Maß an Interpretierbarkeit der Daten ermöglicht werden. Mit Interpretierbarkeit ist das fachliche Verständnis technischer Bezeichnungen (Beispiel aus dem obigen XML-Strom: *</RueckzStErm>* => Rückzahlung Steuerermäßigung) gemeint.

Außerdem sollen die Einträge nach Kerninformationen (z.B.: Vertragsnummer, Meldungstyp) klassifiziert und sortiert werden.

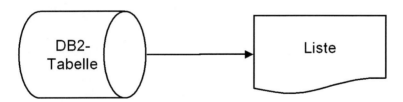

Abbildung 1: Anwendungsfall

2 XML (eXtensible Markup Language)

Übersetzt bedeutet XML „erweiterbare Auszeichnungssprache" und dient der Beschreibung von Daten in Textform.

Es gibt 3 Komponenten von XML, die sich sehr gut auf verschiedene Rollen verteilen lassen:
- **Schema**: In einem Schema wird vorgegeben, wie eine XML-Datei aufgebaut sein muss.
- **Stylesheet**: Ein Stylesheet gibt vor, wie eine XML-Datei in der Ausgabe angezeigt wird.

- **Inhalt**: In der eigentlichen XML-Datei stehen die konkreten Inhalte.

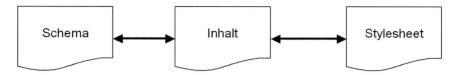

Abbildung 2: Komponenten von XML

Eine Rolle kann den grundsätzlichen Aufbau der Daten vorgeben (Schema).
Das Schema macht die Daten grundsätzlich interpretierbar.
Nicht immer sind die gewählten Tag-Bezeichnungen sprechend (Beispiel: meGd = Meldegrund).
Im Schema können unter anderem Datentypen, Wertemengen und Kommentare zu einzelnen Elementen abgelegt werden.
Eine weitere Rolle kann eine oder mehrere Layout-Vorgaben für unterschiedliche Zielgruppen machen (Stylesheet).
Die dritte Rolle füllt die vorgegebene XML-Struktur mit Daten (Inhalt).
Dabei interessiert es den Inhalt nicht, wie er später (für welche Zielgruppe) angezeigt wird. Er ist also layoutunabhängig.

Außerdem wird XML zum universellen Austausch von Daten zwischen verschiedenen Systemen oder Plattformen verwendet.

XML besteht wie HTML (Hypertext Markup Language) aus verschiedenen Tags.

<Beispiel-Tag></Beispiel-Tag>

Im Unterschied zu HTML gibt es in XML keine festen Namensräume für Tags, da diese bei XML frei wählbar sind.
XML und HTML lassen sich über verschiedene Programme anzeigen. Die gängigsten Programme sind Browser.
Während Browser in der Regel auch fehlerhaftes HTML anzeigen, ist dies bei fehlerhaftem XML nicht der Fall.

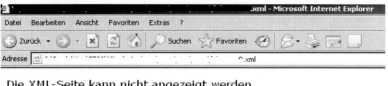

Abbildung 3: Fehlerhaftes XML im Internet Explorer

Gerade weil XML eine hohe Flexibilität aufweist, müssen über 100 Regeln eingehalten werden, z.B.:
- Jedes öffnende Tag benötigt ein schließendes Tag.
- Es darf nur ein Wurzel-Element geben.
- Tags dürfen verschachtelt, jedoch nicht überlappend sein.

Eine einfache XML könnte so aussehen:
```
<?xml version="1.0" encoding="UTF-8" ?>
<!-- KSFE 2011 in Heidelberg -->
<vortrag>
    <titel>
        Ueber die Tuecken eines XML-Stroms
    </titel>
    <referent id="5">
        Christian Kothenschulte
    </referent>
</vortrag>
```

Die erste Zeile enthält Informationen über die XML-Version und die Codierung. Darauf folgt eine Zeile mit Kommentar.
Das Tag <vortrag> ist das Wurzelelement.
Bei <titel></titel> handelt es sich um ein Element, „Ueber die Tuecken eines XML-Stroms" ist der Elementeninhalt.
Tags können weitere Informationen hinzugefügt werden. Als Beispiel für ein solches Attribut dient id="5". (Attributwerte müssen in Hochkomma angegeben werden.)

Neue Schnittstellen I

XML ist menschenlesbar. Es enthält keine Binärdaten und kann in gewöhnlichen (Text-) Editoren geöffnet werden.

Die universellen Einsatzbereiche und die hohe Flexibilität von XML sind gleichzeitig Vor- und Nachteil. Während man in einer XML-Datei ganze Datenbank-Inhalte ablegen kann, wird der Transfer zu zwei-dimensionalen SAS-Tabellen mit höherer Komplexität der XML-Datei immer aufwendiger.

SAS unterscheidet zwischen einfachem und komplexem XML:

2.1 XML ohne XMLMap

SAS liest XML nur aus Dateien, nicht aus Tabellen oder Feldern.
Zur Nutzung von XML wird die XML-Engine benötigt.
In einem Libname-Statement wird eine logische Bibliothek allokiert, die physikalisch eine (XML-)Datei ist:

```
libname EINXML xml 'D:\EINXML.XML';
```

Eine einfache XML-Datei erzeugt man bequem in einem Data-Step. Als Beispieldaten dient der Inhalt der Tabelle CLASS aus der Bibliothek SASHELP.

VIEWTABLE: Sashelp.Class

	Name	Sex	Age	Height	Weight
1	Alfred	M	14	69	112.5
2	Alice	F	13	56.5	84
3	Barbara	F	13	65.3	98

Abbildung 4: SAS-Tabelle SASHELP.CLASS

Der Data-Step
```
data EINXML.CLASS;
    set SASHELP.CLASS (obs=3);
run;
```
erzeugt die folgende XML-Datei
```
<?xml version="1.0" encoding="windows-1252" ?>
<TABLE>
    <CLASS>
        <Name> Alfred </Name>
        <Sex> M </Sex>
        <Age> 14 </Age>
        <Height> 69 </Height>
        <Weight> 112.5 </Weight>
    </CLASS>
    <CLASS>
        <Name> Alice </Name>
        <Sex> F </Sex>
        <Age> 13 </Age>
        <Height> 56.5 </Height>
        <Weight> 84 </Weight>
    </CLASS>
```

C. Kothenschulte

```
    <CLASS>
        <Name> Barbara </Name>
        <Sex> F </Sex>
        <Age> 13 </Age>
        <Height> 65.3 </Height>
        <Weight> 98 </Weight>
    </CLASS>
</TABLE>
```

Das Einlesen der XML-Datei erfolgt analog:
```
data WORK.CLASS;
    set EINXML.CLASS;
run;
```

2.2 XML mit XMLMap

Die folgende XML-Datei enthält komplexere Strukturen:
```
<Daten>
    <Header erstDat="2011-02-25T09:00:26-000" mmMeld="1" anbieter="1234567890" vtNr="0987654321" zfNr="654321" meGd="XY89"/>
    <RueckzSchaedlEnt refNr="Z1111111111123" stundung="0" datumSchaedLVerw="2010-12-11" lfd_ber_nref="9" datumAntrag="2011-01-12">
        <Anleger nachname="Kothenschulte" vorname="Christian" zuNr="10000000K789">
            <GebDat gebDat="1978-01-01"/>
        </Anleger>
        <RueckzZulage waehrung="EUR">
            123,00
        </RueckzZulage>
        <RueckzStErm waehrung="EUR">
            20,02
        </RueckzStErm>
    </RueckzSchaedlEnt>
</Daten>
```

Wird diese Datei mit einfachen SAS-Mitteln eingelesen, bricht SAS mit einem Fehler ab:
```
ERROR: XML describe error: XML data is not in a format supported natively by the XML libname engine. Files of this type usually require an XMLMap to be input properly.
```

Aus der Fehlermeldung geben zwei Worte Hinweise auf das Problem:
- natively: Das XML aus der Eingabe-Datei ist zu komplex, um es mit dem Standard der XML-Engine einzulesen.
- XMLMap: Für das Einlesen komplexerer XML-Strukturen wird eine XMLMap benötigt.

Eine XMLMap funktioniert wie ein Wörterbuch für SAS und gibt die Struktur vor, in der die XML-Datei aufgebaut ist. Eine XMLMap kann man mit einem Schema (siehe oben) vergleichen.

Eine XMLMap zu der Beispiel-XML-Datei sieht (auszugsweise) so aus:

```
<?xml version="1.0" encoding="windows-1252"?>
<SXLEMAP name="XY89" version="1.2">

 <TABLE name="Header"> [...]</TABLE>

 <TABLE name="RueckzSchaedlEnt">
    <TABLE-PATH syntax="XPath">/Daten/RueckzSchaedlEnt</TABLE-PATH>

    <COLUMN name="refNr">
       <PATH syntax="XPath">/Daten/RueckzSchaedlEnt/@refNr</PATH>
       <TYPE>character</TYPE>
       <DATATYPE>string</DATATYPE>
       <LENGTH>14</LENGTH>
    </COLUMN>

    <COLUMN name="stundung">[…] </COLUMN>

    <COLUMN name="datumSchaedLVerw">[…] </COLUMN>

    <COLUMN name="lfd_ber_nref">[…] </COLUMN>

    <COLUMN name="datumAntrag">[…] </COLUMN>
 </TABLE>

 <TABLE name="Anleger"> [...]</TABLE>
 <TABLE name="RueckzZulage"> [...]</TABLE>
</SXLEMAP>
```

Für jedes Element unterhalb des Wurzel-Elements „Daten" wird ein eigenes Table-Tag erstellt.

Im Unterschied zum einfacheren XML wird die XML-Datei nicht direkt im Libname-Statement allokiert, sondern zunächst in einem Filename-Statement.

Zusätzlich wird die XMLMap in einem Filename-Statement allokiert.

In dem anschließenden Libname-Statement werden beide Dateien verknüpft:

```
filename  XY89 '...\XY89.xml';
filename  SXLEMAP '...\XY89.map';
libname   XY89 xml xmlmap=SXLEMAP;
```

Nun kann jede Tabelle (Table-Tag) separat angesprochen werden:

```
data WORK.Header; set XY89.Header; run;
data WORK.RueckzSchaedlEnt; set XY89.RueckzSchaedlEnt; run;
data WORK.Anleger; set XY89.Anleger; run;
data WORK.RueckzZulage; set XY89.RueckzZulage; run;
data WORK.RueckzStErm; set XY89.RueckzStErm; run;
```

In dem Beispiel gibt es in jeder Tabelle genau einen Satz. Daher können die Tabellen per 1:1-Merge in einem Data-Step zu einer Tabelle zusammengefügt werden:

C. Kothenschulte

```
data WORK.XY89;
     merge  WORK.ANLEGER
            WORK.HEADER
            WORK.RUECKZSCHAEDLENT
            WORK.RUECKZZULAGE
            WORK.RUECKZSTERM;
run;
```

3 XML Mapper

Der XML Mapper ist ein in Java geschriebenes Programm, das im SAS Software-Depot enthalten ist.
Das Programm unterstützt bei der Erstellung von XMLMaps.
Der XML Mapper liest XML-Daten (*.XML), XML-Schema (*.XSD) oder XMLMaps (*.MAP) ein.
Mit Drag&Drop-Funktionalität können XMLMaps erzeugt werden. Der vorgegebene Standard-Name „SXLEMAP" sollte geändert werden, da ein sprechender Name die spätere Nutzung vereinfacht. Außerdem wird so eine Fehlermeldung vermieden, die aber keine Auswirkung hat.

Abbildung 5: XML Mapper

Besonders nützlich sind die Vorschau („Table view") und der Beispiel-Code („SAS Code Example").
In der Vorschau wird angezeigt, wie die als Vorlage dienende XML-Datei mit der gerade erzeugten XMLMap eingelesen werden würde.
Der Beispiel-Code enthält die benötigten Filename- und Libname-Statements, die Prozeduren Datasets, Contents und Print, sowie Data-Steps zum Einlesen der XML-Daten. So erhält man direkt einen lauffähigen Programmrahmen zur Verarbeitung der XML-Datei.
Die vorläufigen Ergebnisse der Prozedur Contents können während der Erstellung der XMLMap unter dem Reiter „Contents" eingesehen werden. Dies ist sehr hilfreich, da so verwendete Formate und Längen schnell identifiziert werden können.
Da bei der Erzeugung von XMLMaps aus eingelesenen XML-Dateien pro Feld immer Format und Länge aus der konkreten Ausprägung ermittelt werden, empfiehlt es sich,

Neue Schnittstellen I

diese Vorgaben zu überarbeiten. Wenn in einem Feld „Nachname" der Wert „Miller" steht, wird das Feld auch nur mit einer Länge 5 angelegt!
Bei der Validierung von eingelesenen Dateien kann der XML Mapper 3 unterschiedliche Stufen berücksichtigen (Hoch, niedrig, keine Validierung). Um Folgefehler zu vermeiden, empfiehlt sich die höchste Stufe. Die Ergebnisse der Validierung befinden sich unter „Validate".
Daneben gibt es einen Reiter „Log", der alle durchgeführten Aktionen des XML Mappers auflistet.
Sowohl bei der Validierung als auch bei dem Log erhält man mit einem Doppelklick auf einen Eintrag weitere Informationen.
Bei XML-Dateien oder –Schemas mit Verweis auf weitere Dateien oder Rekursion kann es beim Einlesen manchmal/selten zu Problemen („out-of-memory error", dokumentierter Fehler) kommen.
Insgesamt handelt es sich bei dem XML Mapper um ein einfaches und nützliches Programm, das nach kurzer Einarbeitungszeit bei der Erstellung von XMLMaps unterstützt. Die sehr gute Dokumentation erreicht man direkt im XML Mapper über [Help] [Help Topics].

4 XML-Druckaufbereitung

Für den Anwendungsfall sollen XML-Meldungen in einer Liste ausgegeben werden.
Dabei sollen die Meldungen nach Kerninformationen klassifiziert werden.
Um sich von der Komplexität des Einlesens und Interpretierens der XML-Daten zu lösen, ist es denkbar, den XML-Strom, der in einer Zeile vorliegt, analog zu gängigen Anzeige-Programmen formatiert (Zeilenumbruch und Einrückung) auszugeben.

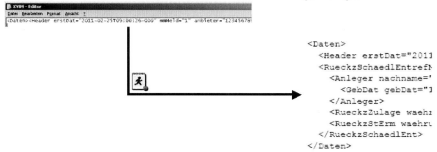

Abbildung 6: XML-Druckaufbereitung

Aus organisatorischen Gründen muss die Infrastruktur auf dem Großrechner (unter z/OS) genutzt werden. Außerdem ist das Angebot an so genannten „Beautifiern" in diesem Umfeld begrenzt. Es bietet sich hier an, anhand eines selbst geschriebenen Skripts die Vor- und Nachteile eines „Beautifiers" zu betrachten.

C. Kothenschulte

Einen Einstieg für die Entwicklung eines „Beautifiers" bietet der Programmrahmen im Anhang (siehe *6 Anhang*). Er enthält eine Grundstruktur mit Variablen zur Steuerung, Programmcode und Kommentaren.
Der Rahmen soll nur einen Denkanstoß liefern und ist so bestimmt nicht fehlerfrei und/oder fertig.
Insgesamt bietet ein solches Skript eine vernünftige Aufbereitung des XML-Stroms, kann jedoch keine Inhalte interpretieren oder extrahieren.
Ein Auslesen einzelner Kerninformationen ist nicht möglich. Dafür kann es universell für jeden XML-Strom verwendet werden.
Letztendlich ist es für den Anwendungsfall nur mit Abstrichen geeignet, da die fachliche Interpretierbarkeit fehlt.

5 Lösungsweg / Fazit

Aufgrund der hohen Komplexität der XML-Meldungen kann einfaches XML-Einlesen (ohne XMLMap) in SAS nicht verwendet werden.
Denkbar wäre die Nutzung von XMLMaps.
Einerseits könnte man die Kerninformationen aus der XML-Datei extrahieren und druckaufbereitet ausgeben, andererseits die gesamte XML-Datei einlesen und fachlich interpretiert ausgeben.
Das Druckaufbereiten des XML-Stroms mit einem „Beautifier" stellt eine einfache Lösungs-Möglichkeit dar, hat jedoch 2 Nachteile: Zum einen werden die Daten nicht interpretiert (kryptische Feldbezeichnungen bleiben erhalten), zum anderen werden keine Kerninformationen ausgelesen.
Grundsätzlich kann die Aufgabenstellung mit SAS unter Verwendung von XMLMaps gelöst werden.
Jedoch sprechen aus organisatorischen Gründen die Menge (>40), die Komplexität und die Änderungszyklen (1 bis 2x pro Jahr) der XML-Meldungen gegen eine Umsetzung mit SAS. Das Verhältnis von Aufwand und Nutzen erfordert die Konzentration der XML-Verarbeitung an einer zentralen Stelle.

Letztendlich soll das Aufbereiten zur Archivierung bereits im verarbeitenden System (ungleich SAS) erfolgen.

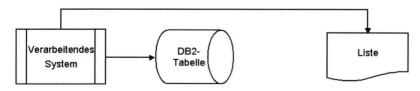

Abbildung 7: Lösungsweg

Neue Schnittstellen I

Da das verarbeitende System beim Lesen oder Schreiben der Meldungen die XML-Inhalte im Zugriff hat, ist es sinnvoll, die gesamte XML-Verarbeitung (Verarbeitungslogik und Archivierung) an dieser einen Stelle zu bündeln.

6 Anhang

```
data work.TEST;
    infile XY89 truncover lrecl=30000;
    input XML_DATEN $30000.;
 /* Initialisieren der Steuervariablen */
 EINRUECKEN = 0;              /* Zaehler fuer Einrueckung    */
 MAXZEILE = 165;              /* Max. Zeichenanzahl/Zeile    */
 LETZTSCHLIESS = 'N';         /* Merker, ob letztes Tag      */
                              /*   ein schliessendes war     */
 SCANMODE = 'J';              /* Schalter, ob gescannt wird  */
 SCANCHAR = ' ';              /* Merker fuer String-Beginn   */
 LAENGEXML = length(XML_DATEN); /* Laenge des XML-Stroms     */
 ZEILE = 0;                   /* Zaehler fuer Pos. in Zeile  */
                              /* Schleife zur Zeichenverarbeitung */
 do I=1 to LAENGEXML;
                              /* Aktuelles Zeichen ermitteln */
     AKTZEICHEN = substr(XML_DATEN,I,1);
         /* Wenn das Ende noch nicht erreicht     */
         /* ist, das naechste und die             */
         /* naechsten 2 Zeichen merken            */
         /* Pruefen, ob schliessendes Tag */
         [...]
         /* String Anfang oder Ende liegt vor */
         /* Modus aendern, Zeichen merken */
         /* Pruefen, ob schliessendes Tag */
     [...]
     if (SCANMODE eq 'J' and AKTZEICHEN in ('>')
          and NAECHSTZEICHEN eq '<'
          and (NAECHST2ZEICHEN ne '</'
             or (NAECHST2ZEICHEN eq '</'
                 and LETZTSCHLIESS eq 'J')))
         or (MAXZEILE eq ZEILE) then do;
             /* Zeilenumbruch */
         if SCANMODE eq 'J'
             and AKTZEICHEN in ('>')
             and NAECHSTZEICHEN eq '<'
             and (NAECHST2ZEICHEN ne '</'
                or (NAECHST2ZEICHEN eq '</'
                    and LETZTSCHLIESS eq 'J')) then do;
             /* Beruecksichtigung Tag fuer Einrueckung */
             /* Zeichen ausgeben, Zaehler erhoehen */
             /* Zeile einruecken */
             [...]
         end;
         else do;
             /* Aktuelles Zeichen ausgeben, neue Zeile */
```

C. Kothenschulte

```
         /* Einruecken und merken */
         [...]
       end;
     end;
     else do;
        [...] /* Aktuelles Zeichen ausgeben, Zaehler erhoehen */
     end;
     [...] /* Zeichen merken */
   end;
run;
```

Literatur

[1] SAS OnlineDoc 9.1.3

[2] SUGI 29 Hands-on Workshops Paper 119-29; Reading and Writing XML files from SAS®; Miriam Cisternas, Ovation Research Group, Carlsbad, CA; Ricardo Cisternas, MGC Data Services, Carlsbad, CA

[3] SAS® XML Mapper to the Rescue; Carol A. Martell, UNC Highway Safety Research Center, Chapel Hill, NC

[4] Margit Becher : XML. W3L-Verlag Witten, 2009

Poster

Möglichkeiten der Imputation fehlender Werte in SAS
– eine Übersicht –

Benjamin Mayer, Rainer Muche
Institut für Biometrie
Schwabstraße 13
89075 Ulm
benjamin.mayer@uni-ulm.de

Zusammenfassung

SAS stellt für Studien aus dem klinischen und pharmazeutischen Bereich aufgrund der Validierung seiner Methoden eines der am meisten benutzten Auswertungsprogramme für statistische Analysen dar. Oftmals treten im Rahmen dieser Studien trotz umfangreicher Qualitätsanstrengungen bei der Datenerhebung fehlende Werte auf. Dieser Umstand stellt aus verschiedenen Gründen ein Problem dar, es können beispielsweise Informationsverlust, eine verminderte Aussagekraft der Studienergebnisse oder verzerrte Parameterschätzer resultieren. Zudem kann es zu einem Verlust an statistischer Power kommen, wenn für die Analyse von Daten beispielsweise Standardmethoden verwendet werden, da diese vollständiges Datenmaterial voraussetzen und deshalb die unvollständigen Fälle nicht berücksichtigen.
Aus diesem Grund besteht die Notwendigkeit, die fehlenden Werte eines Datensatzes angemessen zu ersetzen. Mittlerweile existieren zwar Richtlinien zum Umgang mit fehlenden Werten (CHMP „Guideline on Missing Data in Confirmatory Clinical Trials", 2009), eine einheitliche Handhabung der Problematik kann darin jedoch nicht angegeben werden. Dennoch gibt es seit einigen Jahren Strategien (Single Imputation (SI) und Multiple Imputation (MI)) und Methoden zur Ersetzung fehlender Werte (Rubin, Schafer), um die angesprochenen Probleme anzugehen und teilweise zu lösen. In diesem Beitrag möchten wir eine Übersicht über die in SAS 9.2 verfügbaren Möglichkeiten (PROC MI und verschiedene Makros) zur Behandlung und Ersetzung fehlender Werte geben.

Schlüsselworte: fehlende Werte, Imputation fehlender Werte, PROC MI

1 Einleitung

In nahezu allen klinischen und pharmazeutischen Studien stellen fehlende Werte einen problematischen Aspekt dar. Das Ziel einer vollständigen Datenerhebung kann nur selten erreicht werden, da aufgrund verschiedenster Ursachen zumindest einzelne Fehlwerte nicht immer vermieden werden können. Gewöhnliche Auswertungsmodelle, wie sie in den meisten statistischen Standardsoftwareprodukten implementiert sind, basieren jedoch auf einem vollständigen Datensatz, der erfordert, dass für alle Variablen jeder einzelne Wert vorhanden ist. Im Falle eines fehlenden Wertes muss deshalb die betreffende Beobachtungseinheit, z.B. ein Patient, aus dem Auswertungskollektiv gestrichen werden, wenn die Daten mit Hilfe der Standardpakete analysiert werden sollen.

Dieser Ansatz bezeichnet die Vorgehensweise der so genannten Complete Case Analyse (CCA), bei der nur vollständig erhobene Beobachtungseinheiten für die Datenanalyse berücksichtigt werden (siehe Abbildung 1). Die CCA bringt jedoch eine ganze Reihe bedeutender Probleme mit sich, die ihre Verwendbarkeit mehr als in Frage stellen: Die Nichtberücksichtigung ganzer Beobachtungseinheiten kann dazu führen, dass die Fallzahl drastisch reduziert wird, die Variabilität der Merkmale sich verändert, die Aussagekraft der Studie vermindert wird und Parameterschätzer aufgrund der evtl. zerstörten Strukturgleichheit verzerrt sind. Darüber hinaus steht sie in Widerspruch zum Auswertungsprinzip der so genannten Intention-to-treat-Analyse (ITT), bei der alle Studienteilnehmer entsprechend der Randomisierung auszuwerten und für die Analyse zu berücksichtigen sind. Unter Beachtung der genannten Gründe ist es umso verwunderlicher, dass die CCA dennoch häufig angewandt wird. [8,15]

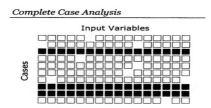

Abbildung 1: Complete Case Analyse

Beispielhaft für die z.T. enorme Reduktion der Fallzahl bei CCA betrachte man einen Datensatz mit 25 Variablen, wobei (nur) 3% der Werte je Variable zufällig fehlen mögen. Unter der Annahme, dass die fehlenden Werte über den Datensatz hinweg gleichverteilt sind, werden demnach $1 - 0.97^{25} = 0.53$ der Beobachtungen, also mehr als die Hälfte, nicht berücksichtigt [4]. Je größer der Anteil an fehlenden Werten und je größer die Anzahl an Variablen ist, desto größer ist die Wahrscheinlichkeit für einen Powerverlust bei statistischen Verfahren.

Die größte Problematik fehlender Werte ist die mögliche Verzerrung der Ergebnisse und die resultierende Verringerung der Aussagekraft der Studie. Die Verzerrung kann sich auf die geschätzten Behandlungsunterschiede beziehen, die Vergleichbarkeit der Studienarme beeinflussen und die Repräsentativität des Auswertungskollektivs in Frage stellen (so genannter Selektionsbias). Wenn beispielsweise alle Patienten mit einem geringen (keinem) Therapieerfolg in der Placebogruppe die Studie abbrechen und nur diejenigen in der Studie verbleiben, die sich zumindest teilweise verbessern, so kann der tatsächliche große Behandlungsunterschied bei einer CCA nicht festgestellt werden, da die Daten für den Behandlungsmisserfolg in der Auswertung nicht berücksichtigt werden.

Fehlende Werte führen vor allem dann zu nicht vergleichbaren Studienarmen oder zu einem nichtrepräsentativen Auswertungskollektiv (im Vergleich zur Grundgesamtheit), wenn die fehlenden Werte systematisch auftreten. Die Aussagekraft der Ergebnisse ist in derartigen Situationen stark eingeschränkt.

Speziell in der Auswertung großer epidemiologischer Datensätze ist die Durchführung einer CCA sehr problematisch. Die epidemiologischen Auswertungsmodelle enthalten in der Regel eine relativ große Anzahl von Einflussgrößen, um die Strukturgleichheit der primär interessierenden Risikogruppen zu sichern. Je mehr Variablen das Modell jedoch enthält, desto größer ist die Wahrscheinlichkeit, dass bei einer der Variablen ein fehlender Wert auftritt und somit die gesamte Beobachtung in der Auswertung nicht berücksichtigt wird. Mit zunehmender Anzahl an Einflussgrößen reduziert sich daher die Fallzahl entsprechend dem vorab genannten Beispiel, was sich unmittelbar auf die Power auswirkt. [4]

Dieser Beitrag soll eine Übersicht der für die Software SAS zur Verfügung stehenden Möglichkeiten für die Behandlung von fehlenden Werten sein. Die genannten Prozeduren und Makros geben den Stand von Februar 2011 und Erfahrungen der Autoren mit den verschiedenen SAS-Elementen wieder.

Es soll hier aber zunächst ein Überblick zur Diagnostik fehlender Werte gegeben werden, außerdem werden die wichtigsten Ersetzungsstrategien der Single Imputation (SI) und der Multiple Imputation (MI) vorgestellt. Anschließend werden dann die entsprechenden Lösungen der Missing Value Problematik für SAS beschrieben. Den Abschluss bildet eine kurze Zusammenfassung der vorgestellten theoretischen und praktischen Aspekte, zudem werden Empfehlungen zur Nutzung der Software gegeben.

2 Diagnostik und Ersetzungsstrategien

Die Aussagekraft von Studienergebnissen basierend auf einem Datensatz mit (ursprünglich) fehlenden Werten hängt stark von den Ergebnissen der so genannten **Missing Data Diagnostik (MDD)** ab. Ein Teil davon besteht aus der deskriptiven Beschreibung, bei welcher Variablen bzw. Beobachtung wie viele fehlende Werte auftreten. Anhand dieser Ergebnisse können mögliche Fehler bei der Dateneingabe oder beim Datenmanagement erkannt werden, die sich eventuell korrigieren lassen.

Zusätzlich werden Unterschiede in der Zielgröße und den charakteristischen Eigenschaften zwischen Beobachtungen mit und ohne fehlende Werte analysiert. Das bedeutet, es wird untersucht, ob fehlende Werte vermehrt bei beispielsweise Alten, Männern oder Rauchern etc. auftreten.

Der andere Teil der Missing Data Diagnostik beschreibt die Anordnung der fehlenden Werte im Datensatz, dem so genannten **Missing Data Pattern (MDP)**, und den (möglichen) Gründen für das Auftreten der fehlenden Werte, dem so genannten **Missing Data Mechanism (MDM)**. Letzteres ist wichtig für die Wahl einer geeigneten Ersetzungsmethode.

Bei der Bestimmung des Patterns unterscheidet man im Wesentlichen zwischen zwei Mustern. Fehlen die Werte breit gestreut und mehr oder weniger vereinzelt über den ganzen Datensatz hinweg, so spricht man von einem beliebigen oder auch nicht-monotonen Muster. Im Gegensatz dazu steht ein monotones Muster, bei dem die Daten so angeordnet werden können, dass bis zum Beobachtungsende alle Werte eines Merkmals ab einem bestimmten Zeitpunkt, zu dem ein Fehlwert das erste Mal aufgetreten ist, fehlen (siehe Abbildung 2).

Y_1 Y_2 Y_3 Y_4
x x x .
x x x .
x x . .
x . . .
(a) monotones Muster

Y_1 Y_2 Y_3 Y_4
x . x x
x x x .
x x . x
x x x .
(b) beliebiges Muster

Abbildung 2: Formen des Missing Data Pattern

Die drei verschiedenen Ausprägungen des Missing Data Mechanismus seien hier nur kurz erwähnt, für eine genauere Beschreibung siehe [4] oder auch [11]. Man unterscheidet in drei Kategorien: Missing Completely At Random (MCAR), Missing At Random (MAR) und Missing Not At Random (MNAR). Bei MCAR ist die Drop-out-Wahrscheinlichkeit, also die Wahrscheinlichkeit aus der Studie auszuscheiden, in keinster Weise abhängig von den Werten der Zielgröße. MAR heißt, dass die Drop-out-Wahrscheinlichkeit nur von den beobachteten Werten abhängt, wobei MNAR bedeutet, dass die Wahrscheinlichkeit für einen Drop-out zusätzlich von den fehlenden Werten selbst abhängt. Allerdings ist es nahezu unmöglich, den vorliegenden Mechanismus explizit zu identifizieren und in den realen Daten nachzuweisen.

Missing Data Mechanismus	Beschreibung
Missing Completly At Random	Das Auftreten eines fehlenden Wertes in der Variable Y ist nicht abhängig a) von der Ausprägung der Variable Y selbst oder b) den restlichen Variablen X_1 bis X_n im Datensatz
Missing At Random	Das Auftreten eines fehlenden Wertes in einer Variable Y ist vollständig durch die Ausprägungen der restlichen Variablen X_1 bis X_n erklärbar
Missing Not At Random	Das Auftreten von fehlenden Werten in der Variable Y ist a) von der (unbekannten) Ausprägung der Variable Y abhängig b) nicht durch die Ausprägungen der übrigen Variablen X_1 bis X_n erklärbar

Abbildung 3: Ausprägungen des Missing Data Mechanismus

Oftmals kann keine strikte Abgrenzung eines bestimmten Mechanismus vorgenommen werden, da es sich um eine Mischform handelt. Zusammen mit dem Pattern bildet dann der Mechanismus den so genannten Missing Data Prozess.
Um mit Standardverfahren der statistischen Datenanalyse arbeiten zu können, bedarf es also im Falle eines unvollständigen Datensatzes einer Ersetzung der fehlenden Werte, wenn man auf eine CCA verzichten möchte. Dafür bieten sich so genannte Single oder Multiple Imputation-Verfahren an. Bei der **Single Imputation (SI)** wird jeder fehlende Wert durch einen plausiblen Wert ersetzt und daher nur ein vervollständigter Datensatz erzeugt. Zum Beispiel führen alle deterministischen Ersetzungsmethoden eine Single Imputation durch. Das sind Methoden, bei denen die Ersetzung eines fehlenden Wertes durch eine einfache, eindeutige Zuordnung erfolgt. Denkbar sind in diesem Zusammenhang Ersetzungen auf Basis des Mittelwertes bzw. des Medians der beobachteten Daten.

Auch so genannte Hot Deck und Cold Deck-Techniken kommen ebenso zum Einsatz wie Regressionsverfahren oder stochastische Ersetzungsmethoden [4,8].

Bei der **Multiple Imputation (MI)** wird ein fehlender Wert durch mehrere ($m > 1$) plausible Werte ersetzt, so dass m vervollständigte Datensätze aus der Ersetzung resultieren. Diese Datensätze werden einzeln mit der gleichen Methode, basierend auf einem jeweils kompletten Datensatz, ausgewertet. Anschließend werden die Ergebnisse dieser Analysen zu gemeinsamen Schätzern und Standardfehlern zusammengefasst. Das Vorgehen der MI ist in der folgenden Abbildung graphisch dargestellt und in Little & Rubin [8] genauer erläutert.

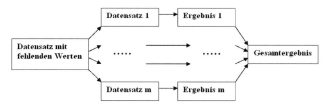

Abbildung 4: Schema der Multiple Imputation

Der entscheidende Vorteil der MI gegenüber den SI-Verfahren ist die korrekte Berücksichtigung des Standardfehlers. Allen SI-Verfahren ist gemein, dass sie von einer zu geringen Varianz ausgehen. Dem entgegen steht die MI, welche die eigentliche Ersetzung als zusätzliche Varianzquelle richtigerweise mit beachtet. Demzufolge werden auch Konfidenzintervalle und p-Werte korrekter berechnet, als das mit einer beliebigen SI-Methode möglich wäre.

3 Der Umgang mit fehlenden Werten in SAS

SAS (Version 9.2) (http://www.sas.com/offices/europe/germany/index.html) ist einer der Marktführer unter den Statistiksoftwarepaketen und wird häufig im Umfeld klinischer Forschung an Universitäten und der pharmazeutischen Industrie eingesetzt. Um die volle Leistungsfähigkeit auszuschöpfen (z.B. in Bezug auf individuelle Ideen zur Ersetzung fehlender Werte), muss die umfangreiche SAS-Syntaxsprache genutzt werden. In den mitgelieferten maus- und menügesteuerten Oberflächen sind die bestehenden Ersetzungsmethoden nicht abrufbar. Die SAS-Makro-Programmierung bietet die Möglichkeit, spezielle Auswertungsroutinen zusätzlich zur Verfügung zu stellen. Dies wird von SAS-Anwendern oft genutzt, so dass neben den offiziellen Prozeduren zur Bearbeitung fehlender Werte auch viele dieser Makros veröffentlicht und verfügbar sind. Die nach unserer Ansicht wichtigsten werden nach den Informationen zu SAS eigenen Lösungen hier vorgestellt.

3.1 Prozeduren für die Missing Data Diagnostik

Die Missing Data Diagnostik spielt insbesondere im Falle longitudinaler Daten eine wichtige Rolle hinsichtlich der Auswahl einer adäquaten Ersetzungsmethode. Neben den in den weiteren Abschnitten noch vorzustellenden speziellen Missing Data Prozeduren und Makros (siehe 3.3 bzw. 3.4), lassen sich erste MDD-Untersuchungen bereits mit SAS Standardprozeduren zur deskriptiven Beschreibung der Daten, wie beispielsweise PROC FREQ, PROC MEANS oder PROC UNIVARIATE, vornehmen. Man bekommt einen ersten Eindruck davon, welches Ausmaß der Anteil fehlender Werte im Datensatz insgesamt annimmt. Zudem sind Auswertungen möglich, die speziell darauf abzielen, den Anteil der Fehlwerte pro Beobachtungseinheit oder Variablen zu untersuchen.

Zudem bietet mittlerweile die Standardprozedur zur Ersetzung fehlender Werte, PROC MI (siehe Abschnitt 3.3), die Möglichkeit, grundlegende Untersuchungen des Missing Data Pattern vorzunehmen. Insbesondere wird dabei auf die Klassifizierung nach monotonem oder beliebigem Fehlwertmuster eingegangen. Detailliertere Analysen des MDP bietet das Makro %MISSDESCRIPTION (siehe Abschnitt 3.4).

3.2 Single Imputation Methoden

Einfache Ersetzungsmethoden wie z. B. die Mittelwertersetzung können in einigen weiteren SAS-Prozeduren schon lange durchgeführt werden. Die entsprechenden Ersetzungsmethoden finden sich u.a. in den Prozeduren PROC STANDARD / PROC STDIZE (Base SAS), PROC PRINQUAL (SAS/STAT) und PROC EXPAND (SAS/ETS). Für speziellere SI-Methoden wie Hot Deck oder Cold Deck-Ersetzung gibt es allerdings bis dato noch keine Möglichkeiten innerhalb des Prozedurumfangs in SAS.

3.3 PROC MI und PROC MIANALYZE

Seit der Version 8.2 hat SAS eine Prozedur zur Durchführung einer Multiple Imputation experimentell eingeführt. Mit dieser Prozedur PROC MI (aktuell in 9.2) lässt sich mittlerweile das Missing Data Pattern ausgeben und die fehlenden Werte mit den Methoden EM-Algorithmus, MCMC-Algorithmus (Data Augmentation), Regressionsersetzung, Logistic Regression Method, Predictive Mean Matching, Propensity Score Method und Discriminant Function Method ersetzen. Dabei wird auf die Vorarbeiten von Allison [1,2,3] sowie auf Rubin [12] und Schafer [13] zurückgegriffen. Die Methoden Logistic Regression Method und Discriminant Function Method eignen sich speziell zur Ersetzung von fehlenden Werten binärer bzw. kategorialer Variablen [4]. Die Beschreibung der Prozedur mit ihren Optionen kann in der Online-Dokumentation von SAS (Version 9.2) unter der Internetadresse
http://support.sas.com/documentation/cdl/en/statug/63347/HTML/default/viewer.htm#mi_toc.htm nachgelesen werden. Ein Auszug aus der Prozedurbeschreibung erklärt:
The MI procedure performs multiple imputation of missing data ... Multiple imputation does not attempt to estimate each missing value through simulated values. Instead, it draws a random sample of the missing values from its distribution. This process results

Poster

in valid statistical inferences that properly reflect the uncertainty due to missing values; for example, confidence intervals with the correct probability coverage.
Die Veröffentlichung von Yuan [16] beschreibt die Möglichkeiten von PROC MI (http://www.sas.com/rnd/app/papers/multipleimputation.pdf), allerdings noch in der Version 9.0.
Zusätzlich zu PROC MI bietet SAS die Prozedur PROC MIANALYZE an, welche die Ergebnisse einer mit PROC MI durchgeführten Multiple Imputation geeignet zusammenführt. Eine ausführliche Beschreibung der Prozedur findet sich ebenfalls in der SAS 9.2 Online-Dokumentation unter der Internetadresse
http://support.sas.com/documentation/cdl/en/statug/63347/HTML/default/viewer.htm#mianalyze_toc.htm, wo die wesentlichen Möglichkeiten und Optionen zusammengefasst sind. Die Prozedur MIANALYZE kombiniert die mittels Standardprozeduren (z.B. PROC REG) erzeugten Parameterschätzer und zugehörigen Standardfehlern bzw. Kovarianzmatrizen, die auf Basis der vervollständigten Datensätze berechnet wurden, zu einem MI-Schätzer.

3.4 SAS Makros zur Bearbeitung fehlender Werte

Im Folgenden werden die bekanntesten und am häufigsten zitierten SAS-Makros zur Bearbeitung fehlender Werte sowie die zum Teil eigenen Entwicklungen der Autoren aufgelistet und kurz beschrieben.

SAS Makros von Allison

Einer der wichtigsten Autoren zur Methodik und Anwendung zur Bearbeitung fehlender Werte, Allison [1,2,3] stellt seit langem SAS-Makros für Multiple Imputation zur Verfügung. Diese Makros stammen aus der Zeit vor PROC MI und waren u.a. Grundlage bei der Entwicklung der Prozedur. Die folgenden Makros sind von seiner Internetseite http://www.ssc.upenn.edu/~allison/ #Macros abrufbar:

MISS (version 1.05) uses the EM algorithm to estimate the parameters of a multivariate normal distribution when data are missing, and optionally generates multiply imputed data sets using the methods of Schafer.
COMBINE (version 1.03) takes estimates based on multiply imputed data sets and combines them into a single set of estimates and associated statistics.
COMBCHI (version 1.0) takes chi-square statistics from multiply imputed data sets and produces a single p-value.

SAS Makros von Hohl und Muche: %MISSDESCRIPTION und %MISSING

Das Makro %MISSDESCRIPTION dient zur Beschreibung eines vorliegenden Datensatzes speziell in Bezug auf fehlende Werte. Zunächst wird der Anteil an fehlenden Werten je Variable und im gesamten Datensatz, optional die Beobachtungen mit den meisten fehlenden Werten und anschließend das Missing Data Pattern (aus PROC MI) angegeben. Darüber hinaus erfolgt eine (gewöhnliche) Deskription aller Variablen [5].

Mit dem Makro %MISSING können Single – und Multiple Imputation durchgeführt werden. Eine Single Imputation bei stetigen Variablen wird unter Nutzung der SAS-Prozedur PROC STDIZE durchgeführt. Fehlende Werte können hierbei durch den Median oder Mittelwert der vorhandenen Beobachtungen ersetzt werden. Bei kategorialen Variablen ist zudem die Erzeugung einer eigenen Missing-Kategorie möglich [5].
Der Leistungsumfang des Makros %MISSING in Bezug auf die im jeweiligen Fall sinnvollen Ersetzungsmethoden ist in der folgenden Abbildung aufgelistet.

Methoden	Merkmalstyp			Missing Pattern		Missing Data Mechanism		durchführbar als	
	nominal	ordinal	stetig	monoton	beliebig	MCAR	MAR	SI	MI
Mittelwert/Medianersetzung		X	X	X	X	X		X	
Predictive Mean Matching		X	X				X	X	X
Regressionsersetzung			X	X		X	X	X	X
EM Algorithmus		X	X	X	X	X	X	X	X
MCMC (Data Augmentation)		X	X	X	X	X	X	X	X
Logistische Regression	X	X		X		X	X	X	X
Discriminant Function Method	X			X		X	X	X	X

Abbildung 5: Ersetzungsmöglichkeiten in %MISSING (Version 9) [6]

SAS Makropaket von Müller: Analyse und Ersetzung von Missing Data

Verschiedene SAS Makros zur Diagnostik und Ersetzung fehlender Werte werden von Müller auf seiner Internetseite zur Verfügung gestellt, erreichbar unter http://www.joergmmueller.de/AuswahlEntwickelterAnwendungssoftware.htm.

> *%INDIKAT (2000) Erstellung einer Missing-Data Indikatormatrix*
> *%MISSING (2000) Analyse der Missing-Data nach Personen und Variablen*
> *%KATPAT (2000) Analyse der bivariaten Verteilung von Missing Data*
> *%IMPUTAT (1999) Multivariaten Datenersetzung*
> *%CHECKIMP(1999) Kontrolle der ersetzten Werte*

SAS Makro von Little und Yau: Multiple Imputation in Zeitverläufen

Little und Yau haben 1996 eine Methode zur Ersetzung fehlender Werte in der speziellen Auswertungssituation longitudinaler Daten mit Drop-outs (ITT-Analyse in klinischen Studien) vorgeschlagen [9] und dokumentieren die entsprechenden SAS-Programme auf der Internetseite http://www.sph.umich.edu/~rlittle/jobs2.htm

SAS Makro von Houck et al.: Missing Value Ersetzung via LOCF

Unter http://www.nesug.org/proceedings/nesug98/post/p137.pdf wird ein SAS-Programm zur Verfügung gestellt, mit dem eine Ersetzung gemäß der so genannten Last Observation Carried Forward Methode (LOCF) möglich ist. Patricia Houck et al. entwickelten dieses Makro, um Drop-outs im Falle longitudinaler Daten zu ersetzen mit dem letzten beobachteten Wert pro Beobachtungseinheit.

SAS Makro von van Buuren: MISTRESS

MISTRESS ist eine spezielle Methode zur Ersetzung fehlender kategorialer Daten [14]. Das SAS-IML-Makro MISTRESS V. 1.17 steht zur Verfügung unter der URL http://www.stefvanbuuren.nl/mistress/index.html.

SAS Makro von Gregorich: EM_COVAR

Steve Gregorich stellt unter http://lib.stat.cmu.edu/general/em_covar.sas ein SAS-Programm EM_COVAR zur Verfügung, mit dem durch die Anwendung des EM-Algorithmus eine ML-Kovarianzmatrix und ein zugehöriger Mittelwertvektor geschätzt werden kann.

SAS Makro von Raghunathan et al.: IVEWARE

IVEWARE (Imputation and Variance Estimation) ist ein SAS basiertes Softwarepaket (URL http://www.isr.umich.edu/src/smp/ive/). Mit IVEWARE kann eine Multiple Imputation durchgeführt werden:

1. *Perform single or multiple imputations of missing values using the Sequential Regression Imputation Method*
2. *Perform a variety of descriptive and model based analyses accounting for such complex design features as clustering, stratification and weighting.*
3. *Perform multiple imputation analyses for both descriptive and model-based survey statistics.*

4 Zusammenfassung

Es wurde eine Übersicht gegeben über die vorhandenen Möglichkeiten zur Behandlung fehlender Werte in klinischen Datensätzen mit der SAS-Software.

MDD Missing Data Diagnostik | SI Single Imputation | MI Multiple Imputation

Modul	www	MDD	SI	MI
Prozedur PROC MI	http://support.sas.com/documentation/cdl/en/statug/63347/HTML/default/viewer.htm#mi_toc.htm	•	•	•
Makros von Allison	http://www.ssc.upenn.edu/~allison/#Macros			•
MISSING und MISSDESCRIPTION	http://www.uni-ulm.de/med/med-biometrie/forschung/sas-makros-fuer-missing-values.html	•	•	
Makro von Little und Yau	http://www.sph.umich.edu/~rlittle/jobs2.htm			•
Makro MISTRESS	http://www.stefvanbuuren.nl/mistress/index.html		•	
Makro EM_COVAR	http://lib.stat.cmu.edu/general/em_covar.sas		•	
Makro IVEWARE	http://www.isr.umich.edu/src/smp/ive/		•	•

Abbildung 6: Übersicht der Möglichkeiten in SAS

Mit der Angabe verschiedener SAS Makros können die Möglichkeiten der SAS Prozedur PROC MI ergänzt bzw. einfacher aufgerufen werden. Deren jeweilige Handhabung und Anwendbarkeit ist neben der Erfahrung des Nutzers zusätzlich stets von der betreffenden Analysesituation abhängig. Die vorgestellten Makros eignen sich besonders in speziellen Situationen, wie z.b. der Analyse von kategorialen oder longitudinalen Daten, für die es derzeit innerhalb von PROC MI noch keine detailspezifischen Lösungsansätze gibt. Insgesamt jedoch deckt PROC MI als Standardprozedur zur Ersetzung fehlender Werte mittlerweile ein sehr breites Spektrum ab, so dass eine universelle Grundbehandlung fehlender Werte mit PROC MI durchaus empfohlen werden kann. Die Prozedur wird dabei standardmäßig mit dem MCMC-Ansatz (Markov Chain Monte Carlo) ausgeführt, welcher eine Ersetzung unabhängig des vorliegenden Missing Data Patterns ermöglicht.

Literatur

[1] Allison P. (2000) Multiple Imputation for Missing Data: A Cautionary Tale. Sociological Methods Research. 28: 301-309

[2] Allison P. (2001) Missing Data. Thousand Oaks, CA: Sage

[3] Allison P. (2005) Fixed Effects Regression Methods for Longitudinal Data Using SAS. SAS Publishing

[4] Hohl K. (2008) Umgang mit fehlenden Werten – Ersetzungsmethoden für fehlende Werte kategorialer Variablen in klinischen Datensätzen. Vdm Verlag Dr. Müller, Saarbrücken, Seite 105-116

[5] Hohl K., Muche R., Ring C., Ziegler C. (2005) Fehlende Werte in der (Regressions-)Analyse von Datensätzen: zwei SAS-Makros. 9. KSFE, Shaker Verlag, Aachen, Seiten 105-116

[6] Hohl K., Muche R., Brodrecht K., Ziegler C. (2006) Ersetzung fehlender Werte in SAS: zwei weiterentwickelte SAS-Makros. 10. KSFE, Shaker Verlag, Aachen,

[7] Horton N.J., Lipsitz S.R. (2001) Multiple Imputation in Practice: Comparison of Software Packages for Regression Models with Missing Values. The American Statistician. 55(3):244-254.

[8] Little R.J.A., Rubin D.B. (1987) Statistical Analysis with Missing Data. J. Wiley & Sons, New York

[9] Little R.J.A., Yau L. (1996) Intention-to-treat-Analysis for Longitudinal Studies with Drop-outs. Biometrics. 52,4: 1324-1333

[10] Mayer B., Muche R., Hohl K. (2009) Software zur Behandlung und Ersetzung fehlender Werte. GMS Med Inform Biom Epidemiol. 5(2):Doc15

[11] Molenberghs G., Kenward M.G. (2007) Missing Data in Clinical Studies. J. Wiley & Sons, Chichester

[12] Rubin D.B. (1987) Multiple Imputation for Nonresponse in Surveys. John Wiley & Sons, New York
[13] Schafer J.L. (1997) Analysis of Incomplete Multivariate Data. Chapman & Hall, London
[14] van Buuren S. (1992) Mistress 1.17 documentation. Statistiekreeks 92/07, Leiden: NIPG-TNO
[15] Wood A.M., White I.R., Thompson, S.G. (2004) Are missing outcome data adequately handled? A review of published randomized controlled trials in major medical journals. Clinical Trials. 1: 368-376
[16] Yuan Y.C. (2000) Multiple Imputation for Missing Data: concepts and new development. SAS Institute Inc., Rockville MD.
URL: http://support.sas.com/rnd/app/papers /multipleimputation.pdf (aufgerufen am 18.02.2011)

Base SAS

Einführung in die Prozedur FORMAT mit praktischen Anwendungen

Christoph Oeldorf, Carina Ortseifen
Rechenzentrum der
Ruprecht-Karls-Universität Heidelberg
Im Neuenheimer Feld 293
69120 Heidelberg
Carina.Ortseifen@urz.uni-heidelberg.de

Zusammenfassung

Formate und Informate sind im Vergleich zu anderen Statistikprogrammen ein herausragendes Alleinstellungsmerkmal der SAS Software. Sie dienen dazu, Werte beim Lesen aus bzw. beim Schreiben in SAS-Variablen umzuwandeln. Damit lassen sich zum einen Nicht-Standardwerte, wie Texte mit mehr als 8 Zeichen oder Datumswerte in SAS-Tabellen abspeichern, aber auch Werte in anderer Form anzeigen, z.B. Komma statt Punkt als Dezimaltrennzeichen, Messwerte mit Maßeinheit (1,25 m) bzw. einfache Gruppierungen durchgeführt werden.

In diesem Beitrag werden die grundlegenden Anweisungen vorgestellt und anhand kleiner Beispiele der Einsatz der Prozedur FORMAT gezeigt. Der Leser erfährt, wo Formate und Informate eingesetzt werden können, wie eigene Formate definiert, wo diese gespeichert werden und wie sich das ganze mit Hilfe von SAS-Tabellen automatisieren lässt.

Schlüsselwörter: PROC FORMAT, geschachteltes Format, VALUE-Anweisung, PICTURE-Anweisung, INFORMAT-Anweisung, Klassenbildung, SAS-Explorer, Properties-Fenster, Format, Informat

1 Einleitung

Formate und Informate sind im Vergleich zu anderen Statistikprogrammen ein herausragendes Alleinstellungsmerkmal der SAS Software[1]. Ausgabeformate, oder kurz: Formate, dienen dazu, Werte beim Lesen aus SAS-Variablen umzuwandeln. Informate, auch Einleseformate, wandeln die Werte dagegen beim Schreiben in SAS-Variablen um. Anstelle 1,23456 wird beispielsweise mit einem passenden Format 1,24 angezeigt. Ein anderes Format könnte dazu dienen, die kodierten Werte „1" und „2" der Variable Geschlecht als „weiblich" und „männlich" darzustellen.

In folgenden Abschnitt wird die in den Beispielen verwendete SAS-Tabelle klasse vorgestellt. Anschließend, in Abschnitt 3, wird der Einsatz der Anweisung FORMAT auf-

---

[1] IBM SPSS kennt Wertelabels, die mit den SAS-Formaten dahingehend vergleichbar sind, dass die Variablenwerte in anderer als der gespeicherten Form dargestellt werden. Allerdings sind die Wertelabels nur mit jeweils einer Variablen verbunden und können nicht wie die SAS-Formate, für mehrere Variablen, auch in verschiedenen Tabellen und Bibliotheken eingesetzt werden.

C. Oeldorf, C. Ortseifen

gezeigt. In Abschnitt 4 folgen Syntax und Beispiele zum Aufruf der Prozedur FORMAT. Im letzten Abschnitt 5 werden weitere Optionen der Prozedur FORMAT vorgestellt, die das Abspeichern von Formaten erlauben. Abgerundet wird der Beitrag dann mit einer ausführlichen Literaturliste, die zum Weiterlesen anregen soll.

2 Der Beispieldatensatz: Klasse

Mit dem folgenden Datenschritt erzeugen wir eine SAS-Tabelle namens klasse, die – der Einfachheit wegen – in der Bibliothek WORK abgelegt wird.

```
Data klasse;
    Informat Name Vorname $20. Gebdaten Ddmmyy10.;
    Input Name Vorname Geschlecht Groesse Note Gebdatum;
    Datalines;
Bauer Natalie 1 1.56 2.0 01.01.1960
Graf Jochen 2 1.67 1.3 06.09.1996
Metzger Jürgen 2 1.80 2.7 21.02.1995
Schäfer Inga 1 1.71 3.0 30.06.1996
Walter Maike 1 1.66 1.7 23.11.1995
Bletzer Jörg 2 1.87 2.3 30.03.1995
;
```

Bereits in diesem Datenschritt werden Informate verwendet: $20. und DDMMYY10.. $20. für die Vor- und Nachnamen und DDMMYY10. für das Geburtsdatum der Schüler.
Die Zuweisung der Informate zu den drei Variablen Name, Vorname und Gebdaten erfolgt mit der Anweisung INFORMAT. (Die übrigen Variablen werden mit dem Standard eingelesen und benötigen kein Extra-Informat.) Alternativ könnte man auch die Anweisung ATTRIB verwenden:

```
Data klasse;
    Attrib name vorname Informat=$20. gebdaten Informat=ddmmyy10.;
    Input name Vorname Geschlecht Groesse Note Gebdaten;
...
```

Die Anweisung ATTRIB ist dann von Vorteil, wenn nicht nur das Informat festgelegt werden soll, sondern auch Formate, Längen und andere Variablenmerkmale.
Es gibt noch eine dritte Variante, die hier auch erwähnt werden sollte, da sie in der Literatur sehr häufig zu finden ist: Angabe des Formats direkt in der Anweisung INPUT:

```
Data klasse;
    Input Name :$20. Vorname :$20. Geschlecht Groesse Note
        Gebdatum :ddmmyy10.;
```

Direkt im Anschluss an den Variablennamen werden die Informate übergeben. Vor der Informat-Angabe ist hier zusätzlich noch ein Doppelpunkt notwendig. Mit diesem Doppelpunkt wird die Länge des Informats als Maximalwert definiert. D.h. die tatsächliche Länge kann kürzer sein (z.B. fünf Zeichen bei „Bauer").

Ganz gleich, welche der drei Varianten Sie vorziehen, Informate werden immer dann benötigt, wenn keine Standardwerte vorliegen. Standardtextwerte sind höchstens 8 Zeichen lang. Die Vor- und Nachnamen der Schüler können dagegen mehr Zeichen haben, daher sind hier die Informate notwendig. Für Datumsangaben benötigt man immer Informate (und Formate, vgl. dazu das folgende Beispiel und Abschnitt 3), denn als Zahlenwert enthält das Datum zu viele Punkte. (Würde man das Datum nur als Text abspeichern, würde der Informationsgehalt der Datumsangabe verloren gehen.)

Die Namen der Informate als auch die Namen der Formate beginnen stets mit einem $-Zeichen, wenn sie für Werte von Textvariablen verwendet werden ($20.). Formate und Informate für numerische Variablen haben kein $-Zeichen (10.2, DDMMYY10.).
Der Zahlenwert 20 nach dem $-Zeichen bzw. 10 nach DDMMYY bezeichnet die Länge des formatierten Wertes. Vor- und Nachname können 20 Zeichen lang sein, das Datum 10 Zeichen. (Die Punkte zur Abtrennung von Tag, Monat und Jahr zählen mit und das Jahr ist vierstellig.)

Im SAS-Code sind die Formatnamen durch den Punkt gekennzeichnet. Dieser steht meistens an dessen Ende ($20., DDMMYY10.). Bei numerischen Formatbezeichnungen kann nach dem Punkt allerdings noch ein Zahlenwert folgen, der die Nachkommastellen bezeichnet, wie z.B. 10.2 für numerische Werte mit zwei Dezimalstellen.

Die Ausgabe der neuen SAS-Datei work.klasse mit der Prozedur PRINT sieht wie folgt aus:

```
Obs   Name       Vorname     Geschlecht   Groesse   Note   Gebdatum

 1    Bauer      Natalie          1         1.56    2.0          0
 2    Graf       Jochen           2         1.67    1.3      13398
 3    Metzger    Jürgen           2         1.80    2.7      12835
 4    Schäfer    Inga             1         1.71    3.0      13330
 5    Walter     Maike            1         1.66    1.7      13110
 6    Bletzer    Jörg             2         1.87    2.3      12872
```

Als Geburtsdatum gibt SAS jetzt nicht die ursprünglich eingetragenen Daten aus, sondern die intern gespeicherten, seit dem 1.1.1960 vergangenen Tage. (Daher auch die 0 in Zeile 1 bei Natalie Bauer.) Ein für uns lesbares Datum erscheint erst dann, wenn wir mittels der Anweisung FORMAT ein passendes Format verwenden.

3 Die Anweisung FORMAT

Formate werden mit Hilfe der Anweisung FORMAT in einem Daten- oder einem Prozedurschritt einer Variablen zugewiesen. Die ursprünglichen Werte der Variablen werden dadurch nicht verändert, aber die Erscheinungsform der Werte an das Format angepasst.

Die allgemeine Syntax dieser lokalen Anweisung FORMAT lautet:

```
Format variablenname formatname.;
```

Für unsere Beispieldatei können wir mit der Prozedur PRINT eine besser lesbare Liste erzeugen, wenn wir ein Datumsformat verwenden, hier DDMMYYP10., „P" für den Punkt zur Abtrennung, im Unterschied zum Standardtrennzeichen „/". Außerdem wenden wir gleich noch zwei weitere Formate an: $5. für die Variable Vorname und COMMAX10.2 für die Größe.

```
Proc Print Data=work.klasse;
   Var name vorname groesse gebdatum;
   Format vorname $5. groesse COMMAX10.2 gebdatum DDMMYYP10.;
Run;
```

Im Ausgabefenster sieht das Ergebnis dann wie folgt aus:

```
Obs     Name        Vorname       Groesse       Gebdatum

1       Bauer       Natal           1,56       01.01.1960
2       Graf        Joche           1,67       06.09.1996
3       Metzger     Jürge           1,80       21.02.1995
4       Schäfer     Inga            1,71       30.06.1996
5       Walter      Maike           1,66       23.11.1995
6       Bletzer     Jörg            1,87       30.03.1995
```

In der Online-Hilfe finden Sie über das Menü *Help > SAS Help and Documentation* unter *SAS Products > Base SAS > SAS 9.2 Language Reference: Dictionary ... > Dictionary of Language Elements > Formats* bzw. *Informats* die Liste aller zur Verfügung stehenden Formate und Informate.

3.1 Formate im Daten- oder Prozedurschritt zuweisen?

Die Zuweisung von Informaten kann nur im Datenschritt erfolgen, wenn Daten in SAS-Tabellen geschrieben werden. Daher können sowohl die ATTRIB- als auch die INFORMAT-Anweisung nur im Datenschritt stehen, genau wie INPUT. Die FORMAT-Anweisung dagegen kann sowohl im Daten- als auch im Prozedurschritt ausgeführt werden.
In obigem Beispiel hatten wir FORMAT im PROC PRINT-Schritt eingesetzt. Die Variablen Vorname, Groesse und Gebdatum wurden in der angegebenen Form ausgegeben. Würden wir den Prozedurschritt ohne die Anweisung FORMAT wiederholen, kämen wieder die alten, unformatierten Werte zum Vorschein. Denn die Formatierung wurde nur im ersten, nicht aber im zweiten Prozedurschritt durchgeführt.
Möchte man die Formatierung permanent setzen, muss die Zuweisung im Datenschritt erfolgen. Entweder gleich im Datenschritt, mit dem die Tabelle klasse angelegt wird:

Base SAS

```
Data klasse;
   Informat Name Vorname $20. Gebdaten Ddmmyy10.;
   Format vorname $5. Gebdaten Ddmmyy10.;
   Input Name Vorname Geschlecht Groesse Note Gebdatum; ...
```

Oder in einem separaten Datenschritt:

```
Data klasse;
   Set klasse;
   Format vorname $5. Gebdaten Ddmmyy10.;
Run;
```

Damit wird das Format fest in der SAS Tabelle abgelegt und ist für jeden anschließenden Daten- und Prozedurschritt verfügbar.

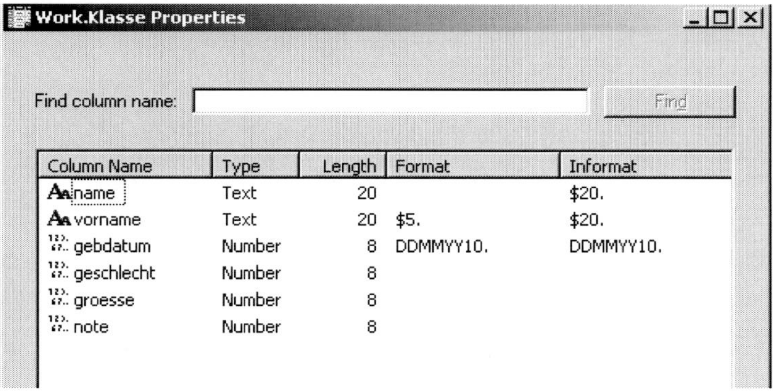

Column Name	Type	Length	Format	Informat
name	Text	20		$20.
vorname	Text	20	$5.	$20.
gebdatum	Number	8	DDMMYY10.	DDMMYY10.
geschlecht	Number	8		
groesse	Number	8		
note	Number	8		

Abbildung 1: Anzeige der Variablen-Eigenschaften im Properties-Fenster des SAS Explorer

Kontrollieren kann man die Eintragung im Properties-Fenster des SAS-Explorers. (Dazu im SAS-Explorer die Bibliothek Work öffnen, mit der rechten Maustaste auf das Symbol der Tabelle klasse klicken und View Columns auswählen.)

3.2 Klassenbildung mit Formaten

Die Formate können wir aber nicht nur für Listenberichte einsetzen, sondern auch zur Bildung von Klassen. Für die Vorbereitung des KSFE-Tagungsbüros sollten die Buchstaben festgelegt werden, nach denen die drei Schalter bestimmt werden, möglichst gleichmäßig. Es sollte also eine Klassierung der angemeldeten Konferenzteilnehmer nach dem Anfangsbuchstaben deren Nachnamen vorgenommen werden. Auszählen, auch kumulativ, erledigt die Prozedur FREQ, klassieren können wir mit dem passenden Format, und alles in einem Prozedurschritt:

```
Proc Freq Data=work.klasse;
   Tables name;
   Format name $1.;
Run;
```

Im Ausgabefenster erhalten wir:

```
                              Cumulative   Cumulative
Name      Frequency   Percent  Frequency     Percent
-----------------------------------------------------
B             2        33.33       2         33.33
G             1        16.67       3         50.00
M             1        16.67       4         66.67
S             1        16.67       5         83.33
W             1        16.67       6        100.00
```

Weitere Anwendungen können im deutschsprachigen SAS-Wiki nachgelesen werden unter de.saswiki.org, Suche nach Format.

Die bislang verwendeten Formate sind alles SAS-eigene Formate. Für die Kodierung der Variable Geschlecht (1 für weiblich, 2 für männlich) liegt leider kein passendes Format vor. Dieses muss erst mit der Prozedur FORMAT definiert werden.

4 Die Prozedur Format

Die Prozedur Format bietet dem Anwender die Möglichkeit, neue/eigene Formate zu definieren, beispielsweise für die Variablen Geschlecht und Note. Im Prozedur FORMAT-Schritt setzt man dazu die Anweisung VALUE ein. Mit der Anweisung PICTURE werden ebenfalls Formate definiert, allerdings da, wo es darum geht, Zahlen in bestimmter Form, wie z.B. Telefonnummern oder Längen mit Maßeinheit auszugeben.

Die allgemeine Syntax der Prozedur FORMAT lautet:

```
Proc Format <Optionen>;
   Value ...;
   Picture ...;
Run;
```

4.1 Die Anweisung VALUE

Für die SAS Tabelle klasse werden wir jetzt zwei Formate definieren: gender, um die Werte 1 und 2 der Variable Geschlecht zu erklären, und note, um die Noten im Klartext auszugeben.
Das Format gender weist jedem Wert einen neuen Wert zu: 1 wird zu weiblich, 2 zu männlich. Bei dem Format note dagegen wird einem Wertebereich ein neuer Wert zugewiesen, beispielsweise Werte zwischen 0.7 und 1.3 werden zu „sehr gut".

Dem Schlüsselwort VALUE folgt zunächst der Formatname, bei Textformaten muss dieser mit $ beginnen. Anschließend wird der alte Wert bzw. der alte Bereich angegeben und gefolgt von einem Gleichheitszeichen der neue Wert.
Unser Beispiel lautet dann:

```
Proc Format;
   Value gender 1 = "weiblich"
                2 = "männlich";
   Value note  Low-<1.5='sehr gut'
               1.5-<2.5='gut'
               2.5-<3.5='befriedigend'
               3.5-<4.5='ausreichend'
               4.5-<5.5='mangelhaft'
               5.7-High='ungenügend';
Run;
```

LOW und HIGH in der Definition des Formats Note bezeichnen den kleinsten bzw. größtmöglichen Wert.

Wir nutzen die neu definierten Formate nun in einem Listenbericht:

```
Proc Print Data=klasse;
   Var name vorname geschlecht note;
   Format geschlecht gender. note note.;
Run;
```

Und erhalten folgende Darstellung:

Obs	Name	Vorname	Geschlecht	Note
1	Bauer	Natalie	weiblich	gut
2	Graf	Jochen	männlich	sehr gut
3	Metzger	Jürgen	männlich	befriedigend
4	Schäfer	Inga	weiblich	befriedigend
5	Walter	Maike	weiblich	gut
6	Bletzer	Jörg	männlich	gut

4.2 Die Anweisung PICTURE

Während man mit der Anweisung VALUE Wertebereichen oder Einzelwerten neue Werte zuweist, bietet die Anweisung PICTURE die Möglichkeit, die Form von Zahlenwerten festzulegen. So kann beispielsweise eine Größeneinheit wie „m" (für Meter) an die Körpergröße angefügt werden, das $- oder €-Zeichen kann vor einem Geldbetrag angezeigt werden, führende Nullen lassen sich ausgegeben, z.B. bei numerisch kodierten Postleitzahlen, oder Telefonnummern lesbar formatieren (siehe auch [5]).

Wir werden für unsere Beispieldatei die Variable groesse mit einem entsprechenden Format belegen. Dazu formulieren wir folgende Picture-Anweisung in einem PROC FORMAT-Schritt:

```
Proc Format;
     Picture groesse Low-High='009.99 m';
Run;
```

Der Formatname lautet groesse. Die Definition gilt für den gesamten Wertebereich, also: „Low-High". Nach dem Gleichheitszeichen erfolgt in Anführungszeichen eine Kombination von Nullen und Neunen. Diese geben die Stellen an, die ausgegeben werden. „0" wird nur ausgegeben, wenn vorhanden, „9" wird immer ausgegeben, d.h. die Werte werden immer mit zwei Nachkommastellen dargestellt. Das Leerzeichen und „m" geben die Maßeinheit an, hier: Meter.

In Form eines Listenberichts

```
Proc Print Data=klasse;
   Var name vorname groesse;
   Format groesse groesse.;
Run;
```

zeigt sich das dann wie folgt:

```
Obs    Name        Vorname      Groesse

 1     Bauer       Natalie      1.56 m
 2     Graf        Jochen       1.67 m
 3     Metzger     Jürgen       1.80 m
 4     Schäfer     Inga         1.71 m
 5     Walter      Maike        1.56 m
 6     Bletzer     Jörg         1.87 m
```

Der durch das Picture-Format definierte Wert kann eine Länge von bis zu 40 Zeichen annehmen.

Die Option PREFIX= (die Option muss hierbei in Klammern gesetzt werden) gestattet die Einfügung von Zeichen vor dem eigentlichen Wert. Auch hierzu ein Beispiel:

```
Proc Format;
     Picture groesse Low-High='009.99' (Prefix="(in Metern) ");
Run;
```

Base SAS

Liefert im Listenbericht (gleicher Prozedurschritt wie im vorherigen Beispiel):

```
Obs    Name       Vorname         Groesse

 1     Bauer      Natalie       (in Metern) 1.56
 2     Graf       Jochen        (in Metern) 1.67
 3     Metzger    Jürgen        (in Metern) 1.80
 4     Schäfer    Inga          (in Metern) 1.71
 5     Walter     Maike         (in Metern) 1.66
 6     Bletzer    Jörg          (in Metern) 1.87
```

Weitere hilfreiche Optionen der PICTURE Anweisung sind ROUND und MULT=. ROUND rundet den Wert auf den nächsten ganzzahligen Wert (ab 0,5 wird aufgerundet, ansonsten abgerundet), MULT=n oder MULTIPLIER=n bezeichnet den Faktor, mit dem der Wert multipliziert wird. Also n=3 bedeutet, dass der Wert mit 10^3 multipliziert wird. ROUND und MULT= werden vor dem Formatieren angewandt, d.h. erst wird gerundet bzw. multipliziert, dann die mittels Picture definierte Form angewendet. Für Beispiele siehe [8].

4.3 Geschachtelte Formate

Bei der Definition neuer Formate können im Label-Teil der Anweisung VALUE anstelle einzelner Werte mit Hilfe von eckigen Klammern bereits vorhandene Formate benannt werden.

Im folgenden Beispiel wird das Format gebgruppen definiert.

```
Proc Format;
   Value gebgruppen
      . = "k.A."
      Low-"31dec1990"d = [Year4.]
      "01jan1991"d-High = [Monyy7.];
Run;
```

Fehlende Werte werden damit als „k.A." (für keine Angabe) dargestellt, Datumsangaben bis zum 31. Dezember 1990 mit der Jahreszahl (ausgedrückt mit Hilfe des Formats Year4.), und Datumsangaben ab dem 1. Januar 1991 mit Monat und Jahresangabe (Format Monyy7.). Für unsere Beispieldatei sieht der Listenbericht mit

```
Proc Print Data=klasse;
   Format gebdatum gebgruppen.;
   Var vorname name gebdatum;
Run;
```

dann wie folgt aus:

Obs	Vorname	Name	Gebdatum
1	Natalie	Bauer	1960
2	Jochen	Graf	SEP1996
3	Jürgen	Metzger	FEB1995
4	Inga	Schäfer	JUN1996
5	Maike	Walter	NOV1995
6	Jörg	Bletzer	MAR1995

5 Weitere Optionen der Prozedur Format

In den folgenden drei Abschnitten werden noch weitere Optionen der Anweisung PROC FORMAT vorgestellt, die das Arbeiten mit Formaten erleichtern: LIB= zum permanenten Abspeichern von eigenen Formaten und CNTLIN= und CNTLOUT=, um Formate in Tabellen abzulegen und wieder einzulesen, eine bequeme Möglichkeit, um Metadaten bzw. sich dynamisch verändernde Datenwerte in Formate zu verwandeln.

5.1 Formate permanent abspeichern mit LIB=

Die mit unseren bisherigen Beispielprogrammen definierten Formate werden im Katalog Formats in der Bibliothek Work abgelegt. Damit sind diese Formate nur temporär verfügbar, da mit Beendigung der SAS-Sitzung der gesamte Work-Bereich gelöscht wird und damit auch die Formate. Möchte man diese in der nächsten Sitzung wieder verwenden, muss der Proc Format-Schritt erneut ausgeführt werden.
Problematisch kann dies werden, wenn die Formate permanent mit einer SAS-Tabelle abgespeichert werden und dann beim Öffnen nicht vorhanden sind. Ein Doppelklick aus dem SAS Explorer heraus endet dann mit einer wüsten Fehlermeldung, Prozedurschritte werden nicht ausgeführt.
Abhilfe kann dann eines der folgenden Verfahren schaffen:

1. Alle Formate aus der Tabelle entfernen mit der Anweisung

   ```
   Format _All_ ;
   ```

   Nachteil: Damit verliert man auch die Zuweisungen SAS-eigener Formate, z.B. bei Datumsvariablen.

2. Mit der Systemeinstellung NOFMTERR die Ausgabe der Fehlermeldungen und den Abbruch des Daten- oder Prozedurschritts bei fehlenden Formaten verhindern. Diese Systemeinstellung kann mit der Option OPTIONS innerhalb der SAS Sitzung aktiviert werden:

   ```
   Options Nofmterr;
   ```

   Damit bleiben die SAS-eigenen Formate, z.B. für Datumsvariablen, erhalten und der mit dem ersten Vorschlag benannte Nachteil tritt nicht ein.

Base SAS

3. Den Prozedur Format-Schritt erneut ausführen, wenn dieser zur Verfügung steht. (Bei Tabellen von Dritten ist dies oft nicht der Fall.)
4. Die Formate permanent abspeichern und beim Weitergeben diesen Katalog mitgeben, was im Folgenden genauer erläutert wird.

Die permanente Speicherung erfolgt durch Angabe der Option LIB= in der PROC FORMAT-Anweisung. Dabei kann auch der Katalog spezifiziert werden:

```
        Proc Format Lib=bibliothek;
oder
        Proc Format Lib=bibliothek.katalog;
```

Im Beispiel:

```
Libname ksfeFmt "c:/temp";

Proc Format Lib=ksfeFmt;
  Value noten
    1 = "exzellent"
    2 = "annehmbar"
    other = "inakzeptabel"
  ;
Run;
```

Der Datenschritt

```
Data _null_;
  x = 1;
  Put x= x=noten.;
Run;
```

produziert aber lediglich eine Fehlermeldung, denn SAS kann das neue Format noten (noch) nicht finden.

```
77    Data _null_;
78      x = 1;
79      Put x= x=noten.;
                  ------
                    48
ERROR 48-59: The format NOTEN was not found or could not be loaded.

80    Run;

NOTE: The SAS System stopped processing this step because of errors.
```

Die Frage, die sich jetzt sofort stellt, ist: Wo sucht SAS nach Formaten bzw. wie kann ich dem System mitteilen, wo meine Formate stehen?

309

Standardmäßig durchsucht das SAS System folgende Orte:
1. Work.Formats
2. Library.Formats
3. SAS-eigene Formate

Um Punkt 2 zu testen, legen wir eine weitere Bibliothek namens LIBRARY an:

```
Libname library (KsfeFmt);
```

Wenn wir jetzt den gleichen Datenschritt wiederholen, wird das Format noten gefunden.

```
...
85    Run;

x=1 x=exzellent
NOTE: DATA statement used (Total process time):
```

Alternativ können wir aber auch den Suchpfad, der standardmäßig nur Work und Library beinhaltet, um unsere Bibliothek mit der Systemoption FMTSEARCH= und der globalen Anweisung Options erweitern:

```
Options Fmtsearch=(Work Library ksfeFmt);
```

5.2 Formate in Tabellen schreiben mit CNTLOUT=

Die Option CNTLOUT= erlaubt es dem Anwender, Formate aus dem Formatekatalog heraus in eine SAS-Tabelle zu übertragen. CNTLOUT= benennt dabei die Ausgabetabelle, in der Online-Hilfe als Kontrolltabelle (Output Control Data Set) bezeichnet. Die Anweisung Select gestattet die Auswahl der zu übertragenden Formate.

```
Proc Format Lib=ksfeFmt Cntlout = Work.test;
  Select noten;
Run;
```

Die Tabelle work.test erhält als Listenbericht folgende Form:

```
Proc Print Data = Work.test;
Run;

Obs FMTNAME         START         END         LABEL       MIN MAX DEFAULT LENGTH   FUZZ
 1  NOTEN               1           1 exzellent             1  40    12     12     1E-12
 2  NOTEN               2           2 annehmbar             1  40    12     12     1E-12
 3  NOTEN       **OTHER**   **OTHER** inakzeptabel 1          40    12     12     1E-12

Obs PREFIX    MULT    FILL    NOEDIT    TYPE    SEXCL    EEXCL    HLO    DECSEP    DIG3SEP
DATATYPE    LANGUAGE

 1              0       0                N       N        N
```

Base SAS

```
2           0           0       N       N       N
3           0           0       N       N       N       O
```

Wichtig sind dabei die ersten vier Variablen, Fmtname, Start, End und Label.

5.3 Formate aus Tabellen lesen mit CNTLIN=

Die gerade eben erzeugte Kontrolltabelle könnte jetzt wieder eingelesen werden mit der Option CNTLIN=. Für das folgende Beispiel erzeugen wir aber aus einer anderen, bekannten, SAS-Tabelle, nämlich sashelp.class, eine Kontrolltabelle, die anschließend mit der Prozedur Format eingelesen wird:

```
Data work.kontrollinput;
   Set sashelp.class;
   fmtname="name2sex";
   type="C";
   start=name;
   end=name;
   label=sex;
   keep fmtname--label;
run;
```

Oder alternativ für SQL-Kenner:

```
Proc Sql;
  Create View Work.Tmp As
    Select "name2sex" As fmtName, "C" As type,
      name As start, name As end, sex As label
    From Sashelp.Class;
Quit;
```

Die für den anschließenden Prozedur Format-Schritt benötigten Variablen sind dabei:
- FMTNAME   Name des Formats
- TYPE   Typ des Formats [C,N]
- START   Anfang des Wertebereiches
- END   Ende des Wertebereiches
- LABEL   Anzeigetext für diesen Bereich

Diese Kontrolldatei wird nun eingelesen

```
Proc Format Cntlin = work.kontrollinput;
Run;
```

und in einem Datenschritt angewendet:

```
Data _Null_;
  Set sashelp.Class(keep = name);
  Put name = @20 name $name2sex.;
Run;
```

311

C. Oeldorf, C. Ortseifen

Das Ergebnis – im Log-Fenster – sieht wie folgt aus:

```
102  Data _Null_;
103    Set sashelp.Class(keep = name);
104    Put name = @20 name $name2sex.;
105  Run;

Name=Alfred         M
Name=Alice          F
Name=Barbara        F
Name=Carol          F
Name=Henry          M
Name=James          M
Name=Jane           F
Name=Janet          F
Name=Jeffrey        M
...
```

Literatur

[1] Cody, Ron (2004): SAS Functions by Examples, SAS Institute Inc., Cary, North Carolina

[2] Cody, Ron (2007): Learning SAS by Example – A Programmer's Guide, SAS Institute Inc., Cary, North Carolina

[3] Delwiche, Lora D.; Slaughter Susan J. (2008): The Little SAS Book: A Primer, 4. Edition, SAS Institute Inc., Cary, North Carolina

[4] Deutschsprachiges SAS-Wiki: de.saswiki.org
Suche: Formate automatisieren (Tipps & Tricks-Beitrag der KSFE 2008)

[5] Karp, Andrew H.: Getting in to the Picture (Format). SUGI 31, Paper 243-31
http://www2.sas.com/proceedings/sugi31/243-31.pdf

[6] Ortseifen, Carina (1997): Der SAS-Kurs – Eine leicht verständliche Einführung, International Thomson Publishing, Bonn u.a.

[7] SAS Education Guide: Unser Experten-Tipp im September 2010
http://www.sas.com/offices/europe/germany/email/archiv/aktuell.html

[8] SAS Online Help zur Prozedur FORMAT
http://support.sas.com/documentation/cdl/en/proc/61895/HTML/default/viewer.htm#a000063536.htm

[9] Shoemaker, Jack N.: PROC FORMAT in Action.   SUGI 27, Paper 56-27
http://www2.sas.com/proceedings/sugi27/p056-27.pdf

SAS Technologien

Enterprise Guide & Add-In für Microsoft Office – Individuelle Erweiterungsmöglichkeiten mit C#

Sebastian Reimann
viadee Unternehmensberatung GmbH
Anton-Bruchhausen-Straße 8
48147 Münster
sebastian.reimann@viadee.de

Zusammenfassung

Der SAS Enterprise Guide und die Add-Ins für Microsoft Office sind die idealen Tools für PowerUser und Business Analysten. Sie bieten die Möglichkeit, auf SAS Datenbestände zuzugreifen, diese auszuwerten und zu analysieren.
Doch was ist zu tun, wenn die Standard-Funktionen der Anwendungen nicht den eigenen Anforderungen entsprechen oder einfach nicht mehr ausreichen? Wie werden beispielsweise komplexe, eigene Makro-Anwendungen dem Fachanwender zur Verfügung gestellt, ohne dass dieser über fundierte SAS Kenntnisse verfügen muss oder gar SAS Base Programmcode schreiben muss? Wie kann der Anwender individuelle Datensätze in seine Analysen einfließen lassen, ohne diese manuell in SAS Tabellen einzutippen oder aus CSV-Dateien zu importieren? Wie kann der Anwender bei der Erfassung von Daten durch Validierungen und WebServices (Detailauskünfte, Geo-Locations, …) unterstützt werden?
Erfahren Sie im Folgenden, wie mit überschaubarem Aufwand der Enterprise Guide oder die Add-Ins für Microsoft Office um individuelle Funktionen, wie z.B.
- Erfassungsmöglichkeiten für Anwenderdaten
- Validierungen und Erfassungsunterstützungen
- GUI-Assistenten für individuelle SAS-Makroanwendungen
- Import-/Export-Assistenten für Daten von Drittanwendungen

erweitert werden können.

Schlüsselwörter: SAS/Enterprise Guide, Enterprise Guide (EG), Add-In für Microsoft Office, AMO, .NET Framework, C#

1 Allgemeine Vorbemerkungen zum SAS Enterprise Guide und zu den Add-Ins für Microsoft Office

Der SAS Enterprise Guide (EG) stellt eine graphische Benutzerschnittstelle für die SAS Software zur Verfügung, mit der der volle Funktionsumfang in einer komfortablen Microsoft Windows Umgebung genutzt werden kann. Dabei ist es unerheblich, ob die zur Programmausführung genutzte SAS Installation auf dem Windows Client-PC zur Verfügung steht oder ob auf eine gemeinsame SAS Serverinstallation (Windows, UNIX, z/OS) zurückgegriffen wird.

S. Reimann

In jedem Fall ist der Enterprise Guide zum Großteil ein Code-Generator, der von SAS optimierten Programmcode erstellt und diesen auf einem verfügbaren SAS Server zur Ausführung bringt. Das auf dem SAS Server erstellte Ergebnis wird im Anschluss an die Ausführung auf dem Client zur Anzeige gebracht. Der Anwender wird durch Assistenten bei der Erstellung des Programmcodes unterstützt, indem die notwendigen Programmeingaben über Formulare und Dialogboxen abgefragt werden.

Alternativ besteht für den erfahrenen SAS Base Programmierer die Möglichkeit, eigenen Base Programmcode in die Enterprise Guide Projekte zu integrieren, um so individuell Einfluss auf den zur Ausführung gebrachten Code zu nehmen und Funktionen auszuführen, die über die Enterprise Guide Standardfunktionen hinausgehen oder von den von SAS bereitgestellten Assistenten nicht unterstützt werden.

Bei den Add-Ins für Microsoft Office (AMO) handelt es sich im weitesten um eine im Funktionsumfang reduzierte Version des Enterprise Guide, die direkt aus den Microsoft Office Produkten (Excel, Word, PowerPoint, Outlook) heraus aufgerufen wird und deren Ergebnisse direkt in die Microsoft Office Produkte zurückgeschrieben werden. Aufgrund der direkten Ergebnisweitergabe an die Office Produkte ist es mit den AMO im Gegensatz zum EG nicht möglich, Zwischenergebnisse auf den im Hintergrund genutzten SAS Server weiterzuverwenden und in Folgeauswertungen mit einfließen zu lassen. Eine Weiterverarbeitung ist nur innerhalb der genutzten Office-Anwendung möglich.

Technologisch gesehen handelt es sich sowohl beim SAS Enterprise Guide als auch bei den Add-Ins für Microsoft Office um Windows Anwendungen, die auf dem Microsoft .NET Framework basieren. Sie sind dementsprechend nur unter dem Betriebssystem Microsoft Windows lauffähig. Über standardisierte Schnittstellen besteht die Möglichkeit, den Funktionsumfang beider Anwendungen zu erweitern, um so den individuellen Nutzen der Anwendung zu vergrößern.

Im Folgenden wird hauptsächlich die Vorgehensweise zur Erweiterung des SAS Enterprise Guide beschrieben. Da der Enterprise Guide und die Add-Ins für Microsoft Office zum Großteil auf die gleichen .NET Assemblies zurückgreifen und beide Produkte technologisch identisch sind, können die für den Enterprise Guide entwickelten Erweiterungen in der Regel auch aus den Microsoft Office Produkten heraus genutzt werden.

2 Technische Voraussetzungen

Um Erweiterungen für den Enterprise Guide entwickeln zu können, ist eine .NET Entwicklungsumgebung erforderlich. Je nach persönlicher Vorliebe kann eine Visual Basic.NET oder eine C# Entwicklungsumgebung genutzt werden. Weiterhin ist eine lauffähige Installation des SAS Enterprise Guide (oder der Add-Ins für Microsoft Office) notwendig, um die entwickelten Erweiterungen zu verproben.

SAS Technologien

Um schnell erste Ergebnisse zu entwickeln, können die von Microsoft kostenlos zur Verfügung gestellten Express-Versionen des Visual Studio 2010 genutzt werden[1]. Weiterhin werden von SAS Projektschablonen und Beispiele zur Verfügung gestellt, anhand derer die ersten Schritte zu einer Enterprise Guide Erweiterung nachvollzogen werden können. Auch diese Projektschablonen und Beschreibungen sind im Internet zum Download verfügbar[2].

Die im Folgenden aufgeführten Beispiele zeigen die Erstellung von Enterprise Guide Erweiterungen mit Visual C# 2010 Express unter Nutzung der von SAS zur Verfügung gestellten Projektvorlagen. Um die Beispiele am PC nachvollziehen zu können, muss die ZIP-Datei CS2008SasTemplate.zip aus der URL http://support.sas.com/documentation/onlinedoc/guide/customtasks/samples/VS2008Templates.zip extrahiert und in das Verzeichnis %userprofile%\Eigene Dateien\Visual Studio 2010\Templates\ Project Templates\SAS Custom Tasks kopiert werden. Anschließend stehen die Projektvorlagen in der Anwendung Microsoft Visual C# 2010 Express zur Verfügung.

Abbildung 1: Assistent „Neues Projekt" nach Installation der SAS Projektvorlagen

---

[1] Download und Nutzungsbedingungen: http://www.microsoft.com/germany/express/
[2] Download der Beispiele und Dokumentation unter http://support.sas.com/documentation/onlinedoc/guide/customtasks/index.htm

S. Reimann

3 Die erste Erweiterung

3.1 Auswahl einer zu unterstützenden SAS Funktion

Häufig ist es so, dass der Standard-Funktionsumfang für die alltägliche Nutzung einer Software ausreicht. Trotzdem kommt man über kurz oder lang in eine Situation, in der die Lösung nur mit verhältnismäßig hohem Aufwand erreicht werden kann. In diesen Situationen wünscht man sich eine Spezialfunktion herbei, die für genau einen speziellen Zweck einen Lösungsweg bereitstellt.

Manchmal ist es aber auch so, dass eine Standard-Funktion in gewissen Situationen nicht das gewünschte oder korrekte Ergebnis liefert. In diesem Fall wartet man auf ein Fix oder ein Update, um den Missstand zu beheben. Im Folgenden wird gezeigt, wie auf einfache Weise ein aktueller Bug im Enterprise Guide (bei Nutzung einer Enterprise BI-Server Umgebung) behoben werden kann.

Im Enterprise Guide besteht über einen Assistenten die Möglichkeit, mehrere Eingabetabellen zu einer Ausgabetabelle zu verketten. Hierzu wird die Funktion „Append Table" aus der Kategorie Data genutzt. Der Funktionsumfang des Assistenten ist trivial. Es können eine beliebige Anzahl an Eingabetabellen gewählt werden. Sämtliche Eingabetabellen werden in einer anzugebenden Ausgabetabelle zusammengeführt. Hierbei kann die Reihenfolge der Verkettung und die Art der Verkettung (View oder Datentabelle) gewählt werden.

Sind SAS Bibliotheken im SAS Metadata-Server definiert, so kann neben der Libref der Bibliothek auch ein beschreibender Bibliotheksname vergeben werden, der nicht den Anforderungen an eine SAS Libref (8 Zeichen) entsprechen muss. Über den von SAS mitgelieferten Assistenten besteht jedoch nicht die Möglichkeit, die Ausgabetabelle in eine solche SAS Library zu speichern, da der vom Assistenten generierte Zielname (Libref + Tabelle) als nicht zulässig interpretiert wird.

Als Ausgabebibliothek wird die in den Metadaten registrierte Bibliothek „Umsatzdaten – BASE" genutzt, welche intern auf die Libref „UMSATZ" zurückgreift. Dennoch prüft der Assistent den kompletten Bibliotheksnamen auf Zeichenkonformität für eine SAS Libref und verweigert somit die Nutzung dieser Bibliothek als Ausgabebibliothek.

SAS Technologien

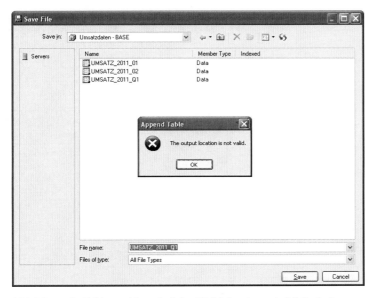

Abbildung 2: Fehlermeldung bei der Wahl der Ausgabebibliothek „Umsatzdaten - BASE"

3.2 Vorbereiten der Entwicklungsumgebung

Nach Anlage eines neuen Entwicklungsprojektes (Projektname AppendTable) im Visual C# 2010 Express wird automatisch eine Projektmappe mit folgendem Inhalt angelegt:
- Klasse AppendTableTask
- Klasse AppendTableTaskSettings
- Klasse AppendTableTaskForm
- Icon task.ico
- Verweise auf die benötigten SAS .NET Assemblies

Bei der Nutzung von Visual C# 2010 Express wird automatisch eine Projektmappe im .NET Framework 4.0 erstellt. Diese Framework-Version ist derzeit nicht kompatibel zu den SAS Enterprise Guide Assemblies. Aus diesem Grund ist in den Projekteigenschaften die .NET Kompatibilitätsstufe auf das .NET Framework 3.5 zu stellen.

In der Regel werden die eingerichteten Verweise auf die benötigten SAS .NET Assemblies nicht auf die korrekten Pfade eingerichtet. Von daher sind zunächst die Verweise zu löschen und durch korrekte Verweise auf die Dateien
- %ProgramFiles%\SAS\EnterpriseGuide\(Version)\SAS.Shared.AddIns.dll
- %ProgramFiles%\SAS\EnterpriseGuide\(Version)\SAS.Tasks.Toolkit.dll

zu ersetzen. Erst durch diese Änderung wird das C#-Projekt kompilierbar. Für die DLL-Verweise kann die Eigenschaft „Lokale Kopie" auf false gestellt werden, da es im Rahmen der Kompilierung nicht notwendig ist, die SAS-DLLs in das Ausgabeverzeichnis zu kopieren.

3.3 Klasse AppendTableTask

Die automatisch aus der Projektvorlage erzeugte Task-Klasse stellt die Basis für eine Enterprise Guide Erweiterung dar. Diese Klasse erweitert die von SAS zur Verfügung gestellte Basisklasse SAS.Tasks.Toolkit.SasTask. Über diese Basisklasse werden die für SAS Custom Tasks notwendigen SAS Interfaces implementiert.

Über die Annotation ClassId muss für die Klasse eine eindeutige Klassen-ID festgelegt werden. Hierzu kann jeder GUID-Generator, wie z.B. der Web-Generator http://www.guidgen.com genutzt werden. Weiterhin wird über die Annotation IconLocation der Name der Icon-Datei angegeben, welches für die Symbolisierung des Tasks im Enterprise Guide (Task List und Process Flow) genutzt wird. Der IconPfad wird inklusive Namespace und Dateiname (z.B. AppendTable.viadee.ico) angegeben. Wichtig für die Icon-Datei ist, dass diese während des Buildvorgangs als eingebettete Ressource behandelt wird und in das Assembly integriert wird.

Weitere mögliche Annotationen werden in der folgenden Tabelle aufgelistet. Diese können zur Beschreibung des Tasks angegeben werden. Wird eine Annotation nicht genutzt, wird ein Standardwert verwendet

Tabelle 1: Annotationen für SAS Custom Tasks

Annotation	Mögliche Werte
ApplicationSupported	Clientanwendungen, die diesen Task unterstützen: • ApplicationName.EGuide • ApplicationName.SASAddIn • ApplicationName.All
ClassId	GUID zur eindeutigen Identifizierung der Klasse
CreatesDataDirectly	Wahrheitswert, ob Daten direkt generiert oder aus Eingabedaten abgeleitet werden
IconLocation	Zeichenkette mit dem Pfad zum Icon für diesen Task
InputRequired	Art der Eingabedaten: • InputResourceType.None • InputResourceType.Data • InputResourceType.File • InputResourceType.Olap • InputResourceType.InformationMap
RequiresActualDatasource	Wahrheitswert, ob eine Datenquelle benötigt wird
SASMacroDependency	Zeichenkette mit für den Task notwendigen SAS

SAS Technologien

Annotation	Mögliche Werte
	Makros
SASMetadataRequired	Wahrheitswert, ob Metatdaten benötigt werden
SASTaskCategory	Zeichenkette mit der Kategorie für den Task
SASTaskThreadSafe	Wahrheitswert, ob der Task threadsafe ist
SupportsObsOption	Wahrheitswert, ob die System-Option obs unterstützt wird
TaskDeprecated	Kennzeichnung eines Tasks als abgelaufen. Weitere Infos über benannte String-Parameter AsOfVersion und ReplacementTask
TaskMigratorClass	Zeichenkette mit Assemblynamen und Typnamen der Migrator-Klasse
Version	Zeichenkette mit der Version des Tasks

Die Task-Klasse selbst gliedert sich in die Bereiche
- Private members
- Initialization
- Overrides

Als privates Member des Tasks wird ein Verweis auf die Settings-Klasse gespeichert. Diese Klasse dient dazu, Benutzereinstellungen zu verwalten und zu speichern, um diese im Rahmen der SAS Code-Generierung weiter verwenden zu können. Siehe hierzu Kapitel 3.4

Im Initialisierungsbereich sind die Methoden angeordnet, die während der Initialisierungsphase des Tasks aufgerufen werden. Während dieser Phase müssen folgende Informationen festgelegt werden:

Tabelle 2: Während der Initialisierung festzulegende Attribute

Attribut	Datentyp	Beschreibung
AllowModifyCustomCode	Boolean	Wahrheitswert, ob die Modifikation des generierten Codes unterstützt wird
GeneratesReportOutput	Boolean	Wahrheitswert, ob ReportOutput generiert wird
GeneratesSasCode	Boolean	Wahrheitswert, ob SAS Code generiert wird
ProcsUsed	String	Liste der SAS Prozeduren, die genutzt warden
ProductsRequired	String	Liste der erforderlichen SAS Produkte
ProductsOptional	String	Liste der optionalen SAS Produkte
StandardCategory	Boolean	Wahrheitswert, ob es sich bei der Task-Kategorie um eine SAS Standardkategorie handelt
TaskCategory	String	Kategoriename
TaskDescription	String	Task-Beschreibung

Attribut	Datentyp	Beschreibung
TaskName	String	Task-Bezeichnung
TaskType	ShowType	Art des SAS Task: ShowType.Code ShowType.Interactive ShowType.Wizard

Im Overrides-Bereich werden in der Basisklasse definierte Methoden überschrieben und neu implementiert. Zu den wichtigsten neu zu implementierenden Methoden zählen
- Public override bool Initialize()
- Public override String GetXmlState()
- Public override void RestoreStateFromXml(String xmlState)
- Public override String GetSasCode()

In der Initialisierungsmethode wird der Verweis auf die Settings-Klasse des Task hergestellt. Über den Rückgabeparameter kann die Initialisierung bei Bedarf abgebrochen werden, falls bestimmte, für den Task notwendige Rahmenparameter nicht verfügbar sind.

Die Methoden GetXmlState() und RestoreStateFromXml(String xmlState) werden von SAS aufgerufen, wenn die im XML String gespeicherten Parameter ausgelesen oder gespeichert werden. Diese Methode muss so implementiert sein, dass alle notwendigen Parameter aus dem XML String ausgelesen werden können und dass alle erforderlichen Parameter beim Verlassen des Tasks im XML String gespeichert werden.

Die Methode GetSasCode() wird vom Enterprise Guide aufgerufen, sobald der Task zur Ausführung gebracht werden soll und der für die Ausführung benötigte SAS Code abgerufen werden muss. Vor dem Aufruf der Methode wird immer zunächst die Initialisierungsmethode und die RestoreStateFromXml(String xmlState) Methode aufgerufen, um auf alle Task Parameter zugreifen zu können.

Werden von dem Task Ausgabetabellen erzeugt, so müssen weiterhin folgende Eigenschaften der Basisklasse überschrieben werden:
- Public override int OutputDataCount {get;}
- Public override List<ISASTaskDataDescriptor> OutputDataDescriptorList {get;}

Über diese beiden öffentlichen Eigenschaften wird festgelegt, wie viele Ausgabedateien erzeugt werden und wie diese benannt und typisiert sind. Werden diese beiden Eigenschaften nicht überschrieben, kann ein Task zwar Ausgabedateien erstellen, diese werden jedoch im Prozessfluss im Enterprise Guide nicht weiter dokumentiert und können von nachfolgenden Tasks nicht problemlos als Eingabedateien genutzt werden. Weiterhin werden im Prozessfluss nicht die notwendigen Abhängigkeiten der Tasks untereinander aufgebaut.

SAS Technologien

Wird durch den Task eine Benutzerschnittstelle bereitgestellt, so muss folgende Methode der Basisklasse überschrieben werden:
- Public override ShowResult Show(IWin32Window owner)

Über diese Methode wird die Benutzerschnittstelle angezeigt und das DialogResult der Benutzerschnittstelle überwacht. Je nach Rückgabewert der Benutzerschnittstelle können die weiteren Aktivitäten des Prozessflusses gesteuert werden. Hierzu stehen die ShowResult Rückgabewerte „Cancelled", „RunNow" und „RunLater" zur Verfügung. So kann die Programmausführung im Prozessfluss aus der Benutzerschnittstelle heraus gesteuert werden.

Der vollständige Programmcode der Klasse AppendTableTask ist diesem Dokument im Anhang A beigefügt.

3.4 Klasse AppendTableTaskSettings

Wie bereits in Kapitel 3.3 erwähnt, werden die durch den Benutzer individuell für einen Task vorgegebenen Konfigurationsparameter in einem XML String gespeichert. Um aus der Benutzerschnittstelle einfach auf die Daten zurückgreifen zu können, wird beim Öffnen des Task der XML String eingelesen und die darin enthaltenen Werte in den Membervariablen der Settings Klasse gespeichert.

Für das aktuelle Beispiel müssen folgende Attribute als Benutzereingaben gespeichert werden:

Tabelle 3: Individuelle, zu speichernde Task-Attribute

Attribut	Datentyp	Beschreibung
genView	Boolean	Wahrheitswert, ob eine View generiert werden soll
genTable	Boolean	Wahrheitswert, ob eine Tabelle generiert werden soll
outputData	ISASTaskData	Name und Bibliothek der Ausgabetabelle (bzw. View), die vom Task generiert wird

Über den Konstruktor der Settings Klasse werden die Attribute mit Default-Werten belegt. Die Ausgabetabelle wird standardmäßig in der Work-Bibliothek erstellt und mit einem zufälligen Tabellennamen versehen. Um das ISASTaskData Objekt erstellen zu können, wird ein Verweis auf den Task Consumer (in diesem Fall ein Verweis auf den Workspace Server der Enterprise Guide Instanz) benötigt. Dieser stellt eine Methode bereit, um aus einem Servernamen, einem Bibilotheksnamen und einem Tabellennamen ein ISASTaskData Objekt zu erstellen.

S. Reimann

Weiterhin sind in der Settings Klasse die Methoden ToXml() und FromXml(String xml) hinterlegt. Diese erzeugen den vom Task zu speichernden XML String oder lesen diesen wieder ein. Die jeweiligen Methoden werden (wie in Kapitel 3.3 beschrieben) automatisch beim Öffnen und Speichern des Tasks bzw. direkt vor der Ausführung des Tasks aufgerufen, um die korrekten Werte für die SAS Code-Generierung verfügbar zu haben.

Es wird ein XML Dokument ViadeeAppendTableTask erzeugt bzw. eingelesen. Dieses enthält die Attribute genView und genTable sowie einen Child Knoten outputData mit den Attributen Library, Member und Server, über die sich die Ausgabetabelle genau spezifizieren lässt. Es ist zwingend darauf zu achten, dass beide Methoden zueinander kompatibel sind, d.h. dass der erzeugte XML String alle zu speichernden Werte enthält und dass alle Werte aus dem XML String auch wieder eingelesen werden. Weiterhin ist zu beachten, dass bei einem Versionsupdate des Tasks die Methoden so angepasst werden müssen, dass auch Prozessflüsse mit älteren Versionen des Tasks weiterhin korrekt verarbeitet werden können und ggf. um sinnvolle Standardwerte für neue Attribute erweitert werden.

Als letztes enthält diese Klasse die Generierungsmethode für das SAS Programm des Tasks. Hierzu werden die Eingabetabellen des Tasks ausgelesen und daraus das SAS Programm generiert.

Wird eine andere SAS Funktion durch einen Assistenten unterstützt, so sind die in der Settings Klasse und im XML String zu speichernden Attribute sowie das generierte SAS Programm entsprechend den Erfordernissen anzupassen. Die hier angegebenen Attribute beziehen sich ausschließlich auf das aufgeführte Beispiel, welches für den Einstieg bewusst klein gehalten wird.

Der vollständige Programmcode der Klasse AppendTableTaskSettings ist diesem Dokument im Anhang B beigefügt.

3.5 Klasse AppendTableTaskForm

Die für den zu entwickelnden Task wichtigste Klasse ist das Formularelement, über welches die Einstellungen durch den Benutzer vorgenommen werden. Bei diesem Formularelement handelt es sich im Grunde um eine konventionelle Microsoft .NET Windows Form (System.Windows.Form), welche um einige SAS Spezifika erweitert wurde. Aus diesem Grund ist diese Klasse nicht von System.Windows.Forms.Form, sondern von der Klasse SAS.Tasks.Toolkit.Controls.TaskForm abgeleitet.

Die folgende Abbildung zeigt die gewünschte Benutzerschnittstelle mit den zu unterstützenden Funktionen:

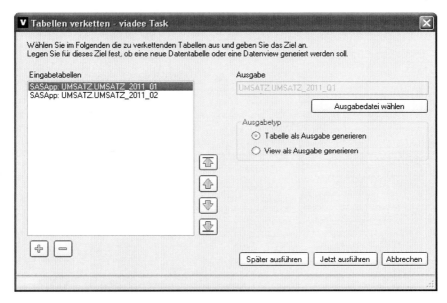

Abbildung 3: Zu implementierende Benutzerschnittstelle „Tabellen verketten"

Die Benutzerschnittstelle besteht auf der linken Seite aus einer Listbox, in der die Eingabetabellen aufgelistet sind. Diese können über die Buttons an der rechten Listbox-Seite in ihrer Reihenfolge verändert werden. Weiterhin können über die +/- Buttons weitere Tabellen hinzugefügt, bzw. vorhandene Tabellen entfernt werden. Beim Entfernen ist zu beachten, dass die letzte Tabelle nicht entfernt werden kann.

Auf der rechten Seite wird die Ausgabetabelle angegeben. Der Tabellenname (inkl. der SAS Library) wird in einer Textbox ausgegeben. Der Wert ist jedoch gesperrt, so dass der Speicherort nur über den Button auf dem Server gewählt werden kann. So wird vermieden, dass unzulässige Werte als Ausgabetabelle angegeben werden können.

Über die Radio Buttons kann gewählt werden, ob als Ergebnis des Tasks eine neue Zieltabelle oder eine View auf die Eingabetabellen generiert werden soll. Über die Aktionsbuttons am unteren Rand kann gewählt werden, ob die vorgenommenen Änderungen verworfen werden sollen oder ob die Änderungen gespeichert werden sollen. Beim Speichern besteht weiterhin die Auswahl, ob der Task nach dem Speichern direkt ausgeführt wird oder ob der Task nur gespeichert und geschlossen wird und die Ausführung des Tasks separat über den Enterprise Guide gestartet werden muss.

Um diesen Funktionsumfang implementieren zu können, wird für den Konstruktor der Klasse ein Verweis auf den Task Consumer (in diesem Fall ein Verweis auf den Workspace Server der Enterprise Guide Instanz) und ein Verweis auf die Settings Klasse benötigt. Während der Initialisierungsphase der Klasse werden die Komponenten (Buttons, Labels und sonstige Form Elemente) initialisiert und die Aufrufparameter in lokalen Klassenvariablen gespeichert.

Als nächstes wird das Load-Ereignis der Klasse überschrieben. Hierbei wird zunächst das Load-Ereignis der Basisklasse aufgerufen. Anschließend werden die Formularelemente mit den in der Settings-Klasse gespeicherten Werten initialisiert, so dass der Benutzer beim Öffnen des Formulars die korrekten Werte angezeigt bekommt.

Eine Besonderheit stellen die Eingabetabellen dar, da diese nicht in der Settings Klasse gespeichert werden, sondern über die Kollektion InputData des Task Consumers abgerufen werden müssen. Diese ist notwendig, damit der Enterprise Guide z.B. über das Kontext-Menü eines Tasks die Möglichkeit bietet, die Eingabetabellen zu verändern. Dieses Ereignis wird nicht direkt an den Task weitergeleitet, so dass in diesem Fall die Settings Klasse nicht aktualisiert werden könnte. Sämtliche Eingabetabellen werden beim Laden des Formulars in eine Listenstruktur (BindingList) überführt, da diese sehr einfach an eine Listbox gebunden werden kann und Änderungen an der Liste automatisch an das Formularfeld weitergegeben werden.

Um beim Verlassen des Formulars zwischen einem Abbruch und einem Speichern-Ereignis unterscheiden zu können, muss auch die OnClosing Methode der Basisklasse überschrieben werden. Nur wenn das Ergebnis (DialogResult) des Formulars den Wert OK (== Run Now) oder NO (== Run Later) enthält, dürfen die veränderten Werte der Formularfelder an die Settings-Klasse übergeben werden, da nur in diesem Fall die Änderungen gespeichert werden dürfen. In allen anderen Fällen wird das Formular geschlossen, ohne die Änderungen zu speichern. In einer weiteren Ausbaustufe wäre noch eine Abfrage denkbar, über die der Anwender bei einem Abbruch mit nicht gespeicherten Änderungen auf diese Änderungen hingewiesen wird und er ggf. den Vorgang dann noch stoppen kann. Zum Abschluss der überschriebenen Methode wird noch das OnClosing Ereignis der Basisklasse aufgerufen, um das Formular korrekt zu schließen.

Weitere zu implementierende Ereignisse sind die Button Ereignisse des Formulars. Folgende Ereignisse werden vom Formular ausgelöst:

Tabelle hinzufügen (btnAdd_Click)

Zum Hinzufügen einer Tabelle wird ein Navigationsfenster benötigt, über welches der Anwender die Möglichkeit hat, aus allen verfügbaren Bibliotheken die gewünschten Tabellen der Liste der zu verkettenden Tabellen hinzuzufügen. Der Task Consumer bietet hier eine Methode, die ein derartiges Navigationsfenster bereitstellt und die Auswahl des Benutzers als Rückgabewert zur Verfügung stellt. Es wird die Methode showInputDataSelector des Task Consumers genutzt. Über die Aufrufparameter der Methode kann das Auswahlfenster soweit angepasst werden, dass Tabellen nur von einem vorgegebenen SAS Server abgerufen werden können und dass nur eine oder mehrere Tabellen gewählt werden können. Weiterhin kann die vorselektierte Bibliothek und die vorselektierte Tabelle angegeben werden. Als Ergebnis der Methode wird ein Array an Input Datenquellen übergeben, welches in einem privaten Attribut gespeichert wird und als Liste an das Listboxfeld gebunden wird, so dass die gewählten Tabellen automatisch angezeigt werden.

Tabelle löschen (btnDelete_Click)

Beim Löschen einer Tabelle aus der Liste wird über Standard Listenoperationen das Array-Element an der gewählten Stelle aus der Liste entfernt und anschließend die Anzeige aktualisiert. Das letzte Listenelement kann nicht gelöscht werden.

Tabelle ganz nach oben verschieben (btnMoveTop_Click)

Dieses Ereignis entfernt das gewählte Listenelement aus der Liste und fügt es an der ersten Listenposition wieder ein. Diese Operation ist beim ersten Listenelement nicht möglich.

Tabelle eine Position nach oben verschieben (btnMoveUp_Click)

Dieses Ereignis entfernt das gewählte Listenelement aus der Liste und fügt es an der nächsten kleineren Listenposition wieder ein. Diese Operation ist beim ersten Listenelement nicht möglich.

Tabelle eine Position nach unten verschieben (btnMoveDown_Click)

Dieses Ereignis entfernt das gewählte Listenelement aus der Liste und fügt es an der nächsten größeren Listenposition wieder ein. Diese Operation ist beim letzen Listenelement nicht möglich.

Tabelle ganz nach unten verschieben (btnMoveBottom_Click)

Dieses Ereignis entfernt das gewählte Listenelement aus der Liste und fügt es an der letzten Listenposition wieder ein. Diese Operation ist beim letzten Listenelement nicht möglich.

Ausgabetabelle wählen (btnSelectAusgabe_Click)

Zum Wählen der Ausgabetabelle wird, analog zum Hinzufügen weiterer Eingabetabellen, das vom Task Consumer bereitgestellte Auswahlfenster genutzt. In diesem Fall wird die Methode ShowOutputDataSelector genutzt. Auch hier kann gewählt werden, ob die Ausgabetabelle auf einem fest vorgegebenen SAS Server oder einem beliebigen SAS Server erstellt werden kann. Weiterhin kann die für die Navigation gewählte Ausgangsbibliothek angegeben werden. Das Ergebnis der Wahl wird in einem privaten Klassenattribut gespeichert und zur Visualisierung in dem Textboxfeld angezeigt.

Der vollständige Programmcode der Klasse AppendTableTaskForm ist diesem Dokument im Anhang C beigefügt.

3.6 Installation im Enterprise Guide

Nachdem das Visual C# 2010 Express Projekt entwickelt wurde, kann dieses über die Menüfunktion Debuggen – Projektmappe erstellen kompiliert werden. Sollten während der Kompilierung Fehler oder Hinweise festgestellt werden, so werden diese im Fenster „Fehlerliste" angezeigt und müssen behoben werden, bevor die Erweiterung im Enterprise Guide genutzt werden kann. Im Idealfall werden 0 Fehler, 0 Warnungen und 0 Informationen ausgegeben.

Für einen ersten Test kann im Enterprise Guide ein Verweis auf die neu kompilierte DLL-Datei eingerichtet werden. Hierzu ist im Menü Tools – Add-Ins – Add-In Manager in der User-Registry ein Verweis auf die neu erzeugte DLL herzustellen.

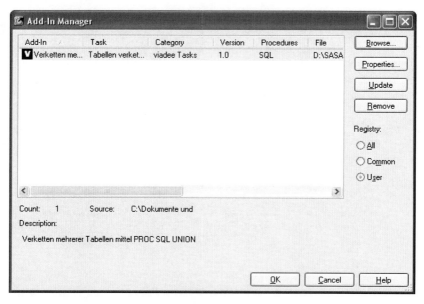

Abbildung 4: Add-In Registry im Enterprise Guide

SAS Technologien

Anschließend wird der neu erstellte Task in der Taskliste des Enterprise Guide angezeigt und kann im Projekt verwendet werden.

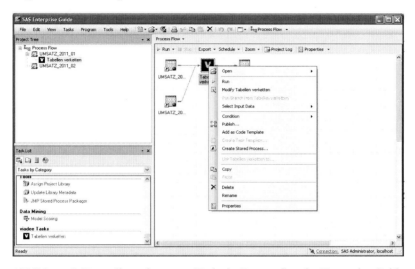

Abbildung 5: Darstellung des neuen Tasks im Prozessfluss im Enterprise Guide

Über das Kontextmenü kann der neue Task modifiziert werden. In diesem Fall wird das Benutzerformular angezeigt und kann verändert werden. Alternativ kann die Eingabedatenquelle über das Kontextmenü festgelegt werden und der Task ausgeführt werden. Nach der Ausführung wird die Ausgabetabelle automatisch erstellt und geöffnet. Im SAS Log wird der generierte SAS Code angezeigt, so dass die Funktionsweise des ersten Custom Tasks leicht nachvollzogen werden kann.

4 Ausblick

Das vorherige Beispiel hat gezeigt, wie leicht Assistentenfunktionen des Enterprise Guide mit Microsoft Visual C# 2010 Express entwickelt werden können. Der hier dargestellte Task sollte jedoch hauptsächlich als Anregung dienen, um zu zeigen, was alles mit Custom Tasks im Enterprise Guide möglich ist.

Neben der Generierung von SAS Code für Standard SAS Funktionen besteht natürlich auch die Möglichkeit, Eingabeassistenten für eigene, komplexe SAS Makros oder SAS Prozessflüsse zu entwickeln. So könnten beispielsweise die Aufrufparameter für ein statistisches Analysemakro über einen Enterprise Guide Assistenten definiert werden. So könnten direkt bei der Parameterdefinition wichtige Gültigkeitsprüfungen und Vali-

S. Reimann

dierungen vorgenommen werden, um so den Aufruf des Makros nur mit gültigen Aufrufparametern zu ermöglichen.

Neben der Code-Generierung für eine SAS Verarbeitung können Custom Task auch genutzt werden, um in der SAS Programmiersprache fehlende Funktionen durch .NET Funktionen zu ergänzen.

Eine derartige Funktionalität wäre die automatische Datenergänzung einer Eingabetabelle durch Werte, die über einen Webservice im Internet oder im Intranet abgerufen werden. Hierzu wird ausgehend von dem Task Consumer (z.b. Workspace-Server des Enterprise Guide Prozesses) eine OLE DB Connection erstellt, über den auf eine Datentabelle auf dem SAS Server zugegriffen wird. Diese Datentabelle kann über eine .NET DataTable durchlaufen und verarbeitet werden. Das Ergebnis der Verarbeitung kann anschließend auf den SAS Server zurückgespielt werden und dann mit SAS Mitteln weiterverarbeitet werden. Hierzu könnte beispielsweise die GetSasCode() Methode des Tasks genutzt werden.

```
Server = new SAS.Tasks.Toolkit.SasServer(Consumer.AssignedServer);
OleDbConnection connection= Server.GetOleDbConnection();
String sql = "SELECT * FROM KUNDEN.KUNDENTABELLE ORDER BY ID";
connection.Open();
OleDbDataAdapter adapter = new OleDbDataAdapter(sql, connection);
DataTable table = new DataTable();
adapter.Fill(table);
connection.Close();
StringBuilder sb = new StringBuilder();
WebService.NameService ns = new WebService.NameService();
sb.AppendLine("DATA Work.KUNDENTABELLE; ");
sb.AppendLine("  SET KUNDEN.KUNDENTABELLE; STOP; ");
sb.AppendLine("RUN;");
foreach (DataRow row in table.Rows) {
  WebService.AdressInfo a = ns.SucheAdresse(Convert.ToInt32(row["ID"]));
  if (a != null) {
    sb.AppendLine("PROC SQL NOPRINT;");
    sb.AppendLine(string.Format("INSERT INTO WORK.KUNDENTABELLE
        (NAME, STRASSE, PLZ, ORT, TELEFON, TELEFAX, ID) VALUES
        ('{0}', '{1}', '{2}', '{3}', '{4}', '{5}', {6});",
        a.Name, a.Strasse, a.PLZ, a.Ort, a.Telefon, a.Telefax, row["ID"]));
    sb.AppendLine("QUIT;");
  }
}
sb.AppendLine("DATA KUNDEN.KUNDENTABELLE; SET WORK.KUNDENTABELLE; RUN;");
return sb.ToString();
```

In diesem Fall würde der gesamte Task ohne jegliche Benutzerinteraktion auskommen. Es würden alle Sätze aus der Eingangstabelle ausgelesen, in einer temporären Zwischentabelle würden für alle Sätze die aktualisierten Daten zwischengespeichert und nach Abschluss der Datenaktualisierung über den WebService würde die Quelltabelle durch die aktuellen Daten ersetzt werden. Erweitern könnte man dieses Beispiel natürlich noch um ein Benutzerformular, über welches der Aktualisierungs-Service, die Ak-

SAS Technologien

tualisierungsvariable oder die Quelltabelle auswählen lässt. Genauso könnten die zu aktualisierenden Sätze im Benutzer-Frontend angezeigt und auswählbar gemacht werden bzw. nur bestimmte Sätze aktualisiert werden. Eine direkte Aktualisierung ist auch über einen OleDbCommand möglich, über den ein SQL direkt an den SAS Server zur Verarbeitung geschickt werden kann. Alternativ können über das SasServer-Objekt bzw. den Task Consumer SAS Programme direkt ausgeführt werden, ohne hierzu auf die Ausführung des Enterprise Guide Prozessflusses angewiesen zu sein. So können Datenänderungen bzw. –aktualisierungen direkt aus dem Benutzer-Frontend initiiert und gespeichert werden.

Analysiert man die unterschiedlichsten Möglichkeiten, die sich durch die Erweiterbarkeit des Enterprise Guide und der Add-Ins für Microsoft Office mittels des .NET Frameworks ergeben, so erkennt man schnell, dass hier eine sehr mächtige Toolbox zur Verfügung steht, die nur darauf wartet in vollem Umfang genutzt zu werden.

Literatur

[1] SAS Enterprise Guide – Creating Custom Add-In Tasks for SAS Enterprise Guide, http://support.sas.com/documentation/onlinedoc/guide/customtasks/index.htm, Abrufdatum: 17.02.2011

Anhang A: Listing Klasse AppendTableTask.cs

```
using System;
using System.Text;
using System.Collections;
using System.Collections.Generic;
using SAS.Shared.AddIns;
using SAS.Tasks.Toolkit;

namespace AppendTable {
  [ClassId("25804bac-08f5-4663-be25-556c0d4cd52a")]
  [IconLocation("AppendTable.viadee.ico")]
  [Version(1.0)]
  [InputRequired(InputResourceType.Data)]
  public class AppendTableTask : SAS.Tasks.Toolkit.SasTask {
    #region Private Members
      private AppendTableTaskSettings settings;
    #endregion
    #region Initialization
      public AppendTableTask() {
        InitializeComponent();
      }
      private void InitializeComponent() {
        this.GeneratesReportOutput = false;
        this.ProcsUsed = "SQL";
        this.ProductsRequired = "BASE";
        this.TaskCategory = "viadee Tasks";
        this.TaskDescription = "Verketten mehrerer Tabellen mittels
                    PROC SQL UNION";
```

```
      this.TaskName = "Tabellen verketten";
    }
    #endregion
    #region Overrides
    public override bool Initialize() {
      settings = new AppendTableTaskSettings(this.Consumer);
      return true;
    }
    public override int OutputDataCount {
      get { return 1; }
    }
    public override List<ISASTaskDataDescriptor>
                          OutputDataDescriptorList {
      get {
        List<ISASTaskDataDescriptor> outputData =
                  new List<ISASTaskDataDescriptor>();
        outputData.Add( SASTaskDataDescriptor.CreateLibrefData
                  Descriptor(Consumer.AssignedServer,
                             settings.outputData.Library,
                             settings.outputData.Member,
                             settings.outputData.Library + "." +
                             settings.outputData.Member));
        return outputData;
      }
    }
    public override string GetXmlState() {
      return settings.ToXml();
    }
    public override void RestoreStateFromXml(string xmlState) {
      settings = new AppendTableTaskSettings(this.Consumer);
      settings.FromXml(xmlState);
    }
    public override ShowResult Show(
            System.Windows.Forms.IWin32Window Owner) {
      AppendTableTaskForm dlg =
                  new AppendTableTaskForm(this.Consumer,
                                          settings);
      System.Windows.Forms.DialogResult dlgResult =
                          dlg.ShowDialog(Owner);
      if ((dlgResult == System.Windows.Forms.DialogResult.OK) ||
          (dlgResult == System.Windows.Forms.DialogResult.No)) {
        settings = dlg.Settings;
        if (dlgResult == System.Windows.Forms.DialogResult.OK) {
          return ShowResult.RunNow;
        } else {
          return ShowResult.RunLater;
        }
      } else {
        return ShowResult.Canceled;
      }
    }
    public override string GetSasCode() {
      return settings.GetSasProgram();
    }
    #endregion
  }
}
```

Anhang B: Listing Klasse AppendTableTaskSettings.cs

```csharp
using System;
using System.Text;
using System.Collections;
using System.Collections.Generic;
using System.ComponentModel;
using System.Xml;
using SAS.Shared.AddIns;
using AppendTable.Helper;

namespace AppendTable {
  public class AppendTableTaskSettings {
    private ISASTaskConsumer3 Consumer;
    public AppendTableTaskSettings(ISASTaskConsumer3 consumer) {
      genView = false;
      genTable = true;
      this.Consumer = consumer;
      Random r = new Random();
      this.outputData = Consumer.LibrefData(Consumer.AssignedServer,
                                            "WORK",
                             "VIADEE_APPEND_" + r.Next().ToString());
    }
    public bool genView { get; set; }
    public bool genTable { get; set; }
    public ISASTaskData outputData { get; set; }
    public string ToXml() {
      XmlDocument doc = new XmlDocument();
      XmlElement el = doc.CreateElement("ViadeeAppendTableTask");
      el.SetAttribute("genView", genView.ToString());
      el.SetAttribute("genTable", genTable.ToString());
      doc.AppendChild(el);
      XmlElement output = doc.CreateElement("outputData");
      output.SetAttribute("Library", outputData.Library);
      output.SetAttribute("Member", outputData.Member);
      output.SetAttribute("Server", outputData.Server);
      el.AppendChild(output);
      return doc.OuterXml;
    }
    public void FromXml(string xml) {
      XmlDocument doc = new XmlDocument();
      try {
        doc.LoadXml(xml);
        XmlElement el = doc["ViadeeAppendTableTask"];
        genView = Convert.ToBoolean(
                  el.GetAttribute("genView").ToString());
        genTable = Convert.ToBoolean(
                   el.GetAttribute("genTable").ToString());
        XmlElement output = el["outputData"];
        this.outputData = this.Consumer.LibrefData(
                   output.GetAttribute("Server").ToString(),
                   output.GetAttribute("Library").ToString(),
                   output.GetAttribute("Member").ToString());
      } catch (XmlException) { }
    }
    public string GetSasProgram() {
      int counter = 0;
      StringBuilder sb = new StringBuilder();
      sb.AppendLine("PROC SQL NOPRINT;");
      if (this.genView) {
        sb.Append("  CREATE VIEW ");
      } else {
```

```
            sb.Append("   CREATE TABLE ");
        }
        sb.AppendLine(outputData.Library + "." +
                      outputData.Member + " AS ");
        foreach (ISASTaskData data in Consumer.InputData) {
          if (counter > 0) {
            sb.AppendLine("          OUTER UNION CORR         ");
          }
          sb.Append("        SELECT * FROM ");
          sb.Append(data.Library);
          sb.Append(".");
          sb.AppendLine(data.Member);
          counter++;
        }
        sb.AppendLine("; QUIT;");
        return sb.ToString();
      }
    }
}
```

Anhang C: Listing Klasse AppendTableTaskForm.cs

```
using System;
using System.ComponentModel;
using System.Collections;
using System.Collections.Generic;
using System.Data;
using System.Drawing;
using System.Text;
using System.Windows.Forms;
using SAS.Shared.AddIns;
using SAS.Tasks.Toolkit.Controls;
using AppendTable.Helper;

namespace AppendTable {
  public partial class AppendTableTaskForm :
                      SAS.Tasks.Toolkit.Controls.TaskForm {
    public AppendTableTaskSettings Settings { get; set; }
    private ISASTaskData outputData { get; set; }
    private BindingList<InputTable> inputData { get; set; }
    public AppendTableTaskForm(
          SAS.Shared.AddIns.ISASTaskConsumer3 consumer,
          AppendTableTaskSettings settings) {
      InitializeComponent();
      this.Consumer = consumer;
      this.Settings = settings;
    }
    protected override void OnLoad(EventArgs e) {
      base.OnLoad(e);
      this.rbView.Checked     = Settings.genView;
      this.rbTabelle.Checked  = Settings.genTable;
      this.outputData         = Settings.outputData;
      this.tbAusgabe.Text     = this.outputData.Library + "." +
                                this.outputData.Member;
      this.inputData          = new BindingList<InputTable>();
      foreach (ISASTaskData data in Consumer.InputData) {
        inputData.Add(new InputTable(data));
      }
      this.lbEingabe.DataSource = this.inputData;
    }
    protected override void OnClosing(CancelEventArgs e) {
```

```csharp
    if ((this.DialogResult == DialogResult.OK) ||
        (this.DialogResult == DialogResult.No)) {
      Settings.genTable = this.rbTabelle.Checked;
      Settings.genView = this.rbView.Checked;
      Settings.outputData = this.outputData;
      Consumer.ClearInputData();
      foreach (InputTable data in this.inputData) {
        Consumer.AddInputData(data.data);
      }
    }
    base.OnClosing(e);
}
private void btnSelectAusgabe_Click(object sender,
                                    EventArgs e) {
  string cookie = string.Empty;
  ISASTaskDataName outputData =
    this.Consumer.ShowOutputDataSelector(this.Owner,
                        ServerAccessMode.OneServer,
                        this.outputData.Server,
                        this.outputData.Library,
                        this.outputData.Member,
                        ref cookie);
  if ((outputData != null) &&
      ((this.outputData.Server != outputData.Server) ||
       (this.outputData.Library != outputData.Library) ||
       (this.outputData.Member != outputData.Member))) {
    this.outputData = this.Consumer.LibrefData(
                        outputData.Server,
                        outputData.Library,
                        outputData.Member);
    this.tbAusgabe.Text = this.outputData.Library + "." +
                        this.outputData.Member;
  }
}
private void btnAdd_Click(object sender, EventArgs e) {
  string cookie = string.Empty;
  ISASTaskData[] dataArray =
    this.Consumer.ShowInputDataSelector(this.Owner,
                        DataSelectionMode.MultipleInput,
                        ServerAccessMode.OneServer,
                        this.Consumer.ActiveData.Server,
                        this.Consumer.ActiveData.Library,
                        this.Consumer.ActiveData.Member,
                        ref cookie);
  if (dataArray != null) {
    if (dataArray.Length > 0) {
      for (int i = 0; i < dataArray.Length; i++) {
        inputData.Add(new InputTable(dataArray[i]));
      }
    }
  }
}
private void btnDelete_Click(object sender, EventArgs e) {
  int selectedIndex = this.lbEingabe.SelectedIndex;
  if ((selectedIndex >= 0) && (selectedIndex<inputData.Count)) {
    if (inputData.Count > 1) {
      inputData.RemoveAt(selectedIndex);
      this.lbEingabe.SelectedIndex = 0;
    }
  }
}
private void btnMoveTop_Click(object sender, EventArgs e) {
  int selectedIndex = this.lbEingabe.SelectedIndex;
```

```
      if ((selectedIndex >= 0) && (selectedIndex<inputData.Count)) {
        InputTable table = inputData[selectedIndex];
        inputData.RemoveAt(selectedIndex);
        inputData.Insert(0, table);
        this.lbEingabe.SelectedIndex = 0;
      }
    }
    private void btnMoveBottom_Click(object sender, EventArgs e) {
      int selectedIndex = this.lbEingabe.SelectedIndex;
      if ((selectedIndex >= 0) && (selectedIndex<inputData.Count)) {
        InputTable table = inputData[selectedIndex];
        inputData.RemoveAt(selectedIndex);
        inputData.Add(table);
        this.lbEingabe.SelectedIndex = inputData.Count - 1;
      }
    }
    private void btnMoveUp_Click(object sender, EventArgs e) {
      int selectedIndex = this.lbEingabe.SelectedIndex;
      if ((selectedIndex > 0) && (selectedIndex<inputData.Count)) {
        InputTable table = inputData[selectedIndex];
        inputData.RemoveAt(selectedIndex);
        inputData.Insert(selectedIndex - 1, table);
        this.lbEingabe.SelectedIndex = selectedIndex - 1;
      }
    }
    private void btnMoveDown_Click(object sender, EventArgs e) {
      int selectedIndex = this.lbEingabe.SelectedIndex;
      if ((selectedIndex >= 0) &&
          (selectedIndex < inputData.Count - 1)) {
        InputTable table = inputData[selectedIndex];
        inputData.RemoveAt(selectedIndex);
        inputData.Insert(selectedIndex + 1, table);
        this.lbEingabe.SelectedIndex = selectedIndex + 1;
      }
    }
  }
}
```

Programmierung

SAS Makro %CheckPars – Makroparametercheck Deluxe

Hanspeter Schnitzer
Merz Pharmaceuticals GmbH
Eckenheimer Landstraße 100
D-60318 Frankfurt am Main
Hanspeter.Schnitzer@Merz.de

Zusammenfassung

Dieser Beitrag möchte den Vortrag ‚Richtlinien zur Programmierung von Standard SAS Makros' fortsetzen, der auf der 14. KSFE in Berlin gehalten wurde.
Standard Makros, also Makros, die für den allgemeinen Gebrauch zur Verfügung gestellt werden sollen, müssen u. a. robust und benutzerfreundlich sein. Dazu zählt ein möglichst lückenloser Parametercheck, mit dem eine Fehlbedienung des Makros schon im Vorfeld vermieden werden kann. Mit dem SAS Makro %CheckPars wird der Makroparametercheck zum Kinderspiel. Mit einem einzigen Makroaufruf können die jeweiligen Makroparameter auf folgende Eigenschaften überprüft werden:
Parameter ist nicht leer, Dataset ist nicht leer, Existenz von Libraries, Datasets, Datasetvariablen, Formaten, Verzeichnissen, Dateien, Makrovariablen.
Bevor wir uns dem Makro %CheckPars zuwenden, wird eine Möglichkeit aufgezeigt, wie wir verhindern können, dass im %local Statement Makrovariablen vergessen werden. Eine Ergänzung zur Parameterrückgabe rundet den Beitrag ab.

Schlüsselwörter: Anweisungsüberdeckung, Dictionary Tables, Makroparameter, Makrovariable, Parameterrückgabe, Parameter Check

1 Vorbemerkungen

Nachdem wir uns auf der letzten KSFE [1] damit beschäftig haben, wie wir unsere Makros robust und benutzerfreundlich gestalten können, wollen wir diesmal versuchen, den damit verbundenen Aufwand zu reduzieren. In den nachfolgenden Ausführungen werden wir öfter einmal ein Makro verwenden, welches zu einer Jahreszahl den Austragungsort der KSFE zurückgibt (%KSFECity). Deshalb vorab eine Beschreibung des Makros.

```
%macro KSFECity(pYear, pCity);
%local CityName;
  %let CityName = ;
  %if &pYear. lt 1997 %then %do;
    %put WARNING: KSFE ging erst 1997 los;
  %end;
  %else %do;
    %if &pYear. eq 2011 %then %let CityName = Heidelberg;
    %else %if &pYear. eq 2010 %then %let CityName = Berlin;
  %end;
```

H. Schnitzer

```
    %let &pCity. = &CityName.;
%mend;
```

Beispielaufruf:
```
%let City = ;
%KSFECity(2010, City);
%put 2010 war die KSFE in &City. ;
```

Output ins Logfenster:
```
2010 war die KSFE in Berlin
```

2 %local

Bei größeren Makros ist es nicht einfach, den Überblick über die verwendeten Makrovariablen zu behalten. Schnell passiert es, dass eine Makrovariable nicht gleich im %local Statement eingefügt wird. Eine nachträgliche Überprüfung ist zeitaufwändig und muss theoretisch nach jeder Änderung des Makros wiederholt werden. Andererseits ist es unerlässlich, sämtliche verwendeten Makrovariablen im %local Statement aufzulisten. Andernfalls drohen unerwünschte Fehlersituationen.

Bei der Lösung des Problems bedienen wir uns der Dictionary Table MACROS bzw. SASHELP.VMACRO. Hier werden sämtliche aktuell existierenden Makrovariablen eingetragen. Was wir tun müssen ist also, zu Beginn eines Makros, aber nach dem %local Statement, den Stand von SASHELP.VMACRO zu speichern (mVarsSt) und für einen späteren Merge zu sortieren.

```
data mVarsSt;
  set sashelp.vmacro;
run;
proc sort data=mVarsSt; by scope name; run;
```

Diesen Dataset müssen wir mit dem Stand am Ende des Makros (mVarsEn) vergleichen. Die ggf. gefundenen nicht deklarierten Makrovariablen werden sowohl einmal alle untereinander ins Logfenster geschrieben als auch einmal als fortlaufende Liste.

```
proc sort data=sashelp.vmacro out=mVarsEn; by scope name; run;
data _null_;
length n 8. VarList $2000. ;
retain n 0 VarList;
  merge mVarsEn (in=En) mVarsSt (in=St) end=eof ;
  by scope name;
  if En and not St then do;
    if n eq 0 then put 'Undefined macro variable(s):';
    put name;
    n = n + 1;
    VarList = catx(' ', VarList, name);
  end;
  if eof then do;
```

Programmierung

```
       if n eq 0 then put 'No undefined macro variables found!';
                 else put VarList;
   end;
run;
```

Sind am Ende des Makros in SASHELP.VMACRO Makrovariablen hinzugekommen, wurden diese im Makro nicht mit %local deklariert. Das bedeutet allerdings auch einschränkend, dass wir nur ein einziges %local Statement zu Beginn eines jeden Makros verwenden dürfen. %local im weiteren Verlauf des Makros könnte bei unserem Vergleich ein falsches Ergebnis liefern.

Es bietet sich an, die beiden Passagen von oben jeweils in Makros zu packen. Dann erhalten wir die Makros %InitCheckMVars und %CheckMVars. Beide Makros können wir nun in jedes unserer Makros fest einbauen. Es wäre jedoch unerwünscht, wenn sie im Alltagsbetrieb ausgeführt würden. Deshalb bekommt jedes unserer Makros einen Parameter pDebug, mit dem wir einstellen können, ob das Makro getestet werden soll (pDebug = yes) oder ob es normal benutzt werden soll.

```
%If &pDebug eq yes %then %do;
   %InitCheckMVars;
%end;
```

Um unsere Makros zu vereinfachen, können wir die if-Abfrage auch in die beiden Makros %InitCheckMVars und %CheckMVars verlagern. Weiterhin müssen die Makrovariablen von %InitCheckMVars bzw. %CheckMVars ausgeblendet werden.

```
%macro InitCheckMVars(pDebug);
   %if &pDebug. eq yes %then %do;
      data mVarsSt;
         set sashelp.vmacro (where = (scope ne 'INITCHECKMVARS'));
      run;
      proc sort data=mVarsSt; by scope name; run;
   %end;
%mend;
```

Der Aufruf würde sich entsprechend vereinfachen:

```
%InitCheckMVars(&pDebug.);
```

%CheckMVars wird entsprechend gestaltet. In unserem Beispielmakro %KSFECity würden die beiden Makros wie folgt eingebaut:

```
%macro KSFECity(pYear, pCity, pDebug);
%local CityName;
   %InitCheckMVars(&pDebug.);
```

337

```
%let CityName = ;
%if &pYear. lt 1997 %then %do;
  %put WARNING: KSFE ging erst 1997 los;
%end;
%else %do;
  %if &pYear. eq 2011 %then %let CityName = Heidelberg;
  %else %if &pYear. eq 2010 %then %let CityName = Berlin;
%end;
%let &pCity. = &CityName.;

%CheckMVars(&pDebug.);
%mend;
```

Nun rufen wir %KSFECity auf:
```
%let City = ;
%KSFECity(2010, City, yes);
%put 2010 war die KSFE in &City. ;
```

Output im Logfenster:
```
No undefined macro variables found!
2010 war die KSFE in Berlin
```

Hätten wir jedoch das %local Statement in %KSFECity vergessen, würde folgender Output im Logfenster erscheinen:
```
Undefined macro variable(s):
CITYNAME
CITYNAME
2010 war die KSFE in Berlin
```

Nun können wir uns allerdings nicht zurücklehnen. Es wäre ja auch zu schön. Einige Einschränkungen sind noch zu beachten.

2.1 Makrovariablen könnten bereits existieren

Schauen wir uns folgendes Beispiel an. Wir haben wieder die %local Deklaration in %KSFECity vergessen.
```
%let CityName = Frankfurt;
%put Start der Reise ist &CityName.;
%let City = ;
%KSFECity(2011, City, yes);
%put Ziel der Reise ist &City.;
```

Output im Logfenster:
```
No undefined macro variables found!
2010 war die KSFE in Berlin
```

In obigem Beispiel wird vor dem Aufruf von %KSFECity eine Makrovariable verwendet, die genau so heißt, wie die im Makro %KSFECity verwendete, nämlich CityName. Wenn wir nun im Makro %KSFECity wieder die %local Deklaration vergessen haben

Programmierung

sollten, erhalten wir trotzdem keine entsprechende Meldung im Logfenster. Das liegt daran, dass die Makrovariable CityName global bzgl. %KSFECity ist und dadurch auch in %KSFECity bekannt ist.

Wir müssen also dafür sorgen, während unserer Makrotests in den jeweiligen Testprogrammen möglichst keine Makrovariablen zu verwenden. Eine ähnliche Problematik werden wir übrigens in Kapitel 3 wiederfinden.

2.2 Programmzeilen werden nicht durchlaufen

Werden nicht alle Programmzeilen eines Makros durchlaufen, kann es vorkommen, dass eine bestimmte Makrovariable aktuell nicht benutzt wird. Sie würde dann auch nicht im Dictionary Table MACROS bzw. SASHELP.VMACRO eingetragen werden. In diesem Fall würde es nicht auffallen, wenn sie nicht mit %local deklariert wäre. Dem können wir entgegentreten, indem die Testprogramme der jeweiligen Makros mindestens die Bedingung der Anweisungsüberdeckung (C0-Test) erfüllen. Dies ist jedoch sowieso als Mindestanforderung für Makrotests anzusehen.

Im folgenden Makro %KSFECity wird eine Makrovariable Msg verwendet, aber nur dann, wenn pYear kleiner als 1997 ist.

```
%macro KSFECity(pYear, pCity, pDebug);
%local CityName;
  %InitCheckMVars(&pDebug.);
  %let CityName = ;
  %if &pYear. lt 1997 %then %do;
    %let Msg = WARNING: KSFE ging erst 1997 los;
    %put &Msg.;
  %end;
  %else %do;
    %if &pYear. eq 2011 %then %let CityName = Heidelberg;
    %else %if &pYear. eq 2010 %then %let CityName = Berlin;
  %end;
  %let &pCity. = &CityName.;
  %CheckMVars(&pDebug.);
%mend;
```

Folgender Aufruf würde die fehlende Deklaration der Makrovariablen Msg nicht entdecken:
```
%let City = ;
%KSFECity(2010, City, yes);
%put 2010 war die KSFE in &City. ;
```

Output ins Logfenster:
```
No undefined macro variables found!
2010 war die KSFE in Berlin
```

Unser Testprogramm müsste auch folgenden Fall abdecken:

339

H. Schnitzer

```
%let City = ;
%KSFECity(1898, City, yes);
```

Output ins Logfenster:
```
WARNING: KSFE ging erst 1997 los
Undefined macro variable(s):
MSG
MSG
```

2.3 Dynamisch angelegte Makrovariablen

Etwas schwieriger kann es werden, wenn Makrovariablen während der Ausführung des Makros dynamisch angelegt werden. Wir haben unser Makro %KSFECity weiterentwickelt. Die Information, in welcher Stadt die KSFE stattgefunden hat, liegt nun in einem Dataset (KSFECity). In einem data _null_ Step wird für jedes Jahr eine Makrovariable angelegt, in der die jeweilige Stadt enthalten ist, also z.B. Def2010 wird auf Berlin gesetzt.

```
%macro KSFECity(pYear, pCity, pDebug);
%local CityName;
  %InitCheckMVars(&pDebug.);
  data _null_;
    set KSFECity;
    call symput('Def'||left(put(year, 8.)), strip(city));
  run;
  %let CityName = ;
  %if &pYear. lt 1997 %then %do;
    %put WARNING: KSFE ging erst 1997 los;
  %end;
  %else %do;
    %let CityName = &&Def&pYear.;
  %end;
  %let &pCity. = &CityName.;
  %CheckMVars(&pDebug.);
%mend;
```

Der Aufruf
```
%let City = ;
%KSFECity(2010, City, yes);
%put 2010 war die KSFE in &City. ;
```

würde folgende Meldung erzeugen:
```
Undefined macro variable(s):
DEF2010
DEF2011
DEF2010 DEF2011
2010 war die KSFE in Berlin
```

Programmierung

Wir müssen also dafür sorgen, dass auch die Makrovariablen Def2011 etc. mit %local deklariert werden. Und das, bevor wir %InitCheckMVars aufrufen. In obigem Beispiel könnten wir dem Problem z.b. mit folgenden Programmzeilen begegnen:

```
%macro KSFECity(pYear, pCity, pDebug);
%local CityName VarCnt;
%do VarCnt = 1997 %to 2011;
   %local Def&VarCnt. ;
%end;
   %InitCheckMVars(&pDebug.);
...
```

Das setzt allerdings voraus, dass wir genau wissen, welche Makrovariablen deklariert werden. Ist dies nicht möglich, müssen wir versuchen, den data _null_ Step ein zweites Mal und zwar zu Beginn des Makros auszuführen und dabei die Makrovariablen mit %local deklarieren.

```
%macro KSFECity(pYear, pCity, pDebug);
%local CityName VarStr;
data _null_;
length VarStr $2000.;
retain VarStr;
   set KSFECity end=eof;
   VarStr = catx(' ', VarStr, 'Def'||left(put(year, 8.)));
   if eof then call symput('VarStr', strip(VarStr));
run;
%local &VarStr.;
   %InitCheckMVars(&pDebug.);
...
```

2.4 PROC SQL

Ein letztes Problem hängt mit PROC SQL zusammen. PROC SQL legt beim ersten Aufruf Makrovariablen an, die teilweise lokale teilweise aber auch globale Gültigkeit haben. Würde unser Makro %KSFECity PROC SQL verwenden, bekämen wir z.B. folgende Meldung ins Logfenster:

```
Undefined macro variable(s):
SYS_SQL_IP_ALL
SYS_SQL_IP_STMT
SQLEXITCODE
SQLOBS
SQLOOPS
SQLRC
SQLXOBS
SYS_SQL_IP_ALL   SYS_SQL_IP_STMT   SQLEXITCODE   SQLOBS   SQLOOPS   SQLRC
SQLXOBS
```

H. Schnitzer

Diesem Problem können wir am einfachsten aus dem Weg gehen, indem wir zu Beginn unseres Testprogramms einfach einmal PROC SQL aufrufen. Dadurch werden sämtliche von PROC SQL erzeugten Makrovariablen angelegt bzw. deklariert und sind dann global gültig.

3 Parameterrückgabe

Bleiben wir bei unserem Beispiel %KSFECity und wenden uns folgenden Programmzeilen zu:
```
%let CityName = xxx;
%KSFECity(2010, CityName, yes);
%put 2010 war die KSFE in &CityName. ;
```

Output im Logfenster:
```
No undefined macro variables found!
2010 war die KSFE in xxx
```

Was ist passiert? Nun, das Problem liegt darin, dass unser rufendes Programm jetzt die Makrovariable CityName verwendet und nicht mehr City. Auch %KSFECity verwendet die Makrovariable CityName. Schauen wir uns die entscheidende Stelle ganz am Ende von %KSFECity einmal an.
```
   %let &pCity. = &CityName.;
```

Hier wird die gefundene Stadt unserem Rückgabeparameter zugewiesen. Wenn wir die Makrovariablen in dieser Zeile einmal auflösen, bleibt
```
   %let CityName = Berlin;
```

Wie soll das Makro nun wissen, dass mit CityName nicht die lokale Makrovariable CityName gemeint ist, sondern die vom rufenden Programm angelegte Makrovariable CityName? Tatsächlich kennt %KSFECity lediglich die eigens als lokal deklarierte Makrovariable CityName und schreibt den Wert Berlin dorthin, was folgender Instruktion entspricht:
```
   %let CityName = &CityName.;
```

Die vom rufenden Programm angelegte Makrovariable CityName bleibt also unberührt. Diesem Problem können wir begegnen, indem wir überprüfen, ob die vom Anwender im Rückgabeparameter pCity spezifizierte Makrovariable nicht zufällig auch vom Makro %KSFECity verwendet wird. Ist dies der Fall, verlassen wir %KSFECity mit einer Fehlermeldung.

```
%macro KSFECity(pYear, pCity, pDebug);
%local CityName;
  %InitCheckMVars(&pDebug.);
  %if %upcase(&pCity.) eq CITYNAME %then %do;
    %put ERROR: pCity=&pCity. is not a valid macro variable name !;
  %end;
```

```
%else %do;
  %let CityName = ;
  %if &pYear. lt 1997 %then %do;
    %put WARNING: KSFE ging erst 1997 los;
  %end;
  %else %do;
    %if &pYear. eq 2011 %then %let CityName = Heidelberg;
    %else %if &pYear. eq 2010 %then %let CityName = Berlin;
  %end;
  %let &pCity. = &CityName.;
%end;
%CheckMVars(&pDebug.);
%mend;
```

Für %KSFECity haben wir das Problem damit gelöst. Stellen wir uns aber ein Makro vor, welches viele lokale Makrovariablen verwendet, so wird es doch recht umständlich. Wir müssten für jede lokale Makrovariable eine Abfrage einbauen. Hierfür hätte ich folgenden Vorschlag, nicht unbedingt schön, aber auf jeden Fall einfacher. Wir lassen jede lokale Makrovariable mit einem speziellen Text beginnen, z.b. dem Makronamen. Dann kommen wir mit einer Abfrage aus. Die vom rufenden Programm spezifizierte Makrovariable darf nun nicht mit diesem Text beginnen.

```
%macro KSFECity(pYear, pCity, pDebug);
%local KSFECityCity;
  %InitCheckMVars(&pDebug.);
  %if %length(&pCity.) ge 8 %then %do;
    %if %upcase(%substr(&pCity., 1, 8)) eq KSFECITY %then %do;
      %put ERROR: pCity=&pCity. is not a valid macro variable name!;
      %GOTO ErrExit;
    %end;
  %end;
  %else %do;
    %let KSFECityCity = ;
    %if &pYear. lt 1997 %then %do;
      %put WARNING: KSFE ging erst 1997 los;
    %end;
    %else %do;
      %if &pYear. eq 2011 %then %let KSFECityCity = Heidelberg;
      %else %if &pYear. eq 2010 %then %let KSFECityCity = Berlin;
    %end;
    %let &pCity. = &KSFECityCity.;
  %end;
%ErrExit:
  %CheckMVars(&pDebug.);
%mend;
```

4 %CheckPars

Wenden wir uns nun dem Parametercheck zu. Folgende Checks sowie die zugehörigen Abfragetechniken haben wir in [2] behandelt:
- Inhalt des Makroparameters ist leer
- Library existiert nicht
- Dataset existiert nicht
- Datasetvariable existiert nicht
- Typ der Datasetvariablen ist ungültig
- Format existiert nicht
- Dataset ist leer
- Verzeichnis existiert nicht
- Datei existiert nicht
- Makrovariable existiert nicht

Hat unser Makro, in das wir den Parametercheck einbauen wollen, viele Parameter mit vielen notwendigen Checks, kann der Aufwand für den Check sehr groß werden. Zusätzlich wird das Makro unübersichtlich und unnötig lang. Also bietet es sich an, ein Makro zu schreiben, welches uns diese Arbeit abnimmt. Zumal sich die oben aufgelisteten Abfragen sinnvoll in einem einzigen Makro realisieren lassen.
Ein Vorschlag für ein solches Makro ist %CheckPars, welches im Folgenden beschrieben wird.

%CheckPars führt einen Parametercheck durch und gibt eine Fehlermeldung im Logfenster aus, falls ein Parameter eine Checkbedingung nicht erfüllt. Zusätzlich wird ein Rückgabeparameter mit dem Ergebnis des Checks gesetzt.

4.1 Parameter

Beim Aufruf von %CheckPars werden die Parameter, die überprüft werden sollen, direkt übergeben, also nicht referenziert.
Es können beliebig viele auch verschiedene Checks mit einem einzigen Aufruf von %CheckPars ausgeführt werden.
Falls nicht anders spezifiziert, werden die zu überprüfenden Parameter innerhalb eines Checks mit Leerzeichen getrennt.
Sollte ein Check einen Dataset benötigen, kann dieser Dataset durch einen Parameter mit dem Datasetnamen spezifiziert werden, falls sich der Dataset in der Library WORK befindet (z.B. pDS). Andernfalls werden zwei Parameter benötigt, einer mit dem Librarynamen und einer mit dem Datasetnamen. Beide werden durch einen Punkt getrennt (z.B. pLib.pDS).

Auf unser Makro %KSFECity angewendet würde %CheckPars wie folgt verwendet:
```
%macro KSFECity(pYear, pCity, pDebug);
%local CityName tErr;
```

Programmierung

```
%InitCheckMVars(&pDebug.);
%let tErr = 0;
%CheckPars(
   pNotEmpty   = %str(pYear pCity)
  ,pMVarExist  = %str(pCity)
  ,pError      = tErr
);
```
...

Sollte entweder mindestens einer der Parameter pYear und pCity leer sein oder die dem Parameter pCity zugewiesene Makrovariable nicht existieren, wird eine Fehlermeldung ins Logfenster geschrieben. Zusätzlich wird die Makrovariable tErr auf 1 gesetzt.

Tabelle 1: Parameter von %CheckPars

Parameter	Beschreibung
pNotEmpty	Es wird überprüft, dass der Makroparameter nicht leer ist. Alle weiteren nachfolgend beschriebenen Checks werden nur ausgeführt, wenn der Parameter nicht leer ist. Beispiel: `pNotEmpty = %str(pYear pCity)`
pLibExist	Es wird überprüft, ob die Library existiert. Beispiel: `pLibExist = %str(pLib1 pLib2)`
pDSExist	Es wird überprüft, ob der Dataset existiert. Falls der zu überprüfende Dataset nicht in WORK gesucht werden soll, sondern in einer anderen Library, wird diese Library im zu überprüfenden Makro als separater Makroparameter konzipiert und kann beim Check in der Form pLibrary.pDataset übergeben werden. Beispiel: `pDSExist = %str(pLib1.pDS1 pDS2)`
pDSNotEmpty	Es wird überprüft, dass der Dataset nicht leer ist. Auch hier kann wie bei pDSExist die Library mit übergeben werden. Beispiel: `pDSNotEmpty = %str(pLib1.pDS1 pDS2)`

pDSVarExist	Es wird überprüft, ob die Datasetvariablen im angegebenen Dataset vorhanden sind. Jede Checkdefinition besteht aus dem Dataset (ggf. inkl. der Library), der Liste mit den Datasetvariablen, die vorhanden sein sollen und ggf. der Typ der Datasetvariablen (C für Character Variablen, N für numerische Variablen). Folgende Trennzeichen werden verwendet:
	Zwischen den Checks: '|'
	Zwischen Dataset und Datasetvariablen: '-'
	Zwischen Datasetvariablen und Datentyp: '-'
	Zwischen den Datasetvariablen: ' '
	Beispiel: `pDSVarExist = %str(`
	`   pLib1.pDS1 - pVar1 pVar2 pVar3 |`
	`   pDS2 - pVar4 pVar5 pVar6 - C   )`

pFmtExist	Es wird überprüft, ob das Format existiert. Beispiel: `pFmtExist = %str(pSex pYesNo)`

Parameter	Beschreibung
pDirExist	Es wird überprüft, ob das Verzeichnis existiert. Beispiel: `pDirExist = %str(pDirIn pDirOut)`
pFileExist	Es wird überprüft, ob die Datei existiert. Beispiel: `pFileExist = %str(pFile1 pFile2)`
pMVarExist	Es wird überprüft, ob die Makrovariable existiert. Beispiel: `pMVarExist = %str(pMVar1 pMVar2)`
pError	Rückgabeparameter. Hier wird die Makrovariable spezifiziert, in der das Ergebnis des Parameterchecks zurückgegeben werden soll. Mögliche Werte in der Makrovariablen: 0 - Parametercheck war erfolgreich. 1 - Parametercheck war nicht erfolgreich. Mindestens ein Check hat einen Fehler gemeldet.

4.2 Makroquelltext

Der Makroquelltext von %CheckPars steht als Open Source frei zur Verfügung und kann unter
   http://www.sasmacro.de
angefordert werden.

Literatur

[1] H. Schnitzer: Proceedings der 14. KSFE Berlin. Shaker-Verlag, 2010.

[2] H. Schnitzer: Richtlinien zur Programmierung von Standard SAS Makros, www.sasmacro.de.

Anhang A: Listing Makro %InitCheckMVars

```
%macro InitCheckMVars(pDebug);
  %if &pDebug. eq yes %then %do;
    data mVarsSt;
      set sashelp.vmacro(where = (scope ne 'INITCHECKMVARS'));
    run;
    proc sort data=mVarsSt; by scope name; run;
  %end;
%mend;
```

Anhang B: Listing Makro %CheckMVars

```
%macro CheckMVars(pDebug);
  %if &pDebug. eq yes %then %do;
    proc sort data = sashelp.vmacro(where = (scope ne 'CHECKMVARS'))
              out  = mVarsEn;
          by scope name;
```

Programmierung

```
      run;
      data _null_;
      length n 8. VarList $2000. ;
      retain n 0   VarList;
        merge mVarsEn (in=En) mVarsSt (in=St) end=eof ;
        by scope name;
        if En and not St then do;
          if n eq 0 then put 'Undefined macro variable(s):';
          put name;
          n = n + 1;
          VarList = catx(' ', VarList, name);
        end;
        if eof then do;
          if n eq 0 then put 'No undefined macro variables found!';
                    else put VarList;
        end;
      run;
   %end;
%mend;
```

Klinische/Epidemiologische Anwendungen II

Survival-Analyse mit zeitabhängigen Variablen

Anja Schoeps
Universität Heidelberg
Institut für Public Health
Im Neuenheimer Feld 324
69120 Heidelberg
Schoeps@uni-heidelberg.de

Zusammenfassung

In der Survival-Analyse kommt es häufig vor, dass sich Einflussvariablen im Laufe der Beobachtungszeit ändern. Solche Änderungen können und sollten bei der Proportional Hazards Regression mit PROC PHREG einbezogen werden, da sie großen Einfluss auf die Ergebnisse haben.

Ziel dieses Beitrages ist es, die notwendigen Datenstrukturen und die Anwendung mit PROC PHREG zu beschreiben sowie einen kurzen Überblick über die Darstellung von Ergebnissen und Modellgütekriterien zu geben.

Nach einer kurzen Einführung in PROC PHREG werden der Umgang mit zeitabhängigen Variablen und die dafür nötige Struktur der Datentabelle beschrieben. Die eigentliche Kodierung der zeitabhängigen Variablen erfolgt dann innerhalb von PROC PHREG. Hierzu werden zum Beispiel If-Statements, Else-if- oder Select-when-Statements wie im Datenschritt verwendet.

Der zweite Teil dieser Arbeit beschreibt die Ausgabedetails von PROC PHREG.

Schließlich werden Tipps zur geschickten Anwendung von PROC PHREG gegeben.

Schlüsselwörter: PROC PHREG, PROC LIFETEST, PROC SURVEYSELECT, kategoriale Variablen, kontinuierliche Variablen, zeitabhängige Variablen, Modellgüte

1 Einleitung

Bei der Analyse von Survivaldaten kommt es häufig vor, dass sich einige der Einflussvariablen im Laufe der Beobachtungszeit ändern. Um verfälschte Ergebnisse zu vermeiden, ist es notwendig, solche Änderungen bei der Proportional Hazards Regression mit PROC PHREG einzubeziehen. Für diese Analysen sind bestimmte Strukturen in der Datentabelle sowie eine Kodierung der zeitabhängigen Variablen innerhalb von PROC PHREG erforderlich. Ziel dieses Beitrages ist es, diese notwendigen Datenstrukturen und den Umgang mit PROC PHREG mit zeitabhängigen Variablen näher zu beschreiben.

2 Beispieldaten

Die Beispieldaten stammen aus einer Studie zu Einflussfaktoren auf das Überleben nach Kehlkopfkrebsdiagnose, die im Rhein-Neckar-Odenwald-Kreis durchgeführt wurde und ca. 600 Patienten umfasst. Als Zeitvariable wurde in dieser Studie die Zeit von Beobachtungsbeginn bis Beobachtungsende in Tagen betrachtet. Der Endpunkt von Interesse war Mortalität. Im Folgenden werden beispielhaft 3 der Einflussfaktoren in der Analyse beschrieben, um den Umgang mit unterschiedlichen Variablentypen zu veranschaulichen (Tabelle 1).

Tabelle 1: Im Beispiel verwendete Variablen

Name	Variablentyp	Bedeutung	Ausprägungen
AdvancedT	Binär	T Stadium des Primärtumors bei Diagnose	0=Stadium T1, T2 oder unbekannt 1=Stadium T3 oder T4
Rezidiv	Diskret/ Kontinuierlich	Anzahl der Rezidive (inklusive Metastasen)	0 bis 4 Rezidive
Tumlok	Kategorial	Lokalisation des Primärtumors innerhalb des Kehlkopfes	„gl"=glottisch (inkl. transglottisch) „su"=supraglottisch „un"=unbekannt

3 Grundlagen

3.1 Survival-Analyse

Man unterscheidet zwischen deskriptiver und analytischer Survivalanalyse: Die deskriptive Analyse beschäftigt sich mit Überlebenstafeln und Überlebenskurven, die die Überlebenswahrscheinlichkeit in Abhängigkeit von der Zeit seit Beobachtungsbeginn darstellen. Diese Überlebenswahrscheinlichkeiten können zusätzlich nach *genau* einer kategorialen Einflussvariablen stratifiziert werden. Unterschiede in den Überlebenswahrscheinlichkeiten lassen sich mit dem Log-Rank Test analysieren. Diese Form der Survival-Analyse kann in SAS mit PROC LIFETEST durchgeführt werden.

In der Regressionsanalyse wird der simultane Einfluss einer Vielzahl von Variablen auf das Überleben untersucht. Für die Regressionsanalyse von Survivaldaten wird in den meisten Fällen die *Cox Proportional Hazards* Regression verwendet, die sich in SAS mit PROC PHREG (Proportional Hazards Regression) durchführen lässt.

3.2 Mathematische Grundlagen von PROC PHREG

Der Fokus bei der Proportional Hazards Regression liegt auf dem Vergleich der Risiken zwischen Beobachtungen mit unterschiedlichen Merkmalsausprägungen; die Berechnung eines absoluten Sterberisikos ist mit diesem Modell nicht möglich. In einem Mo-

Klinische/Epidemiologische Anwendungen II

dell ohne zeitabhängige Variablen kann die Formel für den Vergleich der Risiken zum Zeitpunkt t zwischen Individuum i und Individuum j mit n Variablen folgendermaßen dargestellt werden:

$$3.1 \quad \frac{h_i(t)}{h_j(t)} = \exp\left[\beta_1(x_{i1} - x_{j1}) + \cdots + \beta_n(x_{in} - x_{jn})\right]$$

Durch die Division der Risiken zweier Beobachtungen kürzt sich die Baseline Hazard Funktion heraus. Da die verbleibende Gleichung völlig unabhängig von der Zeit ist, bleibt das Verhältnis zwischen den Risiken über die gesamte Beobachtungsdauer gleich (Proportional Hazards).

PROC PHREG liefert für alle Einflussvariablen die Schätzer β, den Standardfehler, Wald Chi-Quadrat, p-Wert und ein berechnetes Hazard Ratio. Das ausgegebene Hazard Ratio für eine Variable x_k mit dem Schätzer β_k wird von SAS folgendermaßen berechnet: $HR = \exp(\beta_k)$.

PROC PHREG unterscheidet dabei nicht zwischen binären, kategorialen und kontinuierlichen Variablen. Bei der Interpretation wird immer die Risikoerhöhung bei Erhöhung der unabhängigen Variablen um eine Einheit berechnet. Sollen kategoriale Variablen in das Modell einbezogen werden, werden die einzelnen Kategorien in Dummy-Variablen umkodiert (siehe Kap. 3.3). Bei einer Kodierung in 0 und 1 gilt: $(x_{ik} - x_{jk}) = 1$. Daher können die ausgegebenen Werte des Hazard Ratio für binäre oder kategoriale Variablen als das Risiko für Beobachtungen mit der Ausprägung von Interesse verglichen mit der Baseline-Ausprägung interpretiert werden.

Handelt es sich um diskrete oder kontinuierliche Variablen, wird das Hazard Ratio demzufolge für zwei Beobachtungen berechnet, deren Werte der Variable sich genau um den Wert 1 unterscheiden. Betrachtet man beispielsweise eine Variable, die das Alter eines Individuums in Jahren angibt, gibt das Hazard Ratio das Verhältnis der Risiken zweier Individuen an, die einen Altersunterschied von genau einem Jahr aufweisen.

Eine komplexe Beschreibung des Proportional Hazards Modell findet sich bei Allison, 1995 [1].

3.3 PROC PHREG Code

Der SAS Code für die Proportional Hazards Regression muss mindestens ein Model-Statement enthalten.

```
proc phreg data=regression;
class tumlok (ref="gl");
model time * verstorb(0) = advancedt rezidiv tumlok;
run;
```

Im Model-Statement müssen eine Überlebenszeitvariable (*time*), eine Zensurvariable (*verstorb*) sowie mindestens eine Einflussvariable (bspw. *advancedt*) enthalten sein. Die Überlebenszeitvariable gibt die Zeit von Beobachtungsbeginn bis Beobachtungsende an,

A. Schoeps

während die Zensurvariable angibt, ob ein bestimmtes Ereignis von Interesse (hier: Tod des Patienten) eingetreten ist. Hinter der Zensurvariablen wird in Klammern der Wert angegeben, den die Zensurvariable bei Nicht-Eintreten des Ereignisses annimmt (Zensurwert).
Das Class-Statement (seit SAS Version 9.2) erleichtert die Kodierung von Dummy-Variablen für kategoriale Variablen - ein Aufwand, der sonst per Hand durchgeführt werden müsste. Trotz der roten Darstellung des Class-Statements im Enhanced Editor funktioniert dieses Statement problemlos. Im Beispiel handelt es sich bei der Variablen *Tumlok* um eine kategoriale Variable für die als Referenz die Ausprägung „gl" für glottische Tumoren verwendet werden soll. Alternativ ist es natürlich auch möglich, die Dummy-Variablen von Hand zu kodieren und danach die einzelnen Variablen (mit Ausnahme der Referenzkategorie) in das Model-Statement einzubeziehen.

3.4 Grundlagen der zeitabhängigen Variablen

Variablen, deren Werte sich im Laufe der Beobachtungszeit verändern, werden als zeitabhängige Variablen bezeichnet. Die Variable *Rezidiv* in diesem Beispiel ist eine zeitabhängige Variable, da sich die Anzahl der Rezidive über die Beobachtungszeit erhöht (Abbildung 1). Die schwarzen Pfeile geben den Zeitpunkt an, an dem das jeweils letzte Rezidiv (einschließlich Metastasen) der Patienten aus der Gruppe mit drei oder vier Rezidiven diagnostiziert wurde. Beim Vergleich der Überlebenskurve dieser Patienten mit der Überlebenskurve der Patienten mit ein oder zwei Rezidiven fällt auf, dass sich der Verlauf der Kurven innerhalb der ersten sieben Jahre seit Beobachtungsbeginn kaum unterscheidet. Berücksichtigt man aber den Diagnosezeitpunkt des jeweils letzten Rezidivs (Pfeile), erkennt man, dass die Patienten kurz nach der Diagnose des jeweils letzten Rezidivs verstarben. Da diese Patienten natürlich nicht bereits ab dem Zeitpunkt der Erstdiagnose drei oder vier Rezidive aufwiesen, gehörten sie bis zur Diagnose des dritten Rezidivs in die Gruppe der Patienten mit ein oder zwei Rezidiven. Gleiches gilt für die Patienten in der Gruppe mit ein oder zwei Rezidiven, die bis zur Diagnose des ersten Rezidivs zur Gruppe der Patienten mit null Rezidiven gehörten. Dieser Sachverhalt wird in der Survival-Analyse mit zeitabhängigen Variablen berücksichtigt.

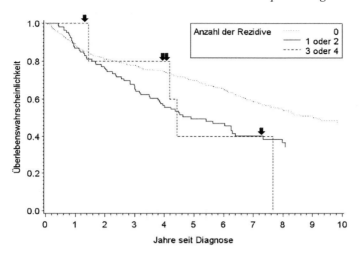

Abbildung 1: Überlebenswahrscheinlichkeit nach Kehlkopfkrebsdiagnose in Abhängigkeit von der Zeit seit Diagnose, stratifiziert nach Anzahl der Rezidive. Pfeile markieren den Diagnosezeitpunkt des jeweils letzten Rezidivs der Patienten, die mindestens 3 Rezidive (einschl. Metastasen) entwickelten.

4 PROC PHREG mit zeitabhängigen Variablen

Für die Implementierung von zeitabhängigen Variablen in PROC PHREG werden neben den unterschiedlichen Werten der Variablen über die Beobachtungszeit auch Informationen zu den entsprechenden Zeitpunkten der Änderung benötigt. Das grundsätzliche Modell 3.1 erweitert sich dabei zu folgender Gleichung, falls die m-te Variable abhängig von der Zeit (t) ist.

4.1 $\dfrac{h_i(t)}{h_j(t)} = \exp\left[\beta_1(x_{i1} - x_{j1}) + \cdots + \beta_m(x_{im}(t) - x_{jm}(t)) + \cdots + \beta_n(x_{in} - x_{jn})\right]$

4.1 Datenstruktur

Grundsätzlich gibt es zwei Möglichkeiten zur Konstruktion der Datenstruktur: Bei der ersten Methode wird jeweils eine Spalte pro möglichem Änderungszeitpunkt einer zeitabhängigen Variable benötigt, die den aktuellen Wert der Variable enthält. Da diese Struktur jedoch bei beliebigen Änderungszeitpunkten zu einer unüberschaubaren Anzahl von Spalten führen würde, ist diese Methode nur bei regelmäßigen Erhebungen der Variablen sinnvoll, wie beispielsweise einer monatlichen Messung des Blutdrucks.
Die zweite Methode eignet sich auch für unregelmäßige oder unvorhersehbare Änderungszeitpunkte. Hierbei berechnet sich die maximal benötigte Spaltenzahl nach der

maximalen Anzahl von Änderungen in den Werten der zeitabhängigen Variablen. Da die Änderungszeitpunkte a priori nicht festgelegt sind, wird für jede Änderung der Variablen zusätzlich eine Spalte benötigt, die den Zeitpunkt der Änderung angibt. Ändert sich der Wert der Variablen also viermal, werden insgesamt neun Spalten für die Variable benötigt: Eine Spalte für den Ausgangswert der Variablen, vier Spalten für die jeweils neuen Werte der Variablen und vier Spalten, die die Zeitpunkte angeben, an denen sich diese Werte ändern (vgl. Tabelle 2).

Im Beispiel beträgt die maximale Anzahl der Änderungen in der zeitabhängigen Variablen *Rezidiv* vier, da in dieser Studie nicht mehr als vier Rezidive bei einem Patienten diagnostiziert wurden. Die Datentabelle enthält also vier Spalten für die jeweiligen neuen Werte in der Variablen *Rezidiv* (rez1-rez4) und vier Spalten für die dazugehörigen Zeitpunkte der Änderung (reztime1-reztime4, Tabelle 2). Auf eine Spalte für den Ausgangswert konnte verzichtet werden, da dieser für alle Patienten 0 ist.

Tabelle 2: Erforderliche Datenstruktur für die Kodierung der zeitabhängigen Variablen *Rezidiv*

Obs	Time	Verstorb	rez1	rez2	rez3	rez4	reztime1	reztime2	reztime3	reztime4
1	462	1	0	0	0	0	462	462	462	462
22	3867	0	1	1	1	1	2284	2284	2284	2284
42	2677	1	1	2	2	2	1855	2434	2434	2434
142	528	1	1	2	3	3	303	487	518	518
15	1528	1	1	2	3	4	579	945	976	1492

Für Patient 1 in diesem Beispiel bleibt der Wert für die Variable *Rezidiv* über die gesamte Beobachtungszeit null, da kein Rezidiv diagnostiziert wurde. Die Zeitpunkte der Änderungen wurden mit der gesamten Überlebenszeit gleichgesetzt. Betrachtet man nun Patient 42, bei dem insgesamt zwei Rezidive diagnostiziert wurden, sieht man, dass das erste Rezidiv nach 1855 Tagen diagnostiziert wurde, das zweite Rezidiv nach 2434 Tagen und dass der Patient nach insgesamt 2677 Tagen verstarb. Die verbleibenden Spalten rez3 und rez4 sowie reztime3 und reztime4 wurden jeweils mit den Werten aus rez2 und reztime2 aufgefüllt.

4.2 Programmcode

Der Code für PROC PHREG wird für die Survival-Analyse mit zeitabhängigen Variablen durch die Kodierung der zeitabhängigen Variablen innerhalb des Codes ergänzt. Der Rest bleibt unverändert, jedoch wird nun die zeitabhängige Variable *Rezidiv* erst innerhalb der Prozedur kodiert:

```
proc phreg data=regression;
class tumlok;
model time * verstorb(0) = advancedt rezidiv tumlok;
    if time>reztime4 then rezidiv=rez4;
    else if time>reztime3 then rezidiv=rez3;
    else if time>reztime2 then rezidiv=rez2;
```

```
                else if time>reztime1 then rezidiv=rez1;
                else rezidiv=0;
    run;
```

Nach dem Model-Statement folgen nun einige Zeilen If-Statements, die innerhalb der Prozedur genau wie innerhalb eines Datenschrittes gebraucht werden können. Die Prozedur ist daher nicht auf die Kodierung mit If-Statements begrenzt, es kann auch mit Arrays, mit Select-When-Statements oder mit %include zum Einbeziehen extern abgespeicherter Datenschritte gearbeitet werden.

Im ersten If-Statement sieht man, dass die Variable *Rezidiv* gleich dem Wert aus der Spalte rez4 gesetzt wird, wenn die Überlebenszeit größer ist als die angegebene Zeitspanne in der Spalte reztime4. Gleiches gilt für das zweite If-Statement, das die Überlebenszeit mit dem Wert in Spalte reztime3 vergleicht. Trifft keines der If-Statements zu, wird die zeitabhängige Variable *Rezidiv* gleich null gesetzt, da zu diesem Zeitpunkt noch kein Rezidiv diagnostiziert wurde (vgl. Tabelle 2).

Diese Kodierung erscheint zunächst verwunderlich, da der Diagnosezeitpunkt der Rezidive logischerweise immer vor dem Todeszeitpunkt der Patienten liegen muss. Zum Verständnis muss man sich das zu Grunde liegende Modell (Partial Likelihood) klar machen, welches die Wahrscheinlichkeit des Versterbens eines Patienten in Relation setzt zu der Wahrscheinlichkeit des Versterbens der anderen Patienten, die zu diesem Zeitpunkt noch unter Risiko stehen (am Leben sind). Verstirbt also der i-te Patient zum Zeitpunkt (t+Δt), ist diese Likelihood:

$$4.2 \qquad L_i = \frac{h_i(t + \Delta t)}{h_i(t + \Delta t) + \cdots + h_n(t + \Delta t)},$$

wobei im Nenner lediglich die Hazards für diejenigen Personen aufgeführt sind, die zum Zeitpunkt t+Δt noch unter Risiko stehen.

Es werden also in den If-Statements die Überlebenszeiten der gerade verstorbenen Patienten mit den Diagnosezeitpunkten der Rezidive der noch lebenden Patienten verglichen.

- Bei der Berechnung der Likelihood für das Versterben von Patient 142 ist der Wert der Variablen *Rezidiv* für diesen Patienten mit 3 entwickelten Rezidiven zum Zeitpunkt seines Versterbens nach 528 Tagen drei. Da jedoch bei keinem der anderen Patienten aus Tabelle 2 innerhalb von 528 Tagen ein Rezidiv diagnostiziert wurde, beträgt der Wert für die Variable *Rezidiv* für alle anderen Patienten null.
- Patient 42 verstarb nach 2677 Tagen. Nach dieser Zeitspanne betragen die Werte der Variablen *Rezidiv* für Patient 22 eins und für Patient 42 selbst zwei. Die Patienten 1, 142 und 15 werden in diesem Fall vernachlässigt, da sie zu diesem Zeitpunkt nicht mehr unter Risiko stehen.

Bei häufigen Änderungen in einer zeitabhängigen Variablen kann es sinnvoll sein, statt der einzelnen If-Statements alternativ Array-Statements zu verwenden, um Zeilen im SAS Code einzusparen und den Code lesbar zu halten:

```
proc phreg data=regression·
class tumlok;
model time * verstorb(0) = advancedt rezidiv tumlok;
    rezidiv=0;
    array reztime(*) rezt_me1-reztime4;
    array rez(*) rez1-rez4;
    do i=1 to 4;
    if time>reztime[i] then rezidiv=rez[i];
    end;
run;
```

5 Lesen des SAS Outputs

5.1 Ergebnistabelle

Tabelle 3 zeigt einen berechneten Wert von β=1,01 für den Schätzer der zeitabhängigen Variablen *Rezidiv*. Damit erhöht sich das Mortalitätsrisiko bei Erhöhung um ein Rezidiv um exp(1,01)=2,75. Das Mortalitätsrisiko eines Patienten mit einem Rezidiv ist also knapp dreimal höher als das Mortalitätsrisiko eines Patienten mit null Rezidiven. Gleiches gilt für das Risikoverhältnis von Patienten mit zwei Rezidiven zu Patienten mit einem Rezidiv. Möchte man beispielsweise das Risiko für Patienten mit zwei Rezidiven im Vergleich zu Patienten mit null Rezidiven ermitteln, gilt:

$$HR = \exp(\beta(x_i - x_j)) = \exp(\beta(2 - 0)) = \exp(2{,}02) = 7{,}54.$$

Tabelle 3: Ergebnistabelle aus dem SAS Output für das beispielhafte Regressionsmodell

Parameter		DF	Parameter Estimate	Standard Error	Chi-Square	Pr > ChiSq	Hazard Ratio
AdvancedT		1	0.95662	0.13681	48.8916	<.0001	2.603
Rezidiv		1	1.01072	0.09216	120.2828	<.0001	2.748
Tumlok	su	1	0.30689	0.14396	4.5441	0.0330	1.359
Tumlok	un	1	0.64611	0.20717	9.7269	0.0018	1.908

Weitere Angaben in der Ergebnistabelle umfassen den Standardfehler, Chi-Quadrat-Wert und den p-Wert. Mit der Option *rl* oder *risklimits=* im Model-Statement können gleichzeitig auch Konfidenzintervalle mit ausgegeben werden:

```
model time * verstorb(0) = advancedt rezidiv tumlok / rl;
```

Vergleicht man das Hazard Ratio für die zeitabhängige Variable *Rezidiv* (2,748) mit dem Hazard Ratio für die Variable *Rezidiv* aus dem Modell ohne Zeitabhängigkeit (1,482, Ergebnisse nicht abgebildet), erkennt man den großen Einfluss der zeitabhängigen Analyse auf die Ergebnisse. In diesem Beispiel wird der Effekt der zeitabhängigen Variable *Rezidiv*, die sich erst über den Beobachtungszeitraum entwickelt, in der Analyse mit Vernachlässigung der Zeitabhängigkeit nach unten verfälscht, also unterschätzt.

5.2 Informationen zum Modell

In der ausgegebenen Tabelle mit den Modellinformationen ist in der letzten Zeile das *Ties Handling* angegeben (Tabelle 4). Bindungen (*ties*) bezeichnen identische Überlebenszeiten von verschiedenen Beobachtungen, was zu Schwierigkeiten bei der Berechnung der Partial Likelihood führt. Die Standardeinstellung für derartige Bindungen verwendet die *Breslow*-Methode. Genaue Werte werden mit der *Exact*- oder der *Discrete*-Methode errechnet, wobei die *Exact*-Methode sich für kontinuierlich gemessene Überlebenszeiten eignet. Die *Discrete*-Methode wird für identische Überlebenszeiten angewendet, bei denen angenommen wird, dass sich die Überlebenszeiten nur aufgrund von Messungenauigkeiten entsprechen. Da es sich bei der *Exact*- und der *Discrete*-Methode um genaue Methoden handelt, wird gewöhnlich mehr Rechenzeit benötigt, was bei einer großen Anzahl von Beobachtungen und/oder Bindungen zu einem relativ hohen Zeitaufwand führen kann. Das Ties Handling kann als Option im Model-Statement wie folgt spezifiziert werden:

```
model time * verstorb(0) = advancedt rezidiv tumlok / ties=exact;
```

Tabelle 4: Modellinformationen für das Beispielmodell

	Model Information
Data Set	WORK.REGRESSION
Dependent Variable	Time
Censoring Variable	Verstorb
Censoring Value(s)	0
Ties Handling	BRESLOW

5.3 Class Informationen

Wird in PROC PHREG eine Class-Variable spezifiziert, wird im Output die Kodierungsmatrix für die Dummy-Variablen angegeben (Tabelle 5). Im Beispiel ist die Ausprägung „gl" mit der Kodierung 0-0 die Referenzkategorie.

Tabelle 5: Matrix für Variablen aus dem Class-Statement

	Class Level Information	
Class	Value	Design Variables
Tumlok	gl	0 0
	su	1 0
	un	0 1

5.4 Modellgütekriterien

In der ersten Zeile von Tabelle 6 sind die -2LogLikelihood-Werte für die Modelle mit und ohne Einflussvariablen angegeben, wobei eine große Differenz dieser beiden Werte zeigt, dass das Modell gut zu den Daten passt. Zusätzlich werden das Akaike Informationskriterium (AIC) sowie das Schwarz-Bayes Kriterium (SBC) aufgelistet. Das Akaike Informationskriterium wird anhand folgender Gleichung berechnet:

$$AIC = -2LogL + 2 \cdot p,$$

wobei p die Anzahl der Variablen im Modell darstellt. Da kategoriale Variablen in Dummy-Variablen umkodiert werden, erhöht sich p in Abhängigkeit von der Anzahl der Kategorien der Variablen. Im Beispiel nimmt p den Wert 4 an (1(*AdvancedT*) + 1(*Rezidiv*) + 2(*Tumlok*)), was zu einem AIC von 3066,4 führt. Das Akaike Informationskriterium wird zum Vergleich zwischen Modellen mit verschiedenen Kombinationen von Einflussvariablen herangezogen. Beim Vergleich zwischen Modellen sollte dasjenige mit dem minimalen Wert des AIC ausgewählt werden [2].

Tabelle 6: Modellgütekriterien für das Beispielmodell

	Model Fit Statistics	
Criterion	Without Covariates	With Covariates
-2 LOG L	3201.576	3058.399
AIC	3201.576	3066.399
SBC	3201.576	3080.778

6 Tipps für PROC PHREG

Bei der Anwendung von PROC PHREG mit zeitabhängigen Variablen bei großen Datenmengen werden teilweise lange Rechenzeiten benötigt. Es gibt jedoch einige Möglichkeiten, diese Rechenzeiten zu reduzieren:

- Ties Handling: Die Standardeinstellung (*ties=breslow*) benötigt im Allgemeinen weniger Rechenzeit als die exakten Methoden (*exact, discrete*). Die endgültige Auswahl des Ties Handling ist von den zu analysierenden Daten abhängig. Allerdings kann für einen schnelleren Überblick über die Daten die Breslow-Methode nützlich sein.
- If-Statements: In der Proportional Hazards Regression wird die Partial Likelihood des Eintritts des Ereignisses von Interesse bei jedem einzelnen Event berechnet. Da die Werte der zeitabhängigen Variablen sich an jedem dieser Zeitpunkte unterscheiden können, werden die Werte dieser Variablen bei jedem Event neu berechnet, was zu einer sehr langen Rechenzeit führen kann. Daher empfiehlt es sich, anstelle von If-if-Statements If-else if- oder Select-when-Statements zu verwenden. Außerdem sollten die häufigsten Ausprägungen zuerst aufgelistet werden, da somit ein schneller Ausstieg aus der If- bzw. Select-Bedingung erfolgt. Trifft also beispielsweise das erste If-Statement auf 60% der Beobachtungen zu, müssen die darauffolgenden Else-if-Statements für diese gar nicht mehr durchlaufen werden. Gleiches gilt bei der Wahl von Select-when-Statements.
- Proc Surveyselect: Da bei sehr großen Datenmengen auch die vorher genannten Tipps die Rechenzeit nicht auf ein angenehmes Maß reduzieren können (vor allem wenn eine Vielzahl von Modellen miteinander verglichen werden soll), gibt es die Möglichkeit, mit der Prozedur Surveyselect eine Zufallsstichprobe aus der Datenmenge zu ziehen:

```
proc surveyselect data=regression method=srs n=2000
out=regression2; run;
```

In diesem Beispiel wird aus einer Datenmenge von knapp 25.000 Beobachtungen eine Stichprobe von 2.000 Beobachtungen gezogen, um verschiedene Kombinationen von Einflussvariablen zu testen.

Meistens sollen die Ergebnisse aus der Survival-Analyse veröffentlicht und in Tabellen dargestellt werden. Da SAS aber keine publikationsfertigen Ergebnistabellen liefert, ist es nötig, einige einfache aber effektive Nachbearbeitungen unter Verwendung von SAS ODS vorzunehmen, um aus der ausgegebenen Ergebnistabelle eine publikationsfertige Tabelle zu erstellen (vgl. Tabellen 7a und 7b). Eine Anleitung zum Erstellen solcher publikationsfertiger Ergebnistabellen findet sich bei Ramroth, 2008 [3].

Tabelle 7 a): Ergebnisstabelle aus dem SAS Output inklusive Konfidenzintervalle

Parameter		DF	Parameter Estimate	Standard Error	Chi-Square	Pr > ChiSq	Hazard Ratio	95% Hazard Ratio Confidence Limits		Label
AdvancedT		1	0.95702	0.13682	48.9251	<.0001	2.604	1.991	3.405	
Rezidiv		1	1.01087	0.09215	120.3250	<.0001	2.748	2.294	3.292	
Tumlok	*su*	1	0.30664	0.14397	4.5366	0.0332	1.359	1.025	1.802	Tumlok su
Tumlok	*un*	1	0.64578	0.20717	9.7165	0.0018	1.907	1.271	2.863	Tumlok un

Tabelle 7 b): Publikationsfertige Ergebnistabelle

Charakteristik	Kategorie	Hazard Ratio	95% Konfidenzintervall
Fortg. T Stadium		2.6	(2.0, 3.4)
Rezidiv		2.7	(2.3, 3.3)
Tumorlokalisation	glottisch	1	
Tumorlokalisation	supraglottisch	1.4	(1.0, 1.8)
Tumorlokalisation	unbekannt	1.9	(1.3, 2.9)

Literatur

[1] Allison Paul D: Survival analysis using the SAS system. A practical guide; SAS Institute: Cary, NC, 1995

[2] Kleinbaum David G. & Klein Mitchel: Survival Analysis. A Self-Learning Text; Springer: USA, 2005 (2.Ed)

[3] Ramroth H: Publikationsfertige Kombination von Häufigkeiten und Risiko-Kennwerten aus Ergebnissen von klinisch-epidemiologischen Studien; Proceedings der 12. KSFE; Aachen, 2008.

Zwei Tipps und Tricks: Fallstricke bei Makrovariablen und SAS im Batchmodus

Daniel Schulte
viadee Unternehmensberatung GmbH
Anton-Bruchausen-Straße 8
48147 Münster
daniel.schulte@viadee.de

Zusammenfassung

Fallstricke bei Makrovariablen:
Bei der Entwicklung komplexer Abläufe in SAS kommt man in der Regel nicht um die Verwendung von Makrovariablen herum. Diese sind allerdings auch gerne Quelle von unerwarteten Ergebnissen und Abläufen. An Beispielen werden einige Fallstricke aufgezeigt.
SAS im Batchmodus:
Der ETL Prozess in DWH Projekten ist der entscheidende Schritt für die darauf aufbauenden Analysen. Diese Aufbereitung kann bei umfangreichen Daten zeitkritisch werden und nicht beliebig nur durch schnellere Hardware kompensiert werden. Eine effiziente Ausnutzung der vorhandenen Ressourcen und eine Optimierung für den Fehlerfall ermöglichen eine schnellere Verfügbarkeit und vereinfachten Betrieb.

Schlüsselwörter: Makro, Makrovariable, Batch, ETL

1 Fallstricke bei Makrovariablen

1.1 Ausgangssituation

Man nehme einen Datastep und fertig ist die erste Verarbeitung im SAS System. Mit der Zeit wachsen allerdings die Anforderungen an die Aufbereitung und die Anzahl der Steps wächst und wächst. Über Makrovariablen können auf einfache Art und Weise zwischen einzelnen Datasteps und Prozeduren Informationen ausgetauscht werden. Allerdings sind hier die Unterschiede zwischen SAS Base und SAS Makro in der Kompilations- und Ausführungsphase zu beachten.

1.2 Kompilations- und Ausführungsphase

Abgeschickter SAS Code durchläuft mehrere Phasen: die Kompilations- und die Ausführungsphase. Die Kompilierung ist weiter in einzelne Stufen zu unterteilt. Makrovariablen werden zunächst durch den Makro Prozessor verarbeitet und aufgelöst. Danach wird der Step kompiliert und ausgeführt. Gerade diese Trennung zwischen Makro Verarbeitung und Step Kompilierung wird dem Entwickler manchmal zum Verhängnis.

D. Schulte

Code:
%let date="24feb2011"d;
 	
data _null_;
    var=&date.;
    put var;
    put var ddmmyy.;
run;
	Code:
	options symbolgen;
	%let date="24feb2011"d;
	
	data _null_;
	    var=&date.;
	    put var;
	    put var ddmmyy.;
	run;

Log: 1 %let date="24feb2011"d; 2 data _null_; 3 var=&date.; 4 put var; 5 put var ddmmyy.; 6 run; 18682 24/02/11	LOG: 8 options symbolgen; 9 %let date="24feb2011"d; 10 data _null_; 11 var=&date.; SYMBOLGEN: Macro variable DATE resolves to "24feb2011"d 12 put var; 13 put var ddmmyy.; 14 run; 18682 24/02/11

Ablauf:
Der Makro Prozessor durchsucht den Code nach relevanten Schlüsselwörtern (%let.../ &) und löst diese auf. Die Makro Variable date wird im System als globale Variable angelegt und mit der Zeichenkette "24feb2011"d belegt. Im Source des Datasteps wird die Makrovariable gefunden und gegen die Zeichenkette "24feb2011"d ausgetauscht. Der Compiler bekommt also den folgenden Sourcecode zu „sehen":

```
data _null_;
    var="24feb2011"d;
    put var;
    put var ddmmyy.;
run;
```

Bei der Zuweisung von Makrovariablen in einem Datastep per call symput wird genau dies zum Problem. Wird die Makrovariable erst in der Ausführungsphase zugewiesen, hat der Makro Prozessor davon noch nichts mitbekommen.

```
2    call symput ('date',"24feb2011"d);
3    var=&date.;
              -
              386
              200
WARNING: Apparent symbolic reference DATE not resolved.
ERROR 386-185: Expecting an arithmetic expression.

ERROR 200-322: The symbol is not recognized and will be
ignored.
```

Tipps und Tricks

`call symput` bringt also nur etwas für den nachfolgen Datastep, da hier der Makro Prozessor wieder aktiv werden kann. Symget kann hier Abhilfe schaffen. Aber Symget liefert immer einen Text. Dieser muss ggf. per input eingelesen werden.

Die Option symbolgen ist hilfreich, um die effektiven Inhalte einer Makrovariable anzeigen zu lassen.

1.3 Anführungszeichen um Makrovariablen

Bei der Verwendung von Makrovariablen in einem Datastep führt die Einfassung in Anführungszeichen zu unterschiedlichen Ergebnissen.
Beispiel:

```
CODE:
%let mvar=Inhalt_der_Makrovariable;
data _null_;
 var="&mvar.";
 put var;
 var='&mvar.';
 put var;
 var=&mvar.;
 put var;
run;

LOG:
1    %let mvar=Inhalt_der_Makrovariable;
2    data _null_;
3     var="&mvar.";
4     put var;
5     var='&mvar.';
6     put var;
7     var=&mvar.;
8     put var;
9    run;

NOTE: Variable Inhalt_der_Makrovariable is uninitialized.
Inhalt_der_Makrovariable
&mvar.
```

Das Beispiel zeigt drei Varianten:
- Doppelte Anführungszeichen
  die Makrovariable wird in den Anführungszeichen aufgelöst und der Variable Var als Zeichenkette übergeben
- einfache Anführungszeichen
  die Makrovariable wird nicht aufgelöst und der Aufruf wird als Zeichenkette übergeben
- keine Anführungszeichen
  Die Makrovariable wird aufgelöst und entspricht nun im Datastep einer Zuweisung nach dem Muster VariableA=VariableB. Daher auch der Hinweis, dass die Variable Inhalt_der_Makrovariable nicht initialisiert ist.

363

D. Schulte

Bei der Zuweisung wird alles nach dem = bis zum ; als Zeichenkette zugewiesen. Auch enthaltene Anführungszeichen werden übergeben. Sollen (Sonder)zeichen wie z.B. ein Semikolon in eine Makrovariable übergeben werden, muss mit der Funktion %quote dies übergeben werden.

1.4 Verschachtelte Makrovariablen

Bei der programmseitigen Erzeugung von Makrovariablen entsteht schnell die Anforderung nach verschachtelten Makrovariablen.
Beispiel:
In einem Programm soll für ein Datenfeld, welches z.B. Dateinamen enthält, für jeden Datensatz eine Makrovariable erzeugt werden. Da hier n Variablen entstehen, werden diese file1, file2, ... fileN benannt. Sollen diese Variablen nun per Programm weiterverwendet werden, kann bei der Erzeugung eine Hilfsvariable mit der Anzahl an Variablen definiert werden, die in einer Schleife die Obergrenze angibt.

Beispiel:

CODE:
```
%let file1=d:\ksfe2011\datei1.cport;
%let file2=d:\ksfe2011\datei2.cport;
%let file3=d:\ksfe2011\datei3.cport;
%let anzahl=3;
options macrogen symbolgen;
%macro import;
%do i=1 %to &anzahl.;
    proc cimport lib=sasuser file="&&file&i.";
    run;
%end;
%mend import;
%import;
```

LOG:
```
1     %let file1=d:\ksfe2011\datei1.cport;
2     %let file2=d:\ksfe2011\datei2.cport;
3     %let file3=d:\ksfe2011\datei3.cport;
4     %let anzahl=3;
5     options macrogen symbolgen;
6     %macro import;
7         %do i=1 %to &anzahl.;
8             proc cimport lib=sasuser file="&&file&i.";
9             run;
10        %end;
11    %mend import;
12    %import;
SYMBOLGEN: Macro variable ANZAHL resolves to 3
SYMBOLGEN: && resolves to &.
SYMBOLGEN: Macro variable I resolves to 1
```

```
SYMBOLGEN:  Macro variable FILE1 resolves to
d:\ksfe2011\datei1.cport
MACROGEN(IMPORT):   proc cimport lib=sasuser
file="d:\ksfe2011\datei1.cport";
MACROGEN(IMPORT):   run;

NOTE: Proc CIMPORT begins to create/update data set
SASUSER.TEST1
NOTE: Data set contains 1 variables and 1 observations.
      Logical record length is 8

NOTE: PROCEDURE CIMPORT used (Total process time):
      real time           0.01 seconds
      cpu time            0.01 seconds


SYMBOLGEN:  && resolves to &.
SYMBOLGEN:  Macro variable I resolves to 2
SYMBOLGEN:  Macro variable FILE2 resolves to
d:\ksfe2011\datei2.cport
MACROGEN(IMPORT):   proc cimport lib=sasuser
file="d:\ksfe2011\datei2.cport";
MACROGEN(IMPORT):   run;

NOTE: Proc CIMPORT begins to create/update data set
SASUSER.TEST2
NOTE: Data set contains 1 variables and 1 observations.
      Logical record length is 8

NOTE: PROCEDURE CIMPORT used (Total process time):
      real time           0.00 seconds
      cpu time            0.00 seconds


SYMBOLGEN:  && resolves to &.
SYMBOLGEN:  Macro variable I resolves to 3
SYMBOLGEN:  Macro variable FILE3 resolves to
d:\ksfe2011\datei3.cport
MACROGEN(IMPORT):   proc cimport lib=sasuser
file="d:\ksfe2011\datei3.cport";
MACROGEN(IMPORT):   run;

NOTE: Proc CIMPORT begins to create/update data set
SASUSER.TEST3
NOTE: Data set contains 1 variables and 1 observations.
      Logical record length is 8

NOTE: PROCEDURE CIMPORT used (Total process time):
      real time           0.01 seconds
      cpu time            0.01 seconds
```

D. Schulte

2 SAS im Batchmodus

2.1 Ausgangsituation

Sollen Daten regelmäßig verarbeitet werden, ist es sinnvoll, dies nicht manuell zu starten, sondern als zeit- oder eventgesteuerte Aufgabe einzuplanen. Hierbei sind aber auch einige Dinge zu beachten, die den Unterschied zwischen einer erfolgreichen Batchverarbeitung und einer mühevollen Bereinigung von Datenbeständen ausmachen. Auch die verfügbare Zeit ist meist ein kritischer Faktor.

2.2 SAS als Batch aufrufen

Die übliche Oberfläche ist für einen Batchaufruf des SAS Systems natürlich nicht notwendig. Dies kann über einige Aufrufparameter gesteuert werden.

sas.exe	Aufruf des SAS System
-sysin pfad\dateiname	Programm, welches ausgeführt werden soll
-autoexec pfad\dateiname	Initialisierung der Umgebung
-log pfad\dateiname	Ausgabe des Logs
-print pfad\dateiname	Ausgabe des Outputs
-sysparm parameter	Übergabe von einem Wert an die Makrovariable SYSPARM

Zwingend notwendig ist der Einsatz von SYSIN, die anderen Parameter sind zwar optional aber dennoch sehr wichtig.

AUTOEXEC
Über diesen Parameter kann jedem Job eine passende Grundlage geboten werden. In einem Projekt sollten Pfade und Bibliotheken einheitlich abgelegt sein. Mit einer projektweit verwendeten autoexec und den darin enthaltenen Parametern und Bibliothekszuweisungen lässt sich schnell Ordnung schaffen.

LOG
Wird dieser Parameter nicht gesetzt, wird automatisch im Arbeitsverzeichnis ein Logfile mit dem Namen des SAS Programms angelegt. Mit diesem Parameter sollte das Log in einem definierten Order unter einem passenden Namen abgelegt werden. Dieser kann z.B. im Aufruf durch Datum und Uhrzeit gekennzeichnet und so historisiert werden.

PRINT
Alles was sonst, gewollt oder auch ungewollt, im Output Fenster einer interaktiven SAS Sitzung landet, würde bei nicht Verwendung automatisch im Arbeitsverzeichnis eine Ausgabedatei mit dem Namen des SAS Programms anlegen.
Hier kann man nun zwei Ansätze verfolgen. Die einfache Variante wäre, den Parameter PRINT im Aufruf zu setzen und alle Outputs in eine definierte Datei zu schreiben. Nachvollziehbarer ist es jedoch, bei allen Output erzeugenden Programmen die Ausgabe per ODS in die gewünschten Pfade und Dateien zu lenken.

Tipps und Tricks

```
ods listing file="d:\ksfe2011\Ausgabe1.txt";
```

SYSPARM

Um dem aufzurufenden Job noch externe Steuerinformationen mitzugeben ist eine Möglichkeit, diese per SASPARM direkt in den Aufruf einzubauen. Sollen allerdings umfangreichere Informationen mitgeliefert werden, bietet sich eine Steuerdatei an, die z.b. per SYSPARM selektiert wird.

2.3 Parallelisierbarkeit

SAS Programme laufen standardmäßig rein sequenziell ab. Datastep für Datastep und Prozedur für Prozedur werden nacheinander abgearbeitet. Einige Schritte sind zwar mittlerweile Multithreading tauglich, hierbei wird jedoch nur ein Schritt auf mehrere Threads verteilt und man erreicht so ein schnelleres Ergebnis – aber auch nur für diesen Schritt.

Ein Beispielszenario wäre etwa, dass 5 Dateien eingelesen und dann weiterverarbeitet werden sollen. Statt nun 5 Datasteps mit den Einleseroutinen hintereinander ablaufen zu lassen, werden diese nun in je einen eigenständigen Job abgelegt. Diese können durch ein Aufrufscript, unter Windows z.B. eine .cmd Datei, gestartet werden, wobei der letzte mit einem Wartehinweis versehen wird.

```
start sas -autoexec autoexec.sas -sysin einlesen1.sas -log job1.log
start sas -autoexec autoexec.sas -sysin einlesen2.sas -log job2.log
start sas -autoexec autoexec.sas -sysin einlesen3.sas -log job3.log
start sas -autoexec autoexec.sas -sysin einlesen4.sas -log job4.log
start/w sas -autoexec autoexec.sas -sysin einlesen5.sas -log
job5.log
start sas -autoexec autoexec.sas -sysin verarbeiten.sas -log etl.log
```

Nun werden alles 5 Einlese-Jobs parallel gestartet. Das Script wartet allerdings auf das Ende des 5. Jobs und fährt erst nach dessen Ende weiter fort. Hierbei ergibt sich allerdings das Problem, dass nur auf den 5. Job gewartet wird. Ist dieser nun schneller als die ersten vier, würde die Verarbeitung fälschlicherweise weiterlaufen.

Um eine genauere Kontrolle über die einzelnen Jobs zu erlangen, besteht die Möglichkeit, dies direkt über das SAS System zu steuern.

```
%macro JOB;
systask command "sas -sysin D:\KSFE2011\einlesen1.sas -log job1.log"
mname=job1 status=RC_job1;
systask command "sas -sysin D:\KSFE2011\einlesen2.sas -log job2.log"
mname=job2 status=RC_job2;
systask command "sas -sysin D:\KSFE2011\einlesen3.sas -log job3.log"
mname=job3 status=RC_job3;
systask command "sas -sysin D:\KSFE2011\einlesen4.sas -log job4.log"
mname=job4 status=RC_job4;
systask command "sas -sysin D:\KSFE2011\einlesen5.sas -log job5.log"
mname=job5 status=RC_job5;

waitfor _all_ &job1. &job2. &job3. &job4. &job5.;
```

```
%if %sysevalf(&RC_job1. + &RC_job2. + &RC_job3. + &RC_job4. +
&RC_job5.) eq 0 %then;
   %include "D:\KSFE2011\verarbeiten.sas";

%mend JOB;
%JOB;
```

Wie im vorherigen Beispiel werden die einzelnen Programmteile parallel abgesetzt. Der Autoexec Parameter wurde zur besseren Lesbarkeit weggelassen. Das Waitfor Kommando wartet nun auf alle 5 Teile, bis diese abgeschlossen wurden. Um nun sicher zu gehen, dass keine Fehler beim Einlesen aufgetreten sind, wird noch die Summe der Rückgabewerte der Jobs addiert. Wenn diese erfolgreich waren, liefert jeder Job eine 0 und die Summe daraus ist ebenfalls 0. Ist genau diese Bedingung erfüllt, wird der verarbeitende Teil des Jobs per `%include` eingebunden.

2.4 Verhalten bei Fehlersituationen

Sollte es bei der Batchverarbeitung zu Problemen kommen, empfehlt es sich, das Programm hart oder kontrolliert abzubrechen. Die harte Methode wird über die Option errorabend erreicht. Kommt es zum Fehler, wird die Verarbeitung sofort gestoppt und die SAS Sitzung beendet. Zur Fehlerdiagnose kann dann zwar das Log genutzt werden, aber die Daten in WORK sind mit dem Abbruch verloren. Wird statt WORK nun eine definierte Bibliothek verwendet, die nur bei erfolgreichem Programmabschluss wieder gelöscht wird, stehen auch Daten für eine Fehleranalyse zur Verfügung. Eine kontrollierte Steuerung ist beispielsweise über die Makrovariablen SYSERR und SYSWARNINGTEXT durchführbar. Nach jedem Step kann z.B. geprüft werden, ob Fehler oder Warnungen aufgetreten sind und abhängig von Fehlerart und –position kann reagiert werden.

2.5 Abhängigkeiten

Egal ob die Jobs per Betriebssystem oder SAS gesteuert parallel laufen sollen, in beiden Fällen muss vorher sichergestellt werden, dass keine Konkurrenzsituationen entstehen. Diese sind z.B. gleichzeitiger schreibender Zugriff auf Ausgabe- oder Steuertabellen. Gerade bei Steuertabellen, die häufiger im Zugriff sind, sollen daher nicht nativ in SAS sondern in einem DBMS wie DB2, Oracle, MySQL o.ä. abgelegt werden. Hierfür sind allerdings im Lizenzumfang ACCESS Module notwendig.

Literatur

[1] SAS 9.2 Documentation
http://support.sas.com/documentation/cdl_main/

Poster

Makros zum Export von SAS-Tabellen nach Excel / Access

Marcus Seiler
ArcelorMittal Bremen
Carl-Benz-Straße 30
Bremen
Marcus.Seiler@arcelormittal.com

Zusammenfassung

Das SAS-Makro %SAS2XML exportiert SAS-Tabellen in eine Excel-lesbare xml-Datei. Hierbei können einige Excel-Besonderheiten vorgegeben werden, wie z.B. Fensterfixierung, Autofilter, bedingte Formatierung. Schriftart/-größe und (alternierende) Zeilenfarben.

Schlüsselwörter: Makro, Export, Excel, Access, XML

1 Leitgedanke

Wie kann ich – mit SAS/BASE allein – Daten von SAS in die Microsoft-Office-Welt nach Excel zuverlässig exportieren?

2 Plädoyer für Excel

Natürlich kann Excel keine großen Datenmengen effizient bearbeiten und es eignet sich nicht gut zum Verknüpfen von Tabellen. Dennoch sollte man Excel nicht verteufeln. Die Erfahrung zeigt, dass man Excel gut zur Ansicht von Tabellen bis mittelgroßen Umfangs nutzen kann. Die unter Anwendern weit verbreiteten Such-Filter-Pivot-Kenntnisse decken die meisten Bedürfnisse. Daher verwundert es nicht, dass in der Praxis bei einer Auswertung mit einer einfachen Ergebnistabelle zumeist eine Exceldatei erfragt wird.

3 Historie

3.1 Makro Excel-importierbare Textdatei erzeugen

Die Forderung, SAS-Daten in Excel-Tabellen zu exportieren, trat mehrfach auf. Entsprechend wurde 2001 ein Makro programmiert, das Excel-importierbare Textdateien erzeugt. Die wiederkehrenden Probleme zu Trennzeichen, Dezimaltrenner, Umlaute und Sonderzeichen sollten einmalig zentral gelöst werden.
Störend bleibt, wenn z.B. Trennzeichen als normaler Text auftreten. Und es sind Quotings, also Maskierungen, erforderlich. Dass der Dezimaltrenner bei Excel von der Einstellung des einlesenden Betriebssystems abhängt, führt zu Fehlinterpretationen.

M. Seiler

Beim Einlesen in Excel müssen Parameter gesetzt werden (z.B. Trennzeichen statt fester Breite), so dass ein vollautomatischer Ablauf nicht möglich ist.

3.2 Makro %EXCEL4 nutzt BIFF4

Die Idee ist, das BIFF (Binary Interchange File Format) von Excel direkt zu erzeugen. Für das alte BIFF4 aus Excel4 (1992) war eine relativ vollständige Kodierungsanleitung im Internet auffindbar. Für die rudimentäre Umsetzung (nur einfache Tabelle ohne Grafiken etc.) reicht das Format auch vollkommen aus. Bei einer leichten Verletzung der Spezifikation spielt Excel *a*uch wunderbar mit: Excel4 kennt z.B. nur 16.384 Zeilen, neuere Excel-Versionen können dagegen BIFF4 mit 65.536 Zeilen problemlos lesen. Somit war 2002 das Makro %EXCEL4 geboren und der erste, echte Schritt in Richtung Excel ausgeführt. Die Excel4-Unzulänglichkeiten (BIFF4 überreizt) bereiteten Sorge: Wann kommt die Version, die hier nicht mehr ein Auge zukneift, sondern Formatverletzungen hart abmahnt und die Datei verweigert? Zwar funktioniert %EXCEL4 gut, aber es entspricht einer tickenden Zeitbombe. Andererseits ist der Aufwand zur Umsetzung von höheren BIFF-Versionen aufgrund der Komplexität wesentlich zu hoch. Das Dilemma rief nach einem neuen Weg.

3.3 Makro %SAS2XML verwendet Zwischenprodukt XML

XML (eXtensible Markup Language) wird in zahlreichen Varianten zum Datenaustausch eingesetzt. Excel definiert hier sein eigenes, spezielles XML-Schema. Dessen Struktur wurde quasi durch Reverse-Engineering ergründet: startend mit einer einzelligen Tabelle wurde diese immer weiter leicht variiert und die Auswirkungen beim XML-Export analysiert. So wurden peu-a-peu die notwendigen Excel-XML-Tags ergründet. Seit 2005 hat sich somit ein 62-parametriges Makro herauskristallisiert, das eine Vielzahl von Vorgaben ermöglicht (Zellenformate (Farbe, Fontart/-größe), alternierende Zeilenformate, bedingte Formatierung, Autofilter, Fensterfixierung, mehrere Tabellenblätter u.v.m.). Fast 200 automatische SAS-Programme nutzen bei ArcelorMittal Bremen das Makro %SAS2XML.

3.4 Konvertierung von XML nach XLS

XML-Dateien sind mit ihrem "sprechenden" Textinhalt bei etwaigen Fehlern natürlich wesentlich angenehmer zu diagnostizieren als die eher unbeliebten Binärdateien. Wenn der Erstellungsprozess aber verlässlich, fehlerfrei läuft, dann verlieren die um ca. Faktor 4 längeren XML-Dateien schnell ihre Daseinsberechtigung. Vielmehr sind echte, smarte XLS-Dateien gefragt. Zur Konvertierung von XML nach XLS kann man selbstverständlich Excel selbst nutzen. Die einfache Idee ist hierbei, dass eine Excel-VBA die XML-Datei öffnet und dann trivialerweise im XLS-Format speichert. Unsere Lösungsmethode sieht vor, dass die XML-Datei und eine paarige, einzeilige Textdatei (quasi Ticket, beinhaltet nur den Zielort für die XLS-Datei) in ein spezielles Verzeichnis kopiert werden; dann reagiert ein Verzeichnisüberwacher und führt die erwähnte Konvertierung aus. Anfangs hatten wir als Verzeichnisüberwacher eine eigene

Excel-VBA. Diese war aber zu fehleranfällig (defekte XML-Datei, Netzwerkprobleme, Seiteneffekte durch andere Excel-Applikationen etc.) und wurde daher durch ein .NET-Programm ausgetauscht. Das .NET-Programm läuft stabil und sendet bei Laufzeit-Problemen Warnmails (Zielpfad defekt; bereits existierende Zieldatei nicht austauschbar wegen Anwenderblockierung, ...).

3.5 Makro %SAS2XML4ACCESS für Access

Nachdem die Excel-XML-Variante lief, folgte 2006 eine Access-XML-Variante. Aufgrund der vorhandenen Erfahrung und vergleichsweise wenigen 22 Parametern ist dieses Makro entsprechend schnell realisiert worden. Hier existieren mittlerweile ebenfalls über 20 aktive, automatische SAS-Programme in unserer Berichtswesen-Abteilung.

4 Das Makro %SAS2XML

4.1 Implementierung

Der Quellcode ist sowohl unter www.redscope.org als auch im deutschsprachigen SAS-Wiki (de.saswiki.org) zu finden.
Zwei systemabhängige Programmteile (Pfad für temporäre Datei und Kopiermechanismus) sind durch einen Kommentar mit dem Text "!!!SYSTEMABHÄNGIG!!!" markiert und somit leicht aufzufinden. Der aktuelle Programmcode ist lauffähig unter SAS für Linux Version 8.2.

4.2 Parameter-TOP4

Das Makro %SAS2XML funktioniert auch ohne Angabe von Parametern; dann wird die zuletzt erzeugte SAS-Tabelle (&SYSLAST) mit allen ihren Spalten und der Standardzellformatierung in eine XML-Datei im aktuellen Verzeichnis exportiert. Als adhoc-Aufgabe ist das in Ordnung. Im Programmcode empfiehlt es sich jedoch, mehr Wert auf Dokumentation und Lesbarkeit zu legen und somit die Makroparameter explizit anzugeben. Andererseits sind alle 62 Parameter eher zuviel und verwischen den Blick auf das Wesentliche. In der Praxis ist es sinnvoll, einen Kompromiss einzugehen und daher einen Minimalparametersatz immer anzugeben, auch wenn die Angaben redundant sind, und die restlichen Parameter auf ihren Defaultwerten zu belassen. Im Normalfall reichen insofern die folgenden vier Hauptparameter.

Tabelle 1: Hauptparameter

Parameter	Kurzbeschreibung
DATA	… beinhaltet eine Aufzählung der zu exportierenden SAS-Tabellen, getrennt durch das Pipe-Zeichen „|". Pro SAS-Tabelle wird ein eigenes Tabellenblatt angelegt.
VAR	… spezifiziert die zu exportierenden Tabellenspalten durch Aufzählung von Variablennamenlisten, getrennt durch das Pipe-Zeichen „|" korrespondierend zu DATA. Jede Liste wiederum ist eine durch Leerzeichen getrennte Aufzählung von Variablennamen. Ist eine Variablenliste leer, so werden alle Variablen aus der entsprechender SAS-Tabelle genommen. Ist diese Aufzählung komplett leer, dann werden entsprechend alle DATA-Tabellen mit jeweils allen Variablen selektiert.
OUT	… beinhaltet in der Regel den Pfad inklusive Dateiname für die zu erzeugende XML-Datei. Sonderfall: Beginnt die Angabe allerdings mit einem Ausrufezeichen (!name), dann wird die nachfolgende Zeichenkette als logischer SAS-filename betrachtet; damit ist dann z.B. ein direktes Schreiben via FTP möglich. Ist die Angabe leer, dann wird ein XML-Dateiname aus dem ersten Tabellennamen in DATA generiert und das aktuelle Verzeichnis als Zielpfad verwendet.
KEY	… beinhaltet die Aufzählung von Anzahlen der Keyvariablen (werden in VAR jeweils als erstes aufgezählt) getrennt durch das Pipe-Zeichen „|" korrespondierend zu DATA. Die Keyvariablen werden per Default farblich abgesetzt dargestellt und steuern die Fensterfixierung und ggf. alternierende Zeilenfarben. Dadurch wird das Manövrieren in der Excel-Datei erleichtert und eine einfache Orientierung erreicht.

4.3 Beispiel mittels sashelp

Der Makro-Aufruf

```
%SAS2XML(DATA=sashelp.class|sashelp.shoes,
         KEY =1|,
         OUT =/mein/ausgabe/pfad/KSFE_beispiel.xml);
```

erzeugt beispielsweise

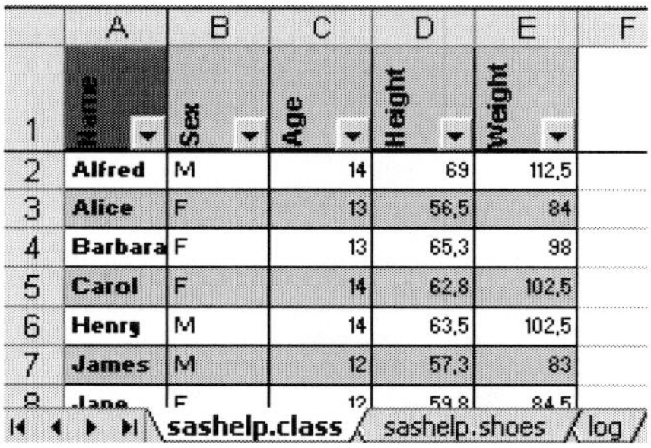

	A	B	C	D	E	F
1	Name	Sex	Age	Height	Weight	
2	Alfred	M	14	69	112,5	
3	Alice	F	13	56,5	84	
4	Barbara	F	13	65,3	98	
5	Carol	F	14	62,8	102,5	
6	Henry	M	14	63,5	102,5	
7	James	M	12	57,3	83	
8	Jane	F	12	59,8	84,5	

\sashelp.class / sashelp.shoes / log /

Abbildung 1: Excel-Beispiel

5 Ausblick

Ab Excel 12 (2007) sind Tabellenblätter mit 1.048.576 Zeilen und 16.384 Spalten möglich. Die aktuelle %SAS2XML-Verion ist nur für Excel 2002 - also 65.536 Zeilen und 256 Spalten ausgelegt. Die Begrenzungen sind vorausschauend in Makrovariablen hinterlegt (MAXZEILEN, MAXSPALTEN) und daher simpel anzupassen. Damit müssen vermutlich nur noch die XML-Namensräume (xmlns-Verweise) umversioniert werden, während die wesentliche Tag-Struktur der Tabellenblätter hoffentlich stabil bzw. abwärtskompatibel bleibt. Daher sollte eine geplante Umstellung in diesem Jahr keine Probleme aufwerfen.

Statistik

Schätzung von relativen Anteilen bei Nutzung der multinomialen Dirichlet-Verteilung

Joachim Spilke
Martin-Luther-Universität
Halle-Wittenberg,
Institut für Agrar- und
Ernährungswissenschaften
Karl-Freiherr-von-Fritsch-Str. 4
06120 Halle (Saale)
joachim.spilke@landw.uni-halle.de

Norbert Mielenz
Martin-Luther-Universität
Halle-Wittenberg,
Institut für Agrar- und
Ernährungswissenschaften
Karl-Freiherr-von-Fritsch-Str. 4
06120 Halle (Saale)
norbert.mielenz@landw.uni-halle.de

Zusammenfassung

Für die Schätzung von Anteilen für Kategorien innerhalb eines Objekts wird die Nutzung der multinomialen Dirichlet-Verteilung dargestellt. Die Überprüfung dieser Vorgehensweise mit Hilfe der Monte-Carlo-Simulation zeigt für die Schätzung der Parameter und deren Differenzen die Einhaltung der Treffgenauigkeit. Demgegenüber wird für die Intervallschätzung der Parameter eine Unterschreitung des nominalen Konfidenzniveaus und Überschreitung des nominalen Fehlers 1. Art beobachtet. Als wesentlicher Grund dafür ist die Unterschätzung der geschätzten Standardfehler zu sehen.

Schlüsselwörter: multinomiale Dirichlet-Verteilung, Monte-Carlo-Simulation, PROC NLMIXED

1 Einleitung und Problemstellung

Die Schätzung von mehr als zwei relativen Anteilen für Kategorien, beobachtet an einem Objekt, spielt bei vielen praktischen Anwendungen eine Rolle. Eine solche Problemstellung tritt beispielsweise auf, wenn zur Prüfung der Embryotoxizität eines Wirkstoffes der Anteil lebender, geschädigter und toter Individuen an der Gesamtzahl der Embryonen zu schätzen ist (Chen et al., 1991). Eine ähnliche Aufgabenstellung liegt vor, wenn zur Bewertung von Wirkstoffen zur Bekämpfung von Schaderregern bei Pflanzen der Anteil lebender, geschädigter sowie toter Individuen bei gegebener Gesamtanzahl von Individuen pro Objekt (Pflanze) erfasst wird und entsprechende Schätzungen anzugeben sind.

Abgeleitet von einem derartigen Anwendungsbeispiel aus dem Pflanzenschutz wird im vorliegenden Beitrag die Anwendung der multinomialen Dirichlet-Verteilung zur Schätzung der relativen Anteile mit Hilfe der Maximum-Likelihood-Methode beschrieben. Eine weiterführende Untersuchung der Wirksamkeit der Schätzmethodik und der Hypothesenprüfung erfolgt durch Monte-Carlo-Simulation. Von besonderem Interesse ist dabei der Einfluss der Datenstruktur auf Treff- und Wiederholungsgenauigkeit der Schätzungen und die Einhaltung vorgegebener statistischer Risiken bei

Inferenzaussagen. Dazu werden Bias und Standardfehler der Schätzungen sowie die Einhaltung eines nominalen Konfidenzniveaus bzw. Fehlers 1. Art untersucht.

2 Anwendungsbeispiel

Die vorliegende Untersuchung leitet sich von einem Anwendungsbeispiel aus dem Pflanzenschutz bei landwirtschaftlichen Nutzpflanzen ab (Kaiser et al., 2010). In einem Versuch soll die Wirksamkeit verschiedener Pflanzenschutzmittel gegen den Rapsglanzkäfer (*Meligethes aeneus*) verglichen werden. Dabei liegt das besondere Interesse auf der Wirkungsdauer der eingesetzten Mittel. Die Wirkungsdauer beschreibt den Zeitabstand in Tagen zwischen der Applikation des Mittels auf die Pflanze und der Ansetzung der Käfer an die Pflanze. Die untersuchten Wirkungsdauern werden von unterschiedlichen Pflanzen repräsentiert. Es liegen somit keine wiederholten Beobachtungen je Pflanze vor.

Als Untersuchungsmerkmal wird der Anteil
- überlebender
- geschädigter und
- toter Käfer

an einer Gesamtzahl je Behandlung und Wirkungsdauer erfasst. Diese Anteile sind für die Kombination Behandlung x Wirkungsdauer zu schätzen. Da die Beobachtungen stets innerhalb eines Objekts (Pflanze) erfasst werden, wird damit systematisch eine Korrelation zwischen den Anteilen erzeugt.

3 Die multinomiale Dirichletverteilung

Für die Bearbeitung der in Abschnitt 2 skizzierten Aufgabenstellung benutzen wir als Verteilungsansatz die multinomiale Dirichlet-Verteilung (Chen et al., 1991; Johnson et al., 1997).
Entsprechend der vorliegenden Aufgabenstellung betrachten wir einen Versuch mit a x b-Kombinationen (Behandlung x Wirkungsdauer) (i=1,…,a; j=1,…,b). In jeder Kombination ij werden m_{ij} Objekte (hier: Pflanzen) verwendet. Weiter sei n_{ijk} die Anzahl der Individuen (hier: Rapsglanzkäfer), angesetzt auf das k-te Objekt in Kombination ij. Wir beschränken uns nachfolgend entsprechend der praktischen Aufgabenstellung auf den Fall von drei unterschiedlichen Ausprägungen innerhalb n_{ijk}. So sollen im vorliegenden Fall x_{ijk} und y_{ijk} die Anzahl lebender bzw. geschädigter Objekte von der Gesamtzahl n_{ijk} sein. Dann repräsentiert $z_{ijk} = n_{ijk} - (x_{ijk} + y_{ijk})$ die Anzahl toter Individuen. Weiter repräsentieren p_{ijk}, q_{ijk} und r_{ijk} ($p_{ijk} + q_{ijk} + r_{ijk}=1$) Wahrscheinlichkeiten zur Angabe des Eintretens von x_{ijk}, y_{ijk} und z_{ijk} mit der gemeinsamen trinomialen Verteilung (Chen et al., 1991):

$$P(x_{ijk}, y_{ijk}, z_{ijk}) = \frac{n_{ijk}!}{x_{ijk}! y_{ijk}! z_{ijk}!} (p_{ijk})^{x_{ijk}} (q_{ijk})^{y_{ijk}} (r_{ijk})^{z_{ijk}}. \tag{1}$$

Statistik

In (1) beschreibt beispielsweise p_{ijk} die Wahrscheinlichkeit, für Kombination ij auf einer Pflanze k einen Käfer mit dem Zustand „lebend" zu finden.
Der entscheidende Gedankengang von Chen et al. (1991) besteht nun darin, die Wahrscheinlichkeiten p_{ijk}, q_{ijk} und r_{ijk} als Zufallsgrößen einer Dirichlet-Verteilung aufzufassen. Dann besitzt die gemeinsame Dichtefunktion mit den vom Index k unabhängigen Verteilungsparametern α_{ij}, β_{ij} und γ_{ij} die folgende Gestalt:

$$f(p_{ijk}, q_{ijk}, r_{ijk}) = \frac{\Gamma(\alpha_{ij} + \beta_{ij} + \gamma_{ij})}{\Gamma(\alpha_{ij})\Gamma(\beta_{ij})\Gamma(\gamma_{ij})} (p_{ijk})^{\alpha_{ij}-1} (q_{ijk})^{\beta_{ij}-1} (r_{ijk})^{\gamma_{ij}-1},$$ (2)

$$\alpha_{ij} > 0, \beta_{ij} > 0, \gamma_{ij} > 0.$$

Unter der Annahme der gemeinsamen Dichtefunktion in (2) leitet sich die nachfolgend dargestellte Wahrscheinlichkeitsfunktion ab. Die Wahrscheinlichkeitsfunktion für x_{ijk}, y_{ijk} und z_{ijk}, gegeben n_{ijk}, für die multinomiale (hier: trinomiale) Dirichlet-Verteilung ist nach Johnson et al. (1997, p. 80ff):

$$P(x_{ijk}, y_{ijk}, z_{ijk}) = \frac{n_{ijk}!\Gamma(\alpha_{ij} + \beta_{ij} + \gamma_{ij})\Gamma(x_{ijk} + \alpha_{ij})\Gamma(y_{ijk} + \beta_{ij})\Gamma(z_{ijk} + \gamma_{ij})}{x_{ijk}!y_{ijk}!z_{ijk}!\Gamma(n_{ijk} + \alpha_{ij} + \beta_{ij} + \gamma_{ij})\Gamma(\alpha_{ij})\Gamma(\beta_{ij})\Gamma(\gamma_{ij})}.$$ (3)

Für die Erwartungswerte und Korrelationen der Zufallsgrößen X_{ijk}, Y_{ijk} und Z_{ijk} gilt (Chen et al., 1991):

$$E(X_{ijk}) = n_{ijk} \cdot \mu_{ij}, \quad E(Y_{ijk}) = n_{ijk} \cdot \nu_{ij}, \quad E(Z_{ijk}) = n_{ijk} \cdot \eta_{ij},$$

$$\rho(X_{ijk}, Y_{ijk}) = -\mu_{ij}\nu_{ij}[\mu_{ij}(1-\mu_{ij})\nu_{ij}(1-\nu_{ij})]^{-\frac{1}{2}},$$

$$\rho(X_{ijk}, Z_{ijk}) = -\mu_{ik}\eta_{ik}[\mu_{ik}(1-\mu_{ik})\eta_{ik}(1-\eta_{ik})]^{-\frac{1}{2}},$$

$$\rho(Y_{ijk}, Z_{ijk}) = -\nu_{ij}\eta_{ij}[\nu_{ij}(1-\nu_{ij})\eta_{ij}(1-\eta_{ij})]^{-\frac{1}{2}}.$$

Die gesuchten Anteile μ_{ij}, ν_{ij} und η_{ij} ergeben sich aus:

$$\mu_{ij} = \alpha_{ij}/(\alpha_{ij} + \beta_{ij} + \gamma_{ij}), \quad \nu_{ij} = \beta_{ij}/(\alpha_{ij} + \beta_{ij} + \gamma_{ij}), \quad \eta_{ij} = \gamma_{ij}/(\alpha_{ij} + \beta_{ij} + \gamma_{ij}).$$ (4)

4 Effektschätzung und rechentechnische Umsetzung

Die Bereitstellung von Schätzwerten der Parameter in (4) gelingt bei Nutzung der Maximum-Likelihood-Methode, wobei die nachfolgend angegebene Likelihood, ausgedrückt als Beitrag des k-ten Objekts von Behandlung ij, zu maximieren ist:

$$\log L = const + \log\Gamma(\alpha_{ij} + \beta_{ij} + \gamma_{ij}) + \log\Gamma(x_{ijk} + \alpha_{ij}) + \log\Gamma(y_{ijk} + \beta_{ij}) + \log\Gamma(z_{ijk} + \gamma_{ij})$$
$$- \log\Gamma(n_{ijk} + \alpha_{ij} + \beta_{ij} + \gamma_{ij}) - \log\Gamma(\alpha_{ij}) - \log\Gamma(\beta_{ij}) - \log\Gamma(\gamma_{ij})$$ (5)

(const = nur von den Beobachtungen abhängige Konstante).
Die numerische Umsetzung erfolgt bei Nutzung von Proc NLMIXED. Nachfolgend ist ein Auszug aus der zugehörigen Programmdatei aufgeführt (Abbildung 1).

```
PROC NLMIXED
...
IF (behandlung=1 AND zeit=1) THEN
    ll =   LGAMMA(alpha_1_1 + beta_1_1 + gamma_1_1)
         + LGAMMA(x + alpha_1_1)
         + LGAMMA(y + beta_1_1)
         + LGAMMA(z + gamma_1_1)
         - LGAMMA(n + alpha_1_1 + beta_1_1 + gamma_1_1)
         - LGAMMA(alpha_1_1)
         - LGAMMA(beta_1_1)
             - LGAMMA(gamma_1_1);
...
model  n ~ general(ll);
...
```

Abbildung 1: Auszug aus den Statements innerhalb Proc NLMIXED zur Gewinnung von Parameterschätzungen der trinomialen Dirichlet-Verteilung gemäß (5)

5 Stochastische Simulation

5.1 Datenstruktur und genutzte SAS-Funktionen

Zur Überprüfung der Aussagefähigkeit des von uns gewählten Auswertungsansatzes führen wir eine stochastische Simulation durch.
Die Simulation basiert auf den in Tabelle 1 zusammengestellten Parametern. Bei der Wahl der Parameter erfolgte eine Anlehnung an praktische Verhältnisse sowohl bezüglich der unterschiedlichen Wahrscheinlichkeiten je Behandlung als auch die Veränderung der Wahrscheinlichkeiten in Abhängigkeit der Wirkungsdauer. In der vorliegenden Simulation wurden die Wirkungsdauern 2 und 5 Tage beachtet.

Tabelle 1: Simulationsparameter

Behand-lung	Wirkungs-dauer	Kategorie	Parameter	Wirkungs-dauer	Kategorie	Parameter
1	1 (2 Tage)	lebend	0.10	2 (5 Tage)	lebend	0.15
		geschädigt	0.30		geschädigt	0.45
		tot	0.60		tot	0.40
2	1 (2 Tage)	lebend	0.50	2 (5 Tage)	lebend	0.15
		geschädigt	0.25		geschädigt	0.45
		tot	0.25		tot	0.40
3	1 (2 Tage)	lebend	0.25	2 (5 Tage)	lebend	0.25
		geschädigt	0.50		geschädigt	0.60
		tot	0.25		tot	0.15

Bei der Wahl der Datenstrukturen lehnen wir uns an die oben kurz skizzierte praktische Problemstellung an. Wir simulieren den Fall von 10, 15, 20 Pflanzen mit jeweils 5, 10, 15, 20 Käfern. Somit ergeben sich 12 Strukturvarianten (Tabelle 2).

Statistik

Tabelle 2: Simulationsvarianten für Anzahl Pflanzen und Käfer je Pflanze je Kombination Behandlung x Wirkungsdauer sowie die verwendeten Abkürzungen (Anzahl Pflanzen_Anzahl Käfer)

		Anzahl Käfer je Pflanze			
		5	10	15	20
	10	10_5	10_10	10_15	10_20
Anzahl Pflanzen	15	15_5	15_10	15_15	15_20
	20	20_5	20_10	20_15	20_20

Die Simulation erfolgte bei Nutzung von Proc IML der Software SAS. Da keine Funktion zur Erzeugung der multinomialen Dirichlet-Verteilung genügender Zufallszahlen vorlag, erfolgte die Simulation gemäß eines Vorschlags von Neerchal and Morel (2005) zweistufig:

1. Stufe: Simulation der Realisationen (Anteile der Kategorien) gemäß einer Dirichlet-Verteilung bei Vorgabe der in Tabelle 1 zusammen gestellten Parameter (Nutzung der Funktion RANDDIRICHLET in Proc IML)
2. Stufe: Simulation der Realisationen (Anzahlen je Kategorie) bei Vorgabe der Anzahl Versuche n je Objekt m (hier Käfer je Pflanze) bei Verwendung der in Stufe 1 erzeugten Anteile (Nutzung der Funktion RANDMULTINOMIAL in Proc IML).

Für jede Variante wurden 10000 Simulationen durchgeführt.

5.2 Simulationsergebnisse

5.2.1 Schätzung der Anteile

Die Ergebnisdarstellung wird auf Behandlung 1, Wirkungsdauer 1 (2 Tage) begrenzt. Die hier gefundenen Ergebnisse gelten entsprechend auch für die übrigen Behandlungen und Wirkungsdauern.

In Abbildung 2 sind zunächst die mittleren Schätzungen für die simulierten Strukturvarianten zusammengestellt. Dabei kann unabhängig von der Struktur eine Einhaltung der Treffgenauigkeit beobachtet werden.

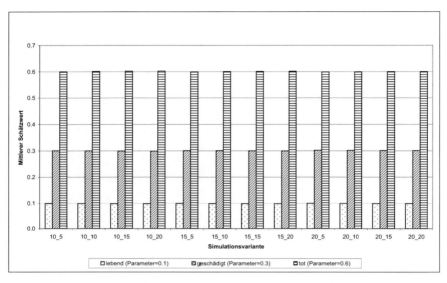

Abbildung 2: Schätzwerte der Anteile (lebend, geschädigt und tot) für Behandlung 1 und Wirkungsdauer 1 in Abhängigkeit der untersuchten Simulationsvarianten

Die in Abbildung 2 dargestellten Ergebnisse zeigen eine sehr gute Erwartungstreue, die durch Angabe des prozentualen Bias untermauert werden kann. Der Bias beträgt für alle untersuchten Varianten maximal 1.3% vom zugehörigen Parameter.

Für die Schätzungen der Erwartungswerte wurden zweiseitige Konfidenzintervalle berechnet. Es ist nun weiter bedeutsam, inwiefern das vorgegebene Konfidenzniveau $P = 1-\alpha$ eingehalten wird. In Abbildung 3 sind die Werte für das realisierte Konfidenzniveau $\hat{P}$ zusammengestellt.

Die Ergebnisse zeigen eine durchgehende Überschreitung des nominalen $\alpha = 0.05$ und damit eine Unterschreitung des nominalen Konfidenzniveaus P=0.95. Das bedeutet, der jeweilige Parameter wird seltener überdeckt, als mit dem vorgegebenen Konfidenzniveau gefordert.

Statistik

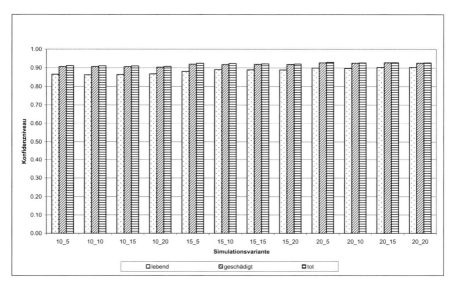

Abbildung 3: Realisierte Werte $\hat{P}$ für das Konfidenzniveau $P = 0.95$ der Schätzwerte der Anteile (lebend, geschädigt und tot) für Behandlung 1 und Wirkungsdauer 1 in Abhängigkeit der untersuchten Simulationsvarianten

Bedeutsam ist, dass die Verschätzung zwar mit Zunahme der Anzahl Objekte und Versuche je Objekt (Käfer je Pflanze) tendenziell abnimmt, aber auch bei einem vergleichsweise großem Datenumfang (20_20) noch zu beobachten ist.
Die vorliegende Simulationsstudie erlaubt weiterhin den Vergleich der geschätzten und beobachteten Standardfehler der Schätzungen. Der sog. „beobachtete Standardfehler" (SE_obs) resultiert aus der Berechnung des Standardfehlers der je Simulationslauf gewonnenen Schätzungen. D.h. im vorliegenden Fall aus 10000 Schätzwerten. Der „geschätzte Standardfehler" (SE_est) ist das Mittel der je Simulationslauf gewonnenen Standardfehler der Schätzungen. Zur besseren Vergleichbarkeit wird die Differenz bezogen auf den „beobachteten" Standardfehler dargestellt,

$$\text{Diff\_SE}(\%) = \frac{SE\_est - SE\_obs}{SE\_obs} * 100. \tag{6}$$

Die Bezugnahme auf den „beobachteten" Standardfehler beruht auf der Annahme, dass damit eine gute Widerspiegelung des tatsächlichen Standardfehlers der Schätzung gelingt.

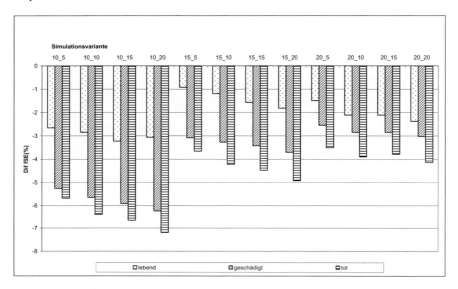

Abbildung 4: Differenz zwischen beobachtetem und geschätztem Standardfehler der Anteile (in Prozent des beobachteten Standardfehlers) für Behandlung 1 und Wirkungsdauer 1 in Abhängigkeit der untersuchten Simulationsvarianten

Die Ergebnisse in Abbildung 4 zeigen eine durchgehende Unterschätzung des „beobachteten" Standardfehlers durch den „geschätzten" Standardfehler. Dabei beträgt die maximale Unterschätzung etwa 7.2% und muss als wesentliche Erklärung für die beobachtete Abweichung vom nominalen Konfidenzniveau angesehen werden. Die Unterschätzung ist abhängig vom betrachteten Anteil und nimmt mit zunehmendem Stichprobenumfang ab. Die Unterschätzung für Parameter nahe 0.5 ist größer, obwohl die Verschätzung des Konfidenzniveaus für diese Fälle geringer ausfällt (vgl. Abbildung 3).

5.2.2 Schätzung von Kontrasten der Anteile

Die Ergebnisdarstellung für die Kontraste bezieht sich auf ausgewählte Hypothesen bei Gültigkeit der Nullhypothese (Tabelle 3).

Tabelle 3: Untersuchte Kontraste

Behandlung	Wirkungsdauer	Kategorie	Parameter
1-2	2 (5 Tage)	lebend	0.15-0.15= 0
1-2	2 (5 Tage)	geschädigt	0.45-0.45= 0

Statistik

Für die Kontraste kann ebenfalls die Einhaltung der Treffgenauigkeit beobachtet werden (Detailergebnisse sind hier nicht gezeigt). Weiterhin ist von Interesse, wie im Fall der Gültigkeit der Nullhypothese der nominale Fehler 1. Art eingehalten wird. Die Ergebnisse in Abbildung 5 zeigen eine durchgehende Überschreitung des nominalen Risikos in Abhängigkeit des betrachteten Kontrasts und der Datenstruktur.

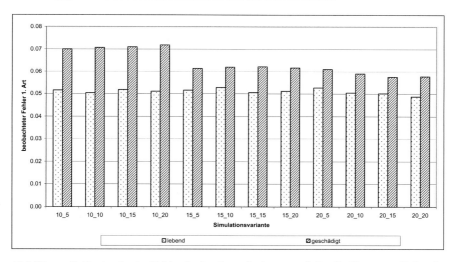

Abbildung 5: Beobachteter Fehler 1. Art (nominal $\alpha = 0.05$) für die Kontraste Behandlung 1-2 zu Termin 2 (lebend bzw. geschädigt) in Abhängigkeit der untersuchten Simulationsvarianten

Der zugehörige Vergleich zwischen beobachtetem und mittlerem geschätzten Standardfehler zeigt wiederum eine Unterschätzung in Abhängigkeit des beobachteten Kontrasts, wobei bei zunehmendem Stichprobenumfang die Unterschätzung abnimmt (Abbildung 6).

6 Diskussion und Schlussfolgerungen

Die multinomiale Dirichlet-Verteilung stellt eine gut geeignete Verteilung zur Schätzung von Anteilen für an einem Objekt erfasste Kategorien dar. Die besondere Eignung folgt auch daraus, dass die Korrelation zwischen den Beobachtungen innerhalb eines Objekts durch diesen Verteilungsansatz berücksichtigt wird (Chen et al., 1991). Die zugehörige Likelihood ist in SAS standardmäßig nicht verfügbar, kann aber bei Nutzung der Proc NLMIXED formuliert werden.

Die Überprüfung dieser Vorgehensweise durch Simulation zeigt erwartungstreue Schätzungen der Parameter und deren Differenzen. Demgegenüber werden für die realisierten Konfidenzniveaus geringere und die realisierten Fehler 1. Art höhere Werte gegenüber den nominalen Niveaus gefunden. Als wesentliche Ursache für diesen Befund ist die teilweise bedeutsame Unterschätzung der Standardfehler anzusehen.

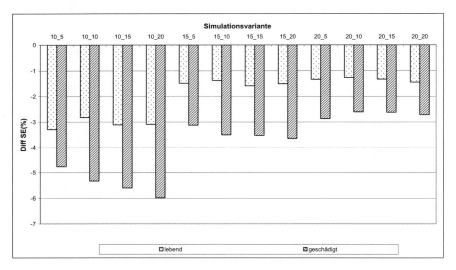

Abbildung 6: Differenz zwischen geschätztem und wahrem Standardfehler, prozentual vom wahren Standardfehler für die Kontraste Behandlung 1-2 zu Termin 2 (lebend bzw. geschädigt) in Abhängigkeit der untersuchten Simulationsvarianten

Literatur

[1] Chen J.J.; Kodell, R.L.; Howe, R.B.; Gaylor, D.W.: Analysis of trinomial responses from reproductive and developmental toxicity experiments. Biometrics 47 (1991) 1049-1058.

[2] Johnson, N.L.; Kotz, S.; Balakrishnan, N.: Discrete multivariate distributions. John Wiley & Sons. INC. New York 1997.

[3] Kaiser, C.; Grunau, S.; Müller, B.; Spilke, J.; Volkmar, C.: Wirkung von Insektiziden gegenüber dem Rapsschädling Meligethes aeneus. Julius-Kühn-Archiv 428 (2010) 503.

[4] Neerchal, K.N., Morel, J.G.: An improved method for the computation of maximum likelihood estimates for multinomial overdispersion models. Computational Statistics & Data Analysis 49 (2005) 33-43.

Datenqualität

Multiple Imputation – der State-of-the-Art-Umgang mit fehlenden Werten

Karen Steindorf
Deutsches Krebsforschungszentrum,
AG Umweltepidemiologie (C030)
und Abteilung für Präventive
Onkologie

Im Neuenheimer Feld 280
69120 Heidelberg
k.steindorf@dkfz.de

Oliver Kuß
Institut für Medizinische
Epidemiologie,
Biometrie und Informatik
Medizinische Fakultät,
Martin-Luther-Universität Halle-Wittenberg

Magdeburger Str. 8
06097 Halle (Saale)
oliver.kuss@medizin.uni-halle.de

Zusammenfassung

Fehlende Werte sind ein alltägliches Problem in der angewandten Forschung. In diesem Beitrag werden zunächst verschiedene vielfach eingesetzte Verfahren vorgestellt und ihre Praxistauglichkeit diskutiert. Es zeigt sich, dass die meisten dieser Verfahren unzureichende statistische Eigenschaften aufweisen. Kernelement des Beitrags ist daher das Verfahren der Multiplen Imputation, ein komplexes Verfahren zur Ersetzung von fehlenden Werten. Trotz seiner guten statistischen Eigenschaften und der mittlerweile verbesserten Verfügbarkeit von statistischer Standard-Software, in SAS zum Beispiel mittels PROC MI und PROC MIANALYZE, findet diese Methode bislang nur geringen Einsatz in der Praxis. Eine breitere Anwendung ist wünschenswert und wird sicherlich noch weitere praktische Fragen aufwerfen. Der Einsatz von Multipler Imputation erfordert statistische Fachkompetenz und ist sowohl bei der personellen aber auch bei der zeitlichen Projektplanung hinreichend zu berücksichtigen.

Schlüsselwörter: Fehlende Werte, Multiple Imputation, PROC MI, PROC MIANALYZE

1 Einleitung

Fehlende Werte sind ein alltägliches Problem in allen Bereichen, in denen große Datenmengen gesammelt und verarbeitet werden. Somit ist jede Auswertung, die den Umgang mit fehlenden Werten nicht angemessen adressiert, problematisch (Allison, 2001). Werte fehlen aus den verschiedensten Gründen, ein Interview wird abgebrochen, Teilnehmer verweigern die weitere Teilnahme in einer Langzeitbeobachtung, Fragen werden übersehen, Informationen sind nicht mehr verfügbar etc.

Zahlreiche Verfahren zur Ersetzung von fehlenden Werten wurden in der Vergangenheit vorgeschlagen und diskutiert (Little & Rubin, 1987; Schafer, 1997). In neuerer Zeit zeigte sich zunehmend, dass vor allem aufwändigere Verfahren adäquate Vorgehensweisen darstellen (Donders et al., 2006; Schafer & Graham, 2002). In der Praxis setzen sich diese jedoch nur langsam durch, obwohl mittlerweile viele statistische Auswertungspakete, u.a. SAS, eine computertechnische Umsetzung anbieten. In diesem Beitrag werden übersichtsartig einige der klassisch verwendeten Ansätze vorgestellt und ihre Praxistauglichkeit kurz erläutert, bevor das Verfahren der Multiplen Imputation präsentiert wird. Es wird sich zeigen, dass über die adäquate Methodik hinaus auch die gute Dokumentation zum Umgang mit fehlenden Werten in Berichten und Publikationen der angewandten Forschung zunehmend an Bedeutung gewinnt.

2 Ad hoc Methoden

Es gibt seit vielen Jahren verschiedene Ansätze, die für den Umgang mit fehlenden Werten vorgeschlagen und auch vielfältig eingesetzt werden.

2.1 Restriktions-Methoden

Ein Ansatz, der den Restriktions-Methoden zu zuordnen ist, ist die „Complete-Case Analyse". Dabei werden nur Beobachtungen bei der Auswertung berücksichtigt, die in allen Variablen vollständig sind. In vielen SAS-Prozeduren, wie zum Beispiel PROC REG, entspricht dieses Vorgehen der Standardeinstellung. Vorteilhaft ist, dass diese Methode für jede Analyseart und ohne zusätzliche Software verwendet werden kann. Ein Problem liegt in der Nicht-Verwendung von erhobenen Daten, da die komplette Datenzeile mit allen anderen vorhandenen Informationen aufgrund des fehlenden Wertes einer oder weniger Variablen ausgeschlossen wird. Dies kann finanziell und auch ethisch unbefriedigend sein. Diese Methode verringert die Effizienz der statistischen Verfahren, d.h. es führt zu verringerter Power der statistischen Tests bzw. zu breiteren Konfidenzintervallen. Als intuitiv besseres Verfahren wurde daher vorgeschlagen, für verschiedene Auswertungen zu einem Datensatz, die Daten nur bezüglich der Variablen einzuschränken, die gerade relevant sind, d.h. wenn die Variablen X,Y und Z erhoben wurden und die Korrelation zwischen X und Y berechnet werden soll, dass man in diesem Fall Beobachtungen mit fehlenden Werten in der Variablen Z durchaus berücksichtigen könne. Neben der problematischen Berichterstattung der Ergebnisse mit variierenden Fallzahlen wurde gezeigt, dass dieses Verfahren zu stark verzerrten und ineffizienten Schätzern führen kann (Allison, 2001). Dieser Ansatz ist daher für die Praxis nicht zu empfehlen.

2.2 Einfache Substitutions-Methoden

Die grundlegende Idee dieser Methoden ist es, die fehlenden Werte durch einen „vernünftigen" Ersatzwert zu ersetzen und dann die Daten mit dem vervollständigten Datensatz wie gewohnt auszuwerten. Die Ersatzwerte werden üblicherweise aus den vollständig vorliegenden Datensätzen gewonnen, indem allgemeine Mittelwerte, Mittelwerte in passenden Untergruppen oder die Ergebnisse aus Regressionsanalysen verwendet werden. Das allgemeine Problem dieser Verfahren besteht darin, dass die weiteren Analy-

Datenqualität

sen vernachlässigen, dass fehlende Werte ersetzt wurden. Die mit der Ersetzung verbundene statistische Unsicherheit bleibt somit unberücksichtigt, Standardfehler werden systematisch unterschätzt und die statistische Inferenz ist fehlerbehaftet.

Eine alternative Methode ist es, allen fehlenden Werten eine eigene Kategorie zu zuordnen, so dass diese als eigener Datenwert in die Analyse einfließen kann oder über eine Indikatorvariable in den Modellen berücksichtigt werden kann. Diese Ansätze sind in der Epidemiologie derzeit weit verbreitet. Insbesondere die Verwendung einer gesonderten Kategorie hat gerade für die Deskription der Daten viele Vorteile.

2.3 Vergleich der verschiedenen Ad-hoc Methoden

Eine vertiefende Bewertung der statistischen Eigenschaften der verschiedenen Verfahren setzt voraus, dass auch die Entstehungsmechanismen der fehlenden Werte berücksichtigt werden. So unterscheidet man die Fälle, in denen die vollständigen Beobachtungen eine Zufallsstichprobe aller Beobachtungseinheiten darstellen (sogenanntes MCAR=„Missing completely at random") oder in denen die Wahrscheinlichkeit für eine fehlende Beobachtung in einer Variablen Y unabhängig vom konkreten Wert von Y ist, nachdem für andere Variablen in der Analyse adjustiert wurde (MAR=„Missing at random, P(Wert von Y fehlt / Y, X) = P(Wert von Y fehlt / X)). Falls die Werte nicht MAR sind, so wird der Mechanismus als informativ (informative, not ignorable, MNAR=„Missing not at random") bezeichnet.

In der Tat ist das Verständnis des zu Grunde liegenden Mechanismus, der die fehlenden Werte generiert hat, essentiell für deren Behandlung. So bestimmt der Mechanismus den Grad der Verzerrung und, zum Teil, die korrekte Wahl zum Umgang mit den fehlenden Werten. Eine Vertiefung dieser Aspekte ist an dieser Stelle nicht möglich. Es zeigte sich jedoch, dass von all diesen Verfahren die Complete-Case Analyse die beste ist. Gerade für die in der Epidemiologie häufig verwendete Logistische Regression konnte gezeigt werden, dass sie unter recht allgemeinen Bedingungen zu valider statistischer Inferenz führen kann (Vach, 1994). Dennoch bedeutet es, dass bei einer Untersuchung von 1000 Personen, bei denen 20 Variablen erhoben werden, die jeweils eine Fehlwahrscheinlichkeit von 5% aufweisen, am Ende nur 360 komplette Datensätze verwendet werden können, wohingegen die Angaben von 640 Personen nicht beachtet werden. Es erscheint somit sinnvoll, sich auch mit anderen Verfahren für fehlende Werte auseinander zu setzen, auch wenn sie unter Umständen deutlich aufwändiger sind.

Tabelle 1: Überblick über ausgewählte Verfahren zum Umgang mit fehlenden Werten

Ad hoc Methoden	Verfeinerte Substitutions-Methoden
(1) **Restriktionsverfahren** (2) **Einfache Substitutionsverfahren**	(1) **Maximum Likelihood Schätzung** (2) **Multiple Imputation** (3) **Pseudo Maximum Likelihood Schätzung**
• Schlechte statistische Eigenschaften (inkonsistente oder verzerrte Schätzer; Varianzschätzer und somit Tests und Konfidenzintervalle nicht valide) • Complete-case Analyse ist von diesen Verfahren in der Regel am besten. • Die anderen sind nicht zu empfehlen, einige sind ok unter der MCAR Annahme	• Methoden haben wünschenswerte statistische Eigenschaften, erfordern aber erhöhten Aufwand. • Die Verfügbarkeit von statistischer Standard-Software hat sich in den letzten Jahren dramatisch verbessert, z.B. in SAS. • Diese Methoden sollten verwendet werden, wenn eine größere Anzahl von Daten fehlt.

3 Das Verfahren der Multiplen Imputation

Es gibt verschiedene Verfahren, die bessere statistische Eigenschaften als die genannten Ad-hoc Methoden besitzen (s. Übersicht in Tabelle 1). Diese liefern sowohl unter der MCAR- als auch unter der MAR-Annahme approximativ unverzerrte und effiziente Schätzer. Damit bilden sie die Basis für valide statistische Inferenz, d.h. die Konfidenzintervalle halten die Überdeckungswahrscheinlichkeiten und die Tests die vorbestimmten Signifikanzniveaus ein. In diesem Beitrag wird nur auf das Verfahren der Multiplen Imputation eingegangen und dieses in seinen Grundzügen vorgestellt (Donders et al., 2006; Schafer & Graham, 2002; Spratt et al., 2010). Die anderen Ansätze werden nicht behandelt, liefern häufig aber sehr ähnliche Ergebnisse.

Die grundlegende Idee der Multiplen Imputation ist es, dass die Ersetzung eines fehlenden Wertes durch einen einzelnen Wert die mit der Ersetzung verbundene Unsicherheit nicht widerspiegeln kann. Daher wird ein einzelner fehlender Wert durch viele plausible Werte ersetzt, deren Variabilität die Unsicherheit darüber wiedergibt, welches der richtige Wert ist. Wie in Tabelle 2 dargestellt, gliedert sich das Verfahren der Multiplen Imputation insgesamt in drei Phasen.

Datenqualität

Tabelle 2: Überblick über die drei wesentlichen Phasen einer Multiplen Imputation

Phasen	Aufgabe	SAS-Prozedur
Schritt 1	Die fehlenden Daten werden m-fach ersetzt, so dass m komplette Datensätze entstehen	PROC MI
Schritt 2	Die m kompletten Datensätze werden mit adäquaten statistischen Verfahren ausgewertet	Zum Beispiel: PROC LOGISTIC; PROC REG; PROC PHREG; PROC GLM
Schritt 3	Die Ergebnisse der m kompletten Datensätze werden zu einem Gesamtergebnis zusammengefasst	PROC MIANALYZE

In dem ersten Schritt wird, im Unterschied zu den Ad-Hoc-Substitutionsverfahren, nicht nur ein vollständiger, sondern m vollständige Datensätze erstellt. In der Literatur wurde bis vor kurzem empfohlen, 5 bis 10 komplette Datensätze zu erstellen, eine neuere Arbeit zeigt jedoch, dass auch größere Anzahlen erforderlich sein können (Spratt et al., 2010). Für den Fall, dass der einfache Datensatz bereits umfangreich ist, so kann diese Vervielfachung in der Praxis durchaus die Grenzen der Praktikabilität erreichen. Die Vervielfachung und die gleichzeitige Ersetzung der fehlenden Werte werden in SAS mit der Prozedur PROC MI umgesetzt. Für diesen Schritt ist die wichtige Unterscheidung zwischen dem Imputationsmodell und dem analytischen Modell zu treffen. Das Imputationsmodell beinhaltet alle Variablen des Datensatzes, in denen fehlende Werte aufgetreten sind, und alle Variablen, die einen Beitrag zum „Auffüllen" der fehlenden Werte liefern können. Das analytische Modell enthält alle Variablen, die für die geplante Auswertung erforderlich sind. Das Imputationsmodell ist somit mindestens so groß wie das analytische Modell, es kann jedoch auch weitere Variablen beinhalten, die die Qualität der Imputation verbessern können. Ob eine Variable Z ein Prädiktionspotenzial für die Ersetzung der fehlenden Werte der Variablen M haben kann, kann man unter anderem untersuchen, indem man den Anteil der fehlenden Werte in M für die verschiedenen Ausprägungen von Z betrachtet.

Die allgemeine Syntax in SAS sieht für diesen ersten Schritt der Multiplen Imputation mittels der SAS-Prozedur PROC MI wie folgt aus:

PROC MI < Optionen> ;
    BY Variablen ;
    CLASS Variablen ;
    EM < Optionen > ;
    FREQ Variablen ;
    MCMC < Optionen > ;
    MONOTONE < Optionen > ;
    TRANSFORM Transform (Variablen < / Optionen >)
        < ... Transform (Variablen < / Optionen >) > ;
    VAR Variablen ;

Ein grundlegendes Beispiel könnte wie folgt aussehen:

```
PROC MI data=KSFE_BSP seed=501213 out=OUT_KSFE;
    VAR muscle_strength oxygen weight height gender runtime
        fitness;
    RUN;
```

In diesem Beispiel wird mittels der Spezifikation des Startwertes des Zufallszahlengenerators (seed=) die Reproduzierbarkeit der Simulationsprozedur gewährleistet. Wichtig ist auch die Benennung eines Datensatzes, in den das Ergebnis ausgelesen wird. Nur so ist eine Weiterverarbeitung der Ergebnisse im nächsten Schritt möglich. In diesem sehr einfachen Beispiel wurden nur wenige der in SAS vorhandenen Spezifikationsmöglichkeiten genutzt, die anderen bleiben somit weiterhin mit Defaults belegt, von denen einige in Tabelle 3 zusammengestellt sind. Weitere Optionen dienen zum Beispiel der Festlegung von zugelassenen Wertebereichen (Minimum und Maximum) oder der Genauigkeit (round) der zu ersetzenden Werte.

Tabelle 3: Überblick über einige Default-Einstellungen der SAS-Prozedur PROC MI

Die MI Prozedur	
Model Information	
Data Set	WORK.KSFE_BSP
Method	MCMC
Multiple Imputation Chain	Single Chain
Initial Estimates for MCMC	EM Posterior Mode
Start	Starting Value
Prior	Jeffreys
Number of Imputations	5
Number of Burn-in Iterations	200
Number of Iterations	100
Seed for random number generator	501213

Als statistische Methodik zur Schätzung der fehlenden Werte wird als Standardeinstellung die Markov Chain Monte Carlo (MCMC) Methode angewendet, die von einer multivariaten Normalverteilung aller Variablen im Imputationsmodell ausgeht. Es gibt aber auch andere Ansätze, wie zum Beispiel nicht-parametrische oder Propensity Score-Verfahren. Wie bei allen auf Simulation beruhenden Methoden ist es in diesem Schritt überaus wichtig, die Konvergenz und Stabilität des Simulationsverlaufs zu überprüfen. Die verfügbaren Softwarepakete bieten hier Unterstützung an. Generell erfordert dieser Schritt gute statistische Expertise. Der Aufwand zum Beispiel schon für die Auswahl des Imputationsmodells aber auch für die Überprüfung der Stabilität der Ergebnisse ist nicht zu unterschätzen und in der Planung der Auswertungsphase sowohl personell als auch zeitlich zu berücksichtigen.

Im zweiten Schritt werden dann die m kompletten Datensätze, möglicherweise reduziert auf die Variablen, die nur zum Analysedatensatz gehören, mit den geplanten Analysemodellen und –verfahren einzeln ausgewertet. Dieser Schritt unterscheidet sich nicht von der Analyse, die mit dem Originaldatensatz durchgeführt worden wäre und kann jegliches statistisches Modell beinhalten. Insgesamt entsteht somit ein m-facher Ergebnisdatensatz. Eine Identifikationsvariable für die Zuordnung zu den m Datensätzen ist mit zu führen. Der Ergebnisdatensatz wird im dritten Schritt, z.B. mit der SAS Prozedur PROC MIANALYZE gemäß den Regeln von Rubin zu einem Gesamtergebnis zusammengefasst, das die Unsicherheiten über die m Wiederholungen der Auswertungen bei der statistischen Inferenz berücksichtigt. Auch hier unterstützen die Softwarelösungen die Klärung, wie viel Unsicherheit die Ersetzung der fehlenden Werte in die Ergebnisse gebracht hat.

4 Diskussion und Schlussfolgerungen

Der adäquate Umgang mit fehlenden Werten ist in zahlreichen Anwendungen nicht trivial, aber unabdingbar. Von den Ad-hoc-Verfahren erscheint derzeit die Methode der Complete-Case-Analyse am besten, trotz der erheblichen Datenverluste, die damit einhergehen können. Verfahren wie die Multiple Imputation weisen gravierende Vorteile gegenüber den derzeit als Standard verwendeten Methoden auf, so dass deren vermehrter Einsatz in der Praxis zu fordern ist. Die Zahl der verfügbaren statistischen Software-Lösungen hat in den letzten Jahren stetig zu genommen und bietet nun auf vielen Plattformen geeignete Lösungen an. Dennoch oder gerade für diese Ansätze geht der angemessene Umgang mit fehlenden Werten jedoch mit einem substantiellen Investment an Zeit und Energie einher. Bei der Planung und Durchführung von großen Datenerhebungen ist es daher von besonderer Bedeutung und unter Umständen auch ökonomisch sinnvoll, fehlende Werte so weit wie möglich zu vermeiden. Die zur Verfügung stehenden statistischen Methoden sollten insbesondere nicht dazu verleiten, diese Sorgfalt während der Studiendurchführung einzuschränken.

Unter der Erwartung, dass die verfeinerten und aufwändigeren Substitutions-Methoden in den nächsten Jahren vermehrt bei der Auswertung verwendet werden, ist auch eine genauere Untersuchung ihrer Praxistauglichkeit in verschiedenen Bereichen erstrebenswert. So wirft die Definition des Imputationsmodells in der Praxis häufig noch viele Fragen auf, deren Konsequenzen noch unzureichend verstanden sind. In jedem Fall ist zu beachten, dass alle Variablen, die bei der Modellierung eine Rolle spielen können, vorab auch im Imputationsmodell enthalten sein müssen. Das umfasst zum Beispiel auch alle Interaktionsterme und transformierte Variablen. In Anwendungen, in denen die Auswahl der relevanten Variablen erst im Verlauf der Analysen vorgenommen wird, wie zum Beispiel in einigen epidemiologischen Anwendungen, ist die Definition des Imputationsmodells somit keineswegs trivial und die Konsequenzen sicherlich auch noch nicht hinreichend statistisch untersucht.

Auch wenn die Fortschritte auf dem Gebiet der multiplen Imputation in den letzten Jahren immens waren, sei noch auf einige Schwierigkeiten hingewiesen. Immer noch unbefriedigend, sowohl von der theoretischen Seite als auch bei der Umsetzung in PROC

MI, ist zum einen der Umgang mit fehlenden Werten für kategoriale Variablen. Zum anderen liefert auch die multiple Imputation nur gültige Schätzer, wenn mindestens die MAR-Annahme erfüllt ist. Beim Vorliegen von „informative dropout" kann auch die Methode der multiplen Imputation nicht mehr angewandt werden. In diesem Falle muss der Dropout-Prozess mit Hilfe von Selektions- oder Mischungsmodellen explizit modelliert werden. Keines dieser Verfahren ist bisher automatisiert in SAS umgesetzt.

Zu beachten ist aber auch, dass nicht jeder fehlende Wert in einer Datenbank ein Problem darstellt, sondern dass es häufig auch „korrekte" fehlende Werte gibt. Ein Beispiel ist das Alter bei der ersten Geburt bei einem männlichen Studienteilnehmer oder die fehlende Anzahl von gerauchten Zigaretten bei einem/r Nichtraucher/-in oder die Ergebnisdatei zu einem Lateinischen Quadrat oder einem Two-Stage-Studiendesign, die *per se* schon nicht auf Vollständigkeit angelegt sind. Der inhaltliche Bezug zu den fehlenden Werten darf bei der Wahl der adäquaten Methoden nicht verloren gehen. „Korrekte" fehlende Werte sind explizit vor der multiplen Imputation als automatischer Prozedur zu schützen.

Ein wichtiger Punkt beim Umgang mit fehlenden Werten stellt auch die umfassende Berichterstattung dar. Nur so lassen sich die berichteten Ergebnisse hinreichend bewerten und qualitativ einordnen. Es stehen Richtlinien zur Verfügung, wie der Umgang mit fehlenden Werten in Berichten und Publikationen dokumentiert werden kann, die vermehrt zur Anwendung kommen sollten (Sterne et al., 2009).

Literatur

[1] Allison P (2001): Missing data. Sage Publications, Thousands Oaks.
[2] Donders AR, van der Heijden GJ, Stijnen T, Moons KG (2006): A gentle introduction to imputation of missing values. J Clin Epidemiology, 59, 1087-91.
[3] Little R, Rubin D (1987): Statistical analysis with missing data. Wiley, New York.
[4] Schafer JL (1997): Analysis of incomplete multivariate data. Chapman & Hall, London.
[5] Schafer JL, Graham JW (2002): Missing data: our view of the state of the art. Psychol Methods, 7(2), 147-77.
[6] Spratt M, Carpenter J, Sterne JA, Carlin JB, Heron J, Henderson J, Tilling K (2010): Strategies for Multiple Imputation in Longitudinal Studies. Am J Epidemiol, 172, 478-87.
[7] Sterne JA, White IR, Carlin JB, Spratt M, Royston P et al. (2009): Multiple imputation for missing data in epidemiological and clinical research: potential and pitfalls. BMJ, 338, b2393.
[8] Vach W (1994): Logistic regression with missing values in the covariates. Springer Verlag, Heidelberg.

Analyse SDTM basierter klinischer Daten mit JMP® Clinical

Nicole Wächter
HMS Analytical Software
Rohrbacher Straße 26
69115 Heidelberg
nicole.waechter@analytical-software.de

Zusammenfassung

JMP® Clinical der Firma SAS ist ein Add-on zu JMP und stellt dem Anwender eine breite Palette mit Tools zur explorativen Analyse klinischer Daten zur Verfügung. Diese integrierten Analysepakete (in JMP® Clinical und im Folgenden „Analytische Prozesse" genannt) sind über Menüeinträge in der JMP® Umgebung aufrufbar und geben die Ergebnisse in Form dynamischer Berichte zurück. Die Analytischen Prozesse greifen auf CDISC Datenstandards zu, womit die Grundlage für ad hoc Analysen ohne eine vorige (zeitraubende) Datenaufarbeitung und Analyseprogrammierung geschaffen wird. Der Fokus liegt derzeit in der Auswertung klinischer Safety Daten visualisiert durch state-of-the-art Grafiken. Jenseits der durch Point-and-Click und Drill-Down Sequenzen generierten Auswertungen bietet JMP® Clinical auch noch die Möglichkeit, individuelle Analytische Prozesse zu programmieren und in JMP® Clinical zu integrieren.

Der Beitrag beschränkt sich, soweit nicht anders angegeben, auf die Version 2.1 und startet mit einer Übersicht über die relevanten CDISC Standards gefolgt von einer Beschreibung der wichtigsten Features von JMP® Clinical. Eine ad hoc Auswertung unerwünschter Ereignisse demonstriert dann den typischen Ablauf und die wesentlichen Features eines Analytischen Prozesses. Anschließend wird anhand einer Bioäquivalenzanalyse zweier Substanzen die Implementierung weiterer Analysen in der JMP® Clinical Umgebung exemplarisch dargestellt. Die daraus gewonnen Erfahrungen schließen diese Darstellung zu JMP® Clinical ab.

Schlüsselwörter: JMP® Clinical Version 2.1, CDISC, SDTM, ADaM, Explorative Datenanalyse, Bioäquivalenz

1 Die CDISC Datenstandards SDTM und ADaM

Die zwei Datenstandards - verfasst und herausgegeben von der CDISC Organisation („Clinical Data Interchange Standards Consortium") - sind die Datenbasis für die Analysen in JMP® Clinical und sollen hier kurz skizziert werden: Der SDTM („Study Data Tabulation Model") Standard gruppiert erfasste und „saubere" (Studien-)Daten, indem fachlich zusammenhängende Informationen eines abgrenzbaren Themengebietes als Entitäten in Domains abgebildet werden. Beispielsweise sind die Daten der Medikation in EX („Exposure") und die der Unerwünschten Ereignisse in AE („Adverse Event") Domains jeweils als Observationen eines Datensatzes dargestellt. Einige abgeleitete Variablen ergänzen die erfassten Daten und erleichtern so die Durchsicht der (Studien-) Daten. Über die klassischen, erfassten Daten hinaus sind Informationen über das Studiendesign in separaten Domains abgebildet, komplettiert durch Metadaten zu allen eben beschriebenen Datenkategorien. ADaM („Analysis Data Model") ist ein Datenstandard, der im Lebenszyklus klinischer Daten (idealerweise) der SDTM Phase folgt: es ist ein Model für Analysedaten und ihrer Metadaten. Hier werden die Datenstrukturen so spezifiziert, dass eine statistische Analyse ohne weitere Datentransformationsschritte möglich ist („One statistical proc away" Idee). Eine der ADaM Standardstrukturen beschreibt die Studiendaten auf Personenebene mit allen relevanten Analyseattributen. Der Datensatz heißt ADSL (AD steht für ADaM und SL für „Subject Level") und bildet Personen als Observationen, die Merkmale als Variablen und die Merkmalsausprägungen als Werte dieser Variablen (in den dazugehörigen Observationen) ab.

2 JMP® Clinical

Eine Übersicht findet sich auch in den SAS White Papers. Zahlreiche Analyseszenarien mit echten Studiendaten werden in einem Demo Webcast (ein Link zu der Seite ist im Literaturverzeichnis) erläutert. Die folgenden Abschnitte stellen ausgewählte Eigenschaften dieser Software vor.

2.1 Offene Architektur

Die offene Architektur zeichnet sich durch den frei zugänglichen Quellcode (SAS Programme, Makros und JMP® Skripte) und die automatische Generierung von JMP® Skripten bei oberflächengesteuerten Analysen aus. Die so durchgeführten Analysen sind daher reproduzierbar und das wiederum ermöglicht den leichten Austausch der Auswertungen zwischen verschiedenen Anwendern.

Ein Feature der offenen Architektur besteht in der Option zur Erweiterung der Funktionalität durch Einbinden individueller analytischer Prozesse - zukünftig als Add-Ins in einem neuen Add-in Framework. Add-Ins sind auch auf der Download Seite von SAS erhältlich, ein SAS Login (kostenfrei) ist dazu erforderlich[1].

2.2 Analytische Prozesse

Analytische Prozesse (AP) sind - technisch betrachtet - SAS Programme, die in JMP® Clinical über die Anwenderdialoge parametrisiert, aufgerufen und deren Ergebnisse in die JMP® Oberfläche integriert werden können.

---

[1] http://www.sas.com/apps/demosdownloads/jmpFileExchange_PROD__sysdep.jsp?packageID=000416&jmpflag=Y

JMP® Clinical verwendet die SAS Module BASE, STAT, IML und GRAPH, die beim Erwerb der Software allerdings nicht separat lizensiert werden müssen.

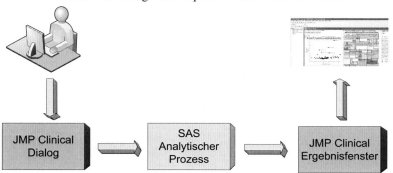

Abbildung 1: JMP® Clinical Analytische Prozesse - Übersicht

2.3 Erforderliche SDTM und ADaM Daten

Um den vollen Funktionsumfang der mitgelieferten Analytischen Prozesse ausschöpfen zu können, müssen die zu analysierenden Studiendaten jedoch nur teilweise den SDTM und ADaM Standards folgen. Auf insgesamt nur 52 Variablen (inklusive der Identifier Variablen) der SDTM Domains CM, DM, DS, LB, MH, VS und des ADaM Datensatzes ADSL wird zurückgegriffen und auch diese sind teilweise nur optional erforderlich wie folgendes Beispiel zeigt. Die ADSL Variablen STUDYID, USUBJID, AGE, SEX, RACE sind verpflichtend, aus den Gruppen ARM, TRT01A, TRT01P bzw. TRTEDT, TRTEDTM bzw. TRTSDT, TRTSDTM ist das Vorhandensein nur einer Variable obligatorisch.

Die komplette Liste der CDISC Variablen und ihrer Attribute steht in Form des SAS Datensatzes required_variables.sas7bdat im JMP® Clinical Root Verzeichnis zur Verfügung.

2.4 Interaktivität

Sog. **JMP® Plattformen** erzeugen interaktive Ergebnisfenster („Dashboards"), die mit den zugrundeliegenden Datentabellen dynamisch verknüpft sind und aus Grafiken und/oder Statistiken bestehen. Dynamisch bedeutet hier, dass durch eine Aktion in einem Dashboard Element Aktionen in anderen Dashboard Elementen und/oder den Datentabellen folgen: wird eine Subgruppe in einer einzelnen Grafik ausgewählt, so geschieht das auch in den übrigen Grafiken und die entsprechenden Zeilen der Tabelle werden markiert. Oder der Cursor befindet sich auf einen Datenpunkt und zeigt den dazugehörigen Wert an.

Datenfilter sind Dashboard Elemente, die auf dynamisch verknüpfte Tabellen zugreifen und für anschließende Subanalysen Variablenwerte filtern. Die ausgewählten Filtervariablen können logisch verknüpft werden und erscheinen im Dashboard in einem separaten Kontroll-Element.

Die Safety Informationen einzelner Personen stellt ein Analysemodul, der **Patient Profiler,** grafisch dar. Dieser ist als analytischer Prozess implementiert und kann auf alle Tabellen angewendet werden, die über die Identifikationsspalte „Unique Subject Identifier" (Variablenname USUBJID) verfügen. Derzeit sind die Daten der SDTM Domains „Adverse Events", „Concomitant Medications", "Exposure", "Laboratory" und "Vital Signs" im Profil Ergebnisfenster dargestellt.

2.5 Funktionsumfang

Die „Safety" Analysen verwenden diverse auf SAS Analytics basierende Verfahren:
- Multiples Testen (z.B. adjusted False Positive Discovery Rate, PROC MULTTEST)

Über die „Safety" Analysen hinaus gibt es Verfahren zur
- Mustererkennung (z.B. Hauptkomponentenanalyse, PROC PRINCOMP) und zum
- Data Mining (z.B. Diskriminanzanalyse, PROC DISCRIM)

Eine vollständige Übersicht mit detaillierteren Informationen sind dem „JMP® Clinical User Guide" zu entnehmen, die SAS Hilfe beschreibt die entsprechenden SAS Prozeduren.

2.6 Einsatzfelder für JMP® Clinical

Einige (beispielhafte) Anwendungsfälle sind
- Explorative Analysen, insbesondere ad hoc Subgruppen Auswertungen
- Periodische Datenreviews während der operationalen Phase der Studie, z.B. mit dem Ziel „Tendenzen" rechtzeitig zu erkennen
- „Data cleaning" Prozesse bei denen visuelle Methoden Zahlen- und Textdarstellungen überlegen sind

3 Auswertung Unerwünschter Ereignisse

Diese Standardauswertung mit dem Prozess "AE Incidence Screen" lässt sich in folgende Analyseschritte gliedern:
- Das Testen der Inzidenzen aller unerwünschten Ereignisse auf Behandlungsunterschiede durch den Exakten Fisher Test verknüpft mit
- einer Adjustierung multipler p-Werte.
- Über einen Schwellenwert für die absoluten Häufigkeiten wird die zu berichtende Anzahl der Unerwünschten Ereignisse reduziert (d. h. nicht alle Inzidenzen werden berichtet).

JMP: Anwendungen

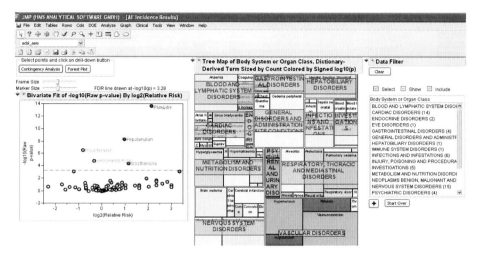

Abbildung 2: Ergebnis Dashboard des AP "AE Incidence Screen"

Als Ergebnis wird ein SAS Datensatz mit p-Werten (adjustierte und nicht adjustierte) des Exakten Fisher Testes erstellt und in die JMP® Umgebung zurückgeliefert (adsl_aeis.sas7bdat). Basierend auf diesen Daten sind folgende Elemente in das JMP® Dashboard integriert:

- Der "Volcano-Plot" bildet die Relativen Risiken gegenüber den nicht-adjustierten p-Werten ab, eine multiplizitäts-adjustierte Grenzlinie (False Discovery Rate) trennt die p-Werte jedoch visuell.
- In einer zweiten Grafik dem sog. "Tree Map" werden die absoluten Häufigkeiten (proportional der Fläche der Rechtecke) und die nicht-adjustierten p-Werte (proportional der Farbintensität) der unerwünschten Ereignisse gruppiert nach Systemorganklasse dargestellt.

Anmerkung: Erweiterungen der nächsten JMP® Clinical Version 3.0 beinhalten die klassischen Darstellungen der Unerwünschten Ereignisse sortiert nach Relativen Risiken mit Konfidenzgrenzen, wie sie beispielhaft in dem Draft CDISC Dokument "ADaM Data Structure for Adverse Event Analysis" zu finden sind.

Als interaktive Elemente ist in dem Dashboard zum einen ein Datenfilter, der mit der Systemorganklasse als Filterparameter vorbelegt ist. Beliebige weitere Parameter der Tabelle sind ebenso verwendbar, optional können die Filter auch logisch verknüpft werden. Zum anderen sind zwei Drill-Down Schaltflächen integriert, durch die Analysen auf die selektierten Beobachtungen (d.h. auf die einzelnen unerwünschten Ereignisse) angestoßen werden können:

N. Wächter

- die Kontingenzanalyse umfasst die Vier-Felder Tafel und den Exakten Fisher Test,
- der Forest Plot stellt die Relativen Risiken der Inzidenzen dar.

Technisch betrachtet werden mit diesen dynamischen Elementen JMP® Plattformen aufgerufen und ausgeführt, SAS kommt bei der Analyse nicht zum Tragen.
Drei weitere Datensätze, die nicht automatisch in die JMP® Umgebung integriert sind, finden sich im Ergebnisverzeichnis wieder:

- _processinfo.sas7bdat beinhaltet Prozess Metadaten,
- adsl_aei.sas7bdat ist der ADSL Datensatz ergänzt um Inzidenzen aller unerwünschten Ereignisse
- ae_counts.sas7bdat listet die unerwünschten Ereignisse und die dazugehörigen Häufigkeiten

Mit den erweiterten ADSL Daten (adsl_aei.sas7bdat) lässt sich eine zusammenfassende Darstellung einzelner Personen bequem mit dem AP „Patient Profiler" erstellen. Das Profil ist in der nachfolgenden Grafik abgebildet.

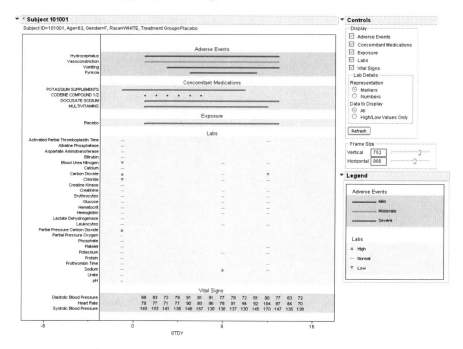

Abbildung 3: Ein "Patient Profile"

4 Vorgehensweise zur Erweiterung von JMP® Clinical: Erstellen und Einbinden eines individuellen Analytischen Prozesses

4.1 Beschreibung der Analyse

Es soll die Analyse der „Average Bioequivalence eines Standard 2x2 Crossover Designs" auf SDTM und ADaM Datenbasis realisiert werden.

In der klinischen Forschung kommen Bioäquivalenzstudien zum Einsatz, wenn die Wirksamkeit und Sicherheit neuer Formulierungen gegenüber (innerhalb des Studienprogramms zuvor analysierten) Referenzformulierungen überprüft, das Darstellungsverfahren eines Medikaments sich ändert und die Konsistenz zum alten Verfahren nachgewiesen oder ein neues Generikum mit dem Originalwirkstoff verglichen werden soll. Nachfolgend deckt der Begriff Prüfsubstanz alle eben beschriebenen Fälle ab, die entsprechenden Variablennamen lauten Behandlung (resp. Treatment) mit den Ausprägungen Test und Reference.

In einem Standard 2-Perioden, 2-Behandlungssequenzen Crossover Design werden die Studienteilnehmer dem Studienarm „Test↔Referenz" oder „Referenz↔Test" (das sind hier die zwei vorkommenden Sequenzen) zufällig zugewiesen (randomisiert), so dass sie in der ersten Periode die Behandlung Test und in der zweiten Periode die Behandlung Referenz bekommen (und vice versa). Die beiden Perioden müssen zeitlich soweit auseinander liegen, dass die Wirkungen der Behandlung der ersten Periode nicht in die zweite Periode hineinreichen. Trifft das allerdings nicht zu, dann spricht man hier von einem Carry-over Effekt (erster Ordnung).

Die **Bioverfügbarkeit** eines Arzneistoffes wird durch das Ausmaß und die Geschwindigkeit beschrieben, mit der die Prüfsubstanzen im Körper freigesetzt und verfügbar werden. Dazu werden Konzentrations-Zeit-Verläufe in der systemischen Zirkulation bestimmt und daraus die Fläche unter der Kurve („Area under Curve", AUC) als Kenngröße für das Ausmaß und die maximale Konzentration (C_{max}) als Kenngröße für die Geschwindigkeit der Bioverfügbarkeit abgeleitet. Die **Bioäquivalenz** (= relative Bioverfügbarkeit) zweier Prüfsubstanzen wird dann angenommen, wenn keine relevanten Unterschiede in den Konzentrations-Zeit-Verläufe und den daraus abgeleiteten Pharmakokinetik (PK) Parameter AUC und C_{max} bestehen. Die „Average Bioequivalence" (ABE) als eine Form der Bioäquivalenz Analysen vergleicht dabei die Populationsmittel zweier Prüfsubstanzen auf der Basis eines Linearen Modelles gegen vorgegebene Akzeptanzgrenzen.

Die Zielvariablen des Linearen Modells sind die logarithmierten PK Parameter AUC und C_{max}. Als bioäquivalent werden die beiden Prüfsubstanzen dann angesehen, wenn die 90% Konfidenzintervalle der Test/Referenz Schätzer beider PK Parameter innerhalb der vorgegebenen Akzeptanzgrenzen liegen. Diese Methode ist äquivalent zu den zwei einseitigen Tests („Two One-Sided Tests", TOST) mit der Nullhypothese Bioinäquivalenz auf einem 5% Signifikanzniveau.

4.2 Anforderungen

4.2.1 SDTM und ADSL Daten

Es wird auf die PK Daten in der SDTM PP („Pharmacokinetic Parameters") Struktur zugegriffen. Daher setzt man die folgenden PP Variablen nebst Identifier Variablen voraus:
- Parametervariablen PPTESTCD, PPTEST.
- Ergebnisvariablen PPSTRESN, PPSTRESU.
- Zeitvariable EPOCH.

Abhängig von der Parameterisierung des Anwenderdialogs sind eventuell weitere PP Variablen zur Analyse erforderlich.
Zusätzlich benötigte ADSL Daten
- Behandlungsvariablen TRT02P|TRT02A.
- Sequenzvariablen TRTSEQP|TRTSEQA.
- Populationsflagvariablen (optional, von Parametrisierung des Anwenderdialog abhängig) FASFL|SAFFL|ITTFL|PPROTFL|COMPLFL|RANDFL |ENRLFL.

4.2.2 Anwenderdialog

Die PK Parameter, die das Ausmaß und die Geschwindigkeit beschreiben, sollen über den Anwenderdialog aus den kompletten PP Datensatz selektierbar sein.
Die Prüfsubstanz, die als Referenz in die Analyse eingeht, ist in dem Anwenderdialog zu spezifizieren.
Die Akzeptanzgrenzen sollen ebenfalls durch Anwenderdialog parametrisierbar sein.

4.2.3 Analyse

Die ABE Analyse soll auf einem entsprechenden ADaM Datensatz ADABE ausgeführt werden.
Die logarithmierten PK Parameter gehen als abhängige Variable in das Modell mit den fixen Effekten Behandlung, Periode, Behandlungssequenz und dem zufälligen Effekt Personen (geschachtelt in Behandlungssequenz) ein:

$Y_{ijk} = \mu + G_j + S_{ik} + P_i + F_{(j,k)} + \varepsilon_{ijk}$
  Y_{ijk} : log PK Parameter, k-te Subjekt, i-te Periode, j-te Sequenz
  μ: Allgemeinmittel
  G_j: Sequenz j, fixer Effekt
  S_{ik}: Person k in Sequenz j, zufälliger Effekt
  P_i: Periode i, fixer Effekt
  $F_{(i,j)}$: Behandlung in Periode i der Sequenz j, fixer Effekt
  ε_{ijk}: unabhängiger $N(0, \sigma_{ijk})$-verteilter Fehlerterm

Die auf diesem Modell berechneten 90% Konfidenzintervalle für den Unterschied in den Behandlungseffekten werden nach dem Entlogarithmieren mit den Akzeptanzgrenzen 0.8 und 1.25 verglichen.

4.2.4 Rückgabe

Folgende Ergebnisse sollen berichtet werden:
- ADaM Datensatz ADABE
- Quadratsummenzerlegung aus dem oben beschriebenen Modell
- „Subject-Profiles" Grafik
- „Groups-by-Period" Grafik
- Grafik der 90% Konfidenzgrenzen für den Behandlungsunterschied beider PK Analyseparameter

4.3 Übersicht: Erstellung und Einbindung eines individuellen Analytischen Prozesses

Die Schritte zum Erstellen und Einbinden des AP sind hier schematisch dargestellt. Die Erläuterungen zu den technischen Details folgen in den nächsten Abschnitten.

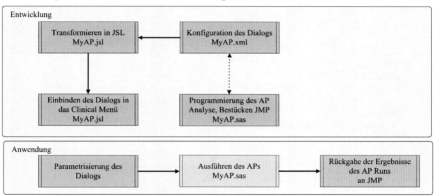

Abbildung 4: Übersicht Entwicklung und Anwendung eines APs

4.4 Konfiguration des grafischen Anwenderdialogs in XML

Über eine XML Schnittstelle wird der Anwenderdialog für den zu integrierenden AP initialisiert. Die Details der validen Tags, Attribute und Attributen Werte sind im „JMP® Genomics Programming Guide" dokumentiert. Nachfolgend ist ein Codeausschnitt widergegeben, der die Tags und Attribute für das Textfeld „Reference Treatment Identifier" des anschließenden Dialog Screenshots zeigt. Der hervorgegebene Attribut-Wert in Reference TRT stellt eine der Schnittstellen zum in SAS implementierten AP

Code dar, in dem die Dialog-Eingabewerte über den Inhalt der Makrovariablen mit eben diesem Namen angesprochen werden.

```
<sdsdialog name="Average Bioequivalence"
           width="300" height="530" layout="tabbedpane">
    <sdstabbedpane name="General">
        <input   name="inReferenceTRT"
                 type="textfield"
                 label="Reference Treatment Idenifier"
                 value="Reference"
                 required="true">
                 <description>
                     Reference treatment. Valid value...
                 </description>
        </input>
    </sdstabbedpane>
</sdsdialog>
```

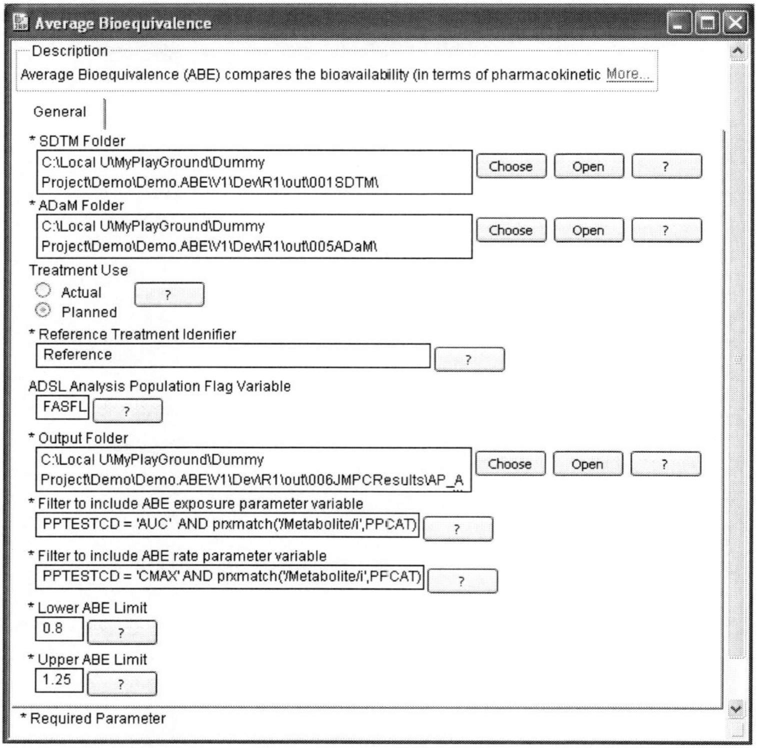

Abbildung 5: Anwenderdialog des APs „Average Bioequivalence"

JMP: Anwendungen

4.5 Generierung des Anwenderdialoges aus XML in JSL

Die Transformation des in XML konfigurierten Dialogs in den JSL Code wird in JMP® Clinical durch ein bereitgestelltes AP "Generate Dialogs from XML" durchgeführt. Dieser AP ruft ein JSL Skript (DialogGenerator.jsl) auf, das die Umsetzungslogik beinhaltet und hier die ABE.xml in eine ABE.jsl Datei umsetzt.

4.6 Einbinden des Anwenderdialogs in das „Clinical" Menü

Dies geschieht derzeit über „Edit" Menüs im „Menus and Toolbars" des Menüpunktes „Customize".

4.7 Programmierung des Analytischen Prozesses

Dieses SAS Programm, das die Fachlogik der Analyse umsetzt, ist wie folgt aufgebaut.

4.7.1 Schnittstellen zum Anwenderdialog

Der SAS Code startet im Abschnitt „Processvariables" mit der Deklaration globaler Makrovariablen. Die sind identisch mit den Werten des Attributs „name" im „input" Element. Die nachfolgenden Abschnitte sind als Makro realisiert, das am Ende des AP Programms ebenfalls aufgerufen wird.

4.7.2 Umsetzung der Analyselogik

- Generierung des ADaM Datensatzes ADABE (Screenshot in nachfolgender Abbildung).
- Modell Implementierung in PROC MIXED.
- Auslesen des Punktschätzers und der Konfidenzgrenzen, Entlogarithmieren.
- Erstellen der Grafik mit Konfidenzgrenzen und Populationsmittel je PK Parameter und den ABE Akzeptanzgrenzen mit dem GRAPH Modul und Ausgabe der Grafik in einer PDF Datei.

Unique Subject Identifier	Full Analysis Set Flag	Planned Sequence of Treatments	Parameter Type	Planned Treatment	Parameter	Parameter Code	Period (C)	Period	Analysis Value
141025	Y	Reference - Test	DERIVED	Reference	Ln(Area Under Curve (h*mg/L))	AUC	Period 1	1	7.620705087
141025	Y	Reference - Test	DERIVED	Test	Ln(Area Under Curve (h*mg/L))	AUC	Period 2	2	7.695757991
141025	Y	Reference - Test	DERIVED	Reference	Ln(Max Effect Concentration (mg/L))	CMAX	Period 1	1	6.139884552
141025	Y	Reference - Test	DERIVED	Test	Ln(Max Effect Concentration (mg/L))	CMAX	Period 2	2	5.950642553
141028	Y	Test - Reference	DERIVED	Test	Ln(Area Under Curve (h*mg/L))	AUC	Period 1	1	7.61332498
141028	Y	Test - Reference	DERIVED	Reference	Ln(Area Under Curve (h*mg/L))	AUC	Period 2	2	7.60090246
141028	Y	Test - Reference	DERIVED	Test	Ln(Max Effect Concentration (mg/L))	CMAX	Period 1	1	6.08221891

Abbildung 6: Ausschnitt der Daten des ADaM Datensatzes ADABE

4.7.3 Generierung der JMP® Scripting Language (JSL) Dateien

Zwei JSL Skripte werden in SAS über PUT Anweisungen erzeugt:
- Darstellung der Quadratsummenzerlegung und der Subject-Profile Plots
- Grafik mit den Groups-by-Period Plots

4.7.4 Bestücken der Schnittstelle zu JMP® mit den gewünschten Dateien

Hier stellt JMP® Clinical diverse „Package" Utilities (SAS Makros) zur Verfügung. Die Publikation beider JSL Dateien und des PDF Dokuments werden mit `%PackageInsertFile` und des Datensatz ADABE mit `%PackageInsertDataset` Aufrufen realisiert.

5 Lessons Learned

Während der Designplanungsphase für die eigene Analyse ist u.a. die Auswahl der Eingabeparameter im Anwenderdialog zu berücksichtigen, da diese einerseits die Flexibilität der Analyse und andererseits den Aufwand der Programmierung der Fachlogik des Analytischen Prozesses wesentlich mitbestimmt. Hier gilt die weitverbreitete Regel: je flexibler das Programm ist, desto komplexer wird auch die Umsetzung. Eine weitere Überlegung ist auch zu den Ausgabeformaten der Resultate anzustellen: sollen diese dynamisch, also in der JMP Skriptsprache, oder statisch durch klassische SAS Programmierung realisiert werden? Die erste Variante nutzt den großen Vorteil der JMP Software nämlich die Interaktivität aus, erfordert jedoch gute Kenntnisse der entsprechenden Skriptsprache. Die Umsetzung in SAS kann für erfahrene SAS Programmierer eine Möglichkeit sein, um in einem ersten Schritt einen Prototyp der Analyse zu entwerfen.

Da in JMP® Clinical bislang nur parallele Designs unterstützt werden, konnte zur Umsetzung der Analyse eines Cross-over Designs nur bedingt auf vorgefertigte Module zurückgegriffen werden. Die Erstellung entsprechender Werkzeuge lohnt sich dann, wenn vielfältige Auswertungen auf diesem Typ klinischer Studien geplant sind.

Die hier dargestellte Bioäquivalenz Auswertung stellt die technische Machbarkeit zur Erweiterung des Standardauswertungen dar und ist selber hinsichtlich des Funktionsumfangs und der Flexibilität erweiterbar. Beispielsweise könnte das lineare Modell komfortabel vom Anwenderdialog aus bezüglich fixer und zufälliger Effekte parametrisiert und der Patient Profiler durch die Darstellung der individuellen Konzentrationsverläufe ergänzt werden.

Literatur

[1] JMP® Genomics Programmer Guide, Release 4.1. SAS Institute Inc., Cary, NC, USA, 2009.
[2] JMP® Clinical User Guide, SAS Institute Inc., Cary, NC, USA, 2010.
[3] Study Data Tabulation Model, Version 1.2, www.cdisc.org, 2009.
[4] Study Data Tabulation Model Implementation Guide: Human Clinical Trials, Version 3.1.2, www.cdisc.org, 2009.

[5] Analysis Data Model (ADaM) Implementation Guide, Version 1.0, www.cdisc.org, 2009.
[6] Analysis Data Model (ADaM), Version 2.1, www.cdisc.org, 2009.
[7] White Paper JMP® Clinical, www.JMP.com/software/whitepapers, 2011.
[8] Demo Webcast auf www.JMP.com/software/clinical/, 2011.
[9] The ADaM Data Structure for Adverse Event Analysis Version 1.0, www.cdisc.org, 2011

Poster

Erstellung von Inhaltsverzeichnissen mittels SAS/ODS

Maria Wagner
iAlternative München
Klenzestarße 11
80469 München
maria.wagner@ialternative.de

Alexander Wagner
TU München
Waldmeisterstraße 56
80935 München
a_wagner@gmx.de

Zusammenfassung

Entwickeln eines Inhaltverzeichnisses für einen Bericht, der mittels SAS ODS erstellt wurde, bleibt eine eigenständige Aufgabe. SAS ODS enthält bereits Tools zum automatischen Erstellen eines standardisierten Inhaltverzeichnisses. Entwickeln eines Inhaltverzeichnisses, das den modernen Anforderungen und allgemeingültigen Standards der Buch- und Zeitschriftenliteratur entspricht, erfordert einen zusätzlichen Aufwand.

In diesem Artikel werden Möglichkeiten eines automatischen (programmgestützten) Erstellens eines hochwertigen Inhaltsverzeichnisses mittels SAS ODS für Berichte angeboten. Es werden Beispiele programmierbaren Formatierens der Inhaltverzeichnisse dargestellt.

Schlüsselwörter: SAS/ODS, ODS RTF, Microsoft Word, VBS

1 Einführung

Microsoft Word enthält bereits Standard-Tools, die zum Erstellen der Inhaltverzeichnisse für Berichte verwendet werden können, die zuvor mittels SAS ODS entwickelt wurden. SAS ODS enthält eine Reihe von Möglichkeiten für die Erstellung der Tabelle der Inhalte [8, 9, 10].

In der Regel gibt es mehrere Möglichkeiten des Erstellens eines Inhaltverzeichnisses für einen Bericht, der in der SAS ODS Umgebung erstellt wurde:
 1. Manuelle Methode mittels Microsoft Word
 2. Programmatisches Erstellen mithilfe von Microsoft Word mit VBA / VBS
 3. Standard-Methoden mittels SAS ODS
 4. Fortgeschrittene Methoden mittels SAS ODS

In diesem Artikel werden alle der oben genannten Möglichkeiten betrachtet, und es wird eine optimale Methode zur Erstellung von Inhaltverzeichnissen von hoher Qualität mittels SAS ODS angeboten.

M. Wagner, A. Wagner

2 Standardmethode zur Erstellung von Inhaltsverzeichnissen mittels MS Word

2.1 Erstellen eines Inhaltsverzeichnisses

Inhaltsverzeichnis wird als Ergebnis der folgenden Kette von Operationen erstellt: **Insert > Reference > Index and Tables...**
Als Ergebnis dieser Maßnahmen erscheint ein Fenster mit den Parametern (Optionen) des Inhaltsverzeichnisses (Abbildung 1 und 2). Nach der Bestimmung der Parameter und der Betätigung der OK-Taste wird eine Inhaltstabelle erstellt, die in der Abbildung 3 dargestellt ist.

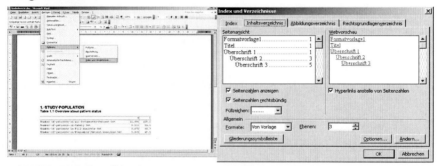

Abbildung 1: Erstellen eines Inhaltsverzeichnisses

Abbildung 2: Bestimmen der Parameter des Inhaltsverzeichnisses

Chapter 1. STUDY POPULATION   2
 Table 1.1 Overview about patient status   2
 Table 1.2 Overview about reason(s) for premature discontinuation from the NIS, overall and by dosage strengths   3
 Table 1.3 Overview about number of patients documented per visit 4
Chapter 2. DEMOGRAPHICS AND BASELINE CHARACTERISTICS   5
 Table 2.1 Summary statistics on age [years]   5
 Table 2.2 Frequency distribution on categorized age [<18, [18,40), [40,65), [65,75), ≥ 75]   6
 Table 2.3 Frequency distribution on gender   7
 Table 2.4 Summary statistics on body mass index [kg/m²]   8
Chapter 3. EXTENT OF EXPOSURE AND DOSING COMPLIANCE   9
 Table 3.1 Summary statistics on extent of exposure [days] to investigational drug   9
 Table 3.2 Frequency distribution on prescribed total daily dose [mg] of investigational drug at each visit   10

Abbildung 3: Inhaltsverzeichnis des Berichts

Poster

2.2 Formate des Inhaltsverzeichnisses

So ändert man die Standard-Schriftart-Einstellungen der Elemente des Inhaltsverzeichnisses:
Man klickt einfach auf **Modify...** und aktiviert das Fenster **Style** (Abb. 4) und dann das Fenster **Modify Style** (Abb. 5). Man ändert nach eigenem Ermessen die Konfiguration und beendet die Sitzung der Einstellungen (man klickt auf OK dreimal), dann bekommt man ein fertiges Inhaltsverzeichnis des Berichts, wie zum Beispiel in Abbildung 6.

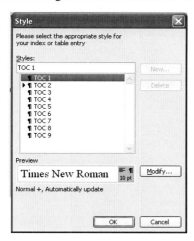

Abbildung 4: Erstellen eines Inhaltsverzeichnisses

Abbildung 5: Definieren der Parameter des Inhaltsverzeichnisses

Table of Contents

Chapter 1. STUDY POPULATION   2
  Table 1.1 Overview about patient status   2
  Table 1.2 Overview about reason(s) for premature discontinuation from the NIS, overall and by dosage strengths   3
  Table 1.3 Overview about number of patients documented per visit 4
Chapter 2. DEMOGRAPHICS AND BASELINE CHARACTERISTICS   5
  Table 2.1 Summary statistics on age [years]   5
  Table 2.2 Frequency distribution on categorized age [<18, [18,40), [40,65), [65,75), ≥ 75]   6
  Table 2.3 Frequency distribution on gender   7
  Table 2.4 Summary statistics on body mass index [kg/m²]   8
Chapter 3. EXTENT OF EXPOSURE AND DOSING COMPLIANCE   9

Abbildung 6: Inhaltsverzeichnis des Berichts

Vorteil: Die Methode ist einfach zu implementieren und erfordert keine zusätzlichen Programmierkenntnisse.
Nachteil: Inhaltsverzeichnis ist vereinfacht und es zu formatieren bedarf einiger Handarbeit

3 Methode der Erstellung des Inhaltsverzeichnisses für Bericht mittels MS WORD und VBS

Die zweite Methode besteht aus zwei Stufen. In der ersten Stufe wird ein Bericht mittels SAS ODS erstellt und als RTF Datei gespeichert. In der zweiten Stufe wird ein VBS-Programm gestartet, welches ein Inhaltsverzeichnis erstellt und formatiert.

3.1 Erstellen eines Berichts in der SAS-ODS Umgebung

Programm zum Erstellen eines Berichts ist identisch mit SAS-Programm aus Abschnitt 2 (Siehe Anhang 1).

3.2 Erstellen und Formatieren von Inhaltsverzeichnissen mit VBS

Das VBS-Programm ist in Anhang 2 aufgelistet.
Erstelltes Inhaltsverzeichnis wird in Abb. 7. vorgestellt.
Vorteil: Inhaltsverzeichnis wird voll automatisch und ohne manuelle Manipulation erstellt. Seine Form ist optimal an die Anforderungen der Nutzer angepasst.
Nachteil: Um ein Inhaltsverzeichnis mit dieser Methode zu erstellen, sind einige Kenntnisse in VBS erforderlich.

Table of Contents

Chapter 1. STUDY POPULATION   2
   Table 1.1 Overview about patient status   2
   Table 1.2 Overview about reason(s) for premature discontinuation from the NIS, overall and by dosage strengths   3
   Table 1.3 Overview about number of patients documented per visit4
Chapter 2. DEMOGRAPHICS AND BASELINE CHARACTERISTICS   5
   Table 2.1 Summary statistics on age [years]   5
   Table 2.2 Frequency distribution on categorized age [<18, [18,40), [40,65), [65,75), ≥75]   6
   Table 2.3 Frequency distribution on gender   7
   Table 2.4 Summary statistics on body mass index [kg/m^2]   8

Abbildung 7: Inhaltsverzeichnis des Berichts

4 Standard-Methode der Erstellung von Inhaltsverzeichnissen mittels SAS ODS

Es gibt mehrere Möglichkeiten, um ein Inhaltsverzeichnis mit Hilfe von SAS ODS zu erstellen. Betrachten wir eine von ihnen. Grundsätzlich wichtig ist in diesem Fall die Verwendung von speziellen Optionen von SAS ODS RTF. Im unten dargestellten Beispiel wird ein Standard-Inhaltsverzeichnis erstellt (Abb. 8).

Das Schema der Berichterstellung sieht wie folgt aus:

- ➢ Bestimmung von Libname und Options.
- ➢ Bestimmung von TITLE und FOOTNOTE.
- ➢ Erstellen eines Template für den Bericht.
- ➢ Start des Programms zur Berichterstellung.

Hier ist das SAS-Programm:

```
ODS RTF OPEN;
ODS NOPROCTITLE;
ods RTF file="&MyPath.\STUDY_Report.rtf" STYLE=MyStyle
STARTPAGE=NEVER;
ODS ESCAPECHAR='^';
%INCLUDE "&MyPath.\REPORTs.SAS";
ODS RTF CLOSE;

ods RTF file="&MyPath.\OUTPUT\&OUTRTF" STYLE= MyStyle STARTPAGE=no
bodytitle keepn NOTOC_DATA wordstyle="{\s1 Heading 1; \s2 Heading
2;}";
ods noproctitle;
ODS ESCAPECHAR='^';
ODS RTF TEXT="{\pard\b\fs32\ql {Table of Contents} \par}";
ods rtf startpage=now;
ODS RTF TEXT='^S={outputwidth=100% just=l}^R/RTF"
            {\field{\fldinst{TOC    \\o    ''1-3''    \\h    \\z    \\u}}
{\fldrslt}}"';

%INCLUDE "&ODSFILE";
ods RTF close;
```

Besonderen Augenmerk sollte man auf die Art des Einbeziehens von **Unicode** Zeichen in die Inhaltstabelle werfen, zum Beispiel wird das Zeichen gleich mit Hilfe des größer Befehls RTF **\uc0\u8805** codiert und der Exponent 2 mit dem Befehl 'b2, z. B. [kg / m \ 'b2].

Fragment einer &ODSFILE Datei:

```
ods  rtf  prepage  =  "^R/RTF'\s1  '{\b\fs28\ql  {Chapter  1.  STUDY
POPULATION}\par}  ^R/RTF'\s2  '{\b\fs28\ql  {Table  1.1 Overview about
patient status}\par}";
PROC REPORT DATA = XXX; RUN;

ods  rtf  prepage  =  "^R/RTF'\s2  '{\b\fs24\ql {Table 1.2 Overview about
reason(s)  for  premature  discontinuation  from  the  NIS,  overall  and  by
dosage strengths}\par}";
PROC REPORT DATA = YYY; RUN;
```

Table of Contents

Chapter 1. STUDY POPULATION 2
   Table 1.1 Overview about patient status 2
   Table 1.2 Overview about reason(s) for premature discontinuation from the NIS, overall and by dosage strengths 3
   Table 1.3 Overview about number of patients documented per visit 4
Chapter 2. DEMOGRAPHICS AND BASELINE CHARACTERISTICS 5
   Table 2.1 Summary statistics on age [years] 5
   Table 2.2 Frequency distribution on categorized age [<18, [18,40), [40,65), [65,75), ≥75] 6
   Table 2.3 Frequency distribution on gender 7
   Table 2.4 Summary statistics on body mass index [kg/m²] 8
Chapter 3. EXTENT OF EXPOSURE AND DOSING COMPLIANCE 9
   Table 3.1 Summary statistics on extent of exposure [days] to investigational drug 9
   Table 3.2 Frequency distribution on prescribed total daily dose [mg] of investigational drug at each visit 10

Abbildung 8: Inhaltsverzeichnis des Berichts

Vorteil: Inhaltsverzeichnis wird voll automatisch und nur durch SAS ODS erstellt.
Nachteil: Man benötigt einen zusätzlichen zeitlichen Aufwand zum Formatieren einer Tabelle, da ihre Form ziemlich vereinfacht ist.

5 Fortgeschrittene Methode der Erstellung von Inhaltsverzeichnissen mittels SAS ODS

Diese Methode wird verwendet, um Inhaltsverzeichnisse zu erstellen, die über alle Qualitäten einer standardisierten SAS-Tabelle hinsichtlich der Formatierung ihrer Elemente und spezifischen Eigenschaften TOC im Hinblick auf Verweise auf Elemente des Berichts verfügen. Die Methode besteht aus folgenden Schritten:
- Erstellen eines Ursprungs-SAS-Satzes, bestehend aus Zeilen des Inhaltsverzeichnisses

Poster

- Erstellen eines Ausgangs-SAS-Satzes, der formatierte Zeilen des Inhaltsverzeichnisses mit Links auf Elemente/Objekte des Berichts beinhaltet
- Erstellen eines Berichts, der ein Inhaltsverzeichnis und tabellarisch graphische Elemente/Objekte des Berichts enthält, die mittels PROC REPORT, PROC TABULATE, PROC PRINT, SAS GRAPH usw. erstellt wurden, in SAS ODS Umfeld in Form einer RTF Datei [1, 2, 3, 5, 6, 7].

Das Schema für die Lösung ist in Abb. 9 dargestellt.

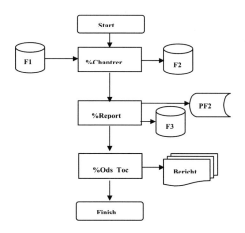

Abbildung 9: Flow-Diagram

Betrachten wir schrittweise jede Phase.

5.1 Erstellen eines Ursprungs-SAS-Satzes, bestehend aus Zeilen des Inhaltsverzeichnisses

Erstellen eines SAS-Satzes bestehend aus Zeilen der Inhaltstabelle ist möglich mit allen Mitteln von SAS BASE [3]. Abb. 10 zeigt ein Fragment des SAS-Satzes.

	ORD1	ORD2		Chapter
1	1		1	Chapter 1. STUDY POPULATION
2	1		2	Table 1.1 Overview about patient status
3	1		3	Table 1.2 Overview about reason(s) for premature discontinuation from the NIS, overall and by dosage strengths
4	1		4	Table 1.3 Overview about number of patients documented per visit
5	2		1	Chapter 2. DEMOGRAPHICS AND BASELINE CHARACTERISTICS
6	2		2	Table 2.1 Summary statistics on age [years]
7	2		3	Table 2.2 Frequency distribution on categorized age [<18, [18,40), [40,65), [65,75), ^{UNICODE 2265} 75]
8	2		4	Table 2.3 Frequency distribution on gender
9	2		5	Table 2.4 Summary statistics on body mass index [kg/m^{UNICODE 00B2}]
10	3		1	Chapter 3. EXTENT OF EXPOSURE AND DOSING COMPLIANCE

Abbildung 10: Ein SAS-Satz, der Zeilen eines Inhaltsverzeichnisses enthält

5.2 Erstellen eines Ausgangs-SAS-Satzes, der formatierte Zeilen des Inhaltsverzeichnisses mit Links auf Elemente/Objekte des Berichts beinhaltet

Erstellen eines Ausgang-SAS-Satzes, der Zeilen des Inhaltsverzeichnisses enthält, besteht darin, dass den Zeilen benötigte RTF Elemente zugeordnet werden, weswegen diese Eigenschaften standardisierter TOC Zeilen annehmen.
Gleichzeitig werden mithilfe UNICODE Befehlen Sonderzeichen eingegeben, was es ermöglicht, diese Symbole sowohl im Inhaltsverzeichnis als auch in den Überschriften der Elemente/Objekte der Berichte zu zeigen. Diese Datei wird mit dem Makro %Chapter erstellt.

	TOC
1	\pard\ql\tqr\wrapdefault\faauto\adjustright {\vtlch\fcs1 \ab\af37\afs32 \ltrch\fcs0 \b\f37\fs32\cf1 Table of Contents}\PAR
2	{\LINE}
3	\pard\ql\tqr\tldot\tx9000\wrapdefault\faauto\adjustright {\vtlch\fcs1 \ab\af37\afs28 \ltrch\fcs0 \b\f37\fs28\cf1 Chapter 1. STUDY POPULATION \tab {
4	\pard\ql\tqr\wrapdefault\faauto\adjustright {\vtlch\fcs1 \ab\af37\afs8 \ltrch\fcs0 \b\f37\fs8\cf1 }\PAR
5	\pard\ql\li702\tqr\tldot\tx9000\wrapdefault\faauto\adjustright {\vtlch\fcs1 \ab\af37\afs24 \ltrch\fcs0 \b\f37\fs24\cf1 Table 1.1 Overview about patient s
6	\pard\ql\tqr\wrapdefault\faauto\adjustright {\vtlch\fcs1 \ab\af37\afs8 \ltrch\fcs0 \b\f37\fs8\cf1 }\PAR
7	\pard\ql\li702\tqr\tldot\tx9000\wrapdefault\faauto\adjustright {\vtlch\fcs1 \ab\af37\afs24 \ltrch\fcs0 \b\f37\fs24\cf1 Table 1.2 Frequency distribution or
8	\pard\ql\tqr\wrapdefault\faauto\adjustright {\vtlch\fcs1 \ab\af37\afs8 \ltrch\fcs0 \b\f37\fs8\cf1 }\PAR
9	\pard\ql\li702\tqr\tldot\tx9000\wrapdefault\faauto\adjustright {\vtlch\fcs1 \ab\af37\afs24 \ltrch\fcs0 \b\f37\fs24\cf1 Table 1.3 Frequency distribution or strengths (last dose used) \tab {\field {*\fldinst PAGEREF Table4 \\h}}}\PAR
10	\pard\ql\tqr\wrapdefault\faauto\adjustright {\vtlch\fcs1 \ab\af37\afs8 \ltrch\fcs0 \b\f37\fs8\cf1 }\PAR
11	\pard\ql\li702\tqr\tldot\tx9000\wrapdefault\faauto\adjustright {\vtlch\fcs1 \ab\af37\afs24 \ltrch\fcs0 \b\f37\fs24\cf1 Table 1.4 Overview about reason(s \\h}}}\PAR
12	\pard\ql\tqr\wrapdefault\faauto\adjustright {\vtlch\fcs1 \ab\af37\afs8 \ltrch\fcs0 \b\f37\fs8\cf1 }\PAR

Abbildung 11: Ausgang-SAS-Satz, der Zeilen des Inhaltsverzeichnisses umfasst

Das Wesen dieser Methode ist es, die Intervalle Tabstop zu füllen und Ausrichtung der Seitenzahlen auf den rechten Rand. Zur Realisierung dieser Ziele verwendet man Befehle von Microsoft Office Word Rich Text Format. Der folgende Befehl erstellt eine Tabellenzeile mit dem Inhalt der Überschrift **(CHAPTER)**, stellt eine Verbindung mit Seitenzahlen **(PAGE)**, führt **Tabstop** der Breite 20,05 cm (tx12500) ein und gleicht die Zeichenfolge am rechten Rand **(adjustright)** aus. Die Bedeutung des Befehls Rich Text Format ist in der Tabelle 1 aufgeführt [4].

Befehle zum Bilden von Zeilen der Inhaltsverzeichnisse.

Der Befehl zum Bilden der Zeile des Inhaltsverzeichnisses der 1.Ebene:

```
"\pard\ql\sb200\sa200\tqr\tldot\tx&TB2\adjustright {\b\fs28
"||TRIM(CHAPTER)||" \tab "||TRIM(PAGE)||"}\PAR";
```

Befehl zum Bilden der Zeile des Inhaltsverzeichnisses der 2.Ebene:

```
"\pard\ql\sa100\tx&TB1          {\tab\b\fs24\         "||TRIM(CHAPTER)||"}
\ql\tqr\tldot\tx&TB2             \adjustright                {\b\fs24\tab
"||TRIM(PAGE)||"}\PAR";
```

Der Befehl "\pard\ql\sa100\tx&TB1 {\tab\b\fs24\

"||TRIM(CHAPTER)||"} erstellt den ersten Teil der Zeile des Inhaltsverzeichnisses der 2. Ebene Einrückung von 1,76 cm (\tx600) vom linken Rand, ein Interval der Tabulatoren ist mit Leerzeichen gefüllt.
Der Befehl \ql\tqr\tldot\tx&TB2 \adjustright {\b\fs24\tab "||TRIM(PAGE)||"}\PAR" erstellt den zweiten Teil der Zeile des Inhaltsverzeichnisses der 2. Ebene mit dem rechten Rand in einem Abstand von 16,75 cm (\tx600) zum linken Rand, ein Interval der Tabulatoren ist mit Leerzeichen gefüllt (\tldot)..

Die Liste der verfügbaren Befehle ist in Tabelle 1 angegeben.
Nach dem Ausführen des folgenden Programms bekommen wir das Inhaltsverzeichnis, dargestellt in Abb. 11.

Tabelle 1:

\pard	Resets to default paragraph properties.
\PAR	New paragraph
\ql	Left-aligned (the default)
\tqr	Flush-right tab.
\tldot	Leader dots
\tx9000	Tab position in twips (900) from the left margin
\wrapdefault	Wrap trailing spaces onto the next line
\faauto	Font alignment. The default setting for this is "Auto."
\adjustright	Automatically adjust right indent when document grid is defined.
\rtlch	The character data following this control word is treated as a right-to-left run.
\ab	Associated font is bold
\af37	Associated font number (the default is 0)
\afs28	Font size in half-points (the default is 24).
\tab	Tab character
\field	The \field control word introduces a field destination, which contains the text of fields
\fldinst	Field instructions. This is a destination control word
{*\fldinst PAGEREF Table1 \\h}}	Reference to Table1 in RTF-Document

> Table of Contents
>
> Chapter 1. STUDY POPULATION 2
>   Table 1.1 Overview about patient status 2
>   Table 1.2 Overview about reason(s) for premature discontinuation from the NIS, overall and by dosage strengths 3
>   Table 1.3 Overview about number of patients documented per visit 4
> Chapter 2. DEMOGRAPHICS AND BASELINE CHARACTERISTICS .5
>   Table 2.1 Summary statistics on age [years] 5
>   Table 2.2 Frequency distribution on categorized age [<18, [18,40), [40,65), [65,75), ≥ 75] 6
>   Table 2.3 Frequency distribution on gender 7
>   Table 2.4 Summary statistics on body mass index [kg/m^2] 8
> Chapter 3. EXTENT OF EXPOSURE AND DOSING COMPLIANCE 9
>   Table 3.1 Summary statistics on extent of exposure [days] to investigational drug 9
>   Table 3.2 Frequency distribution on prescribed total daily dose [mg] of investigational drug at each visit 10
>   Table 3.3 Shift table on dosage (starting dose at baseline vs. prescribed dose at Termination Visit) 11

Abbildung 11: Inhaltsverzeichnis

Ein Fragment des SAS-Satzes TOC

```
\pard\ql\sb200\sa200\tqr\tldct\tx9500\adjustright {\b\fs28 Chapter
1.  Kohorte Population \tab {\field {\*\fldinst PAGEREF Table1
\\h}}}\PAR

\pard\ql\sa100\tx1000 {\tab\b\fs24\ Table 1.1 Patientenstatus}
\ql\tqr\tldot \tx9500\adjustright {\b\fs24\tab {\field {\*\fldinst
PAGEREF Table1 \\h}}}\PAR

\pard\ql\sa100\tx1000 {\tab\b\fs24\ Table 1.2 Patienten pro
Praxis} \ql\tqr\tldot \tx9500\adjustright {\b\fs24\tab {\field
{\*\fldinst PAGEREF Table3 \\h}}}\PAR

\pard\ql\sa100\tx1000 {\tab\b\fs24\ Table 3.2 Statistik EDD [mg]}
\ql\tqr\tldot\ tx9500\adjustright {\b\fs24\tab {\field {\*\fldinst
PAGEREF Table12 \\h}}}\PAR
```

5.3 Generieren des Berichtes mit einem Inhaltsverzeichnis

```
%MACRO ODS_TOC(ODSFILE=, OUTRTF=);
    ODS NOPROCTITLE; ods rtf file="&PGMPATH.\&OUTRTF" STYLE=TrgRtf
    STARTPAGE=NEVER;
    ODS ESCAPECHAR='^';
    OPTIONS ORIENTATION=portrait PAPERSIZE="ISO A4" LS=120 PS=80
```

```
       nocenter NODATE NONUMBER MISSING= " "
       TOPMARGIN=0.25 in BOTTOMMARGIN=0.25 in RIGHTMARGIN=0.8 in
       LEFTMARGIN=1.0 in;
       ODS RTF STARTPAGE=YES;
       option nocenter nomprint nosymbolgen nomlogic nodate nonumber
       nobyline;

       proc report data=TOC noheader nofs style={asis=yes frame=void
       RULES=NONE}
       style(column)=[protectspecialchars=off];
       COLUMNS TOC;
       define TOC /FLOW;
       RUN;

       %INCLUDE "&ODSFILE";
       ODS RTF CLOSE;
%MEND ODS_TOC;
```

Vorteil: Inhaltsverzeichnis wird vollautomatisch gleichzeitig mit dem Bericht in SAS ODS erstellt. Seine Form ist maximal an die Anforderungen der Nutzer angepasst.

Nachteil: Man benötigt Kenntnisse über die RTF-Befehle.

6 Fazit

Die Entwicklung eines hochwertigen Inhaltsverzeichnisses für einen Bericht, das den modernen Anforderungen und Standards für Bücher- und Zeitschriftenliteratur entspricht mittels SAS ODS, MS Word, VBscript bietet dem Benutzer/Entwickler eine große Auswahl an Möglichkeiten.

Die Palette der Methoden, um Inhaltsverzeichnisse zu erstellen, liegt im Bereich von voll manuell bis vollautomatisch, jeder Entwickler hat die Möglichkeit der Wahl, die am besten passende Methode auszusuchen oder eine neue auf der Grundlage der bereits existierenden zu entwickeln.

Unserer Meinung nach das Beste ist die automatische Methode zur Erstellung von Inhaltsverzeichnissen in der SAS ODS Umgebung (Abschnitt 4 und 5), die es erlaubt, zahlreiche Möglichkeiten von SAS ODS RTF für das Formatieren von Tabellen und Texten zu verwenden, beim gleichzeitigem Einsatz der wirksamen Mittel von Microsoft Office Word Rich Text Format (RTF).

Literatur

[1] Lauren Haworth [2004] „SAS with Style: Creating your own ODS Style Template for RTF Output", SUGI 29 –Paper 125-29,
http:\\www2.sas.com/proceedings/sugi29/125-29.pdf

[2] SAS Support – "ODS FAQ and Concepts – The RTF Destination"
http://support.sas.com/rnd/base/topics/ templateFAQ/Template_rtf.html

[3] SAS 9.3.1 Online documentation, "Concepts: REPORT Procedure"
http://support.sas.com/onlinedoc/913/getDoc/de/ proc.hlp/a000146851.htm

[4] Rich Text Format (RTF) Specification, version 1.6, Microsoft MSDN
http://msdn2.microsoft.com/enus/library/ aa140277(office.10).aspx

[5] Steve Prust [2005] "Experiences of using ODS : moving from ASCII to RTF output", PHUSE 2005 – PaperTS06
http://www.lexjansen.com/phuse/2005/ts/ts06.pdf

[6] SAS Support – "Experimental RTF Features in SAS 9.1"
http://support.sas.com/rnd/base/topics/odsrtf/rtf901.html

[7] Lauren Haworth [2005] „Applying Microsoft Word Styles to ODS RTF Output",

SUGI 30 – Paper 043-30
http://www2.sas.com/proceedings/sugi30/043-30.pdf

[8] Elizabeth Axelrod, David Shamlin [2004] „Skinning the Cat This Way and That: Using ODS to Create Word Documents That Work for You", SUGI 29 – Paper 084-29
http://www2.sas.com/proceedings/sugi29/084-29.pdf

[9] Wayne Hester [2006] "Teaching Your RTF Tagset to Do Clever Tricks" – SUGI 31 – Paper 067 – 31
http://www2.sas.com/proceedings/sugi31/067-31.pdf

[10] Katja Glaß "ODS RTF – Erweiterte Möglichkeiten durch direkte RTF Befehle", in: Rainer Muche, Rolf-Hasso Bödeker (Hrsg.): KSFE 2007. Proceedings der 11. Konferenz der SAS®-Anwender in Forschung und Entwicklung (KSFE). Shaker Verlag, Aachen 2007. S.85-96
http://de.saswiki.org/images/f/f2/11.KSFE-2007-Glass-ODS-direkte_RTF-Befehle.pdf

Poster

Anhang
1 SAS Programm für die Berichtsentwicklung mittels SAS ODS (Ausschnitt)

```
ODS RTF STARTPAGE=NOW;
TITLE1 "^R/RTF'\s1 '{\b\fs28\ql {Chapter 1. STUDY POPULATION}\par}";
TITLE2 "^R/RTF'\s2 '{\b\fs24\ql {Table 1.1 Overview about patient
status}\par}";
PROC REPORT
RUN;
..........................................................................................................................................
..........................................................................................................................................
..........................................................................................................................................
ODS RTF STARTPAGE=NOW;
TITLE1 "^R/RTF'\s2 '{\b\fs24\ql {Table 2.2 Frequency distribution on
categorized   age   [<18,   [18,40),   [40,65),   [65,75),   \uc0\u8805
75]}\par}";
PROC REPORT
RUN;
..........................................................................................................................................
..........................................................................................................................................
..........................................................................................................................................
ODS RTF STARTPAGE=NOW;
TITLE1 "^R/RTF'\s2 '{\b\fs24\ql {Table 2.4 Summary statistics on
body mass index [kg/m\'b2]}\par}";
PROC REPORT
RUN;
```

2 VBS Programm

```
Dim objWord, wDoc
Const wdPageBreak       = 7
Const wdUnderlineNone   = 0
Const wdColorAutomatic  = -16777216
Const wdAnimationNone   = 0
Set objWord = WScript.CreateObject("Word.Application")
objWord.Visible = True
Set wDoc =
objWord.Documents.Open("E:\DEMUHE00271\FREECOM250\LACIE\01_KoProjekt
e\2011\CONTENTS\OUTPUT\KOHORTE_TEST.DOC")
  Set Selection = objWord.Selection
  wDoc.Range(0,0).Select
For Each Para in objWord.ActiveDocument.Paragraphs
    If Para.Range.Words(1).Text = "CHAPTER " Then
       Para.Style = objWord.ActiveDocument.Styles(-2)
    End If
    If Para.Range.Words(1).Text = "Table " Then
       Para.Style = objWord.ActiveDocument.Styles(-3)
    End If
```

419

```
Next
With wDoc.Styles(-2).Font
      .Name="Areal"
      .Size = 14
End With
With wDoc.Styles(-3).Font
      .Name="Areal"
      .Size = 12
End With
  With objWord.ActiveDocument
      .TablesOfContents.Add Selection.Range, True, 1, 2, false, "",
True, True, "", True, True, true
      .TablesOfContents(1).TabLeader = 1
      .TablesOfContents.Format = 0
  End With
  Selection.InsertBreak wdPageBreak
  Selection.GoTo 0, 0, 1, ""
  Selection.MoveLeft 1, 0
  Selection.TYpeText "Table of Contents"
  Selection.TYpeParagraph
  Selection.TYpeText " "
  Selection.TYpeParagraph
     With objWord.ActiveDocument.Styles("Verzeichnis 1")
         .AutomaticallyUpdate = True
         .BaseStyle = "Standard"
         .NextParagraphStyle = "Standard"
     End With
     With objWord.ActiveDocument.Styles("Verzeichnis 1").Font
         .Name = "Times New Roman"
         .Size = 12
         .Bold = True
         .Italic = False
         .Underline = wdUnderlineNone
         .UnderlineColor = wdColorAutomatic
         .StrikeThrough = False
         .DoubleStrikeThrough = False
         .Outline = False
         .Emboss = False
         .Shadow = False
         .Hidden = False
         .SmallCaps = False
         .AllCaps = False
         .Color = wdColorAutomatic
         .Engrave = False
         .Superscript = False
         .Subscript = False
         .Scaling = 100
         .Kerning = 0
         .Animation = wdAnimationNone
     End With
     With objWord.ActiveDocument.Styles("Verzeichnis 2")
         .AutomaticallyUpdate = True
```

```
        .BaseStyle = "Standard"
        .NextParagraphStyle = "Standard"
    End With
    With objWord.ActiveDocument.Styles("Verzeichnis 2").Font
        .Name = "Times New Roman"
        .Size = 10
        .Bold = False
        .Italic = True
        .Underline = wdUnderlineNone
        .UnderlineColor = wdColorAutomatic
        .StrikeThrough = False
        .DoubleStrikeThrough = False
        .Outline = False
        .Emboss = False
        .Shadow = False
        .Hidden = False
        .SmallCaps = False
        .AllCaps = False
        .Color = wdColorAutomatic
        .Engrave = False
        .Superscript = False
        .Subscript = False
        .Scaling = 100
        .Kerning = 0
        .Animation = wdAnimationNone
    End With
    With objWord.ActiveDocument
        .TablesOfContents(1).Delete
        .TablesOfContents.Add   Selection.Range,   True,   1,   2,   false,
"", True, True, "", True, True, true
        .TablesOfContents(1).TabLeader = 1
        .TablesOfContents.Format = 0
    End With
```

Einführung in die JMP Software

Dr. Patrick René Warnat
HMS Analytical Software GmbH
Rohrbacher Straße 26
D-69115 Heidelberg
patrick.warnat@analytical-software.de

Zusammenfassung

Die JMP Software ist eine eigenständige Statistik-Software der Firma SAS Institute mit graphischer Benutzeroberfläche. Besondere Stärke der Software ist die sehr gute Unterstützung von interaktiver, explorativer Datenanalyse vor allem auch durch umfangreiche Möglichkeiten zur Visualisierung von Daten.
Die graphische Benutzeroberfläche erleichtert den Einstieg in die Verwendung der Software, so dass sich sowohl Anfänger sehr schnell als auch Gelegenheitsnutzer immer wieder gut in der Software zurechtfinden.

Dieser Beitrag soll all denjenigen, die noch nie mit JMP gearbeitet haben, einen Überblick zur Verwendung und zu den Nutzungsmöglichkeiten der JMP Software bieten.
Der Beitrag führt in folgende Themen ein:
- Das Konzept und die Verwendung der graphischen Benutzeroberfläche der JMP-Software
- Datenimport und Datenexport
- Bearbeitung von Daten
- Erstellung graphischer Darstellungen
- Verwaltung von Ergebnissen
- Ausblick auf weiterführende Themen: Datenanalysemethoden und Versuchsplanung, Interaktion mit anderen Software-Werkzeugen, Automatisierung und Erweiterung durch Programmierung

Schlüsselwörter: JMP, Einführung in JMP

1 Einleitung

Für die Analyse von Daten ist Software-Unterstützung unerlässlich geworden. Für diesen Anwendungsbereich existieren viele Software-Applikationen mit ganz unterschiedlichen Eigenschaften und Schwerpunkten. Die Software JMP der Firma SAS Institute ist eine Datenanalyse-Applikation mit einer interaktiven und einfach zu bedienenden graphischen Benutzungsoberfläche. Die Software ist daher insbesondere für die interaktive Untersuchung und Analyse von Daten geeignet.
Tabellarische Daten können in gängigen Datenformaten im- und exportiert werden. Neben der Möglichkeit Datentabellen zu bearbeiten und zu verknüpfen bietet JMP umfangreiche Methoden zur Datenvisualisierung. Neben wichtigen statistischen Verfahren zur Datenauswertung liegt ein weiterer Schwerpunkt bei Methoden zur Versuchspla-

nung. Darüber hinaus bietet JMP die Möglichkeit mittels Programmierung in einer eigenen Skript-Sprache Abläufe in JMP zu automatisieren oder in JMP neue Auswertungen zu erstellen. JMP ist gut geeignet, um auf Desktop-Computern als einfach zu verwendendes Analyse-Werkzeug eingesetzt zu werden. Da bei der JMP-Software die bearbeitenden Daten im Hauptspeicher gehalten werden, ist die Menge der während einer Sitzung zu bearbeitenden Daten durch den Hauptspeicher limitiert. JMP ist daher vor allem für die interaktive Datenanalyse geeignet, für die Batch-Verarbeitung eher das klassische SAS-System. Es ist allerdings möglich, von JMP aus auf weitere Auswertungs-Systeme zuzugreifen (z. B. SAS-Stored Processes auf einem SAS-Server).

JMP ist übrigens keine Neuentwicklung von SAS Institute, sondern als Produkt schon seit 1989 auf dem Markt. Ursprünglich für die damals neuartige graphische Benutzungsoberfläche von Apple Macintosh Computern entwickelt, gibt es JMP seit 1993 auch für Microsoft Windows, aktuell in der Version 9. Laut der englischen Wikipedia-Website zu JMP kommt der Name der Software daher, dass das Entwicklungsprojekt für die erste JMP-Version firmenintern unter diesem Akronym geführt wurde, was damals für „John's Macintosh Project" stand, nach dem SAS-Institute Mitbegründer und geistigem Vater von JMP John Sall.

Die folgenden Abschnitte sollen einen Einstieg in die JMP Software unterstützen und behandeln folgende Themen: Konzept und Verwendung der Benutzeroberfläche von JMP, Datenimport und Datenexport, Bearbeitung von Daten, Erstellung graphischer Darstellungen, Verwaltung von Ergebnissen, Ausblick auf weiterführende Themen und Fazit.

Am Ende der Abschnitte wird jeweils zur Veranschaulichung der Themen eine Beispiel-Auswertung fortlaufend weitergeführt: Die Visualisierung der Herkunftsorte der Teilnehmer der KSFE-Konferenz.

2 Konzept und Verwendung der Benutzeroberfläche von JMP

Die zentrale Komponente der Benutzeroberfläche der JMP-Applikation ist das so genannte JMP-Hauptfenster.

Durch Aktionen des Nutzers werden weitere Unterfenster geöffnet, das Hauptfenster bietet dabei jederzeit Übersicht und Zugriff zu den derzeit geöffneten Unterfenstern und zu den zuletzt verwendeten Dateien.

Die Unterfenster lassen sich in drei Kategorien einteilen: Datentabellen, Plattform-Dialoge, Report-Fenster.

Datentabellen repräsentieren tabellarisch strukturierte Daten. Datentabellen erlauben die direkte Editierung der Tabellendaten und zeigen einfache Meta-Informationen zur Tabelle an, wie die Anzahl der Zeilen und Spalten, Spaltennamen und weitere Angaben. Datentabellen lassen sich in dem nativen JMP Datenformat mit der Datei-Endung ".JMP" speichern.

Plattform-Dialoge werden immer dann geöffnet, wenn ein Anwender eine Analyse- oder Graphik-Funktionalität durch die Auswahl des entsprechenden Menü-Eintrags oder Symbols ausführen will. Die Plattform-Dialoge ermöglichen die Einstellung von Para-

JMP: Grundlagen

metern für die jeweilige Aktion, z. B. die Auswahl der darzustellenden Spalten in einer Grafik.
Report-Fenster enthalten die Ergebnisse von Auswertungen in Form von Graphiken und Report-Tabellen.
Alle JMP-Fenster enthalten eine Menü-Leiste und eine Symbol-Leiste, die verwendet werden können, um Aktionen wie z. B. das Öffnen einer neuen Datei auszulösen.
Das wichtigste Menü während des Einstiegs in die Verwendung der JMP Software ist das Menü „Hilfe". Darin findet man unter dem Eintrag Lernprogramme mehrere interaktive Tutorien zu verschiedenen Einstiegsthemen. Elektronische Kopien der JMP Software-Dokumentation lassen sich über den Eintrag Handbücher in Form von PDF-Dateien öffnen.
Speziell zu Beginn der Verwendung der JMP Software ist das Fenster JMP-Starter, welches sich über den Menü-Eintrag Datei/Voreinstellungen als Start-Fenster ein- und ausschalten lässt. Das JMP-Starter-Fenster enthält die in JMP vorhandenen Menüeinträge als kommentierte Aktions-Schaltflächen, so dass ein Anwender zu Beginn leichter die möglichen Aktionen der JMP Software kennen lernen kann.

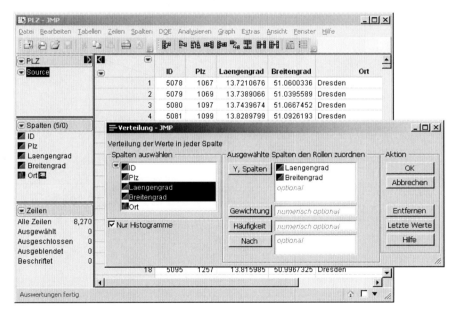

Abbildung 1: Beispiel für ein Datentabellenfenster („PLZ") und einen Plattform-Dialog („Verteilung")

425

P. R. Warnat

Die Interaktion mit der Benutzer-Oberfläche sei mit folgendem Beispiel verdeutlicht: Über das Menü Datei/Öffnen lässt sich eine JMP-Datei mit den deutschen Postleitzahlen öffnen. Die Datei wird in JMP durch ein Datentabellen-Fenster repräsentiert. In der linken Seite des Datentabellen-Fensters lassen sich die Anzahl Zeilen und Spalten sowie die in der Tabelle vorhandenen Spalten erkennen (Abbildung 1). Die Tabelle enthält zu den Postleitzahlen zusätzlich noch Längen- und Breitengrade des Zentrums der geographischen Region, die durch die Postleitzahlen repräsentiert wird. Durch den Menü-Punkt Analysieren/Verteilung startet man darauf den Plattform-Dialog zur Verteilungs-Analyse (Abbildung 1). In dem Plattform-Dialog lassen sich die Spalten auswählen, für die Histogramme erstellt werden, in diesem Fall die Spalten mit den Längen- und Breitengraden. Darauf hin werden die Histogramme in einem Report-Fenster erstellt. Den Histogrammen kann man die Verteilung der Längen- und Breitengrade der Postleitzahlenregionen entnehmen (Abbildung 2).

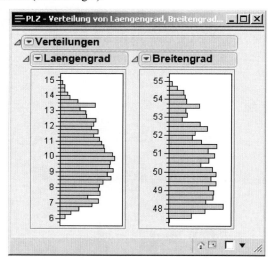

Abbildung 2: Beispiel für ein Report-Fenster, erzeugt aus der in Abbildung 1 gezeigten Datentabelle und dem Plattform-Dialog „Verteilung"

3 Datenimport und Datenexport

JMP besitzt ein eigenes natives Dateiformat für Datentabellen (Datei-Endung ".JMP"). Die JMP Applikation bietet darüber hinaus allerdings auch umfangreiche Möglichkeiten für den Import und Export von Datendateien unter Verwendung anderer Formate.
Über die Menüeinträge Datei/Öffnen und Datei/Speichern lassen sich die verschiedenen Formate beim Öffnen und Speichern von Datentabellen anwählen. Insbesondere wird

der Zugriff auf SAS-Dateien, Excel-Dateien, SPSS-Dateien und natürlich Textdateien wie z. B. CSV-Dateien unterstützt.

Weiterhin besteht einerseits die Möglichkeit direkt Daten aus Datenbank-Systemen mit einem ODBC-Treiber zu lesen, oder auf Datenquellen zuzugreifen, die von einem SAS-Metadaten-Server verwaltet werden (Siehe auch Abschnitt 7.3).

Beispiel zum Daten-Import und Export:
Die im letzten Beispiel eingeführte Postleitzahlen-Tabelle mit Ortskoordinaten liegt ursprünglich als Textdatei vor. Über das Menü Datei/Öffnen und Auswahl des Filters „Textdatei" für die Dateiauswahl lässt sich die Textdatei in JMP öffnen. Über das Menü Datei/Speichern unter kann man die Datei als JMP-Datei oder eben auch in einem anderen Format wie z. B. Excel speichern.

4 Bearbeitung von Daten

JMP-Datentabellenfenster erlauben einerseits die direkte Bearbeitung von Daten, andererseits auch die indirekte Veränderung über Menü-Befehle. Zur direkten Bearbeitung kann man einfach mit einem Doppel-Mausklick eine Zelle der Datentabelle auswählen und zur Bearbeitung öffnen. Über den Menüpunkt Bearbeiten/Suchen ist eine Suche nach Werten und auch eine Ersetzung von Werten möglich.
Jede Datentabelle besteht in JMP aus einer Menge von Spalten, wobei für jede Spalte bestimmte Attribute festgelegt werden. So hat jede Spalte einen eindeutigen Namen und mindestens die Attribute Datentyp (numerisch, alphanumerisch), Skalentyp (stetig, ordinal oder nominal) und (Anzeige-)Format. Datentyp und Skalentyp haben einen Einfluss darauf, wie die einzelnen Spalten bei der Anwendung von Analyseverfahren und Graphikmethoden eingesetzt werden können, beziehungsweise dargestellt werden. So wird z. B. für eine ordinale oder nominale Spalte in einem Streuungsdiagramm automatisch keine stetige Achsenskalierung verwendet, sondern eine Achse mit den einzelnen Kategorien. Weitere Attribute können pro Spalte definiert werden, eine wichtige Attributsart ist die Formeldefinition. Anders als etwa in Microsoft Excel, wo eine Formel für einzelne Zellen definiert werden kann, wird in JMP eine Formel immer für eine gesamte Spalte definiert. Werte von anderen Spalten können in einer Formel beliebig verknüpft werden, um in der Spalte mit dem Formel-Attribut neue Werte zu berechnen.
Zur Bearbeitung von Datentabellen gibt es in den Menüs „Zeilen" und „Spalten" Befehle, die sich jeweils auf ganze Zeilen beziehungsweise Spalten auswirken, z. B. zum Einblenden/Ausblenden oder zum Löschen/Hinzufügen.
Zusätzlich lassen sich über das Menü „Tabellen" Befehle auswählen, die sich auf ganze Tabellen auswirken oder auch Daten aus mehreren Tabellen miteinander in Verbindung bringen. Beispiele dafür sind das Transponieren von Tabellen, das vertikale Verbinden (Append) oder das horizontale Verbinden (Join) zweier Tabellen.

P. R. Warnat

Beispiel:
Gegeben seien Tabellen mit den Herkunftsorten der Teilnehmer der letzten KSFE Konferenzen. Für die letzten sechs Jahre sei jeweils eine Tabelle gegeben, die für jeden Teilnehmer die Postleitzahl der Ortsangabe enthält. Über den Menübefehl Tabellen/Vertikal verbinden werden die Tabellen zu einer Tabelle zusammengefügt, indem die Zeilen der einzelnen Tabellen untereinander angehängt werden. Wenn nun zusätzlich eine Tabelle mit Postleitzahlen und Ortskoordinaten geladen wird, so können die beiden Tabellen über den Menü-Befehl Tabellen/Horizontal verbinden so miteinander verbunden werden, dass eine neue Tabelle entsteht, die für die Herkunftsorte der Teilnehmer der letzten KSFE Konferenzen zusätzlich noch je eine Längen und Breitengrads-Angabe pro Postleitzahl enthält (Einstellungen zum horizontalen Verbinden siehe Abbildung 3).

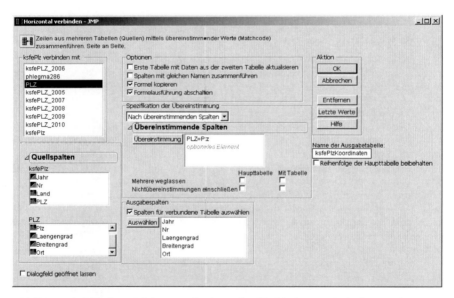

Abbildung 3: Plattform-Dialog zum horizontalen Verbinden von Tabellen („Join")

5 Erstellung graphischer Darstellungen

Die Software JMP bietet umfangreiche Möglichkeiten zur Visualisierung von Daten.
Seit der Version 8 der JMP-Software ist der Einstieg in die Graphik-Erstellung mit der JMP-Software noch einfacher geworden: Der so genannte „Graph Builder" erlaubt die Erstellung von Diagrammen mit Hilfe eines interaktiven Dialogs. Verschiedene Diagramm-Elemente sind im Graph Builder verfügbar („scatterplots", „box plots",

„histograms", „bar charts", „lines"), um univariate und bivariate Sachverhalte und Zusammenhänge darzustellen. Daten können dabei gruppiert visualisiert werden, wobei sowohl die überlagerte als auch die getrennte Darstellung von Diagrammen möglich ist.
Bei Aufruf des Graph Builders über den Menüpunkt „Graph/Graphik erstellen" erscheint für die aktuell geöffnete Datentabelle ein Dialog mit einer interaktiven Diagrammvorschau.
Durch Auswahl von Spalten der aktuell geöffneten Datentabelle und Ziehen und Loslassen von Spalten in bestimmte Bereiche der Diagrammvorschau lässt sich eine Graphik interaktiv erstellen. Die Eigenschaft der einzelnen Diagrammelemente (z. B. Farben) lassen sich über Kontextmenüs steuern.
Mit der Version 9 der JMP Software ist der Graph Builder noch ausgebaut worden, so können nun beispielsweise Landkarten als Hintergrund in Graphiken eingebunden werden, um geographische Daten darzustellen.

Eine Besonderheit von JMP ist die graphische Benutzeroberfläche, die leicht zu bedienen ist und insbesondere auch die interaktive Arbeit an Graphiken unterstützt. So sind Datentabellen und daraus abgeleitete Datenvisualisierungen dynamisch miteinander verbunden: Wird zum Beispiel in einer Datentabelle eine Zeile mit den Daten einer Beobachtung markiert, so wird in einem von der Tabelle zuvor abgeleiteten Streuungsdiagramm gleichzeitig die graphische Repräsentation der Beobachtung hervorgehoben. Auch umgekehrt funktioniert diese interaktive Verknüpfung: Elemente in einer Graphik werden mit der Maus angewählt, und gleichzeitig werden die entsprechenden Beobachtungen in der Datentabelle hervorgehoben.
Jede in JMP erstellte Graphik kann innerhalb von JMP nachträglich bearbeitet werden. Neben Diagrammtyp-spezifischen Kontextmenüs bietet JMP mehrere Werkzeuge, die die direkte Manipulation einer Graphik mit der Maus ermöglichen.
So kann mit dem „Hand"-Werkzeug etwa der dargestellte Achsenabschnitt in einem Diagramm beeinflusst werden, oder mit einer Lupe kann in eine Graphik „hinein-gezoomt" werden.
Weitere Möglichkeiten bestehen durch so genannte Annotation-Werkzeuge. Damit lassen sich Linien, Pfeile oder beliebige Texte direkt in eine Graphik setzen.
Eine erstellte Graphik lässt sich entweder als in einem JMP-spezifischen Format („JMP-Report") speichern oder in einem der gängigen Grafik-Formate wie jpg, png oder gif. Die Speicherung als JMP-Report hat den Vorteil dass die interaktive Bearbeitung in JMP auch bei einer späteren JMP-Session weiterhin möglich ist. Mit der Speicherung in ein externes Format geht diese Möglichkeit verloren, allerdings kann eine exportierte Graphik dafür in jeder anderen Applikationen gelesen werden, die das ausgewählte Graphik-Format unterstützt.

Beispiel:
Es sei eine Datentabelle mit zwei Spalten gegeben. Eine Spalte mit Jahreszahlen und eine Spalte mit der jeweiligen Gesamtanzahl an KSFE-Teilnehmern pro Jahr. Über den Menüpunkt Graph/Grafik erstellen wird der Graph Builder gestartet. Im Graph Builder lassen sich sehr einfach Diagramme über die interaktive Zuordnung von Spaltennamen

zu Darstellungsbereichen der Grafik erstellen, etwa eine Darstellung der Gesamtanzahl an KSFE-Teilnehmern pro Jahr. Über das Kontext-Menü des Graph Builders lassen sich viele Details der Grafik darstellen, z. B. dass die dargestellten Punkte mit Linien verbunden werden.

Ab der Version 9 von JMP lassen sich im Graph Builder Landkarten als Hintergrund einblenden. Wird die im letzten Beispiel erstellte Tabelle mit den Breiten- und Längengrad-Angaben für die Herkunft der KSFE-Teilnehmer im Graph Builder verwendet, um die Positions-Koordinaten gegeneinander graphisch aufzutragen, so lässt sich zusätzlich über das Kontextmenü des Graph Builders die Umrisse einer Deutschlandkarte einblenden, um die geographische Verteilung der Teilnehmer der KSFE auf einer Deutschlandkarte visualisieren zu können (Abbildung 4).

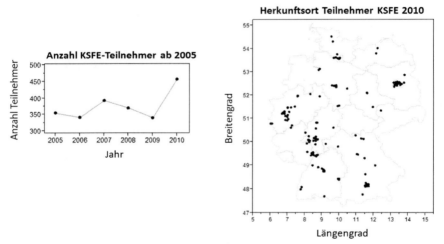

Abbildung 4: Anzahl Teilnehmer der KSFE-Konferenzen der letzten Jahre und Herkunftsort der (deutschen) Teilnehmer der KSFE 2010

6 Verwaltung von Ergebnissen

Die während der Arbeit mit JMP erstellten Ergebnisse in Form von modifizierten oder neuen Datentabellen und Reports lassen sich alle einzeln speichern, um zu einem späteren Zeitpunkt wieder darauf zugreifen zu können. JMP bietet darüber hinaus zwei Konzepte, um mehrere Ergebnisse zusammenhängend als eine Einheit zu verwalten: Journal-Dateien und Projekt-Dateien.

Journal-Dateien können Reports, Graphiken und Datentabellen als Kopien aufnehmen und können wie ein elektronisches Notiz-Buch verwendet werden, um fortlaufend Ergebnisse zu dokumentieren und in einer großen Report-Datei aufzunehmen.

JMP: Grundlagen

Das Konzept der Projektdateien dagegen dient dazu, mehrere eigenständige JMP-Dateien zu verwalten, indem sie einem Projekt zugeordnet werden. Bei der Arbeit mit Projekten wird ein eigenes Fenster eingeblendet, welches die geöffneten Projekte zeigt und die den Projekten zugeordneten Dateien. Ein Maus-Klick auf die jeweiligen Datei-Symbole öffnet die jeweiligen Dateien. Somit lassen sich mit dem Öffnen eines Projektes gleich der Zugriff auf mehrere Tabellen und Reports ermöglichen und mehrere JMP Dateien einheitlich verwalten.

Beispiel:
Die Datentabellen und Report-Ergebnisse aus den zuvor beschriebenen Beispielen lassen sich komfortabel einem JMP-Projekt zuordnen, um sie gemeinsam zu verwalten. Dazu legt man über das Datei/Neu/Projekt ein neues Projekt an, speichert dieses unter einem neuen Namen. Über das Kontextmenü des Projekts in der Projekte-Übersicht (Projektfenster) ordnet man die erstellten Dateien dem Projekt hinzu. Nun kann bei einem erneuten Start der JMP-Applikation nach dem Öffnen der JMP-Projektdatei in der Projekte-Übersicht auf alle zugeordneten Dateien bequem zugegriffen werden.
Als Alternative lassen sich einzelne Ergebnisse über das Menü Bearbeiten/Journal einer Journal-Datei hinzufügen, welche eigenständig gespeichert oder in ein Dokumenten-Format wie RTF oder PDF exportiert werden kann.

7 Ausblick auf weiterführende Themen und Fazit

Neben den bislang genannten grundlegenden Funktionen bietet die JMP Software noch weit mehr interessante Möglichkeiten. Die im Menü Hilfe bereit gestellten Tutorien und Handbücher (z. B. [1], [2]) können hier als sehr guter Startpunkt für die Erarbeitung weiterführender Themen dienen. Im Folgenden seien noch drei wichtige Bereiche genannt, die für Anwender der JMP Software sehr nützlich sein können.

7.1 Datenanalysemethoden und Versuchsplanung

JMP bietet eine umfangreiche Auswahl von statistischen Analyseverfahren. Neben einfachen Werkzeugen zur Erstellung deskriptiver Statistiken, klassischer Regression und Varianzanalyse werden auch generalisierte lineare Modelle, nichtlineare Modelle, Zeitreihenanalyse, Clustering, Hauptkomponentenanalyse und Entscheidungsbäume geboten, um nur einige Verfahren zu nennen.
Ein weiterer besonderer Schwerpunkt sind die umfangreichen Methoden zur Unterstützung der statistischen Versuchsplanung. Eine umfassende Auswahl an Standard-Versuchsplänen ist ebenso abrufbar wie die Möglichkeit der Erstellung von maßgeschneiderten D- und I-optimalen Plänen. Die Optimierung von Faktorstufenkombinationen (zur Optimierung eines Produktes oder Prozesses) wird durch interaktive grafische Werkzeuge erleichtert.

7.2 Automatisierung und Erweiterung durch Programmierung

Die JMP Applikation erlaubt es mittels einer eigenen Skript-Sprache (Jmp Scripting Language, JSL) Programme zu schreiben und innerhalb von JMP auszuführen. Alles, was in der grafischen Benutzeroberfläche von JMP mit einem Klick der Maus ausgelöst werden kann, kann auch mittels eines JSL-Programms ausgelöst werden. Darüber hinaus ist JSL generell genug, um neue Funktionalität zu implementieren. JSL kann also sowohl dazu genutzt werden, um Sequenzen von Aktionen mit der Benutzeroberfläche automatisiert auszuführen, als auch um JMP mit eigenen Algorithmen und Auswertungsprogrammen zu erweitern.

7.3 Interaktion mit anderen Software-Werkzeugen (SAS und R)

JMP umfasst die Möglichkeit eine Verbindung zu einem SAS Metadaten-Server herzustellen, um auf darüber zur Verfügung gestellte SAS-Dateien zuzugreifen und SAS Stored-Processes auszuführen. Wird ein Stored Process ausgeführt, kann über JMP auf dadurch erstellte Datendateien oder Report-Dateien zugegriffen werden. Alternativ ist es möglich, direkt auf einen Workspace-Server oder eine lokale SAS-Installation zuzugreifen, um SAS-Programmcode aus JMP heraus auf einer SAS-Installation auszuführen und von dort erstellte Datasets und Report-Ausgaben abzurufen.

Ab Version 9 von JMP ist es zusätzlich möglich, innerhalb von JSL-Programmen auf eine lokale R-Installation zuzugreifen, um R-Programmcode in einer R-Sitzung auszuführen. Datenobjekte können aus dem JSL Programm in die R-Sitzung übertragen werden, und umgekehrt kann man auf Datenobjekte aus der R-Sitzung zugreifen.

7.4 Fazit

Die JMP Software lässt sich mit wenig Einarbeitungsaufwand produktiv verwenden. Insbesondere um ohne größere Vorbereitungen eben „schnell mal" Daten graphisch darzustellen oder einer explorativen Analyse zu unterziehen, ist JMP bestens geeignet. Auch in der Anwendung in der Gruppe, etwa für Besprechungen eignet sich JMP hervorragend, da man z. B. oft Rückfragen gleich beantworten kann, indem man direkt in den Daten gemeinsam mittels JMP die Antwort zu den Rückfragen sucht, oder etwa um Sachverhalte zu visualisieren.

JMP enthält zwar nicht den umfassenden Umfang an statistischen Methoden und Reporting-Möglichkeiten, die z. B. das klassische SAS System bietet, die Funktionalität, die geboten wird, ist für viele Anwendungen allerdings ausreichend. Zusammen mit der Interaktivität und einfachen Bedienung von JMP ist die JMP-Software eine sehr sinnvolle Ergänzung zu anderen Software-Werkzeugen zur Datenanalyse.

Literatur

[1] Erste Schritte mit JMP, Version 9. SAS Institute Inc., Cary, NC, USA, 2010.

[2] Using JMP 9. SAS Institute Inc., Cary, NC, USA, 2010.

SAS und LaTeX:
Erste Ansätze für eine gute „Zusammenarbeit"

Heiko Zimmermann
Institute of Public Health
Im Neuenheimer Feld 365
Heidelberg
h.zimmermann@uni-heidelberg.de

Andreas Deckert
Institute of Public Health
Im Neuenheimer Feld 365
Heidelberg
a.deckert@uni-heidelberg.de

Zusammenfassung

LaTeX ist ein mächtiges Werkzeug zur Erstellung von Dokumenten mit Hilfe eines auf Makrobefehlen aufbauenden Textsatzsystems. Die Stärke von LaTeX zeigt sich vor allem bei komplexen Dokumenten. Seit Version 9 bietet SAS nun auch eine Schnittstelle zu LaTeX: Grafiken können mit Hilfe von ODS Graphics/Markup erstellt und in LaTeX Dokumente ohne viel Aufwand integriert werden. In dem vorliegenden Dokument werden notwendige Materialien und Schritte zur automatisierten Einbindung von Grafiken direkt aus SAS in LaTeX dargestellt. Des Weiteren wird ein kurzer Überblick über ein kleines Makro gegeben, das unter anderem diese Funktionalitäten zur Verfügung stellt.

Schlüsselwörter: LaTeX, ODS Graphics, ODS Markup

1 Motivation

SAS ermöglicht Grafiken im PostScript Format in LaTeX Dokumente automatisiert einbinden zu lassen. Mit Hilfe von eindeutigen "Platzhaltern" - sog. Flags - im LaTeX Dokument können diese dann durch eine entsprechende Grafik ersetzt werden. Auch zeitversetztes Einbinden ist möglich: Beispielsweise, wenn Daten zu Erstellung einer Grafik noch nicht vorhanden sind. Der Platzhalter im LaTeX Dokument sorgt für die spätere Zuordnung. Durch dieses Prinzip können auch 1 bis n Flags ersetzt werden. Vorteil für LaTeX Nutzer: Grundsätzlich müssen am LaTeX Code keine Änderungen vorgenommen werden. Layout und Stiländerungen an der/den Grafik(en) sind auf SAS Seite und nicht im LaTeX Code selbst durchzuführen. Durch die Erstellung von SAS Makros können die Schritte zwischen LaTeX und SAS automatisiert werden [1].

2 Hintergrund

LaTeX [2] ist ein frei zugängliches Programmpaket, das die Benutzung des Textsatzprogramms TeX mit Hilfe von Makros vereinfacht und sich durch ein hochwertiges Satzsystem auszeichnet.

Durch die Bereitstellung einer großen Vielfalt an unterschiedlichen Paketen bietet es für jedes beliebige typografische Ziel die passenden Werkzeuge. Unter anderem sind Funktionen zur Generierung für jede Art von Dokumenten sowie zur Strukturierung von Texten und Querreferenzierungen vorhanden. LaTeX arbeitet außerdem mit unterschiedlichen Formaten zusammen: Portable Document Format (PDF), PostScript oder DeVice Independent (DVI). Gerade im Bereich mittlerer und größerer technischer Dokumente [3], aber auch bei der Erstellung wissenschaftlicher Fachliteratur ist LaTeX weit verbreitet und sehr beliebt. In großen (wissenschaftlichen) Dokumenten zeigt es seine Stärken: bereits nach einer kurzen Einarbeitungsphase seitens des Anwenders muss dieser kaum noch Anpassungen/Änderungen am Layout und an der Formatierung vornehmen. Zusätzlich bietet LaTeX mit BibTeX ein ausgereiftes und starkes Tool für die Literaturverwaltung und die automatische Referenzierung von Quellen [4].

LaTeX ist ein mächtiges Werkzeug vor allem bei großen Dokumenten (s. Tabelle 1), weil Schritte zur Formatierung und zum Erstellen des Layouts erst bei der Kompilierung[1] des Codes ausgeführt werden. LaTeX arbeitet hierbei mit logischer Struktur nach dem Prinzip WYGIWYM (What you get is what you mean). Struktur-/Formatierbefehle werden im Fließtext integriert und erst am Ende auf den Text angewendet. Hierdurch ist dann das Erstellen von langen komplexen Texten in geringer Zeit leicht möglich. Allerdings ist das fertige Layout des Dokumentes nicht von Anfang an ersichtlich. Word hingegen arbeitet visuell, d.h. das finale Ergebnis ist von Anfang an auf dem Bildschirm zu sehen. Word eignet sich besonders für kurze, einfache Texte (Briefe, Deckblätter, ...) und bringt in diesem Fall eine Zeitersparnis mit sich, wenn mit einem WYSIWYG (What you see is what you get) Editor wie Word gearbeitet wird. Bedeutet: Änderungen am Fließtext werden mit Menü- oder Kurzbefehlen vorgenommen.

Tabelle 1: Word vs. LaTeX

Word	LaTeX
Kurze/einfache Texte	Lange/komplexe Dokumente
WYSIWYG	WYGIWYM
visuell	logisch
Mit Menü- oder Kurzbefehlen visuell verändern	Struktur/Formatierbefehle im Fließtext

Im Gegensatz zu Latex als Open-Source-Projekt handelt es sich bei SAS um eine kommerzielle Software, die vom SAS Institute Inc. angeboten und weiterentwickelt wird (aktuelle Revision 9.2). Diese bietet den Nutzern unter anderem Möglichkeiten zur Dateneingabe, -abfrage und zum Datenmanagement sowie zum Verfassen von Berichten und Erstellen von Grafiken. Weiterhin stellt das Programm Prozeduren für statistische Analysen und Anwendungsentwicklungen zur Verfügung [5]. Seit Version 9 ermöglicht SAS zusätzlich die Erstellung von Grafiken im PostScript Format (.ps) mit einfachen Mitteln. Mit Hilfe von einfachem SAS Code lassen sich generierte .ps Grafiken automatisch in LaTeX Dokumente (und Präsentationen) einbinden.

---

[1] Kompilierung: Umwandlung von Programmcode in ausführbaren Code

3 Grundlagen

Für die Verwendung von LaTeX werden unterschiedliche Komponenten benötigt: Die MiKTeX Distribution ist ein Textsatzsystem mit eingebauter Makrosprache, das die notwendigen Pakete und Programme zur Arbeit mit LaTeX unter Windows zur Verfügung stellt. Durch das Schnittstellenprinzip lässt sich das Basisprogramm durch jedwede Funktion einfach und unkompliziert erweitern. Des Weiteren wird ein Interpreter benötigt, um Seitenbeschreibungssprachen wie PostScript und Portable Document Format (PDF) benutzen zu können. Hierfür gibt es kostenlose Programme wie GhostScript - steht unter der Gnu Public License - und kann frei verwendet werden. Weite Verbreitung im universitären sowie im industriellen Sektor finden vor allem kommerzielle Produkte, z.B. von Adobe. Um Dokumente formatieren, strukturieren und bearbeiten zu können, wird zusätzlich ein Texteditor für LaTeX Dokumente benötigt. Häufige Anwendung findet hierbei das nicht kommerzielle TeXnicCenter, welches LaTeX Quelltext bearbeitet und mit dem sich LaTeX Befehle direkt im Fließtext integrieren lassen. Weniger Programmcode-orientiert und daher gut für Anwender zum Einstieg geeignet, ist LyX, eine Alternative mit grafischer Oberfläche. Im Gegensatz zu TeXnicCenter verzichtet LyX auf Befehle und Kommandos und ermöglicht es dem Anwender durch verschiedene Menüfunktionen und durch einfache Mausklicks seine gewünschten Ergebnisse darzustellen. Die zugehörigen Befehle sind hierbei hinter verschiedenen grafischen Icons integriert. Wer allerdings tiefer in die Materie einsteigen und individuell seine Dokumente bearbeiten möchte, sollte unbedingt die code-basiertere Variante wählen.

Bei der Statistiksoftware SAS können, falls die notwendigen Lizenzen zur Verfügung stehen, automatisch bei der Installation zusätzlich benötigte Komponenten mit installiert werden. Auch hier bietet sich dem Anwender einerseits die Möglichkeit mehr programmcode-orientiert ans Ziel zu gelangen oder mit Hilfe eines Frameworks (vgl. Enterprise Guide).

4 Methoden

Sind die Produkte installiert und funktionstüchtig, sind alle Voraussetzungen für eine Kombination Beider gegeben:
SAS stellt zwei Pakete zur Verfügung, die eine (in)direkte Verwendung mit LaTeX ermöglichen. Mit *ODS graphics* [6] besteht im Allgemeinen die Möglichkeit, oft verwendete Grafiken in unterschiedlichen Ausgabeformaten automatisiert zu erstellen. Mit der Kombination von *ODS Markup* und *ODS Graphics* in SAS [7] können nun sogar spezielle *tagsets* - LaTeX, ColorLaTeX, SimpleLaTeX, und TablesOnlyLaTeX - verwendet werden. Tagsets sind ODS Kontrollmechanismen, die Methoden zur Verbesserung von ODS-Ausgaben unter SAS zur Verfügung stellen. Sie bieten Vorlagen, die verwendet werden, um jede Art von textbasierter Ausgabe zu generieren: HTML, CSV, XML und auch LaTeX. Beispielsweise bietet ColorLaTeX eine große Vielfalt an unterschiedlichen Stylesheets und Makros für Ausgaben, die in ihrem Aussehen mit HTML oder

RTF vergleichbar sind. Hierfür stellt es vor allem Werkzeuge für farbige Ausgaben zur Verfügung. TablesOnlyLaTeX erlaubt es dem Anwender sogar LaTeX Ausschnitte selbst zu erstellen und in anderen LaTeX Dokumenten zu verwenden.

Im Folgenden (s. Tabelle 2) findet sich eine vereinfachte Darstellung notwendiger Schritte, um eine Grafik aus SAS heraus in LaTeX zu integrieren.

Tabelle 2: Sequenzielles Vorgehen

LaTeX	SAS
Neues LaTeX Dokument mit einem/mehreren eindeutigen Flag(s) (Platzhalter(n)) erstellen	Daten (für die Erstellung einer .ps Grafik) zur weiteren Verwendung im entsprechenden Format zur Verfügung stellen
	Mit ODS graphics/markup Grafiken anhand der verfügbaren Daten als .ps generieren
	Einlesen des ursprünglichen LaTeX Dokumentes, ersetzen des/der Flags
	Neues LaTeX Dokument mit dem ersetzten Code erzeugen
Kompilieren und das fertige Resultat im pdf-Format erhalten	

5 Ergebnisse

Als Einstieg wird ein einfaches LaTeX-Dokument benötigt. Ein solches könnte folgendermaßen aussehen:

```
%LaTeX-Ausschnitt 1: Flags (Platzhalter) im LaTeX Code
\documentclass{article}
%Praeambel
\usepackage[T1]{fontenc}
\usepackage{longtable}
\usepackage{graphicx}
\usepackage{times}
\usepackage{color}
%Dokument-Körper
\begin{document}
\begin{center}
\huge{Wie binde ich .ps-Dateien in LATEX ein?}
\end{center}
\section{ODS Grafik mit SAS}
\paragraph{Diese Grafik: In SAS mit ODS erstellt\\\\}
\textcolor{red}{FLAG1}
\end{document}
```

Jedes LaTeX-Dokument beginnt mit der Definition einer Dokumentenklasse \documentclass{article} (s. LaTeX-Ausschnitt 1). Hierbei stellt LaTeX für fast jeden Dokumenttyp eine entsprechende Klasse bereit. Somit lassen sich sowohl kurze Briefe, als auch z.B. längere Dissertationen oder ganze Bücher erstellen. In der anschließenden Praeambel werden globale, d.h. für das gesamte Dokument gültige Eigenschaften gesetzt (z.B. \usepackage[T1]{fontenc}, \usepackage{color}). Erst dann folgt der eigentliche Dokumentenkörper, in den der Fließtext integriert wird (\begin{document}...\end{document}). Es gilt noch zu erwähnen, dass in LaTeX interne Befehle mit einem \ und anschließendem Befehl gekennzeichnet sind. Diese werden dann auf den in {} eingeschlossenen Fließtext beim Kompiliervorgang angewendet. Kommentare in LaTeX werden mit % eingeleitet.

Das Resultat des Kompilierens unter LaTeX und das finale Resultat mit eingebundener .ps Grafik (aus SAS) sind im Folgenden zu sehen:

Wie binde ich .ps-Dateien in LaTeX ein?

1 ODS Grafik mit SAS

Diese Grafik: In SAS mit ODS erstellt

FLAG1

Abbildung 1: LaTeX-Dokument mit Platzhalter

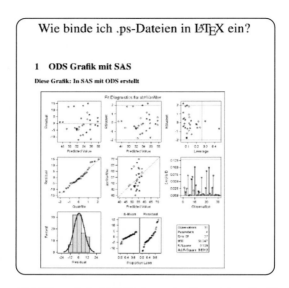

Abbildung 2: LaTeX-Dokument mit ersetztem PostScript

Hier wurde nun die Markierung mit dem eindeutigen Namen „FLAG1" (s. Abbildung 1) durch die mit SAS und dem Makro %SAS2LaTeX erstellte Grafik ersetzt (s. Abbildung 2).

Allgemein sind „Flags" als Platzhalter zu verstehen, die später automatisch mit Code für die Grafik oder einem Text ersetzt werden. Auch das Setzen mehrerer Flags ist möglich (s. LaTeX-Ausschnitt 2).

```
%LaTeX-Ausschnitt 2: Setzen mehrerer Flags im LaTeX Code
...
Auch der Text kann mit einem
FLAG1 ersetzt werden.
\section{Teil2}
FLAG2
FLAG3
\section{Teil3}
FLAG4
\end{document}
```

Stehen entsprechende Daten zur Verfügung - im Anhang unter A findet sich ein beispielhaftes SAS-Makro zum Einlesen von Daten - kann in SAS (z.B. mit proc reg) die Grafik als PostScript in einem SAS Data-Step mit Hilfe von tablesonlylatex erstellt werden (s. Anhang B). Gleichzeitig erzeugt dieser SAS Code eine zugehörige LaTeX

SAS an der Universität

Datei `mygraph.tex`, die dem `%SAS2LaTeX` SAS-Makro als Basis für weitere Schritte und zum Einbinden in das finale LaTeX Dokument dient. Es wird davon ausgegangen, dass dem Anwender Grundprinzipien und Methodiken zum Einlesen von Daten und das Arbeiten mit Arrays in SAS, auch in Makros, im Allgemeinen bekannt sind. Das SAS-Makro zum Einlesen von Daten `TabelleEinlesen` (s. Anhang A) sei nur der Vollständigkeit wegen erwähnt.

Neu für den Anwender ist vermutlich die Möglichkeit, direkt aus SAS heraus mit LaTeX zu arbeiten und Grafiken in PostScript zu erstellen (s. SAS-Data-Step-Ausschnitt 1), die anschließend in LaTeX-Dokumente eingebunden werden können. Der folgende SAS-Codeausschnitt generiert - anhand der zuvor eingelesenen Daten - eine neue PostScript Grafik und eine zugehörige LaTeX Datei, die den LaTeX-Code zum Einbinden dieses Grafen beinhaltet (`mygraph.tex`). Hierfür ist in SAS vor allem das *tagset* `tablesonlylatex` zuständig. Ein ähnliches Ergebnis einer fertigen .ps Grafik findet sich beispielsweise auf der SAS Homepage [8].

```
/*SAS-Data-Step-Ausschnitt 1: SAS Code zum Erstellen einer Grafik
mit tablesonlylatex*/
data sas.TabelleNeuWerte;
    set sas.datenWerte;
    abhVarAlter=einzulesendeDaten4*1;
    var1=einzulesendeDaten6*1;
    var2=einzulesendeDaten1*1;
    var3=einzulesendeDaten5*1;
ods tagsets.tablesonlylatex
file="mygraph.tex" (notop nobot) newfile=table style=journal;
ods select diagnosticspanel;
ods graphics on / imagefmt=png imagename="datenWerte" reset;
proc reg data=sas.TabelleNeuWerte plots=diagnosticspanel;
    model abhVarAlter = var1 var2 var3;
    OUTPUT OUT=sas.dignosticpanel;
    ods select diagnosticspanel;
    title'Übersicht: Testwerte';
quit;
ods graphics off;
ods tagsets.tablesonlylatex close; run;
```

Für die weitere Verarbeitung von `mygraph.tex` soll nun ein Makro verwendet werden. Dieses soll die Grafik in bestehenden LaTeX-Code einbinden. Das Makro `%SAS2LaTeX` benötigt dafür folgende Übergabeparameter:
`%SAS2LaTeX(path=mygraph.tex,nameFlag=FLAG,`
`nameOriginalTexDatei=SASwithLaTeX,anzahlFlags=4);`

Dem SAS-Makro werden der Name der im SAS Data-Step erzeugten LaTeX Datei (`mygraph.tex`, die den Code zum Einbinden der Grafik enthält), der Name des im LaTeX Code verwendeten Flags (`FLAG`), der ursprüngliche Name der LaTeX Datei (`SASwithLaTeX`) sowie die variable Anzahl der Flags übergeben (4). Diese Bedingungen sind auch für die folgenden SAS-Code Ausschnitte geltend.

Innerhalb des Makros wird zunächst die LaTeX Datei `mygraph.tex`, die den Code zum Grafen beinhaltet, in einen SAS Datensatz geladen (s. SAS-Ausschnitt 2).

```
/*SAS-Ausschnitt 2: SAS-Code zum Einbinden der Grafik*/
data sas.mygraph ;
     infile tex(&fileMyGraph.) length=linelong;
     input wort $varying50. linelong ;
     CALL SYMPUT('wort', wort);
run;
```

Der Inhalt der Datei wird dann in der Makrovariablen `wort` gespeichert. Hierbei beinhaltet die Variable `wort` den LaTeX Befehl mit eingeschlossener Referenz auf die PostScript Grafik: `\includegraphics{DiagnosticsPanel2.ps}`. Um eine variable Zeilenlänge berücksichtigen zu können, wird im SAS Code die Option `$varying50.` benutzt. Danach wird in einem weiteren Data-Step die Ersetzung der Flags im LaTeX-Code vorgenommen:

```
/*SAS-Ausschnitt 3: Ursprüngliches LaTeX Dokument einlesen und Neues
  erstellen*/
data sas.saspgm ;
     infile tex(&filename..tex) length=linelong ;
     input @ ;
     input line $varying500. linelong ;
     file tex(&filename._new.tex) ;
```

Dazu lesen die ersten Zeilen SAS-Code die ursprüngliche LaTeX Datei zeilenweise ein, auch wieder unter Berücksichtigung variabler Zeilenlänge, und es wird eine neue LaTeX Datei mit dem Namen `&filename._new.tex` erzeugt. Der Name der ursprünglichen LaTeX Datei ist in `&filename` referenziert und wird entsprechend aufgelöst (s. SAS-Ausschnitt 3). Somit wird `&filename._new.tex` schließlich aufgelöst in `SASwithLaTeX_new.tex`.

Das Ersetzen der Flags im LaTeX Code wird unter zu Hilfenahme von Perl basierten Regulären Ausdrücken (P.R.A.), einem sehr mächtigen Werkzeug zur Textmanipulation, erreicht. Im Allgemeinen stellen P.R.A.'s eine Art Filterkriterium für unterschiedliche Texte dar [9] (s. auch "Anwendung von (Perl) Regular Expressions für die Mustersuche in Strings" im selben Konferenzband). Ein regulärer Ausdruck - in Form des gewünschten Musters - wird hierbei mit dem vorhandenen Text abgeglichen und bietet dann Funktionen zur Veränderung des Textes [10].

```
/*SAS-Ausschnitt 4: Flag(s) durch den Code ersetzen und in neues
  Dokument schreiben*/
pattern = "m/&name.[1-&anzahlFlags.]/i";
     if prxmatch(pattern, _infile_) > 0 then do;
          temp=prxmatch(pattern,line);
     end;
     if temp>0 then do;
          rx1=prxparse("s/&name.[1-&anzahlFlags.]/&wort./i");
          call prxchange(rx1,-1,line);
```

```
        put line;
    end;
    else do;
        put line $varying500. linelong ;
    end;
```

Anhand des Musters des P.R.A. `pattern="m/&name.[1-&anzahlFlags.]"` wird überprüft, ob in den eingelesenen Zeilen der folgende Ausdruck `&name.[1-&anzahlFlags.]` vorkommt. Hierbei findet eine interne Auflösung der vorhandenen Variablen statt: `&name.[1-&anzahlFlags.]` wird dann intern aufgelöst in FLAG1, FLAG2, FLAG3, FLAG4 – abhängig von den dem Makro übergebenen Parametern. Durch die Option m im Muster des P.R.A. wird auf Übereinstimmung (m=Matching) geprüft. Die i Option verhindert die genaue Unterscheidung zwischen Groß- und Kleinschreibung – flag1, flag2, ... ist somit auch möglich. Ist die Bedingung erfüllt (`prxmatch(pattern,_infile_) > 0`) wird die entsprechende Zeile in einer Variablen `temp` gespeichert. Nur bei erfüllter Bedingung werden mit `rx1=prxparse("s/&name.[1-&anzahlFlags.]/&wort./i")` dann die Variablen wieder aufgelöst. Bei `prxparse` mit Option s (Substitute) weiß SAS dann, dass der vordere Teil des Musters `&name.[1-&anzahlFlags.]` mit dem in der Variablen `wort` gespeicherten Inhalt (`\includegraphics{DiagnosticsPanel2.ps}`) ersetzt werden soll und mit `call prxchange(rx1,-1,line)` findet schließlich der eigentliche Austausch statt. `Put line` schreibt die ersetzte Zeile in die Datei `SASwithLaTeX_new.tex` (`&filename._new.tex`). Für alle Zeilen, für die keine Übereinstimmung gefunden wird, wird die ursprüngliche Zeile ohne Änderung übernommen und in die neue LaTeX Datei geschrieben (s. SAS-Ausschnitt 4).
Beide Makros mit detaillierten Kommentaren finden sich im Anhang.

6 Diskussion

Ein Ansatz, der notwendige Schritte zur Kombination von SAS und LaTeX mit Hilfe eines Makros überführt, ist im Anhang C zu finden. Dieser Ansatz gilt allerdings nur für das `tagset tablesOnlyLaTeX` und soll eine Idee zur Integration für zukünftige, verbesserte Makros darstellen.
Das Makro ist auf der Basis von SAS Codebeispielen mit allgemeinen Ansätzen zum Einbinden von Code aus SAS in LaTeX entstanden [7]. Es dient als Einstieg, die Verbindung zwischen SAS und LaTeX herzustellen. Da es sich nur um einen Prototypen handelt, bedarf es weiterer Anpassungen in naher Zukunft. Zur Orientierung und Weiterführung ergeben sich hieraus vielleicht funktional starke SAS-Makros. Gerade jegliches individuelle und automatisierte Einbinden aus SAS in LaTeX wäre wünschenswert, beispielsweise die Möglichkeit der direkten Überführung jeglicher SAS-Output-Tabellen in LaTeX Tabellen-(Code). Anregung: Warum nicht zukünftig die Möglichkeit bieten, einen Output (wie wir ihn aus dem Log-Fenster von SAS kennen) direkt im LaTeX Tabellen Format zu überführen; hiermit wäre ein individuelles und automatisiertes Einbinden möglich.

Hinsichtlich der Kompilierung des neuen LaTeX Dokumentes:
Es gilt einige aufgetretene Probleme zu berücksichtigen. Die Anzeigegröße der einzulesenden Grafik muss (noch) manuell im LaTeX Dokument über entsprechende LaTeX Befehle nachträglich angepasst werden, ansonsten wird die einzubindende Grafik immer komplett auf eine darauffolgende Seite gesetzt. Dies bedeutet, dass \includegraphics{DiagnosticsPanel2.ps} stattdessen z.B. entsprechend zu \includegraphics[width=0.50\textwidth]{DiagnosticsPanel2.ps} geändert werden muss, um eine Anpassung auf die halbe Größe der Textbreite zu erreichen. Eine Möglichkeit, dieses Problem zu automatisieren, bestünde vielleicht darin, in SAS festgelegte Ausgabegrößen der Grafiken mit als Eingabeparameter an das Makro zu übergeben und dann die Grafikbreite in includegraphics individuell anzupassen.

Bei der Verwendung von TeXnicCenter wird standardmäßig mit pdflatex.exe aus dem MiKTeX Paket kompiliert. Da dieses standardmäßig keine PostScript Dateien unterstützt, sollte stattdessen XeLaTeX.exe (ebenfalls in MiKTeX enthalten) verwendet werden. Die notwendige Änderung von pdflatex auf XeLaTeX (über die Definition eines neuen Ausgabeprofils) unter TeXnicCenter ist online gut beschrieben [11]. Des Weiteren wurde nur die automatische Einbindung von .ps Dateien ermöglicht bzw. getestet. Sinnvollerweise sollte auch die Einbindung von .eps standardmäßig bereitgestellt werden.

Weitere Einschränkung des Makros: Das verwendete Makro enthält aktuell nur die Möglichkeit mehrere Flags im LaTeX Dokument automatisiert durch die gleiche PostScript Grafik ersetzen zu lassen. Die Prozedur der Grafikerstellung ist in einem SAS Data-Step ausgelagert und ist unabhängig vom Makro (s. SAS-Data-Step-Ausschnitt 1). Somit lassen sich auch andere Grafikprozeduren zur Erstellung einer .ps Datei verwenden. Dem %SAS2LaTeX Makro wird nur der finale Name der neuen LaTeX Datei (in diesem Fall: mygraph.tex), die den Code zum Einbinden der Grafik enthält, übergeben.
Der Nutzer sollte nach jeder Grafik in SAS das Makro anwenden und die aktuelle Grafik und das dazugehörige Flag übergeben.

Die hier vorgestellte Methode behandelt vor allem das tagset: tablesonlylatex. Es gibt (s. o.) jedoch noch drei weitere packages, die zusätzliche Optionen bieten.

Es bleibt abzuwarten, inwieweit in neueren SAS-Versionen die LaTeX Unterstützung voranschreitet. Zusätzliche, vereinfachte und dennoch umfangreiche Pakete zur gemeinsamen und automatisierten Verarbeitung sind auf jeden Fall erstrebenswert.
Insgesamt wäre eine bessere Kontrolle und direkte Ausgabe jeglicher SAS Prozeduren in LaTeX wünschenswert.

Es gilt zu berücksichtigen, dass es sich bei dem Makro nur um einen Prototypen handelt, der vorhandene Möglichkeiten in kleinem Rahmen aufzeigt und als eine Art Ideengeber dienen soll. Aufgrund der geringen Komplexität der Beispiele (aber im Hinblick auf komplexe wissenschaftliche Dokumente) wurde auf die P.R.A.'s zurückgegriffen, die vor allem die Laufzeit bei der Flag-Suche und -Ersetzung bei großen Dokumenten drastisch verringern. Gleichzeitig lassen sich hiermit komplexe `substr` und `index` Funktionen kombiniert mit vielen `if` Bedingungen im SAS Code gezielt und gekonnt vermeiden - bei dennoch gleichbleibender Funktionalität. Somit kann das Makro relativ einfach erweitert, verändert, verbessert und vor allem an eigene Bedürfnisse angepasst werden.

7 Schlussfolgerung

Die vorgestellten Möglichkeiten, die durch Kombination von SAS und LaTeX zur Verfügung gestellt werden, stellen einen ersten wichtigen Schritt dar, um SAS mit LaTeX zu kombinieren und somit auch die Anwender von LaTeX bei der Einbindung von SAS-Output zu unterstützen. Gerade wenn zukünftig umfangreichere Kombinationsmöglichkeiten in der Produktpalette von SAS-Paketen für die Integration in LaTeX zur Verfügung stehen, werden auch den LaTeX Nutzern mehr Möglichkeiten gegeben. In Zukunft erwarten wir noch mehr und vor allem bessere Kontrollen und einen direkten Input jedweder SAS Prozedur in ein LaTeX Dokument.

Literatur

[1] Juha-Pekka Perttola and F. Hoffmann-La Roche AG: SAS and LATEX - a Perfect Match?. 2008. http://www.phuse.eu/download.aspx?type=cms&docID=587

[2] LaTeX Project Team: LaTeX - A document preparation system. 2010. http://www.latex-project.org/

[3] D. Arnold: Writing Scientific Papers in LATEX. 2001. http://online.redwoods.cc.ca.us/instruct/darnold/linalg/latex/project_latex.pdf

[4] M. Bärwolff: LATEX leicht gemacht. 2004. http://www.ig.cs.tu-berlin.de/oldstatic/materialien/docs/latex_leicht_gemacht.pdf

[5] SAS Institute Inc.: SAS - Statistical Analysis System. 2010. http://support.sas.com/

[6] SAS Institute Inc.: Managing Your Graphics. 2010. http://support.sas.com/rnd/app/da/stat/odsgraph/examples.html

[7] A. Dauchy & S.L. Guennec: Professional outputs with ODS LATEX. 2008. http://www.phuse.eu/download.aspx?type=cms&docID=594

[8] SAS: Institute Inc.: Modifying Individual Plots in a Diagnostic Panel http://support.sas.com/documentation/cdl/en/grstateditug/61951/HTML/default/n056f76ygmmiqmn16wi864zz84o2.htm

[9] Daniel Fett: Tutorial Reguläre Ausdrücke, Online Tutorial http://www.danielfett.de/internet-und-opensource,artikel,regulaere-ausdruecke

[10] M. Kappler, Carina Ortseifen, Grischa Pfister, Heinrich Stürzl: KSFE 2005, http://saswiki.org/images/a/ae/9.KSFE-2005-Kappler-Tipps-und-Tricks-f%C3%BCr-den-leichteren-Umgang-mit-der-SAS-Software.pdf

[11] XeTeX Setup + unicode-math, 2010. http://anotherthought.de/blog/?p=17

Anhang A: SAS Makro - TabelleEinlesen

```
options symbolgen mprint mlogic;
/* Festlegen des globalen Pfades zum Ordner, der verwendet werden
soll und Speichern in einer Makrovariablen Pfad. */
%LET Pfad=C:\KSFE\SASundLaTeX;
/* Makro zum Einlesen der Daten aus einer Datei */
%macro
TabelleEinlesen(path=,delimiter=,startSchleife=,dimArray=,schrittWei
te=);
/* Pfad für "Current Folder" individuell definieren'*/
/*x "cd &Pfad.\Current Folder";*/
x "cd &Pfad.";
/* Eigenen Library definieren */
libname sas "&Pfad.";
/*Zuordnung der Übergabeparameter zu den zu verwendenden Variablen*/
%LET path=&path;
%LET delimiter=&delimiter;
%LET numberArray=&dimArray;
%LET step=&schrittWeite;
/* Erstellung von Tabellen zur besseren Übersicht*/
data sas.datenWerte;
    infile "&path";
    delimiter="&delimiter";
    numberArray="&numberArray";
    /* Tabelle noch als Character-Spalten. Dies kann/sollte später
    angepasst werden (direkte numerische Werte) */
    length einzulesendeDaten1 $20;
    /* Erstellen eines Arrays in Abhängigkeit der vorgesehenen
    Elemente, gegeben durch den Übergabeparameter für das Makro */
    array einzulesendeDaten_A {1:&numberArray. } $20
einzulesendeDaten1-einzulesendeDaten&numberArray.;
/* Satz für nächsten INPUT-Befehl halten */
input einzulesendeDaten1 $ @ ;
    /* Schleifenzähler, delimiter und Größe des Arrays NICHT
ausgeben */
    drop i;
    drop delimiter;
    drop numberArray;
    /* Schleife durch Übergabeparameter festgelegt.
    Einlesen der Daten*/
    do i=&startSchleife. to &numberArray. by &step.;
    /* Feld i einlesen, Satz für nächsten INPUT-Befehl halten */
input einzulesendeDaten_A(i) $ @ ;
end;
```

```
    %LET AnzVar=0;
    %DO AnzVar=1 %TO 5 %BY 1;
        %LET einzulesendeDaten&AnzVar. = einzulesendeDaten_A(i);
        /*Ausgabe der Variable(n)*/
        %PUT einzulesendeDaten&AnzVar=&&&einzulesendeDaten&AnzVar.;
    %END;
    run;
/*Ausgabe der Daten - Tabelle datenWerte begrenzt auf 10 Zeilen
(obs=10) zur bessern Übersichtlichkeit*/
proc print data=sas.datenWerte(obs=10);
run;
%mend TabelleEinlesen;

Aufruf:
/*Makro zum Einlesen von Daten aus einer Datei.
Übergabeparameter: Pfad zur Text-Datei, der Delimiter für die
Spaltentrennung, Startparameter für Schleifendurchlauf,
Größe des Arrays (# Variablen) sowie die Schrittweite für den
Schleifendurchlauf*/
%TabelleEinlesen(path=&Pfad.\test.txt,delimiter=' ',
startSchleife=1, dimArray=6, schrittWeite=1);
```

Anhang B: Grafik als PostScript

```
/*Es wird eine Grafik in PostScript anhand der eingelesenen Daten
generiert*/
data sas.TabelleNeuWerte;
    set sas.datenWerte;
    /* Da die Werte als Character in der Tabelle stehen, diese nun
       in numerische Variablen umwandeln */
    abhVarAlter=einzulesendeDaten4*1;
    var1=einzulesendeDaten6*1;
    var2=einzulesendeDaten1*1;
    var3=einzulesendeDaten5*1;
    /*Verwendung des tagsets: tablesonlylatex*/
    ods tagsets.tablesonlylatex
    file="mygraph.tex" (notop nobot) newfile=table style=journal;
    ods select diagnosticspanel;
    ods graphics on / imagefmt=png imagename="datenWerte" reset;
    proc reg data=sas.TabelleNeuWerte plots=diagnosticspanel;
        model abhVarAlter = var1 var2 var3;
        OUTPUT OUT=sas.dignosticpanel;
        ods select diagnosticspanel;
        title'Übersicht: Testwerte';
    quit;
    ods graphics off;
    ods tagsets.tablesonlylatex close;
run;
```

Anhang C: SAS Makro - SAS2LaTeX

```
/* Makro, das die Daten für LaTeX verarbeitet. Die LaTeX Datei
(mygraph.tex), die den Code zur Grafik enthält, wird in einen SAS
Datensatz geladen. Das originale LaTeX Dokument wird geladen.
Ersetzen des/der "flags"(Markierung(en)) durch den neuen LaTeX Code.
Neues LaTeX Dokument mit finalem Code wird bereitgestellt*/
%macro
SAS2LaTeX(path=,nameFlag=,nameOriginalTexDatei=,anzahlFlags=);
/*Variablen: fileMyGraph, nameflag, filename erhalten die Übergabe-
parameter, die dem Makro mitgegeben wurden*/
%LET fileMyGraph=&path;
%LET filename=&nameOriginalTexDatei;
%LET anzahlFlags=&anzahlFlags;
%LET name=&nameFlag;
/* Pfad zum Ordner der LaTeX Dateien: Der Befehl "tex" ist hierbei
durch das Package vorgegeben */
filename tex "&Pfad.";
;
/* Laden der LaTeX Datei, die den Grafen beinhaltet, in einen SAS
Datensatz */
data sas.mygraph ;
    /*Einlesen der LaTeX Datei mygraph und speichern des
      beinhaltenden Textes in der Variablen wort.*/
    infile tex(&fileMyGraph.) length=linelong;
    input wort $varying50. linelong ;
    CALL SYMPUT('wort', wort);
    run;
/* Originale LaTeX Datei laden.
Die neue LaTeX Datei erstellen mit dem zu ersetzenden Code */
data sas.saspgm ;
    infile tex(&filename..tex) length=linelong ;
    input @ ;
    input line $varying500. linelong ;
    file tex(&filename._new.tex) ;
/*Die Regular expression überprüft auf matching zwischen dem
eingelesenen Text und dem Übergabeparameter (name). Hierbei
werden mehrere Fälle anhand der Laufvariablen berücksichtigt;
Der Buchstabe "m" in der Regularexpression ist für das Überprüfen
auf Matching zuständig. Die "i" Option verhindert die genaue
Unterscheidung zwischen Groß-/Kleinschreibung*/
    pattern = "m/&name.[1-&anzahlFlags.]/i";
        if prxmatch(pattern, _infile_) > 0 then do;
            temp=prxmatch(pattern,line);
        end;
/*Die Regular Expression überprüft auf matching zwischen dem
  eingelesenen Text und dem Übergabeparameter (name). Hierbei werden
  mehrere Fälle anhand der Laufvariablen berücksichtigt"*/
    if temp>0 then do;
        rx1=prxparse("s/&name.[1-&anzahlFlags.]/&wort./i");
        /*Bei Treffer: Austauschen durch neuen Wert*/
        call prxchange(rx1,-1,line);
```

SAS an der Universität

```
            put line;
      end;
       else do;
            put line $varying500. linelong ;
       end;run;
%mend SAS2LaTeX;
```

Aufruf:
/*Makro zur Erstellung des LaTeX Dokumentes. Übergabeparameter:
Name der Datei, die den includegraphics LaTeX-Befehl für das
erstellte PostScript enthält.
 2. Name des/der Flags im LaTeX-Dokument.
 3. Der originale Name der LaTeX Datei,
 4. Die Anzahl der Flags des LaTeX Dokumentes*/
%SAS2LaTeX(path=mygraph.tex,nameFlag=FLAG,nameOriginalTexDatei=SASwithLaTeX,anzahlFlags=4);

Referentenverzeichnis

Adlichhammer, A. 1

Bachert, A. 15
Bender, R. 51
Bevier, M. 59
Bewerunge, P. 65
Biebler, K.-E. 263
Blecking, J. 91
Bruckner, T. 79

Callsen, S. 97
Cosfeld, D. 91

Debus, M. 97
Deckert, A. 79, 105, 121, 131, 177, 433

Eckstein, M. 141
Englert, S. 147
Erbslöh, S. 155

Gelhorn, C. 155
Gigic, B. 177
Greiner, S. 187
Gutenbrunner, C. 199

Habeck, J. 207
Häbel, H. 207
Hammer, G. P. 223
Hay, B. 233
Heinen, B. 239
Hemminki, K. 59
Himmel, W. 249

Jäger, B. P. 263

Kothenschulte, C. 275
Kron, M. 233
Kuß, O. 385

Lieckfeldt, S. 263

Mangold, A. 65
Mattheus, M. 207
Mayer, B. 287
Mielenz, N. 375
Muche, R. 287

Oeldorf, C. 299
Ortseifen, C. 299
Otto, P. 263

Reimann, S. 313
Reincke, U. 249
Rudolph, P. E. 263

Sander, S. 233
Schnitzer, H. 335
Schoeps, A. 349
Schulte, D. 361
Seiler, M. 369
Spilke, J. 375
Steinberg, S. 97
Steindorf, K. 385
Sundquist, J. 59

Tambascia, N. 187

Vervölgyi, V. 51

Wagner, A. 407
Wagner, M. 407
Warnat, P. R. 423
Wächter, N. 393
Weires, M. 59
Weiß, M. 233
Wodny, M. 263

Zimmermann, H. 121, 433

Stichwortverzeichnis

.NET Framework 313
Access 369
ACE-Modell 59
ADaM 393
Add-In für Microsoft Office 313
AMO 313
ANNOTATE=-Option 79
Annotate-Datei 79
Anweisungsüberdeckung 335
API 91
Balancierte Kovariablen 51
Batch 361
Bioäquivalenz 393
Bioäquivalenzstudien 208
Blackbox- Whitebox-Tests 141
C# 313
CALL MISSING 155
CDISC 393
Code-Coverage 141
COMPBL 155
DATA 15
Datumsfelder 155
Decision Tree 250
Degradation 239
Dictionary Tables 335
Diskriminanzanalyse 263
DO-Schleifen 155
Effizienz 199
Einführung in JMP 423
Empirische Poweranalyse 147
Enterprise Guide (EG) 313
Entscheidungsbaum 250
Epidemiologie 223
ETL 361
Excel 369
Explorative Datenanalyse 393
Export 369
Fall-Kontrollstudie 105
fehlende Werte 287
Fehlende Werte 385
Format 299
Funktionen 177

genetische Anfälligkeit für Krebs 59
Geokodierung 91
geschachteltes Format 299
GMAP-Prozedur 79
Google Maps 91
Google Street View 91
Grafik 187
GREPLAY-Prozedur 79
Handel 97
HashTable 15
ICD10 131
ICD9 131
Imputation fehlender Werte 287
IN Operator 155
Informat 299
INFORMAT-Anweisung 299
Integrationstest 141
JavaScript 91
JMP 250, 423
JMP 9 239
JMP® Clinical Version 2.1 393
Karten 239
kategoriale Variablen 349
Klassenbildung 299
Klonen 155
Kohortenstudien 223
Konfidenzbereiche 199
Konfidenzintervalle 51, 155
kontinuierliche Variablen 349
Krankenhaus 250
LAG-Funktion 155
LARGEST 155
LaTeX 433
Logistische Regression 51
Makro 65, 361, 369
Makroparameter 335
Makrovariable 177, 335, 361
Matching 105
Matrizen 177
mediantreue Schätzung 199
MERGE 155
Messwiederholungen 233

451

Stichwortverzeichnis

Microsoft Word 407
Modellgüte 349
Modultest 141
Monte-Carlo-Simulation 375
multinomiale Dirichlet-Verteilung 375
Multiple Imputation 385
multiple logistische Regression 233
Neuronale Netze 239
NLMIXED-Prozedur 59
Number Needed to Treat (NNT) 51
Odds Ratio (OR) 51
ODS Graphics 433
ODS Markup 433
ODS OUTPUT 147
ODS RTF 407
Operatoren 177
Parameter Check 335
Parameterrückgabe 335
Patientenzufriedenheit 250
Performance 15, 147
Performancevergleich 65
Personenjahre 223
Perzentile 199
PICTURE-Anweisung 299
PROC FORMAT 299
PROC GENMOD 233
PROC GMAP 79
PROC GREPLAY 79
PROC IML 65, 177, 263
PROC IML-Module 177
PROC LIFETEST 349
PROC MI 287, 385
PROC MIANALYZE 385
PROC MIXED 208
PROC NLMIXED 59, 375
PROC PHREG 349
PROC POWER 105, 208
PROC REPORT 155
PROC SQL 15, 105, 131
PROC SURVEYSELECT 208, 349
PROC XSL 1
Propensity Score 105
Properties-Fenster 299
PRXCHANGE 121

PRXPARSE 121
PRXSUBSTR 121
Quantile 199
R 65
R Funktionen 65
Randomisierte kontrollierte Studie 51
Regular Expression 121
relationale Datenbank 131
REPORT-Prozedur 155
RGui 65
Robustheit 199
SAS Fensterumgebung 65
SAS/Enterprise Guide 313
SAS/IML 177
SAS/ODS 407
SAS-Explorer 299
Scalable Vector Graphics 187
SDTM 393
SELECT 155
Simulation 147, 177, 199
SMALLEST 155
Softwaretesting 141
Step 15
STRIP 155
Subroutinen 177
SUBSTRN 155
SVG 187
SXLE 1
Systemtest 141
Tagset 1
Testen 97
Testmetriken 141
Umkodierung 131
unvollständige Datensätze 208
VALUE-Anweisung 299
Variablenselektion 263
VBS 407
Vektoren 177
Vektorgrafik 187
Verlagswesen 97
vollständige Datenmenge 263
Windows Editor 155
XML 1, 275, 369
XML Mapper 275

XML-Engine 275
XMLMap 1, 275
XSL-Prozedur 1
XSLT 1

Yahoo 91
zeitabhängige Variablen 349
Zeitreihen 97